最高人民检察院2016年度检察理论研究课题

派驻基层检察室建设理论与实践

吴鹏飞 / 主编

PAIZHU JICENG JIANCHASHI
JIANSHE LILUN YU SHIJIAN

中国检察出版社

《派驻基层检察室建设理论与实践》
编委会

内容提要

本书系最高人民检察院 2016 年度检察理论研究课题成果。派驻基层检察室是人民检察院派驻乡镇、街道的工作机构，是检察机关促进检力下沉、延伸法律监督触角的组织形式，是人民检察院组织体系的重要组成部分，在促进基层治理体系和治理能力现代化方面发挥着重要作用。本书全面总结山东派驻基层检察室建设的丰富实践经验，兼顾其他省市派驻基层检察室建设情况，经过系统梳理，重点采用实证主义研究方法，用案例来论证观点，为当前司法改革和立法完善提供了客观、翔实的第一手材料，弥补了派驻基层检察室研究领域的不足，对派驻基层检察室建设和长远发展具有较强的借鉴意义。

本书分为上、下两编，体例上采用章节形式。上编为综合篇，分为六章，分别阐述了派驻基层检察室建设的时代背景、法理依据、构建原则、司法能力、运行机制等重要理论问题，深入分析了我国派驻基层检察室的历史发展规律，为派驻基层检察室运行机制的继续深化与健全完善提供了对策建议。下编为业务篇，分为九章，以山东派驻基层检察室业务工作实践为基础，结合检察机关法律监督的基本理论，详细介绍了派驻基层检察室开展业务工作的具体操作实务，为派驻基层检察室有效发挥职能作用提供了具体指引。附录部分选登了山东省检察机关出台的六份制度规范，是山东派驻基层检察室建设和规范运行的重要指导性文件，供各地派驻基层检察室在工作实践中参考。

序

最高人民检察院《关于进一步加强和规范检察机关延伸法律监督触角促进检力下沉工作的指导意见》下发后，山东省各级检察机关高度重视，在高检院和省委的坚强领导下，把派驻基层检察室建设作为推进基层治理法治化的重要举措，在人口较多、信访总量较大、治安问题突出、辐射功能强的乡镇（街道），全面建成了556个派驻基层检察室，把法律服务和监督触角延伸到了最基层，在服务经济社会发展、促进社会公平正义、维护基层和谐稳定等方面取得了显著成效。2016年9月，中共山东省委全面深化改革领导小组办公室把我省检察机关完善派驻基层检察室制度的经验做法，作为第三批地方改革成功案例印发全省，并推荐到中央全面深化改革领导小组办公室。

山东检察机关的实践充分表明，派驻基层检察室作为基层治理法治化的一支重要力量，在促进基层治理体系和治理能力现代化过程中发挥了重要的战斗堡垒作用。在推进派驻基层检察室建设和创新发展过程中，各地积累了不少成功的经验做法，同时也遇到了一些亟须解决的问题。为认真总结派驻基层检察室建设工作成效，深入研究派驻基层检察室建设的诸多理论与实践问题，山东省人民检察院承担了最高人民检察院2016年度检察理论研究课题"派驻基层检察室建设理论与实践"（GJ2016C51）研究工作，组织编写了《派驻基层检察室建设理论与实践》一书。

本书分为上、下两编，体例上采用章节形式，内容上体现了以下特点：一是理论与实务兼顾。本书着眼于解决派驻基层检察室的实践操作问题，在注重实务性的前提下，对派驻基层检察室的有关理论问题进行深入阐述。二是当前与长远兼顾。本书主要是根据当前关于派驻基层检察室的规章制度、实践做法编写，同时也进行了必要的前瞻性探讨，比如检察室立法问题。三是省内与省外兼顾。本书以山东省检察机关派驻基层检察室建设的生动实践和理论探索为基础，放眼全国检察机关，对其他省份派驻基层检察室的模式特点也进行了简要介绍，以期使读者有更为全面的了解。

发展永无止境，创新永无止境。派驻基层检察室建设的理论与实践在不断丰富和发展，派驻基层检察室必将在我国全面建成小康社会、实现中华民族伟大复兴中国梦的历史进程中砥砺前行，我们期待本书的编印能够起到"抛砖引玉"的作用。我们相信，派驻基层检察室在基层治理法治化道路上将拥有更加广阔的发展空间，在建设社会主义法治国家的伟大进程中将做出新的贡献！

吴鹏飞

2016 年 12 月

卷首语

派驻检察室：基层治理法治化的重要力量

山东省人民检察院检察长　吴鹏飞

党的十八届四中全会通过的《中共中央关于全面推进依法治国若干重大问题的决定》指出，"全面推进依法治国，基础在基层，工作重点在基层"，并围绕"推进基层治理法治化"作出重要部署。近年来，山东省检察机关自觉把全面推进派驻检察室建设放在推进基层治理法治化的大局中来审视和谋划，积极适应基层治理法治化的新常态，目前全省已建成使用556个派驻检察室，把法律服务和监督触角延伸到了基层，促进了基层治理体系和治理能力现代化的建设。

在服务基层改革发展中彰显作为。坚持跳出检察看全局、干检察，积极顺应经济社会发展的新形势，及时推出具有检察特色、符合法治精神的新举措，才能更好地服务经济建设、维护社会和谐稳定。要牢固树立大局观念，切实找准派驻检察室服务基层经济社会发展的目标定位和有效途径。围绕凸显地域特色，加强派驻检察室与辖区特色产业对接平台建设，探索打造"渔业检察室""环保检察室""产业园区检察室"等个性化检察室，搭建检企共建协作平台，以特色法律服务保障特色产业和区位发展。围绕维护社会稳定，积极参与基层社会治安综合治理，全面落实下访巡访、特殊人群帮教等制度、创新开展检察宣告等工作，推动完善人民调解、行政调解、司法调解联动工作体系，建立矛盾就地受理、有效调处机制，力争将矛盾化解在基层、解决到萌芽状态。围绕加强法治宣传，健全派驻检察室人员以案释法制度，经常性开展送法入户、法律赶大集、案例剖析会、法制进校园等活动，不断提高辖区群众特别是未成年人的学法、守法意识。

在保障改善民生中赢得认可。派驻检察室与群众联系最密切、接触最广泛，在依法保障和改善民生、彰显人民主体地位方面具有不可替代的作用。要把基层群众日益增长的法治需求作为"风向标"，更加用心地倾听群众呼声、回应群众关切、维护群众权益。着眼于畅通群众诉求表达渠道，在乡镇、街道设立民生联系点，在村居、企事业单位聘请民生联络员，并配备车载流动检察室，形成民生联络员为点、车载流动检察室为线、派驻检察室为面，覆盖辖区村庄社区的联系服务群众网络，就地开展诉求受理、法律救助、困难帮扶等工作。立足于构建和谐检民关系，深入开展"进乡村、进农户、进社区、进企业、进学校，服务民生、服务经济"大走访活动，定期深入"村头、地头、街头"，为群众排忧解难，不断提高群众对检察室的知晓度和满意度。致力于维护基层群众合法权益，密切关注新农村建设、城镇化建设、民生工程以及惠农政策、惠农资金落实，妥善办理征地拆迁、农村土地流转、新农合、新农保等重点领域的群众诉求，及时发现、坚决惩治各类危害民生民利的违法犯罪，努力让人民群众感受到公平正义就在身边。

在强化基层法律监督中提升地位。法律监督是体现派驻检察室检察属性的显著标志，是派驻检察室在推进基层治理法治化进程中有效发挥作用的必然要求。在规范派驻检察室法律监督职能过程中，坚持勇于创新，稳扎稳打、循序递进，做到"有限、有序、有效、有力"。"有限"就是开展法律监督活动的数量、种类、范围，要与检察室工作实际与发展相适应。"有序"就是开展监督活动要于法有据、制度先行，严格按照法律规定，明确履职主体、对象、标准、流程等，确保执法规范化、制度化。"有效"就是发挥派驻检察室"近、快、灵"的优势，开展管用实用的法律监督活动，确保监督工作到位不越位，干事不出事。"有力"就是创新法律监督的制度机制和方式方法，不断加大对基层执法司法活动的监督力度，确保监督实效。两年来，全省派驻检察室收集职务犯罪线索 3073 条，协助查办案件 1322 件；开展警示教育 14836 场次，接受教育人数 68 万余人；提供诉讼监督线索 1155 件，独立或协助办理批捕、公诉和诉讼监督案件 5012 件；发现和受理民事诉讼违法线索 1557 件，移送 873 件。工作中，主要做了四方面工作：一是加强对公安派出所、司法所、人民法庭执法司法活动的法律监督，及时纠正执法不严、司法不公问题。二是深入推进社区矫正法律监督，建立与各社区矫正机构的协作联系、信息共享机制，重点监督纠正因管理不严导致的脱管、漏管问题。三是协助配合查办和预防职务犯罪，做好职务犯罪线索的发现、受理和移送工作。经检察长批准，派驻检察室可以协助配合自侦等部门开展调查职务犯罪。同时，广泛开展"警示教育就在身边"活动，运用身边事教育身边人，促进基层党员干部依法行政、廉洁从政。四是全面开展检察宣告工作（2014 年 10 月，山东省检察院出台《关于在全省检察机关全面开展检察宣告工作的实施意见》，对存在较大争议或有较大社会影响，拟作出不批捕、不起诉等终结性检察决定的十余类情况，邀请案件代理人、辩护人、当事人家属及人大代表等参加，集中进行宣告）。全省派驻检察室全部设置检察宣告庭，承担宣告活动组织、记录和协助工作，通过公开宣告和释法说理，切实提高基层群众法治意识。

在全面推进信息化建设中增强效能。在现代信息化条件下，信息资源是第一资源，也是推动检察工作提速增效的必由之路。要坚持把派驻检察室信息化建设摆在突出位置来抓，纳入检察信息化建设整体规划，在全面应用、资源共享、整体升级、注重安全上下功夫，全力打造派驻检察室信息化建设"升级版"，通过大数据管理应用，为推进基层治理法治化提供科技支撑。着力加强科技装备投入，配齐配好各类信息化硬件设施，加强科技装备、基础网络和应用平台建设，最大限度满足工作信息化需要。着力加强信息收集和应用工作，全面推广应用派驻检察室业务管理软件，积极研发符合地域特色的实用小软件，拓宽涉农政策、社区矫正、群众诉求、执法司法等基层信息收录渠道，建设资源充足、鲜活可用的"信息小超市"。着力加强新媒体应用，探索在派驻检察室建立集网站、微博、微信、手机报和QQ群于一体的网络检务平台，广泛开展网上受理控告申诉、法律咨询、法律救助、法治宣传等工作，更加快捷方便地服务基层群众。

在锤炼过硬检察队伍中树立形象。派驻检察室直接面对基层群众，是社会各界感知检察工作的一面镜子，需要建设一支政治过硬、业务过硬、责任过硬、纪律过硬、作风过硬的派驻检察室队伍。要认真落实"建设高素质法治专门队伍"的要求，坚持更高标准、更严要求，不断提升派驻检察室人员推进基层法治建设的能力水平。强化思想政治建设，组织派驻检察室人员认真学习贯彻党的十八大、十八届三中全会、十八届四中全会和习近平总书记系列重要讲话精神，深入开展理想信念、社会主义法治理念、检察职业道德教育，恪守公正廉洁的职业操守。加强人员力量配备，实行提前离岗人员返岗、离退休检察官返聘、分类管理分流人员到检察室工作制度，积极争取事业编制和选用辅助人员，想方设法配齐、配强派驻检察室人员。强化专业化职业化建设，健全完善派驻检察室人员教育培训、持证上岗制度，严格落实上级院和基层院到派驻检察室挂职、轮岗制度，建立业务骨干、资深检察官"一对一"带教制度，不断提高检察室人员职业素养和专业化水平。强化纪律作风建设，狠抓内外部监督制约，及时纠正苗头性、倾向性问题，以零容忍的态度严肃查处各类违法违纪行为。同时，坚持从优待检，从政治上、工作上、生活上关心关爱派驻检察室人员成长，激励派驻检察室人员以室为家，幸福生活、快乐工作。

经过两年多的探索和实践，派驻检察室在齐鲁大地立住了脚、扎下了根，取得的累累硕果令人振奋，办理的件件实事深入人心，受到了基层党委、政府以及人民群众的充分肯定和一致赞誉，被评价为维护一方平安的"稳压器"、化解矛盾纠纷的"减压阀"、预防基层腐败的"新屏障"、构建和谐检民关系的"连心桥"。全省派驻检察室普遍被当地党委政府评为综合治理、优质服务先进单位，有111个派驻检察室、35名工作人员受到省级以上表彰。实践充分证明，派驻检察室作为检察机关的最基层单位，是基层治理体系和法治网络的有机组成部分，也是推进基层治理法治化不可或缺的重要力量，必将在法治中国建设中作出新贡献。

（原文载于《检察日报》2015年1月19日三版头条）

目　　录

上编　综合篇

下编 业务篇

上编
综合篇

第一章　派驻基层检察制度概述

第一节　我国派驻基层检察室的发展历程

马克思主义告诉我们，事物的发展往往经历一个螺旋式的、曲折上升的发展历程，需要经过肯定、否定、否定之否定的过程，这是事物发展并进一步完善的普遍规律。派驻基层检察室是我国检察权有效运行的重要组织载体，是检察机关履行检察职能的坚实平台、密切联系群众的重要桥梁，也是检察机关参与社会治理创新、促进基层社会和谐稳定、巩固改革发展成果的实际需要。加强派驻基层检察室建设，符合人民群众对检察工作的新期待和新要求，对延伸检察机关法律监督触角、推进基层治理法治化具有重要意义。派驻基层检察室在我国拥有充分的实践基础，其建设历史同样经过了一个"否定之否定"的发展过程。

一、初创发展阶段

从历史来看，检察机关的派出机构设置开始于 20 世纪 50 年代。当时正值新中国顺利完成了社会主义民主改革和国民经济恢复工作，进入大规模的有计划的社会主义经济建设的新阶段，经济的恢复和发展成为整个社会的主旋律。为了更好地适应社会主义经济建设和民主法制建设的新形势新要求，1953 年 4 月召开了第二届全国司法工作会议，会议提出要"有计划有重点地逐步建立健全工矿区和铁路、水运沿线的专门法庭"[1]。1954 年 3 月 17 日至 4 月 10 日，最高人民检察署在北京召开了第二届全国检察工作会议，这是检察机关在新中国进入社会主义改造和有计划的经济建设时期召开的一次重要会议。会议通过的《第二届全国检察工作会议决议》要求，"加强城市、工矿区人民检察署和有重点地建立铁路、水运沿线的专门人民检察署"[2]。自此以后，检察机关在农垦、林业、监狱、工矿、油田、坝区等行业、区域的派出机构得到蓬勃发

---

[1] 参见《第二届全国司法会议决议》，1953 年 4 月 25 日第二届全国司法会议通过，1953 年 5 月 8 日政务院第 177 次政务会议批准。

[2] 参见《共和国检察 60 周年丛书》，中国检察出版社 2009 年版。

展。从 1966 年开始，随着"文化大革命"运动的开展，检察机关逐渐被撤销，其派出机构也一同销声匿迹。直到"文化大革命"结束后，随着检察机关的恢复重建，其派出机构也取得了新的发展。

作为检察机关派出机构的派驻基层检察室，其建设开始于 20 世纪 80 年代初①。改革开放以后，我国社会整体发展进入了一个前所未有的高度，党中央高度重视农村在经济改革中的重要地位，1982 年 1 月 1 日发布第一个关于"三农"问题的"一号文件"《全国农村工作会议纪要》，提出了加快推动农村发展的一系列保障政策。在中央政策的有力支持下，农村经济开始高速发展，基层社会生活水平有了大幅度提高，同时基层社会问题也开始变得纷繁复杂，尤其是乡镇农村干部贪污挪用国家集体资金的职务犯罪问题成为当时严重影响基层社会稳定发展的隐患；另外，基层法制建设没有跟上经济建设的步伐，依法治国的法治理念在全国范围内还没有形成共识，在广大农村地区，有法不依、执法不严、任性执法的现象较为突出，农民权益得不到有效保障。从 1982 年开始，一些检察机关结合自身工作实际，开始在经济发达、人口密集、交通便利的重点乡镇设置乡镇检察室。② 乡镇检察室就是派驻基层检察室早期的表现形式。

20 世纪 80 年代的乡镇检察室建设，在一定程度上契合了中央对于农村治理的要求，具有很强的现实意义。乡镇检察室自身在实践探索过程中也取得了良好的实际效果，维护了基层社会稳定，初步实现了各地检察机关在基层设立派驻检察室的初衷。最高人民检察院为进一步发挥乡镇检察室在基层经济社会发展中的重要作用，总结乡镇检察室在实践中的经验做法，规范乡镇检察室建设和工作开展，于 1989 年 12 月 20 日颁布了《人民检察院乡（镇）检察室工作条例（试行）》。该条例的出台对前期各地乡镇检察室建设实践作出肯定，也为下一步的派驻基层检察室建设提供了更为明确的方向性指导意见。

《人民检察院乡（镇）检察室工作条例（试行）》出台后，全国检察机关迅速贯彻落实最高人民检察院的部署要求，在全国范围内掀起了派驻基层检察室建设的浪潮。到 1993 年初，"全国已在重点乡镇设置检察室达 1020 个，设置税务检察室 2613 个。这些派出的基层检察室对加强检察机关与公安、法院

---

① 关于派驻基层检察室建设的具体起始时间问题尚存争议，荣礼瑾在《乡镇检察室——中国检察制度的创举》一文中认为检察室建设起始于 1982 年，但也有学者认为始于 1984 年，如周光清、胡勇在《乡镇检察室制度及其发展》一文中认为始于 1984 年。学界普遍认为是 20 世纪 80 年代初。

② 徐国平、汪泽文：《检察机关乡镇检察室工作制度刍议——以乡镇检察室历史沿革为视角》，载《景德镇高专学报》2012 年第 1 期。

配套办案，联系群众，反映信息，发挥了重要作用"。① 乡镇检察室实现了检察机关在乡镇层面与公安派出所、司法所、人民法庭的对应设置，在随后几年中，"两所一室一庭"（指公安派出所、司法所、乡镇检察室、人民法庭）开始并提，乡镇检察室的设置和发展可谓方兴未艾，展现出蓬勃发展的态势。1993 年 4 月 22 日，最高人民检察院颁布了新的《人民检察院乡（镇）检察室工作条例》。新条例对乡镇检察室建设进一步作出肯定，认为"实践证明在乡（镇）设置检察室是非常必要的"，同时对乡镇检察室的任务作出了明确规定②。

从 1982 年各地检察机关对乡镇检察室建设的探索，到 1989 年最高人民检察院出台条例对乡镇检察室建设予以认可，再到 90 年代，尤其是在新条例的具体指导下，派驻基层检察室建设可谓高歌猛进，进入全面推进阶段，出现了一个阶段性高潮。在这个过程中，派驻基层检察室建设加强和完善了检察机关在基层的法律监督工作，更加注重自身检察职能作用的发挥，更加契合中央对于农村建设和经济建设的新要求，顺应了基层社会的时代发展潮流。

二、曲折发展阶段

伴随着乡镇检察室的迅猛发展，全国各地的派驻检察室建设呈现多样化发展。在实践探索过程中，逐渐出现了三种类型的检察室：乡镇检察室，即在重点乡镇设置的检察室；区域类检察室，即设置在工矿区、农垦区、林区等区域的检察室；行业类检察室，即设置在工商、税务、邮电、烟草等经济部门的检察室。不可否认，派驻检察室在服务当地经济发展、惩治和预防经济类职务犯罪等方面发挥了重要作用。但随着时间的推移和工作实践的开展，在检察室建设和运行等方面也出现了一些问题，尤其是行业类检察室设置过多过滥，缺乏有效监督管理，容易发生越权办案、非法插手经济纠纷等问题。1993 年 7 月 23 日，最高人民检察院下发《关于整顿各类检察室的通知》，认为"检察室设置的范围过宽、过滥；管理工作薄弱；检察室工作人员专业水平低，不能充

---

① 参见 1993 年最高人民检察院工作报告（1993 年 3 月 22 日在第八届全国人民代表大会第一次会议上）。

② 1993 年《人民检察院乡（镇）检察室工作条例》第 3 条规定：乡（镇）检察室的任务是：（一）受理辖区内公民的举报、控告和申诉，接受违法犯罪分子的自首。（二）经检察长批准，对发生在本辖区内、属于检察机关直接受理的刑事案件进行立案前调查、立案后的侦查。（三）对辖区内缓刑、假释、管制、剥夺政治权利和监外执行人员的管理教育工作进行检察；对人民检察院决定免诉的人员进行帮教。（四）结合检察业务工作，参加社会治安的综合治理，开展法制宣传。（五）办理检察长交办的工作。

分发挥检察职能作用……有必要对各类检察室进行一次整顿"，整顿意见要求"重点发展乡镇检察室，巩固和完善税务检察室，原则上可以保留设置在工矿区的检察室，撤销在其他国家行政机关、企业和事业单位设置的各类检察室"。

值得注意的是，上述通知在提出整顿意见的同时，对乡镇检察室做出肯定，指出"检察机关在乡镇有重点地设置检察室，实践证明是非常必要的，也是可行的，对及时受理人民群众的举报、控告和申诉，缓解'告状难'的状况，及时查处发生在农村中的贪污、贿赂及其他犯罪案件，保护和促进农村经济的发展，促进基层政权建设具有重要作用"。

1996 年，全国人民代表大会对《刑事诉讼法》进行第一次修订，这成为派驻基层检察室建设的"分水岭"。关于检察机关的职务犯罪侦查权管辖范围，1979 年《刑事诉讼法》规定为"贪污罪、侵犯公民民主权利罪、渎职罪以及人民检察院认为需要自己直接受理的其他案件"。据此规定，检察机关及其派驻检察室将一批普通类经济犯罪，尤其是税务类经济犯罪确定为管辖范围。1996 年修改的《刑事诉讼法》将检察机关的立案管辖范围明确为"贪污贿赂犯罪，国家工作人员的渎职犯罪，国家机关工作人员利用职权实施的非法拘禁、刑讯逼供、报复陷害、非法搜查的侵犯公民人身权利的犯罪以及侵犯公民民主权利的犯罪"。这一规定将普通类经济类犯罪剥离出检察机关的立案管辖范围，作为派出机构的派驻检察室当然也无权侦查这类犯罪，基于该职权而产生的税务检察室已经没有继续存在的基础。1997 年 9 月 19 日，最高人民检察院、国家税务总局联合下发《关于撤销税务检察机构有关问题的通知》，指出"修改后的《中华人民共和国刑事诉讼法》对刑事案件管辖作了调整，涉税犯罪案件不再由检察机关直接受理"，要求"检察机关派驻税务部门的税务检察机构，要抓紧进行清理，在做好善后工作的基础上最迟于年底前撤离"。

1998 年 2 月下旬至 5 月中旬，最高人民检察院按照全国政法工作会议和中政委部署，在全国各级检察机关集中开展了一次思想、作风、纪律和组织整顿，对检察机关的编制、人员特别是检察官队伍进行全面清理。① 此次教育整顿活动，"对机构和人员进行了认真清理，撤销不规范的检察室 4654 个和各类工作点、联系点 3636 个"。② 1998 年 6 月 12 日，最高人民检察院下发《关于搞好组织整顿加强干部人事管理若干问题的通知》，再次强调撤销部分检察室

---

① 参见《最高人民检察院关于在全国检察机关进行集中教育整顿的通知》，1998 年 2 月 12 日印发。

② 参见 1999 年《最高人民检察院工作报告》（1999 年 3 月 10 日在第九届全国人民代表大会第二次会议上）。

事宜，指出："对最高人民检察院明令撤销的税务检察室和设置在行政机关、企业、事业单位的检察室，以及侦查工作点等，尚未撤销或变相存在的，在1998 年 7 月 1 日之前必须撤销。暂不设新的派驻乡镇检察室，对现有派驻乡镇检察室中的非检察机关编制人员，要做好工作，予以清退。"

至此，税务检察室等行业类检察室在全国范围内基本绝迹，而新的乡镇检察室也不再设置。由于各地检察机关多年来重视发展以税务检察室为代表的设置在经济部门的检察室，乡镇检察室没有发挥应有的职能作用，很多乡镇检察室工作基本不再开展，导致税务检察室被撤销的同时，乡镇检察室的发展也陷入停滞状态。2001 年 3 月 24 日，中共中央办公厅印发中央编委提出的《地方各级人民检察院机构改革意见》，对检察机关派出机构改革和建设提出了新的意见，要求"调整乡镇检察室设置。为有利于法律监督，兼顾工作效率，各地要根据实际情况，合理调整乡镇检察室布局，作用不大的，予以撤销；确需设置，由省级人民检察院批准，报最高人民检察院备案"。① 在这一时期，设置新的乡镇检察室被严格限制，原有的乡镇检察室也大幅度缩减。

总体而言，派驻基层检察室建设在 1996 年刑诉法修改后，无论是机构设置本身，还是检察职能的发挥，都处于萎缩状况。最初乡镇检察室的设置与开展工作适应了乡镇农村经济社会的发展，到后期派驻检察室建设重心逐渐转向派驻经济部门检察室，逐渐偏离了设置派驻检察室的初衷，忽视了乡村基层社会发展对检察机关派出机构的客观需要，导致派驻基层检察室被限制乃至被撤销的结果。这是派驻基层检察室曲折发展的一段时期，但是也为当前派驻基层检察室建设提供了宝贵的历史经验教训。

三、重建探索阶段

2006 年 2 月，第八个关于"三农问题"的"一号文件"《中共中央国务院关于推进社会主义新农村建设的若干意见》发布，文件提出了"新农村建设"的重大历史任务，并且对"加强农村民主政治建设，完善建设社会主义新农村的乡村治理机制"作了专门阐述。全国各级、各部门积极落实"一号文件"精神，逐渐将工作重心下移，积极服务和保障新农村建设。2008 年 10 月 12 日，党的十七届三中全会通过了《中共中央关于推进农村改革发展若干重大问题的决定》，对加强农村民主政治建设进行了更为细致的阐述，提出"加强农村法制建设，完善涉农法律法规，增强依法行政能

---

① 转引自刘继国：《派出检察机构的发展与规划设想》，载《人民检察》2009 年第 17 期。

力，强化涉农执法监督和司法保护。加强农村法制宣传教育，搞好法律服务，提高农民法律意识，推进农村依法治理"。其中的"强化涉农执法监督和司法保护"，是对检察机关在服务新农村建设中的核心任务的表述。如何服务新农村建设，成为检察机关在新的历史时期需要思考和谋划的重大问题。各地检察机关积极适应新形势新任务的需要，大力探索实现工作重心下移、服务基层发展的方式和途径。

2009年2月27日，最高人民检察院印发《2009—2012年基层人民检察院建设规划》，文件要求"坚持工作重心下沉。强化民生意识，拓宽工作渠道，把检察工作服务科学发展的阵地前移，深入街道、乡镇、社区，面对面倾听和解决人民群众的诉求，筑牢化解矛盾纠纷、维护稳定的第一道防线，切实做到工作联系在基层、调处案件在基层、化解矛盾在基层。积极探索派驻街道、乡镇、社区检察机构建设"。这是进入21世纪以来，最高人民检察院第一次明确地提出派驻基层检察室建设。同年12月18日召开的全国政法工作会议，提出了深入推进社会矛盾化解、社会管理创新、公正廉洁执法"三项重点工作"的部署要求。新时期的派驻基层检察室建设在检察机关深化"三项重点工作"方面具有得天独厚的优势，契合了检察机关参与社会管理创新、强化基层民主建设的时代背景，适应了检察工作重心向基层转移的时代要求，符合中央关于推进农村法制建设的检察任务要求。

2010年10月2日，最高人民检察院印发《关于进一步加强和规范检察机关延伸法律监督触角促进检力下沉工作的指导意见》，该意见对派驻基层检察室的建设工作做了全面梳理，明确了检察机关利用派驻基层检察室进行检力下沉的重要意义，以及延伸监督触角的指导思想和基本原则，为派驻基层检察室奠定了基本的建设思路，意见还对派驻基层检察室的组织形式和工作重点等做了较为具体的要求，尤其是明确了七项工作职责①，为派驻基层检察室下一步的工作开展确定了方向。该意见对当前派驻基层检察室建设提供了基本遵循和具体指导，在派驻基层检察室逐步走向重新探索发展阶段具有标志性意义。

① 《最高人民检察院关于进一步加强和规范检察机关延伸法律监督触角促进检力下沉工作的指导意见》第十一条：延伸法律监督触角、促进检力下沉，应结合实际、突出重点、加强规范、逐步统一职责任务。要重点在以下工作职责内发挥应有作用：1. 接收群众举报、控告、申诉，接待群众来访；2. 发现、受理职务犯罪案件线索；3. 开展职务犯罪预防；4. 受理、发现执法不严、司法不公问题，对诉讼中的违法问题依法进行法律监督；5. 开展法制宣传，化解社会矛盾，参与社会治安综合治理和平安创建；6. 监督并配合开展社区矫正工作，参与并促进社会管理创新；7. 派出院交办的其他事项。

最高人民检察院《指导意见》^① 下发后，各地检察机关根据工作实际，迅速开展了派驻基层检察室建设工作。2010 年 10 月 11 日至 12 日，全国检察机关派驻基层检察室建设工作座谈会在海南海口召开，时任最高人民检察院政治部主任李如林出席会议并讲话，李如林指出"要以加强和规范派驻基层检察室建设为重点，努力推进检察机关延伸法律监督触角工作取得新发展"，并且提出了推进派驻基层检察室"五化"建设目标。^②

在 2010 年 12 月 19 日至 20 日召开的全国检察长会议上，最高人民检察院曹建明检察长的讲话对派驻基层检察室建设提出了明确要求，指出："推动检察工作重心下移、检力下沉，探索开展派出检察室、巡回检察等工作，促进法律监督触角向基层延伸……坚持实事求是、因地制宜的原则，积极开展巡回检察，鼓励有条件的地方稳步推进派出检察室建设。严格规范派出检察室设置，加强统一管理，防止一哄而上。适时召开派出检察室建设专题研讨会，总结交流经验，加强理论探讨，规范职责任务、履职方式、工作程序和服务方法。积极争取党委、政府和有关部门支持，妥善解决人员编制、基础设施、经费保障等问题。派出检察室要认真履行职责，深入群众，服务群众，有效发挥强化法律监督、排查化解矛盾等作用。要切实加强对派出检察室的管理和监督，坚决防止超越检察职权、违法违规办案和其他损害群众利益的现象，推动派出检察室建设规范健康发展。"^③

在最高人民检察院系列文件和领导讲话精神指导下，派驻基层检察室在全国范围内稳步推进，再次成为检察机关派出机构建设的热点。到 2013 年，全国检察机关已在人口集中的乡镇、社区设立派驻基层检察室 2758 个。^④ 派驻基层检察室建设的历史表明：检察室建设必须因地制宜，必须符合时代背景需要和社会发展对检察职能的要求。在当前新农村建设的背景下，检察机关重新设置派驻基层检察室建设可谓恰逢其时，满足了新农村建设对于检察工作的职能要求。在派驻检察室重建发展的语境下，沿袭旧事物的称谓，不代表旧事物和新事物之间没有本质的差别。新时期检察机关重构派驻基层检察室，并非是

① 本章所称《指导意见》，均指最高人民检察院于 2010 年 10 月 2 日印发的《关于进一步加强和规范检察机关延伸法律监督触角促进检力下沉的指导意见》。

② 徐日丹、李轩甫：《统筹推进派驻基层检察室"五化"建设》，载《检察日报》2011 年 10 月 13 日第 1 版。派驻基层检察室"五化"建设是指：职能规范化建设，机构正规化建设，运行标准化建设，队伍专业化建设，基础设施和信息化建设。

③ 最高人民检察院曹建明检察长 2010 年 12 月 20 日《在全国检察长会议上的讲话》，2010 年 12 月 24 日印发（高检发〔2010〕34 号）。

④ 参见 2014 年《最高人民检察院工作报告》（2014 年 3 月 10 日在第十二届全国人民代表大会第二次会议上）。

对原有检察室的简单恢复，而是检察机关按照中央的部署，赋予其新时代的内涵和界定，是检察机关强化法律监督职能，加大服务经济社会发展大局，服务新农村建设的新举措。

第二节　新时期派驻基层检察室建设标准和建设模式

一、最高人民检察院关于派驻基层检察室的基本建设标准

派驻基层检察室建设是一项涉及规划、编制、基础设施、经费保障、队伍管理、业务运行等方面的系统工程。从 2009 年 2 月 27 日最高人民检察院印发《2009—2012 年基层人民检察院建设规划》要求"积极探索派驻街道、乡镇、社区检察机构建设"开始算起，新时期的派驻基层检察室建设已经七年有余。七年中，全国各地检察机关根据最高人民检察院部署，积极挖掘派驻基层检察室延伸监督触角、扎根基层、发挥检察职能的潜力，探索适合自身工作实际的派驻基层检察室建设标准和模式。各地检察机关由于实际情况不同，在派驻基层检察室建设标准和模式上也不尽相同。最高人民检察院《指导意见》提出了派驻基层检察室的基本建设标准。从当前派驻基层检察室的建设情况来看，基本建设标准主要涉及以下几个方面：地域设置的选择，人员的配置，办公场所、办公经费、办公设施等保障建设。

（一）地域设置标准

在派驻基层检察室地域设置的选择上，最高人民检察院《指导意见》中有一个原则性的要求，即设置布局重点是"人口较多、信访总量较大、治安问题突出、辐射功能强的地区，原则上可与人民法院派出法庭对应设置"。可以看出，最高人民检察院对于派驻基层检察室地域设置的要求，首先考虑的是当地稳定因素，也就是设置派驻基层检察室的首要目的在于维护基层社会稳定，为乡村社区的矛盾隐患提供一种化解渠道。在实践当中，稳定因素也确实成为各地检察机关设置派驻基层检察室首先考虑的问题，派驻基层检察室的设置一般都在信访量较大、矛盾隐患较为突出的地方。其次，派驻基层检察室驻地应该具有较强的辐射功能，即对附近的乡村社区，无论是在交通，还是经济等方面都具有一定的优势，这样既可以方便群众来访，又可以在一定程度上提高派驻基层检察室下访巡访工作的效率。由于同属于司法机关的派出机构，人民法庭的区域布局可以作为派驻基层检察室地域设置的参考。最高人民法院于2014 年 12 月 4 日印发的《关于进一步加强新形势下人民法庭工作的若干意

见》，针对人民法庭的区域布局提出指导原则，即"综合案件数量、区域面积、人口数量、交通条件、经济社会发展状况，优化人民法庭的区域布局和人员比例"。排在首位的"综合案件数量"的考量，与当地的信访量以及社会稳定状况一般成正比例关系。因此，综合来看，派驻基层检察室的设置标准与人民法庭的设置标准有很大的重合性，一定程度上可以参照人民法庭的区域布局来设置派驻基层检察室，这样可以大大减少检察机关的前期调研工作，也可以更好地促进派驻基层检察室开展对基层司法活动的法律监督，保证基层司法公正运行。

（二）人员配置标准

关于派驻基层检察室工作人员的配置，最高人民检察院《指导意见》没有过多的涉及，提出了"加强检察室队伍建设"的原则要求，同时做出一项禁止性规定，即"严禁从社会上聘请人员行使检察权"。检察权是一种专门的国家公权力，其行使主体必须具有专业的法律知识和法律素养，要熟练掌握相关的法律业务，尤其是在案件办理上，严格的程序是保障公民权利的基础，而严格的程序又对从事检察工作的人员提出了更为严苛的技能要求。从当前的检察职能来看，派驻基层检察室开展了大量的检察业务，这些工作必须由检察人员来完成，才能保证检察权行使的权威性。目前派驻基层检察室的组成人员主要有四种类型：一是具有司法资格的检察官；二是检察机关政法编或事业编人员；三是检察机关自招辅助人员；四是从当地选聘的辅助人员。在具体的人员组成上，各地根据工作实际出现了不同的人员组合情况，但鉴于派驻基层检察室有办理案件的现实需求，第一类人员是派驻基层检察室必须具备的。除检察官外的其他检察人员，在检察室主任的领导下，从事相应的检察业务及检察事务。从当地选聘的辅助人员一般较为熟悉当地风土人情，在协助开展法律宣传、下访巡访等方面具有独特的优势，该类人员协助开展工作有利于派驻基层检察室尽快熟悉当地情况，更好地找准工作切入点。为有效发挥聘任人员的作用，派驻基层检察室应当注重聘任具有一定法律知识或者法律经验的人担任辅助人员。

（三）保障建设标准

全国各地经济社会发展水平参差不齐，各地检察机关的经济基础、发展条件也千差万别。因此，在不同地区间制定整齐划一的派驻基层检察室保障建设标准，不具有现实性和可能性。最高人民检察院《指导意见》在保障建设方面，根据现实情况，作出了"考虑工作需要和实际可能，解决好办公场所、机构设置、人员编制、办公经费等保障条件"的概括性要求。

关于办公场所建设，应以"充足实用"为总原则，参照人民法庭、派出所，与职能、工作相匹配，即应充分考虑派驻基层检察室人员配置、业务量、效能发挥等情况，根据当地经济状况等实际情况量力而行。

关于经费保障问题，派驻基层检察室作为检察机关的派出机构，履行法律监督职能，其经费应纳入政府对派出院的财政预算。由于派驻基层检察室与乡镇街道没有行政上的隶属关系，而且对乡镇街道机关及其工作人员的法律监督，是其一项重要职能，因此，派驻基层检察室的经费不能来源于乡镇街道财政。否则，"吃人家的嘴短，拿人家的手软"，派驻基层检察室法律监督职能作用发挥会大打折扣。派驻基层检察室地处乡镇街道基层，远离派出院机关，在工作和生活方面有一定现实困难，除落实好派驻基层检察室工作人员的相应补助外，对派驻基层检察室的交通、办公等经费也应有一定程度的倾斜。

装备保障也是派驻基层检察室建设的重要内容。办公桌椅、计算机、通信设备、打印机等常规设备，作为派驻基层检察室正常办公的基础装备，应给予充分配置。基于开展检察业务工作的需要，应为派驻基层检察室配置必要的办案场所、技术装备、交通工具以及便民服务设施等。在当前的大数据时代，检察机关的信息化建设如火如荼，这对派驻基层检察室的装备保障提出了更高的要求。除基础装备外，应根据派驻基层检察室信息公开、视频接访等信息化应用的需要，配备相应的信息化硬件设施和应用软件，连通侦查信息网、互联网等网络。

二、各地主要建设模式

当前各地在派驻基层检察室建设上形成了不同的模式，一方面由于各地实际情况不同，各地检察机关因地制宜采取了适合自身实际状况的建设模式；另一方面，由于现行法律或国家层面上的规章制度对派驻基层检察室设置缺少明确规定，对现实的指导意义多限于建设原则方面，以至于派驻基层检察室在全国各地出现了不同的建设模式。

（一）以工作内容划分的三种检察室模式

1. 业务型检察室。该类检察室又可以细分为办案型检察室和监督型检察室。办案型检察室以查办辖区内的职务犯罪为主业，监督型检察室以开展法律监督为主业，但不直接办案。该类检察室与20世纪80年代乡镇检察室的形态基本一致，以办案为核心，性质上属于检察机关设置在地方的派出机构，与派出院的其他业务部门并列，受派出院的直接领导并对其负责。同时，为集中体现派驻基层检察室的业务性，该类检察室往往只开展一种类型的检察业务，并且主要负责办理辖区内的案件。业务型检察室尽管与派出院的业务部门属于并列关系，但在办理案件过程中，为保证案件准确性，一般都需要接受相对应业务部门的指导或者是监督。该类检察室的优势是可以缓解业务部门的办案压力；不足之处是由于案件办理强调独立性，导致该类检察室与当地群众和乡镇党委政府联系不大，派驻基层检察室扎根基层的区位优势发挥不明显。

2. 服务型检察室。该类检察室是此次派驻基层检察室重新建设初期较多采用的类型，这主要是考虑派驻基层检察室建设初期要迅速扎根基层，扩大在基层的影响力，树立在乡村社区群众中的良好形象。该类检察室主要开展接待群众来信来访、接受法律咨询、下访巡访、职务犯罪预防、法治宣传等工作，以为辖区单位及群众提供法律服务为主。实践中，该类检察室的法律监督工作基本不存在强制性要求，一般是结合自身工作范围，配合派出院的相关职能部门开展法律监督业务，在工作中是一种辅助的角色。该类检察室的优势是利于深入扎根基层，可以较快地扩大派驻基层检察室在乡镇社区的社会知晓度；不足之处是脱离了检察业务本质，不利于检察职能的发挥，使法律监督工作徒有虚名，有可能导致检察室最终处于空置状态。

3. 综合型检察室。无论是业务型检察室还是服务型检察室，都有一定的优势和不足。业务型检察室本质上忽略了派驻基层检察室作为检察机关设置在地方的派出机构的区位优势，而服务型检察室又弱化了派驻基层检察室作为法律监督者的职能要求，二者都不足以保证派驻基层检察室长久健康的发展。综合性检察室既注重开展检察主业，又注重服务基层，在监督中做好服务工作，在服务中提升监督水平。因此，综合性检察室兼具业务型和服务型检察室的优势，又避免了二者分别具有的不同弊端。各地检察机关越来越重视综合型检察室建设，逐级形成了派驻基层检察室工作应坚持服务与监督并重的理念，通过发挥监督职能更好地保障群众的合法权益，通过服务提升检察机关在基层的社会影响力，为检察机关的法律监督工作提供更强力的群众基础，构建"在服务中监督，在监督中服务"的工作模式，最终使派驻基层检察室能够真正扎根基层，为新农村建设和经济发展新常态提供强有力的司法保障。

根据不同的划分标准，派驻基层检察室还可以分为不同的类型，如根据派驻基层检察室在乡镇街道是否设有固定的办公场所，可以分为：派驻型检察室，即检察室在某乡镇街道有固定的办公场所，常年开展工作；巡回型检察室，即检察室只针对所辖乡村社区定期或不定期地开展工作，不在乡镇街道设置固定办公场所；依托型检察室，即检察室挂靠在乡镇党委，依托党委开展部分检察工作，不设置独立的办公场所。以上分类在此不再赘述。

（二）具有典型特点的检察室模式

当前在全国派驻基层检察室建设中，全国各地也形成了一些具有自身特点的检察室模式。下面仅举较为典型的三个地区的派驻基层检察室为例，即海南派驻基层检察室、上海社区检察室、江苏武进派驻基层检察室。

1. 海南派驻基层检察室。2009年1月5日，海南省人民检察院印发《海南省人民检察院设置乡镇检察室工作方案》，明确提出"乡镇检察室由基层检察院在距离市区（县城）较远、人口较多、治安问题突出、信访总量较大或开发项目较多的乡镇设置，同时管辖周边若干乡镇、国营农场。"方案要求，基层检察院要以设置乡镇检察室为契机，切实做到工作重心下移，更多地支持农业、关注农村、关心农民，充分发挥法律监督职能，为农村改革发展服务。全省拟设置62个乡镇检察室。①

从海南省检察机关的制度规定来看，其派驻乡镇检察室属于业务与服务并重的综合型检察室。海南省人民检察院从本省实际情况出发，于2010年7月印发《海南省基层检察院派驻乡镇检察室工作规则》②，对派驻乡镇检察室的履职范围作出明确界定，要求派驻乡镇检察室代表派出院在辖区内依法履行以下职责：（一）受理公民、法人和其他组织的举报、控告、申诉，接受犯罪嫌疑人自首。（二）畅通群众诉求渠道，排查化解矛盾纠纷。（三）开展调查研究，对辖区影响社会和谐稳定的源头性、根本性、基础性问题，提出对策建议，参与基层社会管理创新。（四）发现、收集职务犯罪线索和其他涉检信息。经检察长批准对职务犯罪线索进行初查。（五）对基层公安派出机构、人民法庭、司法所等执法单位的执法活动开展法律监督。（六）开展职务犯罪预防工作和法制宣传教育。（七）协助派出院开展民事督促起诉等工作。（八）完成检察长交办的其他工作。

海南省是一个农业大省，农村人口占全省70%以上，"三农"问题相对突出。对于派驻乡镇检察室而言，首先要解决的就是要在农村地区获得广大群众的支持和信任。为尽快扎根基层，海南派驻乡镇检察室依据海南现状，工作重点以服务"三农"为主，强化法律宣传和法制教育的力度，提升派驻乡镇检察室在群众中的认知度。海南派驻乡镇检察室在实践过程中，大大提升了检察

---

① 张远南：《海南省检察院规范乡镇检察室设置工作》，新华网海南频道2009年1月9日电，http://www.hq.xinhuanet.com/sites/2009 – 01/09/content_ 15410138.htm，访问时间：2016年11月24日。

② 2010年7月15日经海南省人民检察院第五届检察委员会第32次会议讨论通过（琼检发基层〔2010〕1号）。下载于检察机关专线网海南省人民检察院网站，http://www.hi.pro/goa/WEBMH/search/mainInfSearch.jsp，访问时间：2016年11月25日。

机关在全省的影响力，为检察工作深入健康发展提供了强劲动力。

2. 上海社区检察室。上海市检察机关在向基层延伸法律监督触角工作中采用了社区检察室模式。社区检察概念最初来源于美国，是一种较为成熟的检察制度。国外的社区检察与我国的派驻基层检察室有着本质的区别。上海的社区检察室是在吸取国外经验的基础上，结合当前我国派驻基层检察室建设的要求，创造性地发展出适合上海情况的派驻基层检察模式。

自 2010 年 6 月，上海市检察机关积极推进社区检察室工作试点，同年 7 月，首批社区检察室正式挂牌，长宁、杨浦、宝山、奉贤、崇明 5 个区县检察院在社区（街道）设立检察室开展试点工作。[①] 关于社区检察室的职能定位，上海市人民检察院于 2011 年 7 月出台的《上海市检察机关派驻（社区）检察室工作细则（试行）》[②] 明确了社区检察室的四项职责：对公安派出所刑事执法活动监督；刑罚执行（社区矫正）监督；信访接待及法律咨询；开展职务犯罪预防等参与社会综合治理工作。具体来说，要求社区检察室在监督公安派出所刑事执法活动中，重点加强对容易发生问题的执法环节和社会关注度高、群众反映强烈的突出问题的监督；通过对社区矫正行为的监督，促使社区矫正有关部门依法履职；依法接受社区群众的举报、控告、申诉、咨询，参与化解社会矛盾；积极参与社会治安综合治理，加强职务犯罪预防，广泛开展法制宣传。

上海经济发达，社区发展较为成熟，各项制度比较完善，社区在上海基层社会生活中占据重要地位。从上海检察机关对社区检察室职责的定位来看，其强调的是社区参与性，要求社区检察室围绕社区开展检察工作。无论是公安派出所的执法活动还是司法所的社区矫正执法活动都与社区生活息息相关，上海社区检察室将工作重点放在对这两项执法活动的监督上就成为顺理成章的事情。同时，做好信访工作，参与社会矛盾化解，参与社会综合治理也是社区检察室推进基层治理法治化的有效手段。

3. 江苏武进派驻基层检察室。这是一种典型的办案型检察室，以查办乡村基层的职务犯罪案件为工作核心。1988 年 5 月，武进县人民检察院开始了在重点乡镇设立派驻基层检察室的试点工作，至 1994 年，在全县重点乡镇设立了 7 个检察室，并被最高人民检察院确定为乡镇检察室工作试点单位。后期

---

① 王伟《美国社区检察制度研究——兼谈对我国的借鉴意义》，载《天津法学》2014 年第 1 期（总第 117 期）。

② 上海市人民检察院 2011 年 7 月 7 日印发（沪检发〔2011〕195 号）。下载于检察机关专线网上海市人民检察院网站，http：//10.31.5.200/csyd/sqjcs/sqlwfw/sqsjlw/t20110712_89769.html，访问时间：2016 年 11 月 25 日。

经过优化组合，武进的派驻基层检察室由原来的 7 个整合到现在的 5 个。武进派驻基层检察室在实践中形成了独特的纵横关系和内部架构，5 个派驻基层检察室与院内设业务部门并列，受派出院直接领导并对其负责，检察室主任在行政职级上高于内设业务部门负责人。5 个派驻基层检察室行使职务犯罪案件侦查权，同时又要接受院反贪局的业务指导，统计报表、赃款赃物等归院反贪局统一管理。① 武进派驻基层检察室有效缓解了业务部门的办案压力，提高了案件办理的效率，通过查办乡村职务犯罪案件，宣传了检察机关的职能，有效激发了群众的法律意识和维权意识，提升了检察机关法律监督能力，促进了乡村的和谐稳定。

三、山东建设模式简介

山东省检察机关按照最高人民检察院部署要求，对派驻基层检察室建设进行了积极探索。经过认真调研和充分论证，在 2012 年 7 月召开的全省检察长座谈会上，山东省人民检察院党组作出了加强和完善派驻基层检察室建设的重大决定，要求把检察机关法律监督的触角进一步向基层延伸，拉开了山东派驻基层检察室建设的大幕。2013 年 2 月，山东省人民检察院先后印发《2013—2015 年全省检察机关基层基础建设规划》和《2013 年检察机关基层基础建设实施意见》，要求各地检察机关将派驻基层检察室作为"一把手工程"来抓，确定了山东派驻基层检察室建设的"三年任务"。全省检察机关积极行动，按照"三年任务两年完成"的要求，在 2013 年底提前一年完成了建设任务，按照与中心法庭基本对应设置的原则，先后建成 556 个派驻基层检察室。

建设伊始，山东省检察机关即着力抓好高标准、规范化派驻基层检察室建设。在机构正规化建设方面，坚持因地制宜、量力而为，灵活采取旧楼改造、平房设院、租房办公、选址新建等多种方式，普遍建成了适应工作需要的派驻基层检察室独立办公场所。全省派驻基层检察室全部统一了外观标识和内部功能区划设置。556 个派驻基层检察室全部经地方编制部门和省院审批同意，基本与法院中心法庭对应设置，48% 的派驻基层检察室为副科级以上编制。

在职能规范化方面，根据山东检察工作实际，2012 年 11 月出台了《山东省人民检察院关于进一步加强和规范派驻基层检察室建设的指导意见》，明确了派驻基层检察室建设的意义、原则、职能定位，以最高人民检察院《指导意见》规定的七项职责为基础，结合山东特点，明确了山东派驻基层检察室

① 邵长生：《重构乡镇检察室》，载《人民检察》2009 年第 2 期。

的八项职责①，突出强化了法律监督职能，为全省派驻基层检察室开展工作提供了基本依据。加强顶层设计，与省政法有关部门联合出台规范性文件，建立了派驻基层检察室与"两所一庭"②协作配合、监督制约的常态化工作机制。各地深入研究细化、实化的措施和办法，积极探索派驻检察室在审查起诉轻微刑事案件、社区矫正执法监督、诉讼活动监督、预防及惩治职务犯罪等方面的方法途径，有效推动了检察工作向基层延伸。

在保障现代化方面，探索建立与当地经济社会发展水平相适应的经费保障机制，全省派驻基层检察室经费已全部纳入地方财政预算。每个派驻基层检察室均配备了先进的办公和业务装备，配置了必要的便民服务设施及生活设施。加强信息化建设，着力打造数字化检察室，注重"大数据"应用，建成了覆盖全省的派驻基层检察室信息网；开通了连接省市县乡四级的视频接访、监控系统，从面对面到键对键，把"脚板走访"与"网络对话"结合起来，实现了"让数据多跑路、让群众少跑腿"。

在队伍专业化方面，坚持把派驻基层检察室队伍建设摆在突出位置，不断强化教育、管理和监督，打造过硬的派驻检察队伍。各地采取内部调剂、考试录用、工作锻炼、选用辅助人员等方式，为每个检察室配备5名以上工作人员，具备司法资格人员不少于2人。目前，全省派驻基层检察室共配备工作人员3503人，检察室主任职级副处级以上的23人、正科级212人、副科级228人。加强派驻基层检察室工作人员的岗位素能培训，突出抓好检察室主任、新进人员和辅助人员的培训管理，严格执行辅助人员统一岗前培训考试和持证上岗制度。

在运行标准化方面，坚持以规范促发展，注重派驻基层检察室工作制度化、规范化和科学化建设。山东省人民检察院先后制定派驻基层检察室业务运行、队伍管理、考核奖惩、检务保障等方面的制度规范40余项，各级院制定详细制度规范1400多项，确保各项工作、各个环节都有章可循。加强与业务部门和基层执法司法部门的衔接，建立了常态化工作机制。研发了功能强大的派驻基层检察室管理系统，实现了工作情况网上录入、工作动态网上管理、执

---

① 山东省人民检察院明确的派驻基层检察室八项职责：（一）接受群众举报、控告、申诉，接待群众来访；（二）发现、受理职务犯罪案件线索；（三）开展职务犯罪预防工作；（四）受理、发现执法不严、司法不公问题，对诉讼中的违法问题依法进行法律监督；（五）开展法制宣传，化解社会矛盾，参与社会治安综合治理和平安创建；（六）监督并配合开展社区矫正工作，参与并促进社会管理创新；（七）开展为民、便民、利民服务和涉农检察，依法保障群众的合法权益；（八）派出院交办的其他事项。

② 本书所称"两所一庭"均指公安派出所、司法所、人民法庭。

法活动网上监督、服务质量网上考核。推行派驻基层检察室等级化管理，将全省派驻基层检察室划分为三个等级，有效提升了规范化管理水平。

第三节　国外社区检察制度的启示

与我国派驻基层检察制度相比较，国外同样具有类似制度，一般称作"社区检察"。普遍认为，世界上第一个社区检察机构于 1985 年出现在美国纽约曼哈顿地区。社区检察较传统检察模式具有明显优势，因此在许多国家和地区得到迅速推广。如 1998 年南非颁布《国家检察权法》，通过检察机关不断加强与社区的联系，将工作重心放在提升公众特别是当事人对检察机关打击犯罪的信心和公众满意度上，成效显著。2009 年 12 月，英国英格兰及威尔士皇家检察院启动了名为"刑事司法中的社区参与"的试点倡议，荷兰、加拿大等国也积极参与了对社区检察制度的探讨与实践。国外的社区检察制度中，发展历史最悠久、工作模式相对成熟的就是美国社区检察制度，西方其他国家的社区检察制度也多是借鉴了美国的社区检察制度后建立的。下面仅以美国社区检察制度为例，与我国派驻基层检察制度进行比较分析。

由于社会制度的不同，我国的派驻基层检察制度同美国的社区检察制度相比，无论是在机构的设置上还是职能的发挥上都有很大的不同。将我国的派驻基层检察制度同美国社区检察制度进行横向比较，有助于我们借鉴吸收美国社区检察制度中的有益成分，促进我国派驻基层检察室的发展。

一、美国社区检察制度产生和发展背景

1945 年"二战"结束以后，美国在战时采取的各种社会管制措施逐渐取消，长久以来被战争压制的自由主义思潮开始泛滥，甚至出现了野蛮自由主义倾向，以至于某些合理的法律规定都被认为是"自由的绊脚石"。"二战"以后，美国经济迅速腾飞，自由贸易主义经过一段时间的沉寂后，在 20 世纪五六十年代又开始回升，经济关系的自由倾向进一步促进了社会整体自由思想的扩张。1961 年 1 月 20 日约翰·肯尼迪当选美国第 35 任总统，此时正值美国国内民权运动风起云涌之时，尤其是黑人运动和妇女运动在全国范围内的兴起，美国民众开始极力争取各种权利，大大提升了公民对于自由的需求。在此期间，肯尼迪总统的执法和司法委员会的报告《犯罪对自由社会的挑战（1967）》横空出世，论述了犯罪对公民自由的种种影响，报告认为：只有重罪，如谋杀、抢劫、强奸、故意伤害会被认为是犯罪，而较轻微的罪行，如公

共场所酗酒或没有受害人的行为，不认为是犯罪。该报告对美国刑事司法产生了重大影响，进一步助推了本已偏离自由本意的非法行为的爆发。此时，以"米兰达警告"为代表等因为刑事程序问题侵犯公民权利的个案的发生，进一步强化了在刑事诉讼中公民对人身权利和自由进行保护的需求。

在社会各种因素影响下，美国国内对自由和权利的重要性认知被无限放大，影响最大的就是美国的社区。20世纪60年代，美国的城镇化人口就已经达到了60%以上，并且随着战后经济的迅速发展，这一比例还在逐年升高。而美国城镇化发展最突出的表现就是"社区生活"成为美国公民最为核心的生活方式，并且围绕社区形成了一系列的国家制度，包括行政和司法制度。因此，当"轻罪非罪"的认识开始逐渐被大家认可接受时，其负面作用也逐渐显现：这些"行为"往往发生在美国公民生活的社区之中，导致社区生活质量每况愈下，对于这些行为不受刑事管辖的现象，大众深感不满。

美国民众对社区生活的不满也引起了当局重视，为了抓住手中的选票，迎合选民要求，当局关于社区的各项政策需要进行调整。在随后的时间里，社区中的犯罪问题引起美国法学界的重视，尤其是针对《犯罪对自由社会的挑战》报告的批判，逐渐在美国学界形成了否定性共识。1982年美国犯罪学家詹姆斯·威尔逊与乔治·柯灵在题为《破窗》的论文中提出著名的"破窗理论"，指在建筑物窗户上的玻璃被打碎后，若不及时予以修复，久而久之，就有可能给人以暗示性纵容，认为该社区无人关心而破坏更多玻璃，各种涂鸦及垃圾便会随之铺天盖地。威尔逊和柯灵同时认为：犯罪无疑是社会失序的结果，倘若对"生活质量犯罪"等听之任之，久而久之，这些看似轻微的不法行为便有可能上升为严重暴力犯罪，加剧社区的不稳定。[①] 可以看出，"破窗理论"所引申出的问题不仅仅是"破窗"行为本身带来的破坏性，更重要的是这种行为对于其他同等行为的暗示，这种暗示往往引发更为严重的犯罪行为，这与社区中的轻微犯罪行为引发的后果不谋而合。也就是说，如果对于危害社区的轻微行为听之任之，整个社区系统将会最终崩塌。在此之后，直接与社区生活有关的"社区司法理论"逐渐成熟，该理论直接从社区角度出发，阐述犯罪对于社区运行的影响。最终，"破窗理论"和"社区司法理论"一起成为美国社区检察制度的两大理论渊源。

随着社区司法理论逐渐成熟，1985年世界上第一个社区检察机构出现于美国纽约曼哈顿地区，1993年美国检察官研究院（APRI）成立了专门的研究小组对社区检察理论、实践情况进行研究，并指导完善社区检察的机制构建。

---

① 靳良志：《美国社区检察制度的运作模式与启示》，载《人民检察》2012年第23期。

在此之后，社区检察这一新生事物先后在英国、南非、荷兰、加拿大、澳大利亚等国家诞生，但他们都各自有自己的特点，建立了适合自身情况的社区检察制度。从美国等的社区检察实践来看，社区检察制度的出现实际上是检察机关在应对犯罪的传统举措失效后，为解决时代的挑战，逐步探索建立的适合当地现实情况的检察新模式。

二、美国社区检察制度主要特点

美国的社区检察制度是以"社区导向"理念为基础。根据这种理念，检察机构的工作围绕社区展开，并通过多种方式与社区进行沟通，建立与社区及其居民之间紧密的联系，了解并发现社区存在的安全问题，以改善社区的生活质量。由此，检察机构就需要深入社区，关注社区的生活质量，积极与社区的各机构、团体、个人建立合作关系，并保持良好的沟通。社区检察致力于检察机构、执法机构、社区以及公私机构间构建起长期而主动的合作，其中检察权在解决现实问题、提高公共安全以及增强社区生活品质等方面发挥着至关重要的作用。① 美国检察官研究所（APRI）对社区检察的基本定义是，处理犯罪问题和社区生活质量问题的一种途径，它使检察官与社区共同合作以确定问题并提出解决方案。②

我国检察制度与美国检察制度最大的不同在于对检察权性质的认知。在我国，普遍认为检察权是一种司法权，而美国认为检察权是行政权的一部分。由此，美国的检察机构与司法行政机构合二为一，检察机构只是司法部内一个具体履行检察职能的部门。美国宪法确定的联邦制度对检察机构的设置产生重要影响，其重要的特点在于它的分散性和地方自治性，不存在一个全国统一的、上下层次分明的、独立的检察系统。具体来说，美国的检察体制具有"三级双轨，相互独立"的特点。所谓"三级"，是指美国的检察机构建立在联邦、州和市镇这三个政府"级别"上。所谓"双轨"是指美国的检察职能分别由联邦检察系统和地方检察系统行使，二者平行，互不干扰。而且，美国检察机构无论"级别"高低和规模大小，都是相互独立的，没有隶属关系，甚至也没有监督和指导的关系。③ 除了上述检察体制的不同，检察权本身的内涵也大相径庭。美国检察权不包括法律监督的内容，不存在法律监督的权力，尤其是不能对法院的审判活动进行监督。美国的检察权是一种单纯的公诉权和侦查权

---

① 王伟：《美国社区检察制度研究》，载《天津法学》2014 年第 1 期。

② 靳良志：《美国社区检察制度的运作模式与启示》，载《人民检察》2012 年第 23 期。

③ 牛娟娟：《中美检察制度之比较》，载《广州市公安管理干部学院学报》2006 年第 1 期。

的结合体。美国检察体制的这些特点，决定了美国社区检察的特征。

1. 美国社区检察机构的建立及权力的获得。鉴于美国检察机构是行政机关的身份，其在公共安全领域同民众的关系更为紧密。通常认为，为公众提供"安全"这一公共产品是行政机关最重要的职责之一，对于美国而言，这其中当然包含作为行政机关的检察机构。在美国，州检察机关一般由州检察长和地方检察官办事处组成，实际主要办理刑事案件的机构是分散在各地的检察官办事处，并且任何一级检察机构的独立性，决定了办事处的检察长可以根据实际情况，设置办事处的内部机构。结果是，检察长可能直接指定在具体的社区成立检察所和检察小组，处理一个或几个社区的起诉案件，这是检察长的权力，而社区检察的公诉和侦查的权力也直接来自检察官办事处的授予。但是对于其他参与社区管理的权力，需要社区检察代表人通过与具体社区成员的关系获得另外的授予。社区居民权利让渡的程度也决定了社区检察参与社区日常管理的深度，这种让渡可以通过聘任或通过公民选举来实现。

2. 美国社区检察职能开展方式。区别于传统检察模式，提起公诉、指挥侦查不再是检察工作的全部，社区检察工作职能和手段更加多样化，这是社区检察"提高社区生活质量"的目的决定的。并且，美国传统检察模式中检察官对案件的处理既不接受监督，也不允许对检察官表现的好坏进行任何评价。由于社区检察直接面临社区居民，居民对于自身生活的社区会形成一种价值评价，这种评价不可避免地会涉及社区检察工作，最终形成对社区检察官的评价。因此，不同于传统检察模式，各地社区检察机构开始建立了对社区检察官的评价制度，以保证社区检察真正能够实现预期效果。

3. 美国社区检察工作核心及目标。美国社区检察强调社区参与性，并以解决社区问题为核心，以预防和减少犯罪为最终目标。社区检察创立的初衷就是应对日渐严重的轻微犯罪行为，以提高社区生活质量，因此，社区参与性成为社区检察工作的前提。社区检察首先保证社区内发生的案件被公平公正地处理，在此基础上，社区检察官在社区中通过与社区公民、社区组织等主体进行沟通，总结案件发生背后的因素，发现社区中存在的安全隐患，积极与社区成员商讨对策，并协助社区管理者落实相关政策，最终实现犯罪行为的减少，提高居民生活质量。

4. 美国社区检察机构的作用。社区生活涉及方方面面，在提高社区居民生活质量方面，社区检察成为各种社区组织、个人、机构整合的平台。社区对于各种行为主体的影响要比单纯传统的注重犯罪处理的检察工作更为有效，因此社区检察机构必须借助社区公民、社区组织等力量，共同商讨对策和措施以预防和减少犯罪发生。为此，社区检察应当构建社区居民、组织等积极参与的工作合作平台，以综合整治为基本手段，最终达到提高社区生活质量的目标。

三、国外社区检察制度的启示

自 2009 年 3 月，天津市、上海市和四川省先后进行了社区检察工作试点。2009 年 3 月，天津市检察院率先在河北区开展了社区检察工作室试点工作；自 2010 年 6 月起上海市检察机关积极推进派驻社区检察室工作试点，7 月首批社区（街道）检察室正式挂牌，长宁、杨浦、宝山、奉贤、崇明 5 个区县检察院在社区（街道）设立检察室开展试点工作。[①] 这些试点措施，适应了中央的司法改革要求，符合我国现阶段的社会实际，但在实际工作过程中，各地的情况又不尽相同。总的来说，社区检察一般设置在社区生活较为完善的地方，而社区完善的地方一般又是社会发展水平较高、经济比较发达的地方；我国幅员辽阔、人口众多，东西部、城乡经济社会发展差距正在逐步缩小的同时，还有相当一部分比较落后的乡村地区，或者说正处在社区建设的过程中，全面推广社区检察制度的时机还不成熟。因此，我国的派驻基层检察室多数设置在乡镇，这与完全的社区检察不仅仅是地域上的不同，更是工作理念和工作方式的差别。尽管二者不同，但二者在直接面对公众，强调群众参与的工作形式上存在同一性。所以，国外社区检察制度对我国派驻基层检察室建设有一定的参考借鉴意义。

1. 派驻基层检察室建设应符合时代背景，顺应时代潮流，充分挖掘社会现实对检察室的司法要求。美国的社区检察工作是在社会急剧转型、传统检察工作模式失效、社会犯罪率一再飙升的背景下开展的，顺应了时代的挑战，有效地预防和减少了犯罪。我国 20 世纪八九十年代开展的乡镇检察室工作，对于保障农村经济社会的发展起到了促进作用，由于我国经济转型、法律制度变化等多方面因素，以致后来乡镇检察室的发展进入瓶颈期，经历了一段曲折的历史。当前，我国改革步伐加快，新农村建设加速，新型城镇化建设深入推进，处于经济转型关键期和重要战略机遇期，社会矛盾居高不下，发展风险一直在高位运行，迫切需要检察机关延伸法律监督触角，服务于社会管理创新，服务于经济新常态。

2. 适当扩大派驻基层检察室的法律监督职能，进一步提高检察室在基层的影响力和权威性。美国的检察制度决定了社区检察官在办理案件时，完全占据主导地位，能够决定哪些案件可以被起诉，哪些案件可以进行诉辩交易，同

[①] 王伟：《美国社区检察制度研究》，载《天津法学》2014 年第 1 期。

时检察官可以指挥警察的侦查取证工作，社区检察机构具有了同传统检察机构一样的权威性，利于社区检察工作的开展。鉴于我国检察制度的实际，我们当然不必要求派驻基层检察室具有与美国社区检察机构或社区检察官同样的权力，但是适当扩大派驻基层检察室在检察业务办理上的裁量权，在一定程度上可以为派驻基层检察室在辖区影响力的提升提供途径。如在检察室轻微刑事案件的办理上，对于有条件的派驻基层检察室，可以赋予其决定案件起诉与否的权力，由派驻基层检察室掌握案件是否符合起诉的条件，并作出是否起诉的决定。同时，适当鼓励派驻基层检察室对公安派出所办理的刑事案件进行提前介入，加强派驻基层检察室对公安派出所刑事执法活动的程序性监督，及时纠正办案中存在的问题，保证公安派出所侦查活动的合法有效，提高刑事案件质量。

3. 进一步提升派驻基层检察室参与基层治理的程度，将派驻基层检察室打造成基层机构、组织及个人相互沟通、交流的综合平台。乡村社区各种关系错综复杂，机关部门多种多样，部门职能的开展也各不相同，并且各部门也往往各自为政，部门之间缺乏沟通，部门与群众之间也不能做到及时的信息交流，使得群众在面对新的国家政策时往往会不知所措。美国的社区检察机构就承担了社区信息交流平台的作用，检察官会主动要求不同的机构、具有不同知识背景的人共同商讨有关社区治理方面的方式和途径，整合社区治理思路，不断巩固和增强社区各方的合作关系。这种工作思路对于我国派驻基层检察室建设有更为积极的影响。在之前未设置派驻基层检察室的时期，检察机关往往"坐在县城里，坐等办案"，对基层的信息掌握了解不够，不能及时收集基层动态、基层社情民意。派驻基层检察室的设立，使检察机关更"接地气"，为检察工作增添了"顺风耳""千里眼"。派驻基层检察室应当承担起作为基层信息处理中枢这样的角色，为部门之间、组织之间、群众之间提供共同的交流平台，同时注重总结收集各方的意见，为检察工作的开展提供思路。

山东派驻基层检察室的信息化建设就是一个成功的范例。山东省检察机关将派驻基层检察室定位为基层信息处理中枢，全面收集基层社情民意、惠农政策、惠农资金发放情况、社区服刑人员情况等信息，全部录入省院统一研发的派驻基层检察室管理系统。一方面做好辖区的涉农信息公开工作，让群众可以从软件平台中获得自己想要的信息，保障群众的合法权益，提高群众参与社会监督的力度；另一方面，派驻基层检察室也可以利用软件平台，掌握惠农资金流向，监督基层站所行政执法活动，发现职务犯罪案件线索。

4. 将公众参与作为提升法律监督职能作用发挥的方式和手段。美国社区检察制度的公众参与性，强调的是社区成员能够为犯罪的预防、犯罪成因提供思路，并进一步为社区检察实现提高社区生活质量的目标提出对策。美国检察机构不具有法律监督权，与此不同的是，我国宪法明确规定检察机关是国家的法律监督机关，因此我国的派驻基层检察室在本质上也不同于美国的社区检察机构。在法律监督工作的开展上，我国派驻基层检察室不仅具有法定的职责依据，而且具有天然的优势。派驻基层检察室履行法律监督职能、参与基层治理，不能理解为派驻基层检察室单向开展工作，而是应当强调与公众互动的过程，公众参与性是派驻基层检察室工作开展的一个重要内容。但是需要注意的是，强调公正参与性并不是要求人民群众或社会各界参与到派驻基层检察室的具体办案过程中，而是在发现职务犯罪线索、对基层执法司法活动的监督、开展法制宣传、警示教育等工作中，适度与公众互动，提高公众参与的比重，利用公众参与的力量，发挥公众参与的作用，最终实现维护基层社会稳定，提升人民群众生活质量的工作效果。

考察研究国外的社区检察制度，并不是说我们要照搬国外社区检察模式，而是在它取得的实际效果的基础上，深入探究其形成的背景、特征、理念及成熟的工作方式，结合我国实际，吸取有益的经验，最终能够使我国的派驻基层检察室得到进一步的完善和发展。

第二章　派驻基层检察室建设的时代背景

第一节　全面推进依法治国的时代大背景

依法治国，是中国共产党领导人民治理国家的基本方略，是广大人民群众在党的领导下，依照宪法和法律规定，通过各种途径和形式管理国家事务，管理经济文化事业，管理社会事务，保证国家各项工作都依法进行，逐步实现社会主义民主的制度化、法律化。

伴随着社会发展和改革进程，从强调"法制建设"到坚持"法治建设"，从"依法治国"成为基本治国方略，到"建设法治中国""全面推进依法治国"，经过了一个循序渐进和逐步完善的过程。

一、依法治国基本方略的提出

新中国成立后，党和国家开展了通过建立法制来维护社会秩序、实现人民当家做主的广泛实践。1954 年 9 月通过的《中华人民共和国宪法》，将国家基本制度、基本方针和重要政策以立法形式予以巩固，为我国的法制建设奠定了基础。据统计，从新中国成立至"文化大革命"爆发前夕，先后制定和颁布了 1500 多部法律、法令和法规，从而使社会生活的主要方面基本上有了法律的依据。[①] 由于"左"倾思想的影响和"文化大革命"的爆发，导致法律虚无主义盛行，我国的法制建设进程被迫中断。

1978 年 12 月，党的十一届三中全会召开，全会公报提出："为了保障人民民主，必须加强社会主义法制，使民主制度化、法律化，使这种制度和法律具有稳定性、连续性和极大的权威，做到有法可依，有法必依，执法必严，违法必究。"公报提出的"有法可依，有法必依，执法必严，违法必究"，成为我国社会主义法制建设的"十六字方针"，开启了加强社会主义法制建设的新征程。

20 世纪 90 年代，我国开始全面建设社会主义市场经济，奠定了法治建设

---

① 孙国华主编：《社会主义法治论》，法律出版社 2002 年版。

的经济基础。1997 年 9 月，党的十五大提出了"依法治国，建设社会主义法治国家"的基本方略，十五大报告从经济、政治、文化三个维度高度概括了依法治国的重要意义，指出："依法治国，是党领导人民治理国家的基本方略，是发展社会主义市场经济的客观需要，是社会文明进步的重要标志，是国家长治久安的重要保障。"从此以后，党治理国家的基本方略从"法制"上升到"法治"。1999 年 3 月，九届全国人大二次会议通过了宪法修正案，将"依法治国"载入宪法总纲，明确规定"中华人民共和国实行依法治国，建设社会主义法治国家"，以国家根本法的形式确立了依法治国基本方略，"依法治国"从党的理念转化为国家意志。

进入 21 世纪，中国的法治建设阔步前行。2002 年 11 月，党的十六大报告指出，"要把坚持党的领导、人民当家作主和依法治国有机统一起来"，从发展社会主义政治民主的高度，构建了依法治国基本框架。2007 年 10 月，党的十七大报告提出"全面落实依法治国基本方略，加快建设社会主义法治国家"，对加强社会主义法治建设作出全面部署。2012 年 11 月，党的十八大提出"全面推进依法治国"，明确了"法治是治国理政的基本方式"，提出了"科学立法、严格执法、公正司法、全民守法"的"新十六字方针"，是依法治国基本方略的新提升。

二、党的十八大以来依法治国基本方略的新发展

党的十八大以来，依法治国方略被提到一个新高度，法治建设进入一个崭新的发展阶段。2013 年 11 月，党的十八届三中全会审议通过的《中共中央关于全面深化改革若干重大问题的决定》，提出了"推进法治中国建设"的新目标，指出"建设法治中国，必须坚持依法治国、依法执政、依法行政共同推进，坚持法治国家、法治政府、法治社会一体建设"。该决定从包括"确保依法独立公正行使审判权检察权"在内的六个方面，对"推进法治中国建设"进行了阐述。从"依法治国"到"法治中国"，是我国法治建设的重要升级。

2014 年 10 月，党的十八届四中全会召开，这是在我国全面建成小康社会的决定性阶段和全面深化改革的关键时期召开的一次重要会议，是中国共产党坚定不移走中国特色社会主义法治道路的重要宣誓。全会审议通过的《中共中央关于全面推进依法治国若干重大问题的决定》，是中国共产党历史上第一个关于加强法治建设的专门决定，全面规划了建设中国特色社会主义法治体系、建设社会主义法治国家的宏伟蓝图，深刻回答了事关法治建设全局的重大理论和实践问题，是指导新形势下全面推进依法治国的纲领性文件。《决定》是对党的十八届三中全会决定中关于"推进法治中国建设"目标任务的深化

和细化，顺应推进国家治理体系和治理能力现代化的需要，在中国法治史上起到了里程碑的作用。

全会《决定》明确提出，全面推进依法治国的总目标是建设中国特色社会主义法治体系、建设社会主义法治国家，特别是突出强调"三个共同推进""三个一体建设"，对法治建设工作布局作了顶层设计，并具体部署了"完善以宪法为核心的中国特色社会主义法律体系，加强宪法实施；深入推进依法行政，加快建设法治政府；保证公正司法，提高司法公信力；增强全民法治观念，推进法治社会建设；加强法治工作队伍建设；加强和改进党对全面推进依法治国的领导"六个方面的重大任务，明确了全面推进依法治国的总抓手和工作重点。

全会《决定》围绕全面推进依法治国提出了许多新思想、新观点、新论断，第一次鲜明提出建设中国特色社会主义法治体系的重大论断；第一次鲜明提出形成严密的法治监督体系；第一次鲜明提出推进基层治理法治化等。基层的依法治理在法治建设全局中处于基础性地位。《决定》专门强调"全面推进依法治国，基础在基层，工作重点在基层"，并围绕"推进基层治理法治化"作出重要部署，要求"加强基层法治机构建设，强化基层法治队伍，建立重心下移、力量下沉的法治工作机制，改善基层基础设施和装备条件，推进法治干部下基层活动"。《决定》描绘出推进基层治理法治化的宏伟蓝图，为基层法治建设提出了明确要求和基本遵循。

第二节　基层治理法治化与派驻基层检察室建设

党的十八届四中全会从全局高度提出了"推进基层治理法治化"的要求。基层治理法治化，是指在坚持党的领导、人民当家做主、依法治国有机统一的前提下，在县级以下行政区域推进依法执政、严格执法、公正司法、全民守法，将经济、政治、文化、社会等各项工作纳入中国特色社会主义法治体系，促进国家治理体系和治理能力的现代化。[①] 基层法治是一个系统，包括立法、司法、执法、守法和法律监督等一系列要素，基层法治系统正常运转首先依赖于系统内部各要素的健全、完善。[②]

当前，政府各部门职能进一步下沉，基层治理多元化格局逐步形成，检察机关作为法治建设的主力军、推动者，是公正司法的实践者、监督者，还是全

---

① 李树忠：《全面认识基层治理法治化》，载《光明日报》2014 年 11 月 8 日第 3 版。
② 汪太贤、艾明：《法治的理念与方略》，中国检察出版社 2001 年版。

民守法的促进者、宣传员，更应该义不容辞地担负起新时代赋予的新任务，在全面推进依法治国战略中精准定位，围绕"推进基层治理法治化"的总目标，把贯彻落实的重点和关键放在基层。

一、当前基层检察监督的现状和问题

长期以来，我国检察机关在服务经济社会发展、促进社会公平正义、维护基层和谐稳定等方面取得了明显成效。基层检察工作是贯彻落实和检验上级部署的"终端"，处在司法办案第一线，是打击犯罪、维护社会稳定和公平正义的基础前沿力量，在整个检察工作中发挥着基础性作用。可以说，检察监督的主要任务在基层，最坚实的力量支撑在基层；检察监督最大的需求在基层，最薄弱的环节也在基层。长期以来，检力下沉不够，监督触角没有有效延伸到基层，在一定程度上影响了检察职能的充分发挥，不同程度地存在监督缺位、失位、不到位的现象。

（一）基层检察监督工作机构缺位，监督力量不足

我国《宪法》规定了国家、省、县、乡四级行政区划，但在实际运行中，基本形成了国家、省、地级市、县、乡（镇）的五级行政架构。人民法院、公安机关、司法行政机关等司法执法部门相应地设立了五个层级的机构，在乡镇一级分别设立了人民法庭、派出所、司法所，税务、土地、工商等行政机关，各种司法执法活动已经延伸到了基层。而检察工作机构在基层的制度性"空白"，成为制约基层检察工作的一大"瓶颈"，即检察机关长期以来在乡镇街道基层缺乏固定"阵地"，检察资源没有配置到最基层，没有派驻相应的基层机构和专门的监督力量，导致基层行政执法司法活动监督主体力量分散，监督手段和监督力度不够。海南省人民检察院通过专门调研，基本摸清了该省农村由于检察机关法律监督工作"缺位"而产生的问题：农村基层组织人员职务犯罪得不到及时有效查处；基层政法干警违法违纪得不到有效遏制；农村基层组织人员侵害农民权益案件得不到及时有效制止，造成大量的信访；农村治安案件得不到有效处置引发社会矛盾等。[①] 法律监督效果大打折扣，很难实现完整意义上的基层执法、司法机构相互监督，相互制约，基层工作依法治理的路径不畅、机制缺失。

---

① 李轩甫：《海南省检察院设立乡镇检察室试点工作启动——法律监督向基层农村延伸》，载《检察日报》2008 年 11 月 23 日第 1 版。

（二）基层检察监督渠道有限，监督职能发挥不充分

检察机关职能开展多数处于司法程序的中间地带，较难引起社会的普遍关注，加上检察机关职能的特殊性、检察工作的专业性和相对独立性，导致检察工作社会化程度较低。当前在基层仍有不少群众甚至干部，对检察机关的职能范围和履职方式知之甚少，一定程度上影响了监督职能的充分发挥。另外，基层人民群众的人身权利、民主权利、财产权益以及社会公共利益等利益诉求能否实现，取决于基层执法司法活动能否严格依法、公平公正进行。基层执法司法活动发生在群众身边，由于缺乏有效的制约和监督，导致执法不严、司法不公等侵害群众合法权益的问题时有发生，直接影响群众对社会公平正义的评判。检察机关现有层级设置不到最基层，没有配备专门力量直接参与基层社会治安综合治理，不能直接面向基层群众，不能及时接收群众的举报和申诉，不能有效开展法制宣传教育，预防职务犯罪，不能及时协助基层党委、政府及有关部门妥善处理影响农村稳定的突发事件，不能让基层群众及时了解检察机关工作职能和工作成效，亲眼看到、直接面对执法监督，感受到司法公正。检察机构在乡镇街道层级的"缺位"，导致与基层的信息不对称，参与基层社会治理的方式方法受限，各项检察职能发挥无法做到充分有效。

二、检力下沉在基层权力结构和检察监督体系中的价值

党的十八届四中全会提出，要加强基层法治机构建设，强化基层法治队伍，建立重心下移、力量下沉的法治工作机制，改善基层基础设施和装备条件，推进法治干部下基层活动。派驻基层检察室作为检察机关的最基层单位，处在促进经济发展和保障社会和谐的第一线，处在开展法律监督、化解矛盾纠纷的最前沿，与群众联系最密切、接触最广泛，是检察机关联系群众的"桥梁""纽带"和"窗口"，是基层治理体系和法治网络的有机组成部分，是推进基层治理法治化不可或缺的重要力量。

（一）有利于完善基层权力结构

我国建立了人民代表大会制度的政权组织结构模式，实行的是一元多立的权力结构模式，强调的是人民主权的最高性和不可分性。在立法权归属于最高权力机关的基础上，通过设置行政权、审判权、检察权等实现合理的制约和平衡。设立包括法律监督机关在内的监督体系，是一元分立权力架构下对权力运行和制约的必然选择。① 从系统论的角度看，检察系统与行政系统、法院系统

---

① 王戬：《不同权力结构模式下的检察权》，载《学海》2008年第4期。

分别作为中国权力构架生态的子系统，在机构设置上也应当配套，才能保持系统的动态平衡。① 乡镇是我国《宪法》规定的最低一级行政区划，设置有政府机关，即乡（镇）人民政府。根据《中华人民共和国地方各级人民代表大会和地方各级人民政府组织法》规定，市辖区、不设区的市的人民政府，经上一级人民政府批准，可以设立若干街道办事处，作为它的派出机关。在乡镇、街道设立派驻基层检察室，可以实现在机构设置上与乡镇政府、街道办事处、人民法庭等配套，共同组成完整的基层权力组织结构，是对乡镇一级基层权力组织结构的完善。设立派驻基层检察室，还可以与"两所一庭""七站八所"等部门共同组成完备的基层执法司法工作机制，更加有效发挥基层执法司法机构的整体效能。

（二）有利于完善检察监督体系

最高人民检察院曹建明检察长在第十四次全国检察工作会议上首次提出了"检察监督体系"概念，强调"要以深化司法体制改革为契机，以维护社会公平正义和司法公正为目标，完善检察监督体系、提高检察监督能力"。检察监督体系是检察机关在党领导下依法履行法律监督职能的制度体系，包括检察机关法律监督各领域的法律规范、体制机制和工作制度，是中国特色社会主义法治体系的重要组成部分。检察监督体系是一个全面发展的体系，也是一个开放发展的体系，要顺应党和人民要求，顺应时代发展需要，推动检察监督体系创新发展。设立派驻基层检察室，通过检力下沉丰富检察监督的方式、方法，为检察机关依法全面正确行使检察权提供健全的组织体系保障，能够完善检察监督体系，推动中国特色社会主义检察制度的健康发展。

三、推进基层公正司法和依法行政对检察监督的新期待

（一）加强基层司法活动检察监督的必要性

习近平总书记在十八届四中全会上强调："司法是维护社会公平正义的最后一道防线。如果司法这道防线缺乏公信力，社会公正就会受到普遍质疑，社会和谐稳定就难以保障。"司法公正对社会公正具有重要引领作用，正如英国哲学家培根所说，一次不公正的审判，其恶果甚至超过十次犯罪。基层司法活动直接面对群众，与人民群众联系最密切，人民群众对基层司法活动最关注，基层司法活动直接影响人民群众对司法公正的信心，直接影响司法机关的公信

---

① 王伟：《论乡镇检察室设置的理论基础——以海南省为例》，载《中共福建省委党校学报》2011年第3期。

度，司法不公正、不廉洁等突出问题对社会公正具有致命破坏作用。

近年来，基层司法机构在队伍素质、司法能力、工作质量等方面有了明显提升，人员编制、物质装备和经费保障也有了明显改善。但不可否认的是，受整体素质有待提升、法治思维亟待增强等现实问题的制约，有的基层司法人员在司法理念、执法能力上仍存在办案不廉、判决不公等突出问题，超越审限、强制调解、不尊重当事人诉讼权利甚至枉法裁判等情形仍然存在，不仅未能真正发挥法律定分止争的司法本质作用，反而容易引发涉法涉诉信访等新的不稳定因素。

十八届四中全会明确指出，"必须完善司法管理体制和司法权力运行机制，规范司法行为，加强对司法活动的监督，努力让人民群众在每一个司法案件中感受到公正正义"，同时明确指出要"加强对司法活动的监督，完善检察机关行使监督权的法律制度，加强对刑事诉讼、民事诉讼、行政诉讼的法律监督，完善人民监督员制度，绝不允许法外开恩，绝不允许办关系案、人情案、金钱案"。通过加强对基层司法活动监督，促进基层司法机关公正司法，促进司法机关带头发挥尊法崇法护法守法的示范作用，对于维护社会主义法制的统一、尊严、权威，维护国家法律的统一正确实施具有重大意义。

（二）加强基层行政执法活动检察监督的必要性

推进依法行政、建设法治政府是深化行政管理体制改革的重要任务，也是加强政府自身建设的重要方面。基层政府处在政府工作的第一线，直接面对广大的人民群众，直接面对各种利益关系和社会矛盾，承担着经济、政治、文化、社会等各方面的管理职责，行政执法是行政机关履行管理社会职能的重要手段，法律、法规能否在实际生活中产生作用，最终要靠行政执法来落实。同时，行政执法活动直接影响公民、法人和其他组织的权利义务，人民群众往往是通过行政执法来认识和评价政府，认识和评价法律，因此行政执法是否公正、廉洁，直接关系着政府的威望和法律的权威。

党的十八届四中全会《决定》指出，法律的生命力在于实施，法律的权威也在于实施。全面推进依法治国，重点就在于保证法律严格实施，做到严格执法。保障基层政府严格执法，推进依法行政、建设法治政府，是全面推进基层治理法治化的基础。基层行政执法部门，直接与公民和法人接触，直接向社会传递国家意志，其行政行为理应受到检察机关的监督，从而确保其在法律框架下依法行政，将公权力置于法律的监督与制约之下，是建设法治政府，同时也是提升国家治理能力、构建现代国家治理体系的必经之路。

作为一种公权力，行政权也天然地具有扩张性、侵犯性和腐败性。① 乡镇组织处于国家权力结构的最基层，是我国民主法治建设的薄弱环节。以"七站八所"② 为代表的，具有行政执法权或行政管理权的基层机构，是社会治理"末梢"，其执法行为直接关系着广大农民群众的切身利益。当前基层行政执法正朝着公开、透明、规范的方向稳步推进，基层执法人员的法制意识和廉政意识不断提高，但依法执政意识不牢、违法行政问题还大量存在，制约着行政执法活动的健康发展，个别镇街干部利用职权实施的职务犯罪案件时有发生，且呈多发态势，给国家和农民群众利益造成了重大损失，亟须对基层行政执法活动进行有效的法律监督，促进基层依法行政。

"法治的精髓就是制约和监督国家行政机关及其工作人员。行政权的监督制约机制不健全，就不可能实行依法行政，也不可能有法治政府。"③ 行政机关能否做到依法行政的关键在于其能否受到有效的监督和监控。通过确认并强化检察机关对行政机关行政执法行为的检察监督职能，是建成社会主义法治国家和实现法治政府建设目标的重要保障。检察机关对行政执法的监督是对行政权的监督和制约，旨在督促行政组织及其工作人员严格遵守国家的法律、法规执行职能，依法履行管理职权，从而保障公民、法人和其他社会组织的合法权益。

派驻基层检察室作为检察监督权向基层延伸的具体形式，能够发挥贴近基层的优势，解决基层行政执法监督"缺位"的问题，有效地融入基层社会治理体系，促使基层行政部门依法办事、履职尽责，促进基层行政部门工作人员依法严格行政，及时发现查处辖区内各执法部门存在的违法犯罪问题，减少行政执法不严、不作为、乱作为、执法不公等现象，有效推进基层政府事权规范化、法律化，推动基层依法全面履行行政职能。

---

① 王圭宇：《行政执法、检察监督与法治政府的实现》，载《云南大学学报（法学版）》2012 年第 3 期。

② "七站八所"，是指乡镇基层站所，包括乡镇（街道）的直属站所，以及上级部门在乡镇（街道）设置的派出机构。这样的机构可达 20 个以上。这里的"七"和"八"都是概数，并非确数。

③ 王贺：《健全行政执法检察监督机制的对策建议》，正义网 2015 年 9 月 28 日，http://www.jcrb.com/procuratorate/theories/academic/201509/t20150928_ 1550129.html，访问时间：2016 年 11 月 29 日。

第三节　社会主义新农村建设中的派驻基层检察室建设

建设社会主义新农村①，是党在新时期从全面建设小康社会、开创中国特色社会主义事业新局面的全局出发而提出的一项重大历史任务。农村法治建设是社会主义新农村建设的重要内容，其内涵是以维护农村社会稳定为前提，以完善农村党组织为核心，以保护农民合法权益为目的，充分发挥政法部门优势，为建设社会主义新型农村保驾护航。

一、检察机关服务和保障新农村建设的必要性

2008 年 10 月，党的十七届三中全会通过的《中共中央关于推进农村改革发展若干重大问题的决定》，对农村基层法治建设提出了具体要求，指出：加强农村法制建设，完善涉农法律法规，增强依法行政能力，强化涉农执法监督和司法保护；拓宽农村社情民意表达渠道，做好农村信访工作，加强人民调解，及时排查化解矛盾纠纷；切实把矛盾和问题解决在基层、化解在萌芽状态；深入开展平安创建活动，加强农村政法工作。

近年来，国家频繁出台各项惠农政策，对"三农"的支持力度不断加大，各项惠农资金不断增加，有力保障了社会主义新农村建设的开展。与此不相适应的是，基层组织在经济管理、民主政治、制度机制建设等方面相对薄弱、滞后，基层干部虚报冒领、截留私分惠农资金等损害群众利益的案件屡见不鲜，甚至在部分地区呈高发态势，对社会主义新农村建设工作造成严重危害。习近平总书记在十八届中央纪委二次全会发表讲话时指出，"要坚持'老虎''苍蝇'一起打，既坚决查处领导干部违纪违法案件，又切实解决发生在群众身边的不正之风和腐败问题。"习近平总书记的讲话将"苍蝇"与"老虎"并列，充分表明党中央对于基层腐败的态度是绝不轻视，绝不姑息。

检察机关作为国家法律监督机关，肩负着宪法赋予的法律监督职责，要充分履行职能，努力维护社会稳定，为推进社会主义新农村建设发挥应有的作用。通过查办和预防农村基层职务犯罪，严肃查处基层国家工作人员利用职权以权谋私、贪污、受贿、挪用公款犯罪，以及基层国家机关工作人员滥用职

---

① "建设社会主义新农村"并不是最近才提出来的。20 世纪 50 年代就曾用过这一提法。改革开放以来，至少在 1984 年中央 1 号文件、1987 年中央 5 号文件和 1991 年中央 21 号文件即十三届八中全会《决定》中出现过这一提法。十六届五中全会提出的"建设社会主义新农村"，其背景和含义与以前有很大不同。

权、玩忽职守等犯罪，特别是基层组织工作人员贪污、挪用惠农资金、集体资金等严重侵害农民群众切身利益的犯罪，让侵害国家和人民群众利益者得到惩处，让群众感受到身边的公平正义。

二、在新农村建设中发挥派驻基层检察室的职能作用

最高人民检察院 2010 年 10 月 2 日印发的《关于进一步加强和规范检察机关延伸法律监督触角促进检力下沉的指导意见》，专门提出："检察机关要着力抓好涉农检察工作，把法律监督的触角延伸到广大农村，全力服务农村改革发展。"该意见同时明确了派驻基层检察室建设原则及基本思路，派驻基层检察室担负起了检察机关服务和保障新农村建设的各项任务。派驻基层检察室在新农村建设中的职能作用发挥，主要体现在服务监督村务管理，以及在农村社区化进程中的服务和监督，反映了派驻基层检察室扎根基层过程中的服务属性与监督属性。

（一）对村务管理的服务和监督

1. 农村事务传统管理方式的现状。传统的农村管理模式基本上是采取"农村自治"方式，这虽然保障了农村集体事务处理的自由性和灵活性，但是不可否认的是，由于部分村干部自身素质不高，在集体事务的处理上通常带有明显的"家族"倾向，不能"一碗水端平"，经常会出现侵害部分村民合法权利的情况。另外，由于乡村信息闭塞，农民对于外部信息接收不全面，使得其对于国家的政策尤其是惠农政策不了解，更为农村干部"暗箱操作"提供了便利。近年来，惠农项目和惠农资金分配、土地承包、"两委"换届等因素引发的纠纷，成为影响农村稳定的重要因素。

基层党委政府参与农村事务的管理通常采取的是"干部包村"的模式，即由乡镇干部承包辖区内的村庄，负责协调处理基层政府与农村之间的关系，但是由于包村干部素质不一，有临时观念，人员定期轮换等原因，致使在不少地方"包村制度"流于形式，成为农村干部不法行为频发的重要因素。以农村小麦直补款的上报为例，按照规定程序，首先由村干部根据村民自报的小麦亩数制作小麦直补面积自报表，村干部以及该村包村干部在自报表上签名后上报到乡镇政府，其中包村干部的签名代表着乡镇政府确认表格的真实性，乡镇政府的经管站制作小麦直补发放表并下发小麦直补款项，最后需要在本村进行公示小麦直补发放表，接受村民监督。但是，检察机关在办理农村干部贪污小麦直补款案件时发现，部分包村干部不实地考察小麦种植面积，其签字是别人代签，并且有些地方的小麦直补款发放表不在村里公示，该模式的实际运行远

远没有达到预期的效果。应有的工作模式起不到作用，对村干部的制约也徒有其表，乡镇党委对农村事务的管理也必然达不到应有效果。

2. 服务监督村务管理的途径和方式。鉴于当前农村事务的现状，检察机关完全有必要利用派驻基层检察室扎根基层的优势，立足检察职能，为农村和谐稳定提供有力的司法保障。农村事务千头万绪，派驻基层检察室需要寻求一个突破点，即检察室以什么样的方式和途径开展对村务管理的服务和监督。

2015 年 4 月 25 日，中共中央办公厅、国务院办公厅颁布了《关于健全和完善村务公开和民主管理制度的意见》，意见指出：“健全基层自治组织和民主管理制度，完善公开办事制度，保证人民群众依法直接行使民主权利，管理基层公共事务和公益事业，对干部实行民主监督。”可以看出，村务管理的关键在于村务公开和民主监督。派驻基层检察室服务监督村务管理的切入点也应在此。

派驻基层检察室可以将村务公开监督工作纳入职责范畴，通过下访巡访和定期走访的形式，重点对村务公开的事项进行监督，在走访过程中，积极宣传检察机关监督职能，畅通村民针对村务公开工作的举报渠道。派驻基层检察室可以联合有关部门加大针对国家各项惠农政策的宣传力度，让老百姓知道有哪些惠农项目，使其更有效地保护自己的合法权益。为使乡镇“包村制度”有效运行，检察室在下访巡访和走访的过程中，可以邀请包村干部一起进行，利用检察力量，让“包村制度”实际有效的运行起来。在部分农村，村民通过建立民主监督小组参与村务管理，派驻基层检察室可以利用自身的专业优势，结合检察机关办理的真实案件，帮助村民监督小组明确监督重点，提升村民监督小组的监督水平，为公平处理村务创造客观环境。

（二）在农村社区化中的服务和监督

关于基层法律监督问题，不能就监督而谈监督，应当结合实际，找准监督的切入点，明确在基层所要承担的司法角色和定位，从社会发展进程中充分挖掘基层法律监督的价值和路径。

农村社区化的新形势。现阶段，我国农村发展最直接的表现就是农村城镇化速度的加快，或者说是合村并居进程的提速。由于基层合村建社政策的推行，以前大量农村区域逐级合并为城镇，农村人口相应地划归为城镇居民。人口的集中化，产生了一种新的具有一定行政属性的机构——社区。在当前基层社会社区化程度进一步深入的情况下，无论是派驻在乡镇的检察室，还是派驻在街道的检察室，都共同面临新形势下法律监督职能的发挥问题。实际上，城市中的派驻基层检察室，即检察机关设置在街道的检察室，所面临的就是社区化的基层，其在监督职能上的运作模式为当前在农村社区化背景下的派驻基层检察室建设提供了可行的实践经验。

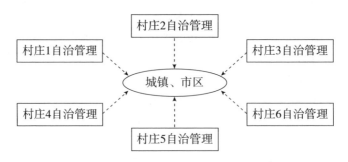

图1　社区化之前的农村现状

如图1所示，以前我国呈现的是城村分离的状态，村庄没有拆迁等工程建设，利益没有集中点，村庄本身属于村务自治的状态，也不存在严格意义上的国家工作人员，行政机构参与程度不深，农村职务犯罪问题并不明显，职务犯罪案件的办理一般也不涉及农村层面。这个阶段属于我国社会发展初期，农村城镇化程度比较低，各种社会问题多集中在城镇，检察机关的法律监督工作主要集中于县级以上政府及其他机关的国家工作人员，并且其参与的社会管理也多局限于城镇范围。

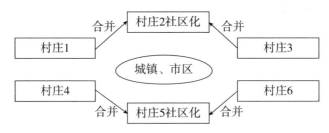

图2　社会发展带来的乡村变化

由于农村人口众多，村庄分布过于分散，传统的农村生活方式不利于社会的发展，因此国家大力推行合村政策，同时集中人口建立社区，并设立社区居委会来管理社区的日常活动。如图2所示，根据社会发展的需要，村庄1、村庄2、村庄3合并，村庄4、村庄5、村庄6合并，最终成为两个大社区。农村社区化高速发展的同时，人口聚集所产生的社会关系交互效应也更加明显，导致矛盾纠纷高发，社区拆建等工程项目使利益交叉点大大增加，农村职务犯罪呈高发态势，村民信访问题增多，社会治安问题和不稳定因素凸显。检察机关原有的工作模式已不能适应农村社区化的现状，需要通过检力下沉来满足新形势对基层检察监督的新要求。

根据《宪法》规定，我国地方政府分为省、县、乡（镇）三级，不包括社区，但是社区管理较之前村委会管理无论是人口还是事务上都大大增加，并且程序上也更为严格，由于社会发展带来的交通便利等原因，社区与城镇市区的联系也更为紧密，所以，如图3所示的社区1和社区2就目前来看已经拥有类似于一级政府的地位，或者准政府地位。日渐庞大的社区，使社会需要更为专业的管理，需要设立人员更多、专业水平更高的基层站所参与社区事务，进而导致行政机构进一步扩张，公务人员数量的增长及其职务的扩张也将会加大检察机关职务犯罪预防压力。检察机关需要设置派驻基层检察室，延伸法律监督触角，畅通信息获取渠道，直接接收群众举报和申诉，开展职务犯罪预防和法治宣传教育，参与基层社会治安综合治理，协助辖区内党委、政府及有关部门妥善处理影响基层稳定的事件，积极维护社会和谐稳定。

图3 土地拆迁带来的社会变化

总的来说，农村社区化所带来的行政机构或者说准行政机构（即社区）的扩张，以及与此同时所产生的人口集中导致的利益点的凸显化，使行政权大大扩张，基层职务犯罪现象也呈现高发之势；另外，在我国基层大拆大建过程中，所牵涉的资金问题，也是职务犯罪高发的传统诱因，在此不再赘述。上述这些情况都对基层权力运行监督工作提出了现实的要求，需要派驻基层检察室发挥法律监督机关的职能作用，提升基层权力监督力度，成为保障农民合法权益的坚强后盾。

从中央到地方，农村问题永远是社会问题的核心，农村稳则天下稳，农村安则社会安。在中央推行社会主义新农村建设的背景下，派驻基层检察室延伸监督触角，扎根基层的核心也应当是处理好派驻基层检察室与农村的关系，并明确自身在社会主义新农村建设中的角色定位，可以通过什么途径和方式为新农村建设提供司法保障。从实践情况来看，派驻基层检察室对农村事务的服务监督还没有完全实现派驻基层检察室扎根基层的目标任务，应当进一步探索派驻基层检察室在新农村建设中的职能作用发挥，形成稳定有效的工作制度、工作模式，构建长效工作机制，让派驻基层检察室成为社会主义新农村建设中不可或缺的力量。

第三章　派驻基层检察室建设的法理分析

第一节　概念解读和机构属性

一、"派驻"概念释义

《现代汉语词典》对"派驻"的释义是：派遣人员驻在某地（执行任务）。"派驻"的英语表述是 accredit。《英汉大辞典》对该词的释义除"派驻"外，还有"授权""委任"等意义。从词语的文意解释来看，在"派驻"一词中，至少暗含了四个要素：第一，行为主体，即进行派驻的机构或个人；第二，行为对象，即被派驻的机构或个人；第三，行为空间，即派驻地点；第四，行为目的，即派驻所要完成的任务，这四个要素一起，共同构成了"派驻"一词的文意内涵。

"派驻"一词出现在国家组织构架中时，往往是某个机关为完成某种任务或达到某种社会效果，在特定的地方，安排人员开展针对性工作。并且，为体现派驻行为性质，在"派驻"一词之后，以体现派出机构性质的名词附之，从而揭示特定派驻行为的完整含义。在我国，最为典型的基层派驻机构是公安派出所和人民法庭，一个属于行政机关的派出机构，一个属于司法机关的派出机构。

《公安机关组织管理条例》第 6 条规定："设区的市公安局根据工作需要设置公安分局。市、县、自治县公安局根据工作需要设置公安派出所。"从条例的规定来看，公安派出所的设置在法规层面应该理解为根据工作需要"可以"进行设置，但在实践操作中，公安派出所一般是由县一级公安机关根据辖区内相对应的乡镇行政区划进行设置。这是因为，我国乡镇基层面积广阔，且农村一般以乡镇为中心，带有明显的地域特色，根据行政区划设置公安派出所更能够有针对性的开展治安工作，以保护辖区内的治安稳定。除此之外，根据相关法律规定，公安部有权和相关部门一起对一些承担特殊职能的区域设置专门的派出所，如铁路公安派出所，其与当地公安机关无隶属关系，只对自己负责的铁路沿线发生的与铁路运营有关的治安事件进行管辖。但是，不管何种性质的公安派出所，其在设置上，都集中体现了自身作为派驻机构的特点。

尽管同属于派驻基层机构，人民法庭不同于公安派出所的设置，二者在设置的原则和标准上有明显的差别。《人民法院组织法》第19条规定："基层人民法院根据地区、人口和案件情况可以设立若干人民法庭。人民法庭是基层人民法院的组成部分，它的判决和裁定就是基层人民法院的判决和裁定。"人民法庭与公安派出所最大的区别在于人民法庭不能以自己的名义作出判决和裁定，只能以派出院的名义进行裁判，而根据《治安管理处罚条例》第91条的规定，对于警告、500元以下罚款，可以由公安派出所决定。同时，人民法庭的设置一般不会与乡镇行政区划一一对应，往往是一个人民法庭负责几个乡镇的案件，是一种"跨行政区划的司法管辖"。尽管公安派出所和人民法庭都是各自机关的派出机构，但是由于一个是行政机关，另一个是司法机关，所以，二者在派驻的表现上存在明显的差别。

二、派驻基层检察室的机构属性

在我国，检察机关属于司法部门，同时还是宪法规定的法律监督机关，承担着法律监督的职责，因此，检察机关有一部分行政机关的特点。《宪法》第132条第2款规定："最高人民检察院领导地方各级人民检察院和专门人民检察院的工作，上级人民检察院领导下级人民检察院的工作。"这种上下级领导关系带有明显行政属性，这与宪法规定的法院上下级之间的监督关系有着本质的区别。鉴于检察机关是司法机关，同时又具有法律监督的职责，作为其派出机构的派驻基层检察室同样具有区别于公安派出所和人民法庭的特点。

由于《人民检察院组织法》缺少明确规定，因此派驻基层检察室的属性特点更多是在实践探索中形成的，并且各地检察机关在派驻基层检察室的实践探索过程中，也形成了一些带有地域特色的特点。总体来说，派驻基层检察室的机构属性，可以从以下方面分析：

（一）设置主体

设置派驻基层检察室的主体一般是县一级检察机关，在特殊地域由市（地级市）一级检察机关设立。以山东派驻基层检察室建设为例，各地基本都以县一级检察院作为派出院，但是在泰安、滨州、莱芜等地，市（地级市）一级检察院根据工作需要和实际情况，在开发区等特定区域，也设立了派驻基层检察室。

（二）职能属性

在检察业务开展上，派驻基层检察室强调的是监督与服务并行，不同于人民法庭专注于审理民事案件。并且，派驻基层检察室业务均以派出院名义办理，以派出院名义作出决定，而派出所对于部分行政处罚有最终决定的权力。

（三）位置选择

派驻基层检察室在派驻地点的选择上，要求是人口多、信访量大、治安问题突出、辐射功能强的地方，一方面能够更好地服务群众，方便群众；另一方面能够更强、更直接地对辖区内各乡镇部门进行监督。

（四）人员选派

在派驻人员的选择上，为满足工作的需要，当前派驻基层检察室主要采取的是派出院的检察人员与辅助人员相结合的模式，检察人员负责派驻基层检察室的业务工作，辅助人员承担保障工作及在一定范围内对检察人员的业务工作提供协助。

三、派驻基层检察室与当地党委政府的关系

对于派驻基层检察室，其自身特点决定了在工作中将直接面对基层乡镇党委政府，因此应当注意处理好与当地党委政府的关系。乡镇政府是法律规定的一级行政机关，拥有比较完备的行政职能，对派驻基层检察室而言，其中一项重要的职责就是发挥行政监督职能。所以，在监督职能的发挥上，派驻基层检察室首先应当注意保持自身的独立性，在监督的过程中，避免受到当地政府的影响；其次，派驻基层检察室还应当积极参与乡镇的社会治理工作，利用检察职能，积极在辖区内开展法制宣传、职务犯罪预防工作，加强宣传力度，扩大检察机关在基层农村的影响力；派驻基层检察室还应当积极参与列席乡镇党委会议，一方面掌握基层工作的重点，另一方面可以从检察职能的角度为基层发展建言献策。总之，派驻基层检察室作为检察机关的派出机构，应当处理好监督独立性与参与社会基层管理工作之间的平衡问题。

对派驻基层检察室"派驻"属性问题的理解，不能仅仅立足于其字面含义，更应从当前的实践探索出发，赋予派驻基层检察室更为丰富的内涵。尽管当前派驻基层检察室在各个方面的探索实践工作已经取得了相当成绩，但是不能忽略的问题是派驻基层检察室的"派驻"建设毕竟没有法律层面的规定，这虽然在客观上为派驻基层检察室的探索研究提供了更为宽广的思路，但同时也不可避免地面临着法律缺失的尴尬。所以，如何在现有法律层面的基础上，正视派驻基层检察室"派驻"的内涵和外延依然是当前及以后所面临的重要问题。

第二节　派驻基层检察室建设的依据和合法性

尽管同属于司法机关，但是不同于人民法庭，派驻基层检察室的设置还不存在法律层面的明确规定。所以，在派驻基层检察室建设过程当中，有个问题始终无法回避，就是在现有的法律基础下，派驻基层检察室建设是不是违反当前的立法精神，是否违反"法无授权即禁止"的公权力原则。当前对于派驻基层检察室建设的反对意见，基本上都是来自派驻基层检察室建设缺少法律层面上的依据。所以，对派驻基层检察室建设的法律理论依据的研究应当引起重视。

一、现行设置依据

当前对派驻基层检察室的探索中，尤其是对其法律依据的研究，有相当一部分的研究者将《人民检察院组织法》第 2 条第 3 款作为其设立的法律依据，我们认为这种认识不符合立法本意。该款规定："省一级人民检察院和县一级人民检察院，根据工作需要，提请本级人民代表大会常务委员会批准，可以在工矿区、农垦区、林区等区域设置人民检察院，作为派出机构。"从该条款的字面意思可以看出，设立的派出机构均是在承担特殊生产职能的区域，尽管最终落脚点是"作为被派出机构"，但前面的"人民检察院"表明，该条款规定的是设立类似于公安分局性质的检察分院，是属于具有独立法人资格的特殊派出机构。从立法者本意上分析，该条款的确立，是为了实现与法院系统中的专门法院配套设立检察机构，条款中设立的区域表述为"工矿区、农垦区、林区等"，这些区域通常是被认为法院系统可以设立专门法院的地方。因此，无论以条款本身的文意解释和对立法者本意进行解释，将该条款作为派驻基层检察室设立的依据均有不妥之处。尽管如此，从另一个角度分析，检察机关设立派出机构的做法至少是法律所允许的，并不违背立法精神。

最高人民检察院在 1993 年 4 月 22 日的第八届检察委员会第二次会议通过了《人民检察院乡（镇）检察室工作条例》，在该条例没有被废止的情况下，依然具有现实的指导意义。该条例第 2 条规定：乡镇检察室是县市、市辖区人民检察院派驻乡镇的工作机构。第 3 条规定了检察室的工作职责，第 4 条规定了检察室设置的原则，即根据乡镇地域、人口、经济状况和工作需要进行设置。由于该条例在 1993 年通过，其中对于派驻基层检察室任务的规定，已经不能适用于当前检察室职能的开展，因此该条例对目前派驻基层检察室的指导作用已经非常有限。需要注意的是在此条例之前，最高人民检察院已经废止了一部关于检察室的工作条例，所以，尽管目前的条例对派驻基层检察室建设指导作用有限，需要对派驻基层检察室职能任务的规定进行重新设定，但是该条例的存在依然表明最高人民检察院对于派驻基层检察室建设持赞成态度。

二、作为派出机构的合法性

从建设伊始，派驻基层检察室就一直被强调是检察机关的派出机构，而非派出机关。[①] 在行政组织学概念中，派出机关与派出机构有严格的区分，二者存在本质的区别。派出机关往往是一级机关经过审批后设立的具有完全独立资格，可以自己名义开展工作的一级部门，而派出机构通常是指某个机关为了完成特定的任务经过审批后成立的内设部门，经过了设立机关的授权，部门本身以设立机关的名义开展工作，不具有独立的法人资格。在一些特殊的情况下，派出机构也可以自己名义开展工作，如公安分局和税务分局，以及前文说到的检察分院，但是这种分局或者分院往往是设立在地域面积广阔、事务繁多的地方，其本身的权力还是来自派出他的机关的授权。二者的区别可以总结为："被派出机构（如公安派出所、工商派出所等）不是独立的行政主体，它们不能以自己的名义行为和由自身对其行为负责，而是以派出机关的名义行为，并由派出机关对其行为负责，除非有法律、法规的专门授权。而被派出机关却属于独立的行政主体，可以以自己的名义行为和由其自身对自己的行为负责。"[②] 我们认为，上述二者的区别同样适用于司法领域。

法律往往对派出机关的设立作出明确和严格的规定，但是对于派出机构的规定则比较自由和宽泛，有的甚至根本就没有明确的规定。如《各级人民代表大会和地方各级人民政府组织法》第 68 条第 3 款规定：市辖区、不设区的市的人民政府，经上一级人民政府批准，可以设立若干街道办事处，作为它的派出机关。街道办事处在实践中承担的工作与乡镇一级人民政府完全一致，尽管其属于市辖区或者不设区的市的人民政府派出，但是具有独立的法人资格，是法律明文规定的派出机关。

---

① 派驻基层检察室是检察机关的派出机构，之所以用"派驻"表示，是为了强调其设置的地域，准确表述应为派驻某地的派出检察室。

② 姜明安主编：《行政法与行政诉讼法》，北京大学出版社 2007 年版，第 122 页。从本质而言，派驻基层检察室即是姜明安教授书中所称的"被派出机构"，"被"字所体现的乃是主从关系，一个是派出的主体，另一个是派出的对象。本书为便于表述，将"被"字去掉，称为"派出机构"，但含义与姜明安教授书中的"被派出机构"并无二致。

实际上公安派出所在法律规定上与派驻基层检察室面临同样的问题。关于公安派出所的设立，在法律层面上最早的规定是 1954 年 12 月 31 日第一届全国人民代表大会常务委员会第四次会议通过的《公安派出所组织条例》，但该条例在 2009 年 6 月 27 日的第十一届全国人大常委会第九次会议被废止。目前关于公安派出所的规定，是 2006 年 11 月 1 日国务院第 154 次常务会议通过，于 2007 年 1 月 1 日施行的《公安机关组织管理条例》，该条例在第 6 条规定了市、县、自治县公安局根据工作需要设置公安派出所的规定。如果说当前公安派出所因为没有法律层面的规定而属于违法设置的话，显然是不准确的。而之所以存在这种情况，恰恰是因为公安派出所是公安机关的派出机构，而非派出机关。同理，派驻基层检察室作为检察机关的派出机构，并不能以法律没有规定认定其设置违法。派驻基层检察室的设置是检察机关根据现实发展需要，为完善自身监督职能所做的内设机构的调整，其建设工作完全不违背现有立法精神的各项原则。

第三节 权力制衡理论视角下的派驻基层检察室建设

一、国外对分权制衡理论的应用

分权制衡是当前被西方国家普遍运用在政治体制和其他国家管理活动中的重要法理。尽管这一理论最初由西方学者提出，最早可以溯源于古希腊的亚里士多德，但是，分权制衡理论本身并不是西方国家的专利，并且，普遍被西方国家采用的"三权分立"的政治体制，也是由分权制衡理论引申出的权力制衡的一种具体表现形式，二者并非等同关系。孟德斯鸠认为：一切有权力的人都容易滥用权力，这是万古不变的一条经验，有权力的人们使用权力一直到遇到有界限的地方才会休止。① 鉴于此，他将国家权力分为立法权、行政权和司法权三种，并认为三种权力能够互相制衡，形成完美无私的政治体制。可以说，美国人几乎完整地继承了孟德斯鸠的观点。在分权制衡方面，美国建国初期著名的政治家汉密尔顿认为，没有分权就没有自由。同时他认为立法权、行政权和司法权如果掌握在同一类人或同一个机关里，那这样的政体就是"虐政"，就是对自由宪法原则的破坏，为了保障人们的权力，就要严格划分立法权、行政权和司法权的界限，把权力平均地分配到不同的部门，使它们独立地

① ［法］孟德斯鸠：《论法的精神》（上），张雁深译，商务印书馆 1982 年版，第 154 页。

行使自己的权力。① 实际上，这是在分权制衡体制下国家机构构建的再完善，但机构内部权力过于集中本身依然为权力的滥用提供了客观条件，那种既当裁判员又当运动员的监督体制必然不能满足法治的要求。

二、人民代表大会制度对权力制衡机制的应用

社会主义国家创造并采取了与资本主义国家不同的权力制衡学说，即议行合一制。该学说比较完善的理论来源于马克思主义学说，是马克思在总结巴黎公社经验基础上形成的，其最核心含义在于行政权力与立法权力是统一的。早期的"议行合一"学说已经不适用于当前中国权力制衡体系。目前，我国实行的是人民代表大会制度，即人民代表大会是国家最高权力机关，并由人民代表大会行使立法权，同时行政机关、司法机关等其他国家权力均由权力机关产生，对它负责，并受它监督。人民代表大会制度的建立，表明我们并没有固守最初巴黎公社"议行合一"的具体模式，而是对议行合一有深入的理解，对议行合一有一定的发展的结果。② 并且，从检察权独立于行政权和审判权，可以看出我国对于法律监督的重视。

在人民代表大会制度下，我国《宪法》明确将检察机关规定为法律监督机关，将法律监督职责授予检察机关，建立了适合中国国情的权力监督机制并运行至今。《宪法》第 135 条对公检法三者之间的关系概括为：人民法院、人民检察院和公安机关办理刑事案件，应当分工负责，互相配合，互相制约，以保证准确有效地执行法律。《刑事诉讼法》中关于检察机关的地位规定在第 7 条：人民法院、人民检察院和公安机关进行刑事诉讼，应当分工负责，互相配合，互相制约，以保证准确有效地执行法律。以及第 8 条：人民检察院依法对刑事诉讼实行法律监督。《民事诉讼法》在总则部分第 14 条对于检察机关的职责也进行了原则性规定：人民检察院有权对民事诉讼实行法律监督。《行政诉讼法》在第 11 条明确了人民检察院有权对行政诉讼进行法律监督。《宪法》及有关法律的规定表明，检察机关在被概括性地授予法律监督机关地位的同时，进一步强调了检察机关对于司法行为的监督，并对其监督的具体事项在《刑事诉讼法》《民事诉讼法》以及《行政诉讼法》中予以明确，从而最终确立了检察机关对于司法行为和行政行为的监督地位，并且，监督本身就是权力制衡的集中表现。"检察院对行政权的制约，具体表现在检察机关对行政机关及其工作人员执法活动监督，对审判权的制约，主要体现在检察机关对法院审

---

① 《论分权制衡理论的发展》，http://www.xzbu.com/1/view-3303996.htm。
② 李建新：《马克思主义"议行合一"思想的新发展》，载《科技信息》2010 年第 13 期。

判活动的监督……检察权对行政权、审判权的制约应当是多层次、全方位的，也就是说，只要有行政权、审判权行使的地方，就应当有检察机关的监督，应该有检察权的制约。"① 习近平在第十八届中央纪律检查委员会第二次全体会议上强调要加强对权力运行的制约和监督，把权力关进制度的笼子里。这进一步强调了当前形势下，要求检察监督职能所要达到的效果。

三、派驻基层检察室建设与完善基层权力制约

目前，随着我国社会经济的发展，作为公权力核心的行政权一直处于扩张的趋势，尤其是在强调基层治理法治化的背景下，农村事务越来越引起中央的重视，于是，各个部门均积极建立在乡镇基层的业务站所，完善从上到下的机构设置体制。经济发展带来的经济关系进一步扩张，行政权也越来越积极参与到农村社会生活中，公权力侵害农民权益的事情时有发生，由此引发的社会矛盾呈现高发趋势，基层法庭案件也有井喷之势，这都是社会发展所带来的必然结果。在这种态势下，检察机关对于基层乡镇公权力行使的监督工作不能说是缺失，但由于缺少专门针对基层站所的监督机构，使检察监督权在基层的行使越显得力不从心，捉襟见肘。简单说来，我国尚缺少自上而下与行政权和审判权相对应的监督机构，这至少显示了检察权在基层构建中的不完善，同时，也违背了分权制衡理论在基层社会中的实践，使得对于基层行政权和审判权的监督依靠内部完成，缺少对二者的外部监督。实践证明，内部监督这种犯错自纠机制总不能达到预期效果，甚至有可能引发更为严重的社会问题。

正是在这样的背景下，基于对基层权力更有效制约的考量，基层检察院才在乡镇设置派驻基层检察室。从体制构建而言，乡镇是连接基层农村与上级机关的中间环节，在如此重要的环节上，缺少强有力的监督不符合权力制衡的要求。实际上，派驻基层检察室建设解决的不是有无监督的问题，而是试图使监督更有效，制约更深入的问题。设立检察室能使最基层的行政权、审判权更好地处于法律监督之下，有效防止基层公权力在乡土社会中的不作为和乱作为，检察室建设实际上是权力制衡这种宏观理论在基层政权组织运行中的实践结果，是权力与权力之间的制约在基层的集中体现，单靠检察室建设或许不能完全解决检察机关对基层权力运行的监督问题，但至少是一种可行的探索途径。

---

① 无锡市人民检察院课题组：《派驻检察室的理论和实践解构》，2014 年 10 月，第 136 页。

第四节　司法改革与派驻基层检察室建设

一、司法改革对基层司法活动的新要求

我国司法改革是党中央提出的"全面深化改革"战略的一个重要组成部分，司法改革也不是最近才被提出的概念，这本身是一项旷日持久的社会工程。在 1995 年以前，司法改革的关注点主要集中在刑事诉讼尤其集中在法院刑事审判方式的改革方面，结果促成了刑事诉讼法 1996 年的重大修改。1997年后，我国才开始关注宏观的司法体制方面的改革，对司法制度与方式进行了较为全面深入的改革和创新。[1] 当前被反复提及的司法改革，与以往改革相比，社会背景和内涵都发生了重大变化。各项改革要求，不仅涉及法律层面上的变化，还包括司法机关本身的机构体制以及人员管理等微观改革，改革的要求更加具象化。

2013 年 11 月 9 日，党的十八届三中全会召开，会议期间审议通过了《中共中央关于全面深化改革若干重大问题的决定》（以下简称《决定》），《决定》在第九部分推进法治中国建设中提出"深化司法体制改革，加快建设公正高效权威的社会主义司法制度，维护人民权益，让人民群众在每一个司法案件中都感受到公平正义"的原则性改革要求，同时提出要"确保依法独立公正行使审判权检察权。改革司法管理体制，推动省以下地方法院、检察院人财物统一管理，探索建立与行政区划适当分离的司法管辖制度，保证国家法律统一正确实施。建立符合职业特点的司法人员管理制度，健全法官、检察官、人民警察统一招录、有序交流、逐级遴选机制，完善司法人员分类管理制度，健全法官、检察官、人民警察职业保障制度。健全司法权力运行机制。优化司法职权配置，健全司法权力分工负责、互相配合、互相制约机制，加强和规范对司法活动的法律监督和社会监督……广泛实行人民陪审员、人民监督员制度，拓宽人民群众有序参与司法渠道"等较为具体的司法改革要求。为更好地落实《决定》中关于司法改革的要求，中央全面深化改革领导小组第二次会议审议通过的《关于深化司法体制和社会体制改革的意见及贯彻实施分工方案》（以下简称《实施方案》），明确了深化司法体制改革的目标、原则，制定了各项改革任务的路线图和时间表。《实施方案》提出了进一步深化司法体制和社

---

[1]　肖君拥、黄宝印：《中国司法改革述评》，载《求是学刊》2003 年第 30 卷第 3 期，第 73 页。

会体制改革的目标任务："着眼于加快建设公正高效权威的社会主义司法制度，完善司法管理体制和司法权力运行机制，规范司法行为，加强对司法活动的监督，保证公正司法，依法维护人民群众权益，提高司法公信力；着眼于推进国家治理体系和治理能力现代化，加快形成科学有效的社会治理体系和公共法律服务体系，提高社会治理水平；着眼于建设高素质法治专门队伍，推进正规化、专业化、职业化，建设一支忠于党、忠于国家、忠于人民、忠于法律的社会主义法治工作队伍。"《实施方案》同时强调，进一步深化司法体制和社会体制改革，必须遵循以下基本原则："……坚持调动中央与地方两个积极性，鼓励、支持地方在符合中央确定的司法体制改革方向、目标下积极探索，创造可复制、可推广的经验。"无论是作为审判系统的法院还是作为法律监督的检察机关，在改革中都必须遵守《决定》和《实施方案》的各项要求，而检察机关相比法院，由于其本身还是法律监督机关，除由于案件办理与群众发生联系外，还包含了群众参与检察监督的内容，也就是群众参与性的问题。实际上，从人民监督员制度就可以看出，群众通过检察职能参与司法是我国司法体系中的一项重要特色，这是践行群众路线的重要方式。因此，群众的司法参与性同样是此次司法改革的重要内容。

《决定》将"健全司法权力运行机制"部分的论述最终落脚在"拓宽人民群众有序参与司法渠道"的要求上，充分显示了司法改革中提高司法活动中群众有效参与性的改革目标，但同时也提出建设一支专业化、职业化的社会主义法治工作队伍。所以，司法机关在此次司法改革中依然面临着保障司法活动的群众参与性与确保司法队伍职业化这二者之间的平衡与取舍。

二、群众参与司法与派驻基层检察室建设

（一）群众参与司法的内涵

群众参与司法是我国特色社会主义司法体制中的一项原则，是在坚持司法职业化的基本标准、遵循司法基本规律的基础上，突出强调坚持司法工作的群众路线，突出强调群众知晓司法、参与司法、监督司法，突出强调司法必须以维护人民群众的合法权益为归依[①]，其本质是指司法过程的民众参与性，即渗透着民众参与因素的司法方式。"建国以后由于过分强调司法的群众路线，在司法人员的选拔上奉行'重政治，轻业务'的标准，我国的司法工作在大众化的道路上走向了一个极端，当然也给我们的司法带来了极大的灾难。但是，

---

① 沈德咏：《关于司法大众化的几个问题》，载《人民司法》2008 年第 19 期，第 19 页。

这并不意味着我们现在的司法改革又要走上另一个极端。"① 在国外，司法的群众参与性一般表述为司法大众化，其本意和初衷是要防止因司法的"贵族化"而过分偏离民众的意识和价值，最终导致司法偏离法治的价值基础。② 而司法"贵族化"又往往是司法精英化的极端表现，成为脱离民众的空中楼阁。对我国而言，司法现状最为准确的表述是：群众参与司法的深度不明确，司法职业化程度不高。

对检察机关来说，同样面临着群众参与司法与司法职业化的平衡。实际上，无论是检察改革的员额制还是责任制，以及去行政化，其主要针对的都是改革的职业化，通过进一步提高检察权行使的独立性，进而提高社会主义背景下对司法机构的法治评价，这是弥补当前我国司法职业化程度不高所作出的努力。由于群众参与司法没有如此具体的任务要求，在改革的过程中，往往被忽略。对于如何"拓宽人民群众有序参与司法渠道"，在目前司法体制还不够完善，司法人员素质普遍还不是很高的情况下，让民众可以有效参与司法，促进司法，这应当成为司法机关尤其是检察机关的重要研究课题。检察机关的人民监督员制度通常是被认为民众参与司法的重要途径，但长久的实践证明，人民监督员制度并不能完全满足"民众参与司法"的需求，其民众意见的吸取和采纳的范围过于狭窄。中国司法正处于改革和转型时期，民意的理性参与和监督，是司法赢得民众信任，从而真正走向司法独立的途径之一。③ 由此，司法的群众参与性也才显得如此重要。

（二）群众参与司法的意义

检察机关在着力推进专业化和职业化的同时，也充分遵循此次改革中群众参与司法的要求，同时严格按照《实施方案》"坚持调动中央与地方两个积极性，鼓励、支持地方在符合中央确定的司法体制改革方向、目标下积极探索，创造可复制、可推广的经验"的要求，重新构建了派驻基层检察室建设思路，提出了"扎根基层"的目标，提到了要拓宽群众诉求的反映渠道，这都符合了司法大众化的要求。

在实践当中，派驻基层检察室设置在乡镇基层，与农村群众直接面对，能够获取最基层的声音，并据此开展有针对性的基层检察工作，而且，群众法治

---

① 路留超：《转型时期的中国司法改革之路》，载《辽宁公安司法管理干部学院学报》2012 年第 2 期，第 61 页。

② 丁以升：《司法的精英化与大众化》，载《现代法学》2004 年第 4 期，第 95 页。

③ 巩军伟：《论司法职业化与司法大众化》，载《兰州大学学报》（社会科学版）2010 年第 38 卷第 3 期，第 128 页。

意识的提升，对于行政执法活动和司法活动中涉及自身利益的行为十分关注，产生了一种内生性的监督需求，这就需要检察机关为群众的"监督情绪"提供一种缓解的渠道，要求派驻基层检察室加强对基层乡镇行政部门执法行为和基层司法部门审判行为的监督。在案件办理方面，有相当一部分刑事或者民事案件是由基层群众邻里纠纷引起，案件本身并非重大，但积累的矛盾却能直接威胁农村社会稳定，派驻基层检察室可以利用自身影响力，充当行政部门与群众之间，司法部门与群众之间的解压阀，充分发挥检察权威，真正将矛盾纠纷化解在基层，也从侧面保障了行政行为和司法行为的正常进行。

（三）群众参与司法背景下的司法能动性

当论述派驻基层检察室在群众参与司法活动中的作用时，还涉及另一个当前比较热点的问题，那就是司法的能动性。司法能动主义发端于近代美国的司法实践，我国的司法能动性与美国的含义大相径庭。在美国，司法能动主义所针对的主体乃是法官。在中国特色社会主义司法制度体系中，司法能动性的基本内涵，是指司法机关的司法活动必须考虑到法律蕴含的价值和立法初衷，最大限度地发挥法律对社会关系的调控作用，最大限度地促进社会的发展进步，满足人民群众的司法需求。[①] 从司法能动性的内涵可以看出，司法能动性是司法大众化的重要内容，如果说司法的群众参与性解决了派驻基层检察室作为检察机关派出机构所要实现扎根基层的目标问题，那么司法能动性就为实现这个目标提供了指导思路。对于检察机关而言，发挥好司法能动性，就是要求立足宪法法律赋予的职权，充分发挥打击、监督、教育、预防、保护等职能，积极主动地围绕党和国家工作大局深入推进各项检察工作，促进经济社会科学发展，维护社会和谐稳定。[②] 司法能动性强调的是在维护法律价值的基础上，主动发挥作为监督机关的职能作用，主动接受群众意见，并分析群众意见中的合法性与合理性，将其作为检察机关工作开展的依据。派驻基层检察室作为一个窗口单位，其在接受群众来信来访方面，有天然的优势，可据此主动开展检察监督活动，同时也可以利用下访巡访职能，将司法能动关口前移，最大限度发挥检察能动优势。在派驻基层检察室发挥司法能动性的同时，应当注意确保自身行为的合法与合理性，尤其是对于基层法庭的监督来说，其司法能动必须是在遵循司法规律的前提下的司法能动，必须确保法庭审判行为的独立性。

无论是司法的群众参与性，还是其中的司法能动性，在中国特色社会主义

---

① 陈俊平：《检察机关服务大局中的司法能动性略论》，载《人民检察》2011 年第 12 期，第 56 页。

② 陈俊平：《检察机关服务大局中的司法能动性略论》，载《人民检察》2011 年第 12 期，第 56—57 页。

法治体系下都有不同于西方司法制度的特殊含义。与此同时，在党中央全面深化改革的背景下，二者也都被赋予了新的内涵。当前检察机关的派驻基层检察室建设，满足了新形势下司法践行群众路线的特殊要求，满足了检察改革"拓宽群众诉求反映渠道"的目标，加强了检察机关立足基层，强化监督的能力，为当前司法改革提供了有益的探索，积累了宝贵的经验。

三、司法职业化新要求与派驻检察室建设

（一）司法职业化的内涵

司法职业化是指由精通法律知识和实践技能，且具有一定的职业伦理的职业人员审理案件的方式，不同于司法大众化，司法职业化强调的是案件办理过程中职业人员所显示的专业性与技术性。通常情况下，司法职业化指的是司法的机制问题而非体制问题，主要涉及司法行为自身的程序专业化，人员的职业化。《关于深化司法体制和社会体制改革的意见及贯彻实施分工方案》中涉及司法职业化论述的文意表达是："……着眼于建设高素质法治专门队伍，推进正规化、专业化、职业化，建设一支忠于党、忠于国家、忠于人民、忠于法律的社会主义法治工作队伍。"明确提到了正规化、专业化以及职业化。所以，司法职业化的问题实际上是以"人"为核心的问题。司法职业化最终阐述了在司法过程中"人"这一主体要素所要达到的标准和遵守的职业伦理。

在这一轮的司法改革进程中，无论是中央最初提出的司法改革，还是中央强调深化司法改革，其目标是十分明确的，就是要通过改革，保证审判机关和检察机关依法独立公正地行使审判权和检察权[①]。实际上，之所以强调司法职业化，就是因为要保障司法独立性。从根本而言，司法是一种专业化活动，是一种以法律知识和技能为基础的职业，也就是说不是任何人都能够从事司法活动，只有那些受过专门法律训练的人才能胜任[②]。所以司法职业化成为保障依法独立行使审判权、检察权的重要手段，也是其核心内容。

以往论述司法职业化通常是以法院审理案件为角度，强调审判人员的专业性，这种认识的形成与西方国家尤其是美国的"司法权实际上是一种裁判权"理论有直接的关系，这种观点在西方国家无可厚非，但是在我国就显得有些片面，这是因为我国学界认为检察权是司法权的一种，司法职业化同时也是行使检察权的一项原则。也就是说，对于司法职业化的论述我们不应局限于其对审

---

① 张智辉：《司法改革与检察权优化配置问题研究》，载《河南社会科学》2011 年第 19 卷第 3 期。
② 巩军伟：《论司法职业化与司法大众化》，载《兰州大学学报》（社会科学版）2010 年第 38 卷第 3 期，第 128 页。

判活动的价值，更应关注其对检察行为的价值作用。

我们既然要阐述派驻基层检察室建设的必要性，而司法改革又决定了检察系统下一步的发展趋势，因此司法改革背景下派驻基层检察室建设的必要性问题就不容忽略，在明确派驻基层检察室满足司法群众参与性需求的基础上，还需要进一步明确派驻基层检察室是否能够适应职业化的需求。

在党中央及最高人民检察院对于涉及司法改革的规定和意见陆续出台后，我们总结了检察司法改革的内容，主要涉及三个最核心的问题，那就是员额制、责任制以及去行政化。所谓员额制，就是根据严格的程序，通过考试或者遴选的方式，确定具有审查案件资格的人作为检察官，行使检察权。所谓责任制，就是"谁办案谁负责"，并且是终身负责。所谓去行政化，就是通过人事组织改革，消除行政对司法行为的影响，保证司法的独立性。所以，无论是员额制、责任制，还是去行政化，都共同指向了一个因素，那就是"人"的因素，这与司法职业化的内涵不谋而合：明确执法资格，确定执法责任，消除执法干扰，促进公正司法。实际上，在当前的检察改革中，种种涉及改革的具体思路和规定，无不是围绕司法职业化这一目的展开。

（二）派驻基层检察室践行司法职业化的途径

从当前各地派驻基层检察室建设实践来看，最初强调派驻基层检察室先扎根基层，充分利用检察职能服务群众，利用法制宣传和下访巡访等手段解决群众困难，凸显派驻基层检察室的服务属性。之后，派驻基层检察室经过不断的总结和实践，越来越倾向于自身检察职能的发挥，通过办理检察业务，进一步提升派驻基层检察室在基层的影响力。同时，鉴于派驻基层检察室办理的检察业务较多，除了业务技能方面，派驻基层检察室更需要业务全面的干警来完成派驻基层检察室其他各项工作，这就对派驻基层检察室在改革背景下的司法职业化提出了很高的要求。

1. 关于派驻基层检察室员额制的问题。目前，各地司法改革试点单位通过一定比例确定本院可以进入员额的人员数量，派驻基层检察室作为履行基层法律监督职能的一线业务部门，应该有一定的员额数量。以山东检察改革试点为例，山东省规定派驻基层检察室应配备 2 名以上具有司法资格的检察人员。因此，在改革过程中，这两名检察人员一般均有资格参与入额考试。山东省确定了淄博和聊城为司法改革试点地市，在此次试点中，淄川区检察院为派驻基层检察室入额设定了比例，体现出跟公诉等业务部门的一样的性质，保证了在改革背景下派驻基层检察室可以正常开展检察业务工作。

2. 关于派驻基层检察室办案责任制的问题。责任制强调的是"谁办案，谁负责"。以派驻基层检察室办理轻微刑事案件为例：当前派驻基层检察室办理轻微刑事案件多是在公诉部门的指导下开展，这种指导本身就难免掺杂承办人之外其他人的意志，不符合责任制的要求。对于这一点，派驻基层检察室有必要在检察机关进行司法改革的背景下，对派驻基层检察室的业务办理的范围进行一次调整，尽可能的将业务独立分化，避免出现业务的交叉，这种调整本身也符合"优化司法职权配置"的要求。尽管在当前司法改革还没有全面展开之时，派驻基层检察室在业务办理上还不能满足"责任制"的要求，但是随着改革工作的全面展开，经过检察机关的自身调整，完全可以达到责任制的标准要求。

3. 关于派驻基层检察室建设中去行政化的问题。司法去行政化强调的是检察机关在人事组织、保障机制以及内部机构的设置上尽可能地消除行政性痕迹，以维护自身司法行为的独立性。派驻基层检察室设置在乡镇基层，自身与乡镇党委在人事组织上没有隶属关系，尤其是派驻基层检察室不同于派出所的设置，并非与乡镇党委政府一一对应，这就类似于"司法机关的跨行政区划"设置，这进一步保证了派驻基层检察室办理业务的独立性。另外，派驻基层检察室可以围绕进入员额的派驻基层检察室干警成立办案小组，实际上，派驻基层检察室作为检察机关的派出机构，本身就可以作为一个整体的办案小组，从而进一步强调自身在办理案件上的独立性。

（三）派驻基层检察室在司法的群众参与性与司法职业化中的平衡

在当前司法改革的过程中，司法的群众参与性跟司法职业化一样，都是不容忽视的问题，尤其是在我国这样一个充分强调践行"群众路线"工作的国家，二者同等重要。但在实践过程中，由于司法的群众参与性没有具体的要求，总是会被有意无意地忽略。实际上，对于派驻基层检察室而言，由于"扎根基层"的需要，应当更加注重群众的参与性，这同时也是派驻基层检察室服务属性的体现。至于司法职业化，由于其目的在于专业司法人员按照严格的程序规定独立进行审查案件，这与改革中的"员额制"要求、"责任制"要求以及"去行政化"要求的目标完全一致，所以这实际上是司法职业化的具体表现。从哲学意义上来说，司法的群众参与性与职业化是一个矛盾体，但是二者本身又是一个相辅相成的关系：如果过于强调职业化，势必造成司法机关远离民众，阻碍社会民意的吸收，从而使司法行为失去民意基础，最终导致整个司法机关在民众中失去权威性和正当性；反过来说，如果过于强调群众参与，丧失司法机关赖以存在的独立性，那么对于检察机关而言，法律监督者的角色就会显得尴尬，毕竟民众的意识是感性的，缺乏理性的考量，难免受到社会不良因素的影响，这始终是我们需要警惕的司法误区。所以，对司法机关来说，司法必须对各种民意作出回应，但是这种回应是建立在理性基础上的，必须在法律规定的范围内。

　　从现实而言，派驻基层检察室比较完美地在司法的群众参与性与司法职业化上的取得了平衡：派驻基层检察室本身是检察机关尝试检察司法群众路线的实践，其自身被设定为检察机关听取基层群众诉求的一个渠道；在此基础上，检察机关正视改革中的具体要求，巧妙地对派驻基层检察室各项建设进行调整，从而比较好地解决了职业化的需求。总之，司法的群众参与性与司法职业化的有机结合，为我国派驻基层检察室建设提供了司法改革背景下的路径选择。

第四章　派驻基层检察室的科学构建

第一节　建设原则

派驻基层检察室是基层治理体系和法治网络的有机组成部分，是推进基层治理法治化不可或缺的重要力量。加强派驻基层检察室建设，必须强化顶层设计，确立建设原则，才能不偏离方向，沿着"预定轨道"发展，有效发挥职能作用，促进基层治理法治化。

一、依法设置原则

派驻基层检察室作为检察职能延伸的平台和阵地，其设置与运行必须具有合宪性合法性，体现法治的特征。派驻基层检察室的职权来源于派出院的授权，必须在派出院授权范围内行使职权，派出院的职权来源于《宪法》和《人民检察院组织法》等相关法律法规。我国《宪法》第129条规定："中华人民共和国人民检察院是国家的法律监督机关。"宪法是我国的根本大法，也是检察机关行使法律监督职权的最高效力的法律依据。在其他法律，如《人民检察院组织法》《刑事诉讼法》《民事诉讼法》《行政诉讼法》等法律中，均有检察机关行使法律监督职能的规定。最高人民检察院《关于进一步加强和规范检察机关延伸法律监督触角促进检力下沉的指导意见》强调，"延伸法律监督触角、促进检力下沉，必须坚持依法进行和强化职能的基本原则，做到在检察机关职权范围内配置职责任务，制定工作规范，确保各项执法活动、每个执法环节都能有章可循"。派驻基层检察室的职能，是检察机关法律监督职能的自然延伸。因此，派驻基层检察室应在检察机关法定职权范围内，设定职责任务，进行职能定位。

二、有限职能原则

派驻基层检察室是具有检察属性的司法组织形式，行使法律监督职责。但是，派驻基层检察室并非拥有派出院的全部职能，应当坚持监督的适度性和职能的有限性原则，吸取以往历史教训，切忌不切实际地盲目扩权，不越过权力行使的边界，避免因职责不清或权限太大导致检察室职能泛化、虚化。在职能授权方面，派驻基层检察室的职权仅是检察权的一种延伸和深化，应根据派驻基层检察室的人员状况、社会需求、司法能力等因素对其授予部分职能。有些职权不宜授权，如实际承担审查逮捕及查处职务犯罪主要职权的主体，仍然为派出院侦查监督科、反贪局、反渎局等内设部门，上述两项公权力涉及人身自由，为保障人权，约束权力膨胀，不宜下放到派驻基层检察室。否则，"一方面容易导致内设机构职能的虚化，另一方面可能会导致执法标准的差异，不利于检察机关规范化建设"。①

三、科学布局原则

设置派驻基层检察室要因地制宜，根据辖区地域、人口、社会经济状况、治安状况、人民法庭设置情况，结合基层群众司法需求进行合理的规划配置。设置派驻基层检察室还要符合当前司法改革的"去行政化"要求，可以设立跨行政区划的派驻基层检察室，即采取跨乡镇或者多社区合并设立的方式，避免派驻基层检察室设置上的行政性，设立的地点要尽量避免在当地政府内，保证检察工作不受地域性的干扰。并且，随着经济社会的发展，行政区划也不是一成不变的，而是根据现实的经济社会环境适时调整，派驻基层检察室自然也会跟着这种调整而变动，动态化设置，确保派驻基层检察室设置的科学性。目前，人民法院、公安机关等司法执法机关依据相关法律法规，普遍在中心乡镇街道设立了人民法庭、公安派出所等派出机构，设置派驻基层检察室可以充分考虑与基层派出所、人民法庭相配套、相统一，形成"分工负责、互相配合、互相制约"的关系，共同组成完善的基层司法工作体系，延伸法律监督触角，全面加强法律监督职能。

四、规范设置原则

设置派驻基层检察室，要着眼于检察室长远发展，考虑工作需要和实际可能，解决好办公场所、机构设置、人员编制、办公经费等保障条件，做到"成熟一个、设置一个、规范一个"。要统一派驻基层检察室基础设施建设标准，建立健全机构设置、业务运行、执法保障、队伍管理等工作机制，使之符合派驻基层检察室的发展要求，实现派驻基层检察室建设的制度化、规范化和科学化。另外，由于派驻基层检察室涉及检察业务部门多，覆盖检察业务面

---

① 常杰、刘涛：《论派驻基层检察室的职权配置》，载《第九届国家高级检察官论坛文集》。

广，为防止多头管理、推诿扯皮，应当建立专门机构，实行统一管理。如山东省人民检察院专门成立基层工作处，强化对派驻基层检察室建设的组织协调、对下指导和督促检查，各地检察机关也全部明确了专门领导、专门部门和专门人员，负责协调派驻基层检察室建设。省院先后制定多项规范性文件，对全省派驻基层检察室从外部标识到内部功能区划分、从职能范围到工作流程、从业务对接到文书制作、从人员素能到纪律作风等作了全面规范。

五、便民高效原则

便民高效原则是党的群众路线在检察领域中的具体体现，理应成为派驻基层检察室设置与运行的宗旨。派驻基层检察室只有将工作深深扎根于民众中，它的发展才会有不竭之源。当前，人民群众权利救济的意识不断增强，对司法的效率性、实效性的要求日益迫切。派驻基层检察室应当积极顺应人民群众的新要求、新期待，立足检察职能，运用派驻基层检察室贴近基层、贴近群众的优势，打通服务群众"最后一公里"，把群众需求作为检察工作的"风向标"，开展为民、便民、利民服务，充分发挥法律监督职能作用，畅通申诉渠道，缩减中间环节，努力减少群众诉累，满足群众司法需求，依法保护群众合法权益，提高群众满意度，提升司法公信力。

第二节　职能定位

检察职能，是指检察机关作为国家法律监督机关所具有的作用和功能。我国检察制度的基本特征，就在于检察机关法律监督机关性质的一元性和检察职能的多元性。对各项检察职能进行解析，是科学设置检察机关内设机构的基础和前提。[1] 派驻基层检察室作为检察机关的派出机构，其职能具有授权性和延伸性。如何准确定位派驻基层检察室的职能，是派驻基层检察室有效运行的基础和关键。

一、职能定位应正确处理五方面关系

派驻基层检察室身处基层，代表派出院行使检察职能，具有自身的特殊性。在科学定位派驻基层检察室职能中，首先应处理好五个方面的关系：

---

[1]　汪建成、王一鸣：《检察职能与检察机关内设机构改革》，载《国家检察官学院学报》2015 年第 1 期，43 页。

（一）正确处理与基层党委的关系

对于基层党委而言，派驻基层检察室不是其职能部门，而是具有监督者与服务者的双重角色。在保持自身相对独立性情形下，需主动围绕当地党委的中心工作开展法律监督和法律服务活动，注重加强与当地党委政府的沟通联系，服务大局，服务于当地经济发展；又要确保依法独立行使检察权，既防止超越职权、滥用职权，也应避免受地方党委干预，影响检察职能的发挥。"检察监督是一种上位监督，检察室是基层检察院的派出机构，它代表的是基层检察院，在履职中要突出体现依法独立行使检察权的宪法要求，保持检察工作的独立性、上位性。"①

（二）正确处理与基层执法司法部门的关系

加强基层政权体系建设，是全面推进依法治国、维护社会和谐稳定的基础与前提。派驻检察室作为基层政权的重要组成部分，与公安派出所、人民法庭共同构建起"分工负责、相互配合、相互制约"的基层司法体系，代表派出单位在乡镇、街道一级行使司法权，在创新社会治理方式和治理能力现代化过程中发挥重要作用。作为法律监督机构，一方面要通过下沉检力、前移关口的形式，加强对基层执法不严、司法不公等侵犯群众合法权益行为的监督，努力营造公正、廉洁、高效的政务环境；另一方面要通过加强与执法司法部门和基层组织的协作配合，形成整体合力，共同构建起立体化社会治安防控体系，有效防范、化解、管控影响社会安定的问题，为基层平安建设、法治建设营造良好氛围。

（三）正确处理与派出院的关系

二者是领导与被领导的"纵向关系"。派驻基层检察室是检察机关的派出机构，其工作人员、装备保障等均由派出院统一调配和管理，与派出院是领导与被领导、上级与下级的关系，在派出院统一领导下开展工作。派驻基层检察室代表派出院开展工作，并非独立法人机构，其履行职责所引起的后果对外由派出院承担；从权力配置和职权履行角度看，派驻基层检察室的一切职能都来源于派出院授权，既包括常规性的工作职责，又包括临时性的工作授权，如独立或协助查办职务犯罪案件；在对派驻基层检察室考核方面，派出院为强化派驻基层检察室职能发挥，应将其纳入院绩效考体系，以加强引导管理监督派驻基层检察室各项工作，使其规范有序发展。

---

① 陈云龙：《基层检察室建设的法理基础和制度构建》，载《人民检察》2010 年第 22 期。

（四）正确处理与派出院内设机构的关系

无论在实务界还是理论界，对二者的关系都存在不同的认识，有以下几种观点：二者是上下级关系、并列关系、指导与被指导关系等。本书认为，派驻基层检察室与派出院内设机构之间处于平行发展的地位，属于一种相互协作、相互配合的"横向关系"，但在业务上是指导与被指导的关系。派驻基层检察室工作范围广泛，涉及控告申诉、职务犯罪案件侦查、刑事诉讼监督、刑罚执行监督、民事行政检察等多项业务，应主动接受派出院内设部门的业务指导。一方面，派出院业务部门代表派出院应对派驻基层检察室相应业务工作进行指导和监督，更好地把法律监督触角延伸到最基层；另一方面，囿于派驻基层检察室人员数量、专业素质等因素，派驻基层检察室也需要派出院业务部门的工作指导，不断提升执法水平和办案质量。二者指导与被指导关系的重要表现形式是检察业务对接机制，山东省人民检察院制定多项检察业务对接规范文件，为基层检察室协调各部门业务工作，规范办案程序，完善有效对接工作机制等事项，提供了基本指引。

（五）正确处理监督与被监督的关系

派驻基层检察室依法行使法律监督权，对社会公众是监督者的角色。同时，我国检察机关的性质决定了派驻基层检察室必须接受外部监督，包括地方人大、党政机关、社会团体、新闻舆论、人民群众等社会各界的监督。要畅通反映渠道，深入基层群众，定期走访村委、社区和企业，了解社情民意，虚心接受人民群众的批评和建议，自觉接受监督，及时发现并查处派驻基层检察室及其工作人员的违法违纪问题。检务公开是让检察权在阳光下运行，主动接受人民群众监督，提升检察民主①水平的重要措施。检务公开应遵循"依法、全面、及时、规范"的原则，依法向社会和诉讼参与人公开检务信息（不涉及国家秘密和个人隐私等有关活动和事项）。把派驻基层检察室打造为检务公开的"前沿阵地""新的渠道"，要着力构建多层次、多角度、全覆盖的检务公开网络，要提高检察室的信息化水平，完善相应的硬件设施，健全适合检察室公开的机制，通过检察宣传、检察宣告、检察开放日等多种检务公开形式，扩大辖区内公众对检察工作知晓范围，努力让人民群众感受到看得见的公正，切实保障人民群众行使知情权、参与权、表达权、监督权等基本权利。

---

① 检察民主包括检务公开和公众参与。

二、职能定位的应然分析

检察机关作为国家的法律监督机关，其法律监督是一种全面的监督，监督视角理应包括城镇社区、乡村基层组织。基层司法执法工作能力相对薄弱，掌握法律政策水平相对较低，大量的基层司法执法行为需要法律监督，需要检察机关延伸法律监督职能触角。最直接和有效的做法就是把检察机关的工作窗口前移，设立派驻基层检察室，从而弥补检察机关在基层开展法律监督相对薄弱的"短板"。"派驻基层检察室是检察机关法律监督触角向基层延伸的产物，是检察机关法律监督阵地前移的产物，其主业主责必然是法律监督。"① 明确了派驻基层检察室的基本职能定位后，研究重点应当放在具体哪些职能可以赋予派驻基层检察室。

1. 赋予派驻基层检察室对公安派出所的立案监督与侦查活动监督职能。2005 年公安部颁布《关于建立派出所和刑警队办理刑事案件工作机制的意见》以来，公安派出所承担了包括重大案件协助侦查、简单刑案侦办、部分强制措施执行等普通刑事案件的办理职责，成为重要的刑事侦查办案主体。在加快建设社会主义新农村，推进社会治理方式和治理能力现代化建设的新形势下，公安派出所在刑事执法中的地位和作用越来越凸显。但由于装备经费不到位、人员素质参差不齐、办案经验相对不足等原因，导致派出所的刑事执法活动不规范、刑事案件质量不高的问题屡屡出现。如应当立案而不立案，以罚代刑降格处理；不应当立案而立案，违法动用刑事手段插手民事、经济纠纷，或者利用立案实施报复陷害、敲诈勒索以及谋取其他非法利益等；有些案件甚至存在刑讯逼供、暴力取证以及违法采取侦查措施等问题。但是，作为检察机关对公安派出所行使立案监督和侦查活动监督职权的侦查监督部门，由于派出所数量众多、地域分散，监督信息来源比较匮乏，加之案多人少的矛盾普遍比较突出，侦查监督部门的工作重点一般都放在审查逮捕案件上，因此对派出所的两项监督工作显得"心有余而力不足"。如果把立案监督与侦查活动监督职能赋予派驻基层检察室，由专人负责这两项监督工作的开展，既符合高检院关于派驻基层检察室"受理、发现执法不严、司法不公问题，对诉讼中的违法问题依法进行法律监督"的规定精神，也符合同级监督的基本原则，还能够有效弥补侦查监督部门无暇充分履职的不足，充分发挥派驻基层检察室身处基层、"耳聪目明"、有利监督的优势，不断强化对派出所执法不

① 梁田：《厘清派驻基层检察室职能定位》，载《检察日报》2015 年 5 月 18 日第 3 版。

公正、不规范等问题的监督。

2. 赋予派驻基层检察室对社区矫正执法活动的监督职能。社区矫正作为一种新兴的刑罚执行和行为矫治模式，其在促进社会和谐、预防重新犯罪、降低刑罚执行成本等方面发挥了重要作用。由于矫正对象不脱离社区生活的特性，必须由乡镇司法所等基层社区矫正机构执行，作为履行刑罚执行监督权的检察机关必然也要随之深入基层。但是由于承担此项职责的监所检察部门一般把工作重点都放在刑罚执行和看守所监管活动监督上，无暇顾及社区矫正活动监督。借鉴美国社区检察制度，如果将此项职能赋予派驻基层检察室，可以有效发挥其地缘优势，对辖区内社区矫正工作进行日常监督。在工作内容上，主要是受理对社区服刑人员脱管、漏管的举报和社区服刑人员及其亲属的申诉、控告，依法监督社区矫正交付、管理、组织实施和解除矫正活动等。在监督方式上，派驻基层检察室加强与社区矫正监督机构的联系沟通，建立信息共享工作机制，通过信息交换、法律文书复核、查阅台账、约见谈话等形式，及时发现和监督纠正社区矫正中存在的问题。对轻微违法情形，由派驻基层检察室直接提出纠正意见；对情节较重、需要做进一步调查处理的违法情形，直接移送派出院监所检察部门。

3. 赋予派驻基层检察室对人民法庭审判活动的监督职能。在基层法治意识越来越高的情况下，基层群众越来越多地采取诉讼的手段来解决纠纷，人民法庭承担了大量民事案件的审理工作。但是由于基层审判人员业务水平的良莠不齐，以及在个别法官存在的办关系案、人情案、金钱案等现象，导致出现司法不公问题。群众在诉讼中得不到自己想要的结果，往往会采取更加过激的行为来反映诉求。派驻基层检察室设在群众身边，大量的检察室是与人民法庭对应设置，理应担负起对人民法庭审判活动的监督职能，具体行使方式包括受理公民对于民事裁判不服的申诉，收集人民法庭审判人员涉嫌职务犯罪的线索、协助民行检察部门对抗诉案件进行必要的调查等，还应致力于通过加强与人民法庭的联系，构建信息共享和交流的平台，实现近距离的、经常性的、全方位的监督。

4. 赋予派驻基层检察室对基层行政执法活动的监督职能。法治的精髓在于监督和制约政府行为，政府守法是实施法治的关键。对于乡镇街道等基层组织的管理活动，尤其是管理活动是否依法进行、是否损害国家、社会、公民的合法利益，检察机关均应当延伸监督职能。当前，由于缺乏有效监督，发生在群众身边的各种行政不作为、乱作为甚至违法犯法等问题时有发生，引发群众强烈不满。派驻基层检察室可以发挥其得天独厚的行政执法监督优势，把监督的触角真正深入行政执法一线，通过对基层执法机关行政不作为乱作为的监督，避免乡镇街道基层成为检察监督的盲点，弥补对行政执法行为法律监督的"短板"，完善基层权力制衡体系，促进基层依法行政。监督方式上，可以通过接受当事人控告、申诉、走访调查以及行政执法专项检察等途径，对于未履行或者怠于履行法定职责、超越或滥用职权、执法主体不适格或其他违反法定程序执法的情形等，通过检察建议等书面形式提出监督意见；对于涉嫌违纪或者构成犯罪的，依法移送有关部门作进一步处理。

5. 赋予派驻基层检察室预防职务犯罪的职权。预防职务犯罪是指在派驻基层检察室辖区内对职务犯罪案件发生的原因、规律、区域、特点进行调查分析，向当地党委政府有针对性提出检察建议，从源头上遏制和减少犯罪发生。近年来，各项支农惠农政策密集出台，大量资金流入基层，大批项目在基层开工，城乡一体化进程和产业升级转移加速，基层干部贪污挪用集体土地补偿款、侵吞国家惠农资金等侵害群众的职务犯罪现象屡见不鲜，使群众对党委政府产生强烈不满。赋予派驻基层检察室职务犯罪预防的职能，可以发挥其根植基层的优势，围绕农村重大项目投资、政府采购、重大民生工程建设等领域，开展行业预防和专项预防；把派驻基层检察室的预防工作与派出院的职务犯罪侦查工作有机结合起来，通过职务犯罪预防基地和巡回宣讲，用"身边的案例"来教育基层工作人员。

6. 赋予派驻基层检察室职务犯罪案件的线索收集及协助查办职能。在检察干警素质能力、司法规范化水平和队伍管理水平均有大幅度提升的背景下，赋予派驻基层检察室职务犯罪案件线索收集及协助查办职能，符合中央关于"老虎""苍蝇"一起打的反腐精神，能够有效震慑发生在群众身边的职务犯罪，有利于调动人民群众的举报热情。在工作方式上，可以充分发挥派驻基层检察室的前沿阵地作用，在依法受理群众来信来访举报的同时，主动走出去深入乡镇站所、厂矿企业、"两委"组织、田间地头和农家院落，广泛开展举报宣传和线索摸排工作，扩大案件线索来源。对于受理的职务犯罪线索，检察室应当严格管理，逐件登记、审查，按规定及时移送有关部门办理。根据检察室实际状况，应该仅限于发现、受理线索和协助派出院职能部门办案，而不能独立查办案件。

7. 赋予派驻基层检察室审查起诉符合一定条件的轻微刑事案件的职能。将辖区内案件事实无争议或争议不大的轻微刑事案件，尤其是具有和解可能的轻微刑事案件，交由派驻基层检察室审查起诉具有正当性。派驻基层检察室办理此类案件具有先天优势：一是地理优势，即派驻基层检察室地处基层，接近社区、村庄，这为化解群众之间矛盾纠纷提供了便利。二是人员优势，派驻检察人员长期为基层群众提供服务，熟悉当地风土人情和人脉关系，在调处邻里纠纷、家庭矛盾等引发的轻伤害案件时得心应手，在当地具有权威性。三是环境优势，和解工作涉及的乡镇党委政府、公安派出所和当事人所属基层组织，从化解矛盾纠纷、维护和谐稳定的角度都会给予大力支持，容易形成工作合力，能有效增强刑事和解工作的自愿性、及时性和成功率。另外，派驻基层检察室办理此类案件符合"繁简分流"的诉讼规律。随着基层公诉部门受理刑事案件数量的逐年递增，公诉人员长期处于超负荷工作状态，致使办案周期拉长，不利于加大对严重刑事犯罪的打击力度，也不利于保护当事人的合法权益。只有通过改革办案分流机制，才能提高办案效率、保证办案质量。将符合一定条件的轻微刑事案件交由派驻基层检察室办理顺应了上述形势需要，公诉部门人员应当将更多的时间和精力投入到疑难复杂案件办理中，派驻基层检察室办案人员可以对轻微刑事案件承担较多的释法说理和协调工作，真正实现案结事了。从案件流程体系来说，也具有较强的可操作性，可以制定分类标准，由案件管理部门初步审查后将案件分别分流到公诉部门和派驻基层检察室。派驻基层检察室严格依照法律法规和规定的程序认真办理，并接受公诉部门的业务指导。

除法律监督职能这一检察主业以外，派驻基层检察室应该积极参与社会治安综合治理，走进企业、农村和社区通过多种方式开展法制宣传，提高基层群众的法律意识，从源头上遏制刑事犯罪的发生。派驻基层检察室还应该服务大局、服务民生，围绕地方经济社会发展实际和企业单位的迫切所需，为地方党委政府建言献策，为辖区企业特别是民营小微企业提供力所能及的法律服务。需要注意的是，派驻基层检察室在参与社会综合治理、开展法律服务的过程中，要避免三个倾向，即职能泛化、职能虚化、职能异化。必须要坚持以检察监督为基础，不能有所偏离。

三、职能定位的实然分析

从派驻基层检察室的发展历史来看，最高人民检察院 1993 年出台的《人民检察院乡（镇）检察室工作条例》规定了派驻基层检察室的五项职能[①]，2010 年出台的《关于进一步加强和规范检察机关延伸法律监督触角促进检力

---

① 《人民检察院乡（镇）检察室工作条例》第三条：乡（镇）检察室的任务是：（一）受理辖区内公民的举报、控告和申诉，接受违法犯罪分子的自首；（二）经检察长批准，对发生在本辖区内、属于检察机关直接受理的刑事案件进行立案前调查、立案后的侦查；（三）对辖区内缓刑、假释、管制、剥夺政治权利和监外执行人员的管理教育工作进行检察；对人民检察院决定免诉的人员进行帮教；（四）结合检察业务工作，参加社会治安的综合治理，开展法制宣传；（五）办理检察长交办的工作。

下沉工作的指导意见》规定了七项职能。① 2012 年《山东省人民检察院关于进一步加强和规范派驻基层检察室建设的指导意见》对派驻基层检察室明确规定了八项职责②。在实践三年的基础之上，山东省人民检察院于 2015 年对派驻基层检察室的职能进行了丰富完善，增加了审查起诉符合一定条件的轻微刑事案件，协助初核、初查职务犯罪案件的职能，上述职能可归结为法律监督及其拓展职能，具体可分为：基层执法司法活动监督、预防协查职务犯罪、审查起诉、服务职能、平安建设等。下面就以山东派驻基层检察室为例，具体分析职能定位。

（一）山东派驻基层检察室职能定位的基本特点

派驻基层检察室作为延伸法律监督触角、促进检力下沉的重要平台，拓展了检察权运行空间，强化了基层法律监督，在服务经济，服务民生，预防犯罪，维护社会和谐稳定等方面发挥了积极的作用。通过对山东省 556 个派驻基层检察室工作实践中的做法进行提炼和分析，总体来看，呈现以下几个特点：

1. 注重突出办案职能。主要体现在协助查办职务犯罪案件、办理轻微刑事案件方面。在协助查办职务犯罪案件方面，派驻基层检察室办案权限不能与内设业务部门交叉或重叠，只能在业务部门指导下，分担部分业务量，担当配合协助的角色。在办理轻微刑事案件方面，有条件的派驻基层检察室全面承担了辖区内轻微刑事案件的审查起诉工作。

2. 注重发挥工作合力。在工作实践中，为强化基层基础建设，保障派驻基层检察室各项职能的充分发挥，山东省各地检察机关切实加强了对派驻基层检察室工作的组织领导，形成发挥派驻基层检察室职能的合力。省院专门成立基层工作处，强化派驻基层检察室的组织协调、对下指导和督促检查，市县院也全部明确了专门机构和人员，部分市级院设立基层工作处，基层院配备专门人员具体负责派驻基层检察室工作，主要表现在对各个派驻检察室队伍管理、业务培训、经费保障、工作对接、等级考核和综合协调等方面，以便整合检察资源，形成工作合力。

3. 注重突出品牌特色。秉持创新发展理念，山东派驻基层检察室开展了"一室一品"创品牌活动，形成了渔业检察室、环保检察室、民生检察室等个

---

① 关于七项职能，参见本书第一章脚注。

② 八项职责包括：（1）接收群众举报、控告、申诉，接待群众来访；（2）发现、受理职务犯罪案件线索；（3）开展职务犯罪预防；（4）受理、发现执法不严、司法不公问题，对诉讼中的违法问题依法进行法律监督；（5）开展法制宣传，化解社会矛盾，参与社会治安综合治理和平安创建；（6）监督并配合开展社区矫正工作，参与并促进社会管理创新；（7）开展为民、便民、利民服务和涉农检察，依法保障群众合法权益；（8）派出院交办的其他事项。

性化检察室,以特色法律服务保障特色产业和区域经济发展。特色品牌的塑造,立足检察职能,遵循检察规律,秉持先进的司法理念,形成了各具特色、优势明显的品牌效应,进一步促进了检察职能的发挥。

4. 注重检察业务的科技含量。山东省检察机关以电子检务工程建设为契机,顺应大数据、云计算发展方向,大力开展检务云建设,打造检察系统"信息航母"和"信息超市",全面触摸检察各项工作的"末梢神经"。派驻基层检察室业务与信息化深度融合,转化为现实生产力,促进了派驻基层检察室工作的提质增效。

(二)山东派驻基层检察室职能发挥的具体实践

1. 履行法律监督职能

(1)基层"两所一庭"监督职能。山东派驻基层检察室将对"两所一庭"执法司法活动的法律监督确定为工作重点。在对"两所一庭"执法司法活动监督过程中,呈现以下特点:一是监督中注重运用信息化手段。如莱州市人民检察院建立派驻基层检察室动态"检务云"平台,随时点击社区矫正对象信息,将人民法庭庭审画面纳入检务云数据库,即时查看公安派出所发、立、案情况;再如寿光市人民检察院建立数字化法律监督机制,各派驻基层检察室依据自主研发的司法部门信息共享系统,依法监督公安派出所执法行为、纠正社区矫正漏管现象等。二是以新的监督理论为视角开展监督,如邹城市人民检察院率先提出"末梢监督"理论,创新建立了派驻基层检察室与业务科室"1+N"的横向联通机制,把"中枢监督"向"末梢监督"延伸,强化对检察业务末梢和社会治理末梢的监督,最大限度消除基层执法司法活动监督死角和盲区。三是司法监督形式多样,有提前介入、同步监督、事后监督、听证程序等。

(2)基层行政执法活动监督职能。山东派驻基层检察室积极探索行政执法监督新途径、新方法:一是运用信息共享系统。如运用"信息超市",查询行政执法信息等,提高执法监督效率。二是开展专项监督。近几年来山东省检察机关针对行政执法的不作为、乱作为重点,开展了"道路交通安全法律监督""环境保护执法检察监督""惠民资金执法检查"等专项活动,派驻基层检察室联合民行检察部门对履行上述职能的基层部门开展行政执法活动监督,并及时督促行政机关认真整改,依法履职。

(3)预防、协助查办职务犯罪。山东派驻基层检察室在履行该职能中呈现出以下特点:一是开展职务犯罪预防形式多样化。派驻检察室主要通过预防调查、检察建议、警示教育、宣传教育等开展预防职务犯罪工作。二是重点协助查办涉农职务犯罪。涉农职务犯罪已成经济犯罪的多发区域,也是群众反映的焦点问题之一，山东派驻基层检察室通过重点协助查办涉农职务犯罪，努力减少和遏制涉农职务犯罪发生，保障基层社会和谐稳定局面。三是推行多种协助查办职务犯罪模式。如淄博市淄川区人民检察院探索推行"3＋1"协同办案工作模式，① 宁阳县人民检察院的"四位一体"模式②打击涉农职务犯罪，曹县人民检察院的"一体化"办案模式③等。四是运用信息化高效办案。依托山东省人民检察院自主研发的"信息超市"数据库快速获取大量涉案信息，及时发现职务犯罪案件线索。

（4）审查起诉职能。根据 2015 年山东省人民检察院制定的《山东省人民检察院关于规范派驻基层检察室履行法律监督职能的意见（试行）》等文件，山东派驻基层检察室稳步推进审查起诉轻微刑事案工作。在实践中，派驻基层检察室办理轻微刑事案件模式呈现多元化，其中比较典型的有济南历下区院等5 个基层院的 13 个派驻基层检察室开展适用速裁程序办理轻微刑事案件工作；烟台市芝罘区院确立由派出所立案侦查、检察室审查起诉、基层法庭审理、司法所社区矫正的"四位一体"的轻微刑事案件办理模式；临邑县院采用"一体三同步"模式，即案管中心、公诉科、派驻基层检察室构成案件受理、指导、办理一体化，快速办理、品行调查、诉讼监督同步进行。在已经完成司法责任制改革的地区，大量派驻检察室主任成为员额内检察官，为将来派驻基层检察室设立主任检察官，成立办案组创造了条件，有利于将来在审查起诉轻微刑事案件工作中实行司法办案责任制。

2. 法律监督职能的拓展

（1）服务大局。山东派驻基层检察室自成立以来，积极围绕地方经济、社会发展大局，开展法律监督和法律服务，如山东派驻基层检察室积极推行检察室主任列席当地乡镇党委会做法，当好党委政府的法律参谋，更好地发挥了派驻基层检察室服务基层经济社会发展的职能作用；又如山东省检察机关自2014 年 5 月开始，在全省派驻基层检察室部署开展了服务村（居）"两委"换届专项活动，为村（居）"两委"换届发挥了重要的保障作用。结合"五进

---

① "3＋1"协同办案模式，指把派驻基层检察室打造为线索情报站、基层风气的检验站和外围突破的前哨岗，同时把检察室人员作为一支"支援军"。

② "四位一体"办案模式，指"一宣教、二建档、三走访、四对接"四位一体惩防并举模式。

③ "一体化"办案模式，指在检察长的授权下，把七个检察室有执法资格的干警录入自侦部门业务管理系统，检察室工作办公室主任会同自侦部门负责人，组织协调各派驻检察室联合办理涉农职务犯罪案件，将全体检察室人员凝聚成一个拳头，形成了大检察室工作格局。

两服务"① 走访活动，为企业发展"做好参谋"，注重本地优势，因势利导，突出重点，展现出一定的地方特色，打造了一批"渔业检察室""环保检察室"等特色检察室。

（2）服务民生。派驻基层检察室在乡镇、街道设立民生联系点，聘请民生联络员，进社区，进乡村，关爱留守儿童，关护孤寡老人，设立低保户权益"防护网"，成立三农"维权站"，扶助弱势群体。如 2016 年 1 月至 10 月，全省 556 个派驻基层检察室共协调解决基层群众医疗、低保、维权救助等问题 2905 次，帮扶困难家庭 5604 户，切实把温暖送到群众心坎上。

（3）综合治理和平安社会建设。主要体现在以下几点：受理群众举报、控告、申诉，接待群众来访，回应群众司法诉求；积极进行犯罪预防；依法参与化解涉检矛盾等。开展犯罪预防方式多样，派驻基层检察室与业务部门对接开展"送法进校园"，保护未成年人活动，派驻基础检察室人员担任辖区中小学法制副校长，建立青少年观护基地，消除社会不稳定的隐患，降低犯罪率，维护社会和谐。接受群众举报、控告、申诉有新的亮点，如曹县人民检察院以派驻基层检察室为依托，设立 7 处村居干部监督办公室，作为县纪委、检察院、审计局、农业局等部门的联合派驻机构，主要职责是受理投诉举报，开展账目审计，监督落实"村账乡管"、村务、财务公开等。村居干部监督办公室对受理和发现的线索，对不属于职责范围内的举报控告，根据性质、管辖范围，移送纪委、审计、公安等部门处理，做到各履其职、各负其责。

第三节　制度机制建设

一、加强制度机制建设的必要性

着眼于派驻基层检察室长远发展，实现派驻基层检察室工作的制度化、规范化和科学化，建立健全工作制度机制势在必行。

1. 从设置区域来看，需要加强制度机制建设。派驻基层检察室设在乡镇、街道，大多数派驻基层检察室远离派出院机关，工作流动性强，相比于其他内设部门，可控性较差，管理难度较大。因此，为派驻基层检察室建立一套成熟的、可操作的、完备的制度，是将派驻基层检察室纳入派出院统一

---

① 从 2012 年 11 月开始，山东省人民检察院党组着眼于关注保障民生、服务经济发展，作出了开展"进乡村、进农户、进社区、进企业、进学校，服务民生、服务经济"（简称"五进两服务"）大走访活动的决策部署。

管理下的必经之路。

2. 从职责范围来看，需要加强制度机制建设。派驻基层检察室业务范围广，涉及了检察院的各项职能。具体来讲，派驻基层检察室具有受理举报、办理轻微刑事案件、监督纠正"两所一庭"违法情形等各种工作职责，这些职责存在用权风险，应当加强派驻基层检察室人员监督管理，要对派驻基层检察室的"禁止事项"加以说明和规范，保障派驻基层检察室遵守各项检察纪律和业务规范。

3. 从履职手段，需要健全的制度机制加以规范。派驻基层检察室的履职手段主要有协助初核初查、审查起诉、纠正违法通知、检察建议等；此外还有信息化手段，即派驻检察室将互联网络技术手段运用到检察业务活动，实现检察业务数字化，以此推动派驻检察室工作更加高效快捷地运行，如"信息航母""信息超市""远程视屏接访"等。上述履职手段的运用需要健全的制度机制加以规范。

4. 从运行程序来看，需要健全的制度机制保障程序运行。程序是派驻基层检察室运行机制的轨道，健全制度机制才能更好保障程序运行，为了确保这一功能的实现，需要在运行程序的各个环节上进行合理界定，确定相应的程序规则。派驻基层检察室的基本职能及其拓展职能是检察院职能的自然延伸，其运行的每个环节的基本程序都有相应的法律规定。但派驻基层检察室履行职能的程序不能与内设业务机构完全一致，否则，其职能会与内设机构重叠交叉。从派驻基层检察室工作流程来看，除了遵循法律规定的基本程序外，还有自身的特殊程序，如办理轻微刑事案件对接程序、协助办理职务犯罪审批程序、检察室业务移送程序等。

二、制度机制建设实践

建立健全派驻基层检察室的机构设置、业务运行、执法保障、队伍管理等工作机制，对派驻基层检察室的健康运行十分重要。下面，以山东省检察机关为例，对派驻基层检察室制度机制建设的实践探索情况进行简要介绍。

1. 机构设置。山东省人民检察院规定，派驻基层检察室由检察院派出，名称统一为"××人民检察院派驻××（驻在地名称）检察室"。认真落实省委《关于贯彻中发〔2006〕11号文件精神进一步加强人民法院、人民检察院工作的意见》"派驻基层检察室主任由具有一定检察工作经验的正科级或副科级干部担任"的要求，原则上新设置的派驻检察室应为科级以上单位。严格审批程序，派驻基层检察室的设立、更名和撤销，经地方编制部门同意后，报省院审批。探索在派驻基层检察室辖区内非驻地乡镇建立联络渠道，采取行之有效的工作方法，使派驻基层检察室工作能够全面覆盖所辖区域的村居社区。

2. 基础设施。山东省人民检察院规定，派驻基层检察室统一标识，基本颜色采用白色和蓝色。对于外观，要素为横式门楣、竖式标牌、门牌和路口指示牌（建议加图片）。对于内部功能区，划分为接待区、业务区、办公区、廉政教育区和后勤保障区。接待区主要用于接待群众来访、提供法律咨询、受理群众诉求等，包括检察接访大厅、视频接访室、举报受理室等。业务区主要用于民生检察服务、化解矛盾纠纷、社区矫正监督以及派出院业务部门到检察室办理案件等，办公区主要用于检察室处理行政事务、召开各种会议、学习培训等，监控室可与干警值班室合并设置。廉政教育区主要用于开展廉政警示、犯罪预防、法制宣传等教育活动，可以根据本地实际设置一个或多个展室，如预防职务犯罪展室、中小学生法制教育展室、安全生产展室等，也可在院落或走廊设置廉政教育宣传栏。后勤保障区主要用于检察室工作人员饮食、训练、学习、休息等，包括厨房、餐厅、休息室、车库（停车场）、庭院等。通过以上规范，使全省派驻基层检察室在对内对外基础建设方面高度统一，便于群众识别，便于检察管理。

3. 人员配置。建立符合司法规律、符合派驻基层检察室特点的队伍管理制度，对于优化检察资源配置，形成良好的派驻基层检察室工作运行机制和组织结构体系具有重大意义。为保障业务开展，山东省人民检察院对于人员配置也提出了明确要求，要求选派政治坚定、业务精通、熟悉基层工作的检察人员到派驻基层检察室工作。检察室主任由政治素质好、业务水平高、协调能力强、具有一定检察工作经验的科级以上干部担任。检察室主任应当具备检察员法律职务。要选派综合素质好、业务水平高群众工作能力强的青年干警到派驻基层检察室轮岗锻炼制度；健全派驻基层检察室人员教育培训辅助人员持证上岗制度；全面实行业务骨干、资深检察官与派驻基层检察室人员一对一帮教制度；鼓励派驻基层检察人员参加岗位技能、专项业务培训，不断增强派驻基层检察室队伍整体素质。[①]

4. 业务规范。业务规范涉及履职范围及业务开展两个方面。山东省人民检察院根据有序有效有限原则，在最高人民检察院规定以及山东实践的基础上，确定了符合山东实际的派驻基层检察室的履职范围。为进一步规范具体业务工作的开展，先后制定了一系列业务流程等方面的规范性文件。如根据派驻基层检察室的工作职责，对派驻基层检察室受理来信来访，发现、受理职务犯罪案件线索，预防职务犯罪，诉讼监督，排查化解矛盾纠纷，社区

---

① 参见李建新《在全省检察机关基层基础建设座谈会上的讲话》2015 年 9 月 7 日。

矫正监督，为民、便民、利民服务及涉农检察等工作进行了细则式的规范，制定施行了派驻基层检察室统一工作账卡和业务报表，实现业务工作规范管理。各级检察机关各业务部门均出台了与派驻基层检察室的对接指导意见，进一步明确派驻基层检察室在履行各项职能时与业务部门的协助办理或独立办理的关系，并以此为根据，设计了派驻基层检察室开展主要业务工作的流程。

三、完善制度机制运行的对策建议

派驻基层检察室是发挥检察职能的一个重要平台，为了运用好这个平台，除了改善运行环境，明确职能定位外，在运行目的指引下，还应不断加强与完善派驻基层检察室运行机制的其他各个要素。

（一）完善运行手段

进一步完善运行手段的基本思路，是应当建立以法律手段为主导，以信息化手段为支撑，结构合理、主次分明、相互并用的综合体系。首先，要坚持用好比较成熟的法律手段，如检察建议、审查起诉、初核、初查等法律手段，要认真论证和研究，争取在实践中不断完善，规范各项法律手段，成为派驻基层检察室职能发挥的助推器。其次，在大数据背景下，要善于运用信息化手段，实现派驻基层检察室工作与信息化高度融合，积极构建信息工作网络和开发业务软件，逐步打造数字化、智慧化检察室，努力提高派驻基层检察室运行的整体效能。"要把派驻检察室信息化建设摆在突出位置来抓，纳入检察信息化建设整体规划，在全面应用、资源共享、整体升级、注重安全上下功夫，全力打造派驻检察室信息化建设'升级版'"。[1]

（二）完善程序设计

派驻检察室制度的运行程序的正当性、合理性是派驻检察室制度规范的基本问题，也是派驻检察室制度立法和司法规范化的基础性问题。[2] 派驻基层检察室应当遵循"便民高效""有限监督"以及与其他执法司法部门"分工负责、互相配合、互相制约"的运行原则，针对派驻基层检察室各个业务的特殊工作流程，认真总结履行职能的实践经验，努力构建职能清晰、运转协调、规范高效、监督有力的工作运行程序。

---

① 吴鹏飞：《派驻检察室基层治理法治化的重要力量》，载《检察日报》2015 年 1 月 19 日第 1 版。

② 胡常龙：《走向理性化的派驻检察室制度》，载《政法论丛》2016 年第 3 期，第 37 页。

（三）完善运行考评

运行结果的评价是对派驻基层检察室完成的各项工作综合检测，根据综合检测的结果，调节和矫正派驻基层检察室各项工作。运行测评应以内部考核与外部评价相结合。外部评价有人民监督员监督、人民满意度测评等，如山东寿光市院依托信息化，自主研发群众满意度调查系统，在各派驻基层检察室民生服务大厅设置满意度测评平台，督促干警转变工作作风。内部考评有上级院的绩效考核，实行派驻基层检察室等级化管理等，其中，检察室等级评定是加强派驻基层检察室规范化管理的一项重要举措，提高派驻基层检察室履行职能水平的一条重要途径。山东检察机关通过部署开展规范化等级评定工作，把556个派驻基层检察室全部梳理一遍，推动了派驻基层检察室各项工作开展，推动了派驻基层检察室职能作用的发挥，推动了派驻基层检察室建设向更高层次迈进。

第四节　派驻基层检察室建设的立法完善

一、立法背景

全国各地检察机关积极探索派驻基层检察室建设，在服务基层经济发展、维护社会稳定等方面发挥了积极而重要的作用。实践充分证明，派驻基层检察室把法律服务和监督触角延伸到了基层，是基层治理体系和法治网络的有机组成部分。派驻基层检察室在发展过程中也面临一些问题，如身份困境。

从立法上讲，《人民法院组织法》《公安派出所组织条例》分别为人民法庭和公安派出所提供了法律依据，而《人民检察院组织法》对派驻检察室没有明确规定。目前设置检察室的主要依据是最高人民检察院的两个文件，即《人民检察院乡（镇）检察室工作条例》和《关于进一步加强和规范检察机关延伸法律监督触角促进检力下沉工作的指导意见》，缺乏立法层面的认可。

对派驻基层检察室立法的缺失，使派驻基层检察室在开展工作时显得有些"腰杆不硬""底气不足"，一定程度上影响了法律监督职能的发挥。在这种情况下，亟须通过立法形式突破派驻基层检察室发展的"瓶颈"，巩固各地派驻基层检察室探索取得的经验，构建派驻基层检察室持续良性健康发展的制度保障体系。

二、立法原则

立法原则，是立法者据以进行立法活动的主要准则，它是立法基本理念在立法实践中的重要体现。① 在派驻基层检察室立法实践中应体现四个原则：合宪原则、法治原则、民主原则、科学原则。

1. 合宪原则。合宪原则是立法活动的根本原则。宪法具有最高法律效力，立法活动不得同宪法或宪法的基本原则相抵触。《立法法》第 3 条规定，"立法应当遵循宪法的基本原则"，就是对这一原则进行法律层面的规定。对派驻基层检察室的立法，要涉及《人民检察院组织法》等相关法律的修改，必然也要遵循宪法的基本原则和基本精神。

2. 法治原则。《立法法》第 4 条规定："立法应当依照法定权限和程序，从国家整体利益出发，维护社会主义法制和统一。"对派驻基层检察室进行立法，无论是国家立法还是地方立法，都要在自己权限范围内依法定程序进行，同时维护法制统一，避免派驻基层检察室立法与其他法律规范文件之间的矛盾。

3. 民主原则。在派驻基层检察室立法过程中要贯彻群众路线，使广大人民能够参与立法，体现人民的意志，有效保护人民的利益。

4. 科学原则。坚持科学立法原则，从本国国情出发，妥善处理立法的超前、同步与滞后的关系，有利于克服立法中的主观随意性盲目性，提高立法效益，形成高质量的良法。

三、立法形式

1. 修正案形式。立法机关在汲取各地关于派驻基层检察室成功经验的基础上，参考专家学者的观点，可以采取修正案的立法形式。具体来讲，派驻基层检察室采取修正案的形式，由全国人大常委会在《人民检察院组织法》增加派驻基层检察室的条文，对派驻检察室法律地位作原则性规定，使之有统一法律依据。如胡常龙教授在《走向理性化的派驻检察室制度》中的观点：关于派驻基层检察室制度，首先应当在《人民检察院组织法》中明确加以规定："人民检察院根据检察工作的需要，可以在乡、镇、城市街道、社区等设立派驻检察室，依法履行法律监督职能。"②

---

① 李建华、徐刚：《立法原则的伦理解读》，载《河北法学》2005 年第 6 期。
② 胡常龙：《走向理性化的派驻检察室制度》，载《政法论丛》2016 年第 3 期，第 37 页。

派驻基层检察室获得明确的法律权限，对机构建设、业务开展、职能发挥等各个方面将是一个极大的促进：第一，明确了检察机关在机构设置上与法院系统的对应，从而进一步完善我国的司法构架；第二，派驻基层检察室开展法律监督有了更加强有力的法律支撑，能够"名正言顺"地开展下去，"壮了底气"，法律监督的效力将会得到提升；第三，从法律层面上解决了派驻基层检察室的机构设置、人员配备、经费保障等问题，能够"扫清"派驻基层检察室建设的诸多障碍。

2. 单行法形式。单行法是修正案的重要补充。修正案虽然是派驻基层检察室立法的首要方式，但是修正案不足以在法律层面上全面系统地规定派驻基层检察室的主要内容。单行法可以弥补这一问题，能够对派驻基层检察室的设置原则、职能定位、机构编制、经费保障等方面作出较为详细的规定。如1954年12月31日全国人民代表大会常务委员会第四次会议通过的《公安派出所组织条例》，就是针对公安派出所设置及职权定位的单行法，明确规定了公安派出所的机构属性、职权范围、人员配备等事项。①

3. 地方立法形式。《立法法》第72条规定："省、自治区、直辖市的人民代表大会及其常务委员会根据本行政区域的具体情况和实际需要，在不同宪法、法律、行政法规相抵触的前提下，可以制定地方性法规。"各地检察机关经过多年来的实践探索，已经积累了派驻基层检察室建设的大量经验，可以争取省级人大及常委会先行先试，进行地方立法，反向推动国家层面的立法。地方立法可以在处理好与上位法、最高人民检察院规范性文件的基础上，总结本省派驻基层检察室的实践经验，将可复制可推广的制度体系囊括到地方性法规中，从全局角度规定派驻基层检察室的各项内容。

---

① 1954年《公安派出所组织条例》已于2009年6月27日被十一届全国人大常委会第九次会议废止。取而代之的是2006年11月1日国务院第154次常务会议通过的《公安机关组织管理条例》。

第五章 派驻基层检察室的司法能力建设

派驻基层检察室的有效运行和职能作用发挥，需要一支过硬的优秀人才队伍支撑，也离不开有力的物质基础保障。本章对派驻基层检察室的人员配备、队伍素能建设、基础保障和信息化建设等问题，在理论与实践上进行分析探讨，以期对派驻基层检察室的建设发展提供借鉴指导。

第一节 人员配备

"为政之要，莫先于用人。"人力资源和人才队伍是做好检察工作的基础。派驻基层检察室的人才队伍，在能力与素质方面有其特殊要求，在人员数量及素质构成方面均需要合理配置。

一、人员配备的基本原则

派驻基层检察室作为检察机关的派出机构，是直面基层群众、发挥检察职能、拓展法律职能空间的重要载体和重要窗口，在人员配备上应当遵循以下原则。

（一）以保障派驻基层检察室工作职能的充分发挥为主要标准

新时代背景下的派驻基层检察室，重新经历"从无到有"的过程，这一鲜明的时代特征赋予了派驻基层检察室工作明显的开创性特点，需要挑选一批事业心强、工作踏实、善于协调、知识面广、了解基层的检察人员充实到派驻基层检察室的队伍中来。但是基于检察机关法律监督内涵与外延的广泛性，随着派驻基层检察室工作的深入开展和各项工作体制机制的不断完善，派驻基层检察室也将逐步经历"从有到多、从多到全、从全到强"的发展阶段。要推动实现不同发展阶段的飞跃，必须要配齐配好派驻基层检察室工作人员。在不同发展模式下，派驻基层检察室职能定位有所差异，对人员数量和能力素质的要求也必然有所不同。但是，尽管模式不同，人员配备的首要目标都应该是保障派驻基层检察室既定职能作用的发挥。

（二）以符合基层检察机关的人力资源实际状况为基本原则

最高人民检察院《关于进一步加强和规范检察机关延伸法律监督触角促进检力下沉的指导意见》第九条指出，向基层延伸法律监督触角，必须因地制宜、量力而行，要充分考虑基层检察机关现有人力、物力、财力和基层当前的执法环境、群众认可程度等多方面因素，实事求是、逐步推进。由此可以得出，在人员配备方面，应当充分考虑基层检察机关的人力资源基础。在由省级层面统一部署、统一推进的路径选择中，要对全省基层检察机关的人员情况进行深入调研，对派驻基层检察室人员配备进行科学论证，在此基础上提出统一标准。在"自下而上"开展的探索实践中，要充分尊重基层首创精神，在因地制宜基础上推动发展。人少案多的矛盾是基层检察机关面临的普遍难题，发展空间有限也是基层检察机关人才流失现象严重的重要原因。设立派驻基层检察室，不能只看到需要从基层检察机关调配人员力量这一"难题"，而更应当以派驻基层检察室的设置为契机，盘活基层检察业务工作，激发基层检察队伍的活力。各地还应主动作为，积极争取党委、人大、政府的重视支持，通过招录人员等方式切实解决好派驻基层检察室人员配备问题。

（三）以优化派驻基层检察室工作人员结构为指导方向

派驻基层检察室是检察机关延伸到乡镇街道一级的法律监督机构，其工作特点包含发现问题、独立履职、理顺关系等因素，对司法能力和综合素质的要求相对较高。在选配派驻基层检察室的工作人员时，要充分考虑年龄层次、知识结构、执法司法能力和岗位需求，进行优化组合，力求做到扬长避短、优势互补。既需要熟悉基层工作、善于做群众工作的老同志，也需要法律素养好、具有创新精神的年轻人；既需要具有一定办案经验、善于捕捉和解决问题的中坚力量，也需要细心周到的文职人员和勤恳踏实的后勤保障人员。

二、人员配备的模式选择

各省市关于派驻基层检察室的探索呈多元化态势，在人员配备的路径选择上也有所差异，形成了不完全相同的模式。基于资料收集的限制，本书重点对江苏、上海、重庆和山东的人员配备实践进行了总结和类型化划分。

（一）无锡锡山的人员组织模式——检察官办公室

无锡市锡山区人民检察院派驻基层检察室自 2009 年恢复设立以来，即着手探索以检察官办公室的组织形式来开展业务工作。检察官办公室的工作模式是由 1 名主办检察官，并配备 1—2 名检察官（或书记员）为助手开展工作。检察室主任从资深检察官中产生，具有较高的管理能力和业务素质，作为部门负责人在管理派驻基层检察室行政事务的同时，也是检察官办公室的主办检察官，负责检察业务的办理。①

这一组织模式的特点在于从现有部门抽调的人员力量相对较少，在基层检察机关案多人少矛盾突出的背景下，不失为一种良好的选择。但是，这种组织模式得以灵活、高效运转的基础，在于将派驻基层检察室的职能限定为主要承担法律服务、协助办案等带有延伸性质的工作。②

（二）宜兴专业化检察室的人员选配——精英＋专业委员会

2010 年 11 月，宜兴市人民检察院在高科技企业聚集度大、自主知识产权数量多的宜兴市环保科技工业园设立了"知识产权保护检察室"，从专业背景、业务能力、工作经验等方面进行统筹考虑，选配 1 名硕士担任检察室主任，同时配备 3 名法学硕士。考虑到知识产权检察工作跨专业、跨部门，又专门设立了知识产权专业委员会，在公诉、侦查监督、反贪、反渎、民行检察等业务部门中确定对知识产权检察工作感兴趣、有经验的 10 名干警参与侵犯知识产权案件讨论和会商，有效补充了检察室的力量。③ 这一模式为专业化、专门化检察室提供了有益借鉴。

（三）上海社区检察室的人员选配——高起点、高标准

上海市人民检察院自 2011 年启动建设社区检察室以来，在社区检察室人员配备上一直坚持"高起点、高标准"的原则。《上海市检察机关派驻基层检察室工作规划（2011—2012 年）》《上海市检察机关派驻（社区）检察室管理办法（试行）》两份文件要求，每个社区检察室干部配备不少于 5 名，各社区检察室至少有 1 名 35 岁以下干部，具有业务部门工作经历的干部数不少于该室干部数的 60％。其中，配备的 5 名干部必须是在职在编、可以独立行使检察权的检察人员。对于配全 5 名人员，在工作中仍显得人员紧张的，每个检察室可返聘 1—2 名退休检察人员负责接待工作，基层院也可安排 35 岁以下干警到派驻基层检察室轮岗锻炼，但退休返聘的检察人员及轮岗挂职的青年干警不计入 5 名配备干部之内。此外，实践中上海市的社区检察室还允许招收文职人员进行辅助工作。对于人力充足、人才素质较高的地区，上海这一模式值得学

---

① 曹斌、华渊：《从派驻基层检察室运作看检察改革的几个基础性问题》，载无锡市人民检察院《检察调研》2015 年第 6 期。

② 2011 年以后，锡山区人民检察院派驻基层检察室不再参与职务犯罪案件的办理，主要承担十项职责，但以协助办案为主，例如配合本院控告申诉、民行部门受理辖区内的各类控告、申诉案件，做好申诉人的息诉服判工作。

③ 参见无锡市人民检察院课题组：《派驻基层检察室的理论和实践解构》，2014 年 10 月。

习借鉴。

（四）重庆长寿区院——"一、二、三、四"解析思路

重庆市长寿区人民检察院在检察室的设置上根据长寿区工业区、农业区、风景区分割相对分明的这一特殊区情，分别在晏家镇（工业区核心镇）、葛兰镇（农业区核心镇）与长寿湖镇（景区核心镇）设置三个中心检察室，覆盖全区 6 个街道、12 个镇。三个中心检察室在人员配备上通过"一梳理、二分类、三精配、四借力"的方式进行。所谓"一梳理"，即全面梳理全院各科室人员配备和工作运转情况，在保障全院工作顺畅流转的前提下，整合重叠职能，由此而发现各科室可以抽出的"存量优势资源"。所谓"二分类"，即在通过上述梳理的基础上，将各科室"存量优势资源"按照工作经历、专业特长进行分类。所谓"三精配"，即整合经归类的人员资源，每个中心检察室由三名以上或精于职务犯罪侦查，或精于侦查监督，或精于控告申诉接待专业特长的检察干警组合构建，然后再配以若干辅助工作人员（通过社会招聘形式进行），由此而组成各个中心检察室的工作队伍。所谓"四借力"，是指分别在各个镇、街基层政府驻地设置检务工作联络室，在各个村（社区）选任办事公道、群众基础好的"贤达之士"担任检务工作联络员，由检察室干警按分包辖区定期到检务工作联络室召集检务工作联络员收集辖区信息与反馈意见，及时掌握基层民情动态、汇总涉检信息。通过这种"借力"，在辖区形成了"检察院→中心检察室→检务联络室→检务联络员"的全覆盖工作体系。依靠上述方式，在未额外增加一名检察干警编制的前提下，长寿区院顺利解决了检察室的"人从何来"之困局，保障了各个中心检察室工作的设立及顺畅运行。①

（五）山东的实践——检察人员＋辅助人员

山东省检察机关根据工作实际，采用"检察人员＋辅助人员"的基本方式，有效解决了派驻基层检察室人员配备问题。

1. 人员配备总体情况

山东省人民检察院要求，检察室一般应配备 5 名以上工作人员，具备司法资格的不少于 2 人。为有效弥补基层检察人员力量的不足，山东省探索建立挂职、轮岗锻炼等制度，从各级院 45 岁以下检察人员中择优选派至派驻基层检察室工作。例如，省院、市级院一般每年选派 2 批，每批不少于 3 人；基层院

---

① 梁经顺：《派驻基层检察室面临的三大困境及其析解——以重庆市长寿区检察院的探索实践为视角》，载《派驻基层检察室建设研讨会优秀论文集》，检察日报社、山东省人民检察院编，2015年 11 月。

则有计划、分批次地安排检察人员到派驻基层检察室轮岗锻炼。此外，基层检察院也通过内部调剂交流、争取事业编制、返聘离岗人员、加大招录补员力度等措施，努力为派驻基层检察室补充人才。截至目前，山东省派驻基层检察室工作人员达到 3503 人，其中检察人员 2119 人。这支稳定的专业队伍为派驻基层检察室充分发挥法律监督职能提供了必要的人力基础。

2. 人员分类配备标准

（1）检察室主任。《人民检察院乡（镇）检察室工作条例》第五条规定，乡（镇）检察室配备检察员、助理检察员、书记员若干人，设主任一人，根据需要可设副主任一人，主任、副主任由检察员担任。山东省检察机关依据上述《条例》精神，明确规定了检察室主任应当具备检察员法律资格。同时指出，检察室主任由政治素质好、业务水平高、协调能力强、具有一定检察工作经验的科级以上干部担任。

（2）其他检察人员。为优化人员队伍结构，山东省检察机关做出了指引性规定，要求派出院选派综合素质好、业务能力强、群众工作能力强的年轻干警到派驻基层检察室工作。根据工作需要和队伍实际结构，可以对派驻基层检察室工作人员实行轮岗。派出院新进人员原则上应当安排到派驻基层检察室工作锻炼半年以上。例如，济南市天桥区人民检察院规定，35 周岁以下的年轻干警，每人在派驻基层检察室轮岗一周，轮岗期间承担派驻基层检察室的工作任务。这一工作机制能够为派驻基层检察室不断输送新鲜的人力资源。

（3）辅助人员。辅助人员是指在派驻基层检察室从事辅助性工作的非检察机关在编人员，可以由检察机关自行招录或通过政府购买劳动力的方式招录。一般应具有大学以上学历，具备一定法律专业知识。辅助人员工作岗位的设置，符合各基层院检察队伍现状与实际，在一定程度上降低了基层检察机关人少案多的矛盾对派驻基层检察室人员配备的不利影响。辅助人员协助检察人员开展工作，不得行使检察权。[①] 山东省人民检察院专门出台了《山东省检察机关派驻基层检察室辅助人员管理办法》，对辅助人员的工作范围作出限定，即"辅助人员可以协助派驻基层检察室检察人员开展工作，承担相关事务性工作，但不得行使检察官的职责，不得以检察人员名义独立开展活动"。该《办法》还对辅助人员的招录条件、选用程序、管理方式等作出明确规定。

值得注意的是，在山东的实践中，派驻基层检察室普遍在辖区内选任了信息联络员。信息联络员并不是派驻基层检察室的工作人员，是派驻基层检察室

[①] 最高人民检察院《关于进一步加强和规范检察机关延伸法律监督触角促进检力下沉的指导意见》明确规定，严禁从社会上聘请人员行使检察权。

从辖区居民或基层单位熟悉社情民意、热爱群众工作、具有较好群众基础的人员中选聘，负责为派驻基层检察室提供发生在农村、社区、企业、学校等基层组织和单位的职务犯罪案件、普通刑事犯罪案件、治安案件信息和其他有关涉检信息。信息联络员来自基层群众和基层组织，是派驻基层检察室广泛收集社情民意的有力助手。

三、检察改革中的派驻基层检察室人员配备

推动检察人员分类管理、推行司法办案责任制是当前司法改革的重要内容。在这种形势下，派驻基层检察室是否配备检察官岗位，在很大程度上影响到派驻基层检察室职能作用的发挥，甚至影响到派驻基层检察室的未来发展路径。

在目前的检察改革实践中，"业务部门足额配备、综合业务部门从严配备、业务部门综合岗位和行政综合部门不配备"成为一项总的原则。在2015年底前后各地相继出台的检察官权力清单或者司法责任认定意见中，基本采取了以不同检察职权进行分类，根据各业务条线来划分职权范围和明确责任事项的思路。例如，将检察职权分为侦查监督业务、公诉业务、职务犯罪侦查业务、刑事执行检察业务、民事行政检察业务、未成年人刑事检察业务、控告申诉检察业务、职务犯罪预防业务、法律政策研究业务和案件管理业务，列举规定不同业务条线检察官的职权。

由于全国各地派驻基层检察室的工作模式不完全相同，工作开展情况和职能作用发挥也存在差异。因此，对派驻基层检察室是否配置检察官岗位，不宜采取"一刀切"的方式。基于各地派驻基层检察室工作的实际情况，可以分成以下三种类型：一是对于能够独立开展检察业务工作，并取得明显成绩的派驻基层检察室，配备2名或多名检察官。二是对于能够开展检察业务工作，但主要依托派出院相应业务部门开展工作，派驻基层检察室仅仅做初步工作或协助工作的，可以配备1名检察官，或不配备检察官，只配备检察官助理，在派出院检察官的领导下开展工作。三是对于主要从事服务性工作的检察室，可以不配备检察官，只配备检察官助理及其他人员。对于在派驻基层检察室发展过程中新开展检察业务工作的，可以视情况另行配备检察官或检察官助理。

第二节 队伍素能建设

队伍兴，则事业兴。法律监督触角能不能真正延伸到基层，能不能取得实

实在在的成效，关键在于派驻检察人员的能力、素养和作风。如何建成一支"政治坚定、业务精通、作风优良"的派驻基层检察队伍，是派驻基层检察室发展过程中的一项重要课题。

一、加强派驻检察队伍素能建设的重要意义

（一）提升司法公信力

法律权威源自人民的内心拥护和真诚信仰。而人民对法治的信仰和对我国法治道路的认同，很大程度源于其亲身感受。派驻基层检察室人员直接与基层群众打交道，是社会各界感知检察工作的一面镜子。派驻基层检察室工作人员作风端正、工作方式方法贴近基层实际，能够积极回应群众的利益诉求，能够妥善解决群众遇到的难题，就能得到基层群众的支持，就能提升检察机关在群众心目中的形象，提升检察机关的司法公信力。反之，派驻基层检察室工作人员作风粗暴，面对群众的诉求无动于衷，面对群众的苦难袖手旁观，将严重伤害人民群众的感情，割裂人民群众与检察机关沟通联系的纽带，严重损害检察机关在人民群众中的形象，最终损害司法公信力。

（二）提高队伍专业化水平

党的十八届四中全会专门提出"加强法治工作队伍建设"，要求"大力提高法治工作队伍思想政治素质、业务工作能力、职业道德水准，着力建设一支忠于党、忠于国家、忠于人民、忠于法律的社会主义法治工作队伍，为加快建设社会主义法治国家提供强有力的组织和人才保障"。检察机关作为保障法律统一正确实施的专门法律机关，需要以更高的标准规范自身行为和权力运行。派驻检察队伍是司法队伍不可或缺的重要组成部分，加强派驻检察队伍建设是建设法治专门队伍的题中之义。与全面推进依法治国的新形势相比，特别是对照司法体制改革的要求，派驻检察队伍在思想政治素质、业务工作能力、纪律作风建设等方面还存在诸多不适应的地方。在积极探索派驻检察队伍建设的规律，推进队伍建设内容、载体、方法的创新方面，还有很长的路要走，还有大量的工作要去做。

（三）满足基层法治需求

"法律的宗旨在于满足不断变化的人文需求。"[①] 派驻基层检察室顺应基层司法需求而设立，而随着经济社会的发展，基层利益诉求越来越呈现出多元化

[①]　［美］罗伯特・N. 威尔金：《法律职业的精神》，王俊峰译，北京大学出版社 2013 年版。

的特点，群众诉求往往与社会矛盾相互交织。与此同时，随着法治社会的进步，人民群众对司法工作的了解越来越多，人民群众的维权意识、民主意识、参与意识、监督意识不断增强，对社会不公的敏感度也越来越高。这就"倒逼"派驻检察人员必须相应地提高自身专业化、职业化水平，必须主动增强自身群众工作能力，不断提升群众工作的亲和力，以满足人民群众对基层法治的需求。

二、加强派驻检察队伍素能建设的途径

关于如何加强检察队伍建设，全国检察机关已经形成了较为完备、系统、成熟的工作体制机制。打造一支政治过硬、业务过硬、责任过硬、纪律过硬、作风过硬的派驻检察队伍，要在坚持运用、不断发展这些有效经验的同时，注重对新情况、新问题的研究，围绕派驻检察队伍的新特点，不断开创工作思路，探索完善符合派驻基层检察室实际的队伍建设工作机制。

（一）加强思想政治教育

1. 加强理想信念教育。派驻基层检察室能够发挥职能作用的前提是正确的方向指引。强化科学理论武装，坚定理想信念，是派驻基层检察室健康发展的思想根基。要突出抓好对习近平总书记系列重要讲话精神的学习，认真领会治国理政的新理念新思想新战略，把握发展大势、明确前进方向、凝聚奋进力量。要巩固和拓展党的群众路线教育实践活动、"三严三实"专题教育活动的成果，深入开展"两学一做"学习教育，始终坚持立党为公、执法为民的鲜明立场，切实掌握实事求是、群众路线等思想方法和工作方法。要将理想信念教育融入派驻基层检察室的日常工作和党务活动之中。如，山东省检察机关规定，派驻基层检察室党员人数3人以上的，应当建立隶属于派出院的党组织，定期开展活动，充分发挥党支部、党小组的思想政治教育主阵地作用，形成经常性教育体系。

2. 加强法治信仰教育。法治是指引中国改革这艘航船在风雨中不变航向的灯塔，是守护30多年改革成果不被蚕食的卫士。[①] 司法是调整社会关系和社会秩序的总开关，是法律实施的核心环节。派驻基层检察人员，既是坚定不移推进法治建设的摇旗呐喊者，更是将法治理念融入社会生活、化为群众需求的积极实施者。要坚持不懈深化社会主义法治理念教育，引导派驻检察人员牢固树立社会主义法治信仰，始终坚守维护社会公平正义这一核心价值追求，增

---

① 中共中央宣传部理论局：《法治热点面对面》，学习出版社、人民出版社2015年版，第8页。

强走中国特色法治道路的行动自觉。要坚持把法治教育作为重要内容，大力培养派驻检察人员的法治思维，切实提高运用法治方式化解矛盾纠纷、维护社会稳定的能力。结合派驻检察人员的思想状况和工作生活情况，有针对性地开展教育，寓法治信仰培养、执法理念教育于解决实际问题之中。

3. 加强检察职业道德教育。道德是培育法治精神的源头活水。派驻检察人员守护在维护公平正义的一线，必须具备从事检察工作所需要的职业道德和职业精神。要在派驻检察人员中大力开展检察职业道德教育，唤起他们内心的自觉，树立追求崇高的检察道德的主体意识，在工作中既有效适用法律而又体现公平理念，既彰显良知而又充满人文情怀，从而使派驻基层检察室工作更容易为基层群众所理解、认同与接纳。要把检察职业道德教育作为经常性思想教育的重要内容，深入学习、践行检察官职业道德基本准则和职业行为规范，培育检察职业精神，强化检察职业素质培养，筑牢检察人员履行法律监督职责的道德底线。

（二）加大教育培训力度

教育培训是提升派驻检察队伍素能的有效途径。除了依靠派驻检察人员加强自我学习之外，自上而下开展系统的教育培训是提高队伍素能的重要手段。

要丰富教育培训的内容，增强教育培训的针对性。为做好派驻检察工作，除必备的法律专业知识外，派驻检察人员还应当了解派驻地的经济社会发展形势和风土人情，善于从政策法规、社会人文、百姓民生的多维视角，关注各方利益，平和化解矛盾。因此，开展系统性的培训活动，除检察业务之外，还应将涉农政策法规、当前形势任务、如何做好群众工作、如何开展好调研工作纳入培训学习重点内容，引导派驻检察人员准确把握经济社会转型发展和"新常态"的实践要求，使在检察实践中服务大局、保障民生成为思想自觉和行动自觉，切实提高对群体性、突发性事件的敏锐度，切实掌握开展调查研究的基本方法，切实增强看问题的眼力、谋事情的脑力、察民情的听力和走基层的脚力。

要丰富教育培训的方式，增强教育培训的实效性。开展集中教育培训活动，可以改变过去以会代训的传统方式，通过实务讲评、分组研讨、交流经验、结业考试等形式，提高教育培训的严肃性、互动性和实用性。可以依托网络和视频会议系统，开展远程教育培训，及时将最新的工作部署、工作要求传达到派驻基层检察室。注重分类施教，对检察干警组织业务练兵竞赛，通过笔试和答辩，对基本业务、惠农政策、案例分析和上级重大决策部署等进行测验，评选业务标兵；对检察辅助人员进行岗前集中培训，尽快使其调整心态、转变角色，熟悉检察工作的基本业务、掌握检察工作的技能方法。例如，近年来山东省人民检察院共组织检察室人员各类培训班 14 期、培训 2000 余人次；大力开展业务练兵和理论研讨活动，先后组织了检察室业务练兵竞赛、优秀检察室评选、检察室工作展评、派驻基层检察室工作发展研讨会、民意调查、优秀案例和优秀检察建议评选等活动，引导、激励派驻检察人员勤学苦练、成长成才和创先争优的积极性，大大提升了派驻检察人员的职业素养和专业水平。

（三）严格规章制度

派驻基层检察室设置在乡镇街道，远离派出院机关，地理位置相对偏僻，却与群众直接面对面，工作人员的工作作风和水平直接关系到检察机关的形象。因此，加强对派驻检察队伍的管理就显得尤为重要。

建立健全派驻基层检察室管理制度，是队伍建设的重要基础。为规范派驻检察人员行为，全国各地各级检察机关普遍出台了加强派驻检察队伍管理的制度规定。如，山东省人民检察院先后制定了《派驻基层检察室工作人员纪律（试行）》《派驻基层检察室辅助人员管理办法》等规范性文件，对派驻基层检察室各类人员进行严格管理，取得了显著效果。

1. 明确工作纪律。要求所有派驻基层检察室工作人员严格遵守考勤纪律，严格遵守检察工作纪律、廉洁从检规定和检察人员行为准则，严格遵守保密工作纪律，在接访、下访、巡防工作中，要耐心倾听群众反映的问题，努力解决群众正当、合理的诉求。省院、市级院检察人员工作锻炼期间，由派出院和派驻基层检察室共同管理，以派驻基层检察室管理为主。工作锻炼人员要带头遵守高检院、省院有关纪律规定，严格执行派驻基层检察室各项规定和纪律。信息联络员负责为派驻基层检察室提供案件信息和涉检信息，但不得以派驻基层检察室工作人员的名义开展工作。

2. 规范资格准入。辅助人员的选用，由派驻基层检察室提出用人申请，由派出院政工部门组织考察、体检并提出用人意见，由派出院审批，并报上级院备案。实行辅助人员持证上岗制度，辅助人员须经考试合格才能上岗，省院统一制发派驻基层检察室辅助人员上岗证书，未经考试或者考试不合格的，不得在派驻基层检察室工作。辅助工作关系解除后，上岗证书逐级上交省院注销。信息联络员的选聘，采取机关、团体、企事业单位、基层组织推荐和个人自荐相结合的原则，由派驻基层检察室审查确定并颁发聘书，任期结束后，未续聘者自然解聘。

3. 严肃责任追究。加强监督检查，及时发现和纠正苗头性、倾向性问题，严肃查处违反纪律规定的行为。派驻基层检察室工作人员有对群众诉求无故推诿、敷衍、拖延，作风简单粗暴、吃拿卡要、干预市场主体合法经营活动等违法违纪行为的，依法依纪追究责任。辅助人员具有泄露国家秘密或者检察工作秘密，工作作风差，经批评教育仍无转变等严重情节的，依法依纪处理，并解除辅助工作关系。信息联络员在履行职责过程中不如实反映所接收到的群众举报、控告、申诉材料等情况的，派驻基层检察室应当报请派出院建议相关部门对其进行处分。

（四）完善考核激励机制

从管理的角度出发，绩效考评无疑是治理慵懒散的有效方法。加强对派驻基层检察室工作考核是检验派驻基层检察室建设水平的有效载体，是推动派驻基层检察室健康规范发展的重要手段。

1. 建立合理的科学考评体系。在队伍专业化建设方面，考核派驻基层检察室工作人员数量、资格条件等方面是否符合要求，政治素质、年龄知识结构、业务能力和司法水平是否能够适应工作需要；符合条件的派驻基层检察室，党组织是否建立，组织活动是否有序开展；教育培训、挂职、轮岗锻炼制度是否落实等情况。在廉洁勤政方面，考核是否坚持两手抓，是否严格落实党风廉政建设责任制。此外，还需要考核派驻基层检察室各项管理制度的落实情况。

2. 建立有效的奖惩激励机制。将队伍素能建设和管理规范情况列入优秀派驻基层检察室的评选条件和规范化等级的评定标准，适度加大队伍建设在评定指标中的权重。如，《山东省检察机关派驻基层检察室规范化等级管理办法（试行）》将队伍建设的评定分数定为15分，是评定内容中分值权重较高的项目。此外，对于派驻基层检察室人员有违法违纪行为的，应当实行"一票否决"制，取消优秀派驻基层检察室和一级检察室的评定资格。

3. 建立派驻检察人员职业保障制度。将派驻检察人员纳入派出院人才培养计划，逐步健全人员任用、职务晋升、奖惩、薪酬待遇与德才表现、工作业绩、能力素质挂钩的制度。部分派驻基层检察室工作条件相对艰苦、环境较为复杂，对于在岗位工作上有突出表现的个人，可以作为后备干部培养，同时探索建立派驻基层检察室人员试用期制、任用期制，逐步建立能上能下的选人用人机制，激发派驻基层检察室队伍的活力和创新力。

（五）开展检察文化建设

文化每时每刻都在影响我们的工作、学习和生活，是内化心灵，提升道德，塑造灵魂、品质和形象的不竭源泉。[①] 检察文化是检察官职业共同体在法律监督过程中，逐步形成的反映检察权运作规律和特点的法治理念、管理方式

---

① 郭彦：《弘扬检察文化特色 拓展检察文化内涵》，载《检察日报》2010年12月5日。

和职业操守等精神成果的总和。① 派驻基层检察室的设立有其特殊的职责使命，在其成长发展的过程中，必将也会形成独特的派驻检察文化，要加以科学引导、凝练总结，丰富派驻检察文化内涵。要积极推进派驻检察文化建设，加强检察文化载体建设，在办公场所建设方面增加检察文化元素，配备一些文化娱乐设施，开展丰富多彩的文化活动，丰富派驻检察人员的精神生活，使健康向上的工作和生活理念深入人心，充分发挥检察文化的引领、渗透、融合、凝聚作用。

第三节　基础保障建设

兵马未动，粮草先行。除了"人"这一核心要素之外，派驻基层检察室工作的健康发展，还需要硬件条件的支撑。

一、机构编制与检察经费

检察室作为履行部分检察权的派出机构，其设立必须经过法定的程序。2001 年中央机构编制委员会《地方各级人民检察院机构改革意见》要求，确需设置派驻基层检察室的，由省级人民检察院批准，报最高人民检察院备案。最高人民检察院《关于进一步加强和规范检察机关延伸法律监督触角促进检力下沉的指导意见》要求，检察室的设立、更名和撤销，应报省级人民检察院审批。上海市检察机关要求，要按照先报批后设立的原则，在设立前应形成报告将设立理由、检察室名称、工作条件、人员配备等报市院审批。② 山东省检察机关要求，派驻基层检察室的设立、变更、撤销，经地方机构编制管理部门同意后，报山东省人民检察院审批。在各级党委政府的支持下，目前，山东省设置的 556 个派驻基层检察室已全部完成地方编制部门与省院的双重审批，48% 的检察室规格为副科级以上，83% 的检察室主任职级为副科级以上。

与人民法庭、基层派出所、乡镇司法所不同，由于国家法律层面没有明确派驻基层检察室的设置，派驻基层检察室建设和运行在中央财政层面还没有明确规定，其保障主要依赖于地方财政。如果经费问题得不到解决，将难以保证派驻基层检察室的长期规范运行。着眼于派驻基层检察室的长远发展，山东省各级检察机关加大统筹、协调力度，争取党委政府的支持，探索建立与当地经

① 傅其云：《定位与创新：检察文化建设的深层次思考》，载检察文化建设专网。http://jc-wh. spp. gov. cn/rd/sfy/whzh/201406/t20140616_ 1408670. shtml，访问时间：2016 年 8 月 16 日。

② 参见《上海市检察机关派驻基层检察室工作规划（2011—2012 年）》。

济社会发展水平相适应的经费保障机制，派驻基层检察室办公经费已全部列入派出院同级财政预算，为派驻基层检察室的规范运行提供了有力的物质保障。

二、办公场所和办公设施建设

"检察机关的'两房'外观是检察机关给广大人民群众的第一视觉形象，至关重要……应融入现代司法公平、公正、亲和的理念……外观设计可以风格、形式多样，但必须体现检察机关统一的内在人文精神。"① 借鉴"两房"建设的经验，着眼于派驻基层检察室职能的发挥，各地检察机关在派驻基层检察室办公场所的地点选择、装修装潢、配套设施等方面制定了相关工作规范与标准。如，山东省人民检察院先后出台《山东省检察机关派驻基层检察室统一标识设置规范》《山东省检察机关派驻基层检察室内部设置指导意见（试行）》等一系列文件，对派驻基层检察室的办公场所和办公设施建设提出具体标准和指导意见。

一是要求办公场所独立。由于检察机关是法律监督机关，对派驻地司法和行政执法活动的监督是派驻基层检察室的主要工作职责。在办公场所的选择上，应尽量避免借用、租用或者共用被监督机关的办公用房。例如，有的乡镇街道为派驻基层检察室提供了较好的办公用房以及较好的办公设施，但由于办公场所不独立，在群众中容易造成派驻基层检察室是乡镇内设机构的误解，影响群众对派驻基层检察室职能的认识，不能突出检察属性，影响检察机关的形象。

二是要求功能区划分合理。功能区的划分以方便群众、功能集中、利于工作和安全保密为原则，一般可划分为接待区、业务区、办公区、廉政教育区和后勤保障区。其中，检察接访大厅应设在临街或内部比较靠外的区域，以方便群众出入；视频接访室一般应配备有可实现视频接访的计算机、双向显示屏幕，以畅通群众诉求表达渠道；举报受理室应保持独立性和保密性，以利于保障举报人的合法权益。

三是要求外观形象统一鲜明。山东省检察机关对派驻基层检察室办公场所外观标识进行了规范统一。基本色调以白色和蓝色为主，凸显检察机关的庄重、庄严与大气，并要求在明显位置放置标牌标识，以增加群众对检察机关的辨识度。上海市也同样统一了社区检察室外观，鉴于国际化大都市的特点，上海社区检察室还在标识标牌中注明了英文字样。

---

① 茅亿：《检察机关"两房"建设外观设计亟待规范》，载《人民检察》2004 年第 12 期。

四是要求装备设施齐全。在加强办公用房基础建设的同时，还需要配齐配好业务技术装备和综合保障装备，一般应配备必要的办案场所、技术装备、交通工具、办公设备以及便民服务设施、工作人员生活设施，保证派驻基层检察室日常工作的规范化运行，为派驻检察人员提供现代化的工作环境。例如，在接访大厅配备座椅、饮用设备及用具、防寒降温设施、应急药品、残疾人绿色通道等便民设施，配备办公桌椅、电话、电脑、网络、复印机、打印机、传真机等必要设备，可以配备满足工作需要的车载流动检察室便于下访巡防和开展法制宣传工作，有条件的派驻基层检察室还可以安装大众化的体育健身器材。

第四节　信息化建设

一、加强信息化建设的重要意义

（一）时代发展的必然要求

当今世界信息技术突飞猛进，超高速宽带网络、新一代移动通信技术、云计算、物联网大数据等新技术的广泛应用，深刻影响着信息传播格局、社会舆论生态和公众参与方式，也促进了电子政务的重大变革。"互联网＋"不仅是一种技术革命，也是一种意义深远的生产、生活方式革命和工作方式革命，更是人类思维方式的深刻变革。[1] 可以说，信息优势已成为核心优势，谁占据信息优势，谁就能掌握主动、赢得未来。派驻基层检察室起步较晚，要紧跟时代步伐，必须主动适应"互联网＋"的工作新常态，大力推进信息化建设，以现代化信息技术手段推动观念创新、机制创新和工作创新，推动法治思维、执法方式和组织管理模式的深刻变革，全面提升法律监督能力和水平。

（二）深度参与基层法治治理的现实需要

习近平总书记在网络安全和信息化工作座谈会上指出："信息是国家治理的重要依据……要以信息化推进国家治理体系和治理能力现代化，统筹发展电子政务，构建一体化在线服务平台，分级分类推进新型智慧城市建设，打通信息壁垒，构建全国信息资源共享体系，更好用信息化手段感知社会态势、畅通沟通渠道、辅助科学决策。"[2] 派驻基层检察室处于开展法律监督的最前沿阵地，是检察机关收集社情民意、基层执法司法信息、职务犯罪案件线索的重要

---

① 曹建明：《做好互联网时代的检察工作"＋"法》，载《检察日报》2015年8月18日第1版。
② 习近平：《在网络安全和信息化工作座谈会上的讲话》2016年4月19日。

载体，是检察机关实施检务公开的重要窗口。加强派驻基层检察室的信息化建设，不仅能够大大提高工作效率，而且有利于快速地传达人民群众的合理诉求，准确地分析基层司法、执法工作态势，为当地党委、政府和派出院科学决策提供重要参考。

（三）推动检察室工作发展的重要举措

将云计算、大数据等信息技术手段应用于检察室，可以有力推动派驻基层检察室的规范化运行，便捷化、高效化地开展法律监督工作，及时帮助解决群众身边的问题，化解社会矛盾。派驻基层检察室的工作特点要求其和许多部门实现对接，这一工作仅靠人力在其效果上明显不足，也不符合大数据时代的发展要求。① 将数据云应用于检察业务领域，就可以打破这种信息壁垒，实现不同部门之间信息共享，大大降低信息沟通的成本，有效节约司法资源。派驻基层检察室分散在不同区域，隶属于不同的派出院，收集的信息数据也都是零散的，将大数据、云计算应用于派驻基层检察室管理，建立全省乃至全国统一的信息平台，可以集合各项工作数据，有利于快速分析当前派驻基层检察室工作的重点和薄弱点，明确下一步工作方向。通过制定业务工作流程，将全部信息录入工作平台，严控时间节点，检察机关统一业务应用系统的运用在促进司法规范化方面发挥了重要作用，针对派驻基层检察室工作特点开发专门的应用软件，也必然会对派驻基层检察室工作的规范化进程产生重大影响。

二、信息化与派驻基层检察室工作的融合

（一）信息化与派驻基层检察室业务工作的深度融合

收集、分析、研判信息是派驻基层检察室充分发挥职能作用的重要手段。信息化与检察室业务融合主要体现在以下几个方面：一是实现与基层执法司法部门信息的互联互通。可以将执法司法的相关信息、业务数据、工作动态等情况分别录入检察机关的监外执行罪犯监督考察数据库、特殊人群数据库等不同数据资料库，集合形成庞大的派驻基层检察室信息系统。也可以建立基层执法司法信息共享系统，通过网络数据共享实现派驻基层检察室直接对执法司法信息进行查看和实时监督。② 派驻基层检察室通过上网查看工作台账，进行数据

---

① 钟云东：《"互联网＋检察"助推派驻检察室工作》，载《中国检察官》2015 年第 23 期。

② 如山东省庆云县人民检察院建立与乡镇站所的"两法衔接"信息共享平台，完成了派驻基层检察室与辖区经管站、财政所、国土所、税务所、工商所、民政所、食药所等主要站所的互联互通，实现了全县 8 个乡镇 56 个行政执法站所网上移送、网上受理和网上监督。

对比，对行政执法活动中是否存在有案不移、有案不立、以罚代刑，社区服刑人员有无脱管漏管，执法司法人员有无失职渎职现象进行监督。二是建立派驻基层检察室与派出院业务部门信息对接系统。通过研发运用业务对接小软件，使派驻基层检察室与派出院业务部门更方便、快捷地互通信息、流转文件，对需要双方配合进行的工作，能够实现网上申请、网上协办、网上回复。三是利用信息化提高派驻基层检察室业务工作效率和规范化水平。如，安装远程询问视频系统和检视通，远程询问证人，提高办案效率；研发办案系统，形成电子卷宗，实现派驻基层检察室执法办案规范操作、全程留痕。

（二）信息化与派驻基层检察室管理的深度融合

一方面，着眼于实现派驻基层检察室业务的管理高效化。山东省建成了覆盖全省的派驻基层检察室管理信息网，检察室业务建设、队伍管理、基础保障建设等各项业务全部纳入系统管理、网上流转，网下办理、网上运行。例如，把接待群众来信来访、开展警示教育活动、进行法制宣传和检察宣告等日常工作纳入派驻基层检察室管理系统，省、市、县三级院可以随时掌握派驻基层检察室的工作动态、统计数据，作为领导决策和考核评估的重要参考。另一方面，着眼于实现队伍管理的规范化。如，济宁市人民检察院充分利用"济宁检察大数据"，把派驻检察队伍日常监督、教育培训、业绩考评等工作进行信息化管理，形成以日常管理为基础、监督制约为保障、素质建设为根本的队伍长效管理机制。派驻检察人员每天上班进行网上签到、下班进行网上签退，系统自动生成每个派驻基层检察室整体出勤表现情况，派出院和市级院的政工和检务督查部门随时进行网上巡查，有力强化了对派驻基层检察室的管理和监督。

（三）信息化与派驻基层检察室服务群众的深度融合

在搭建与人民群众沟通交流的信息平台方面，信息化建设显现出其不可替代的优势。一是建立省、市、县（区）、检察室四级联动视频接访系统，畅通群众利益诉求表达渠道。通过在接访大厅和视频接访室安装高清视频设备，配置智能 NVR 系统，可以实现与省、市、县三级院的实时监控和视频接访互联互通，再通过流动视频服务车将系统终端连接到每一个村、每一位农户家中。当仅仅依靠派驻基层检察室的力量群众诉求无法得到满足时，可以通过视频系统实现来访人与省市县院的直接对话、当面交流，畅通群众诉求表达渠道，不仅方便了群众来访，也有利于把矛盾消除在萌芽状态。二是建立与群众利益息息相关的数据平台，加大法律监督力度。例如，近年来，山东派驻基层检察室着力打造民生"信息超市"，建设涵盖惠农资金、社会治安、人口状况、经济指标、居民生活、教育就业等内容的数据库，录入各类信息近 4000 万条。借助"信息超市"数据资料，派驻基层检察室可以确定跟踪资金项目重点，走访重点人员、重点村，进行重点摸排，同时通过接受群众举报，查询比对应发数额与实际发放数额，发现涉农职务犯罪案件线索，充分发挥信息超市数据的监控作用，保障了国家系列惠农政策的有效落实。三是利用好新兴媒介，做好检务公开、法制宣传、收集民意工作。随着信息技术的进步，群众接受社会讯息的方式也在悄然发生变化。派驻基层检察室要以"数字检察""智慧检察"为指引，不断创新与群众沟通联系的渠道和平台。打造派驻基层检察室"一体化"检务公开平台，在检察接待大厅利用智能电子触摸屏公开相关信息。开通派驻基层检察室便民 QQ、官方微博、微信、飞信和网上便民服务大厅，定期推送与检察工作相关的信息，加强对涉农领域法律法规的宣传，做好释法说理，了解群众所思所愿，收集意见建议，积极回应百姓司法诉求。

三、信息化建设展望

信息化的应用为派驻检察事业的长远发展带来新的机遇。但是，当前派驻基层检察室信息化建设还存在系统数据量"大而不优"，应用整合力度不够，专业技术人才短缺，检察专线网及统一业务应用系统尚未连接到派驻基层检察室等问题。在派驻基层检察室信息建设的未来规划中，要紧紧围绕派驻检察工作重点，充分运用好现在的信息化设备与系统，对应用系统中积累的大量的管理数据通过信息化手段分析、计算、挖掘出有用的数据信息，形成以应用整合、数据共享为重点，以安全保密、运维管理为保障的检察信息化建设新格局。

（一）吸收信息化技术人才，充实派驻检察队伍

出台各种政策鼓励信息人才到派驻基层检察室工作，结合检察人员分类管理改革，探索建立派驻基层检察室技术人员人事管理机制，努力营造适合技术人员发展的空间，保证信息技术人才进得来、留得住、用得好、有发展。

（二）加大整合力度，建设数据统一集成管理平台

在信息化建设达到一定阶段后，要对现行系统进行大力整合。系统数据要标准化、流程要规范化、接口要服务化，建立统一集成管理平台。省、市两级院在进行系统集成整合时要充分考虑派驻基层检察室的业务特点，重点对"惠农资金""社区矫正""轻微刑事案件""行政执法监督"等方面进行整体规划，协调相关部门开放相关系统接口，进行数据资源全共享。通过系统集成手段建立统一管理平台消除信息孤岛，消灭法律监督空白，全面推进派驻基层

检察室的法律监督作用。

（三）注重信息数据的质量，做到数据真实精准

立足检察工作实际，要改变"重数量、轻质量"的数据录入思想，确保录入到派驻基层检察室管理系统的每一条数据都真实精准，确保后期数据统计分析客观有据，真正规范办案程序和提高办案效率。[①]

（四）推进加密建设，联通检察专线网络和统一业务应用系统

受信息网络分级保护的限制，检察专线网及统一业务应用系统尚未连接到派驻基层检察室。这不仅给派驻基层检察室与派出院之间的信息沟通带来了很大不便，影响了工作效率，也给派驻基层检察室特别是偏远地区的检察室办理案件带来很大障碍。目前，检察专线网和统一业务应用系统没有延伸到派驻基层检察室的重要原因，在于网络分级保护没有覆盖。随着派驻基层检察室工作职能的不断完善，对检察专线网和统一业务应用系统的需求越来越大，应逐步推进派驻基层检察室加密建设。开展加密建设，要加强顶层设计，由省级院统一设计、统一标准，以便于统一有序管理培训，确保规范操作使用。考虑到部分派驻基层检察室地理位置偏远，安全保密工作压力较大，可以在开展办案工作较多、基础设施条件较好的部分派驻基层检察室先行进行试点。试点地区建设安全保密系统，要参照全省分级保护建设方案的要求，建立独立的设备间，并通过 24 小时值班、在线监控等方式，加强保密管理，确保检察专线网和办案系统接入后能够安全运行。其他确有业务需求，物理环境也允许接入检察专网的检察室，在试点的基础上，可以成熟一个接进一个，坚决避免一哄而上。

---

① 前三部分内容主要参考艾兴斌、石义华、边贻渠：《派驻基层检察室信息化建设》，载《派驻基层检察室建设研讨会优秀论文集》，检察日报社、山东省人民检察院编，2015 年 11 月。

第六章　派驻基层检察室的管理及检务公开

派驻基层检察室远离派出院机关，在对其进行管理时将面临不在同一机关管理的问题；派驻基层检察室工作人员包含政法编制检察人员、事业编制检察人员、辅助人员等多种身份，人员构成复杂，也应当与传统的队伍管理有所区分；派驻基层检察室的办公经费保障和院机关其他部门相比，具有办公场所独立、远离派出院机关等特点。为保障派驻基层检察室的良性运行，应当对其进行严格有效的管理，特别是针对派驻基层检察室与派出院其他部门相比具有的特殊性，要探索构建一套上下统一、规范有效、便捷顺畅的派驻基层检察室管理体系。派驻基层检察室贴近基层、直接面对群众，如何有效利用这一优势深化检务公开，也是派驻基层检察室管理的一项重要内容。

第一节　内部管理

对派驻基层检察室的内部管理，应当在保证派出院对其统一领导的前提下，从以下几个方面进行全方位、综合性管理。

一、人员考勤管理

在考勤制度上，应当坚持工作日考勤制度，强化在岗考勤管理。从各地实践来看，由于派驻基层检察室远离派出院机关，除了原有的传统签字或打勾签到的方式外，为满足派出院统一管理的要求，可以充分利用智能考勤系统。如，要求派驻基层检察室工作人员在检察室办公地使用人脸识别、指纹等智能系统进行考勤，该智能系统如不能和派出院联网运行，应当建立本地数据库，由派出院纪检监察、检务督察或人事部门定期查看数据库，有条件的派出院可以建立视频点名系统，由派出院统一时间对派驻基层检察室进行视频轮巡，确保工作人员在岗在位。考勤工作由检察室主任负总责，并定期将考勤情况报派出院纪检监察及政工部门留存。

二、纪律作风管理

派驻基层检察室的业务工作属于履行检察权的范畴，为保障检察权的廉洁公正运行，派驻基层检察室应认真落实党风廉政建设责任制，派出院分管领导与检察室主任签订《党风廉政建设责任书》，检察室主任与派驻基层检察室工作人员签订《党风廉政建设责任书》。检察室主任定期组织学习党风廉政建设的有关文件规定，组织开展经常性的党性党风党纪和检察职业道德、检察纪律、廉洁从检教育。建立党支部或党小组的，应当定期组织活动，强化干警政治素能。检察室主任应当实行"一岗双责"，通过定期谈话等方式，掌握派驻基层检察室所有人员的思想动态，发现违纪违法苗头问题，及时向派出院汇报，并积极主动做好工作，防微杜渐。

三、教育学习管理

派驻基层检察室在学习制度上，应当坚持将政治学习与业务学习有机结合，建立定期集体学习制度。派驻基层检察室应当定期邀请派出院及上级院业务骨干传授专业知识和专业技能，结合工作中遇到的典型案例及相关问题进行专门分析、讲解，有效提升派驻基层检察室工作人员的业务水平。在开展各专项监督活动前，派驻基层检察室应当组织进行专项学习，在各业务部门的指导下，针对专项活动开展中遇到的难点、疑点，以面对面传授业务技能和问答式的方式进行培训，为各专项监督活动的有序开展打好基础。加强派驻基层检察室之间的交流，互帮互学，定期由派出院统一组织各检察室之间互相学习，使检察室工作人员取长补短、共同提高，全面提高派驻检察队伍的业务能力和司法水平。结合工作实际，积极调动干警的学习积极性，强化终身学习、接受教育的紧迫意识，提倡干警自学，变"要我学"为"我要学"。通过学法律、学文件、听讲座、讲体会、研讨案例、交流经验等形式，不断提高派驻基层检察室工作人员的自身理论素养和业务技能。

四、工作生活保障管理

工作生活保障管理主要包括派驻基层检察室的固定资产管理、办公经费管理以及工作人员的生活保障管理。派驻基层检察室一般建在远离派出院的乡镇，应当加强安全保卫工作，实行夜间、节假日值班制度，保障固定资产安全。派驻基层检察室的财务应当由派出院统一管理，保障派驻基层检察室经费需要。派驻基层检察室根据实际需要和经费管理规定，随时申请使用。派驻基层检察室开展工作所必需的办公用具，应当指定专人管理，需要增加办公用具时应当向派出院汇报后，由派出院统一购置。有条件的派驻基层检察室可以建立食堂，保障工作人员的工作用餐。

五、业务事务管理

派驻基层检察室工作层次丰富，无论是检察室内部运转、对接派出院业务部门还是与辖区其他部门的协调，派驻基层检察室都需要做到规范有序，管理到位。对内要完善档案留存制度，对开展的各项工作，做到一事一登记，一事一总结，一事一反馈，一事一归档，对能够用照片、录像、文字记载的，及时以信息、图片、工作日志等形式记载，便于日常工作考核；对上要坚持报告制度，定期将工作情况报告派出院，逢重大情况应随时报告。对外要坚持沟通联系制度，定期与辖区乡镇（街道）党委、政府主要领导进行沟通、交流，及时反馈上级检察机关、派出院党组对派驻基层检察室工作开展的要求、拟开展的活动等，征求意见建议，争取党委政府支持；定期与辖区人民法庭、公安派出所、司法所及其他行政执法基层组织等召开联席会议，就监督与配合等工作沟通思想、通报情况，完善并落实相关工作机制。

六、岗位分类管理

派驻基层检察室工作内容丰富，涵盖检察业务各个方面，有的需要与派出院业务部门配合发挥各种法律监督职能作用，有的需要与乡镇街道等其他职能部门配合开展为民服务工作。应当根据派驻基层检察室工作内容，制定不同的岗位职责，如区分检察室主任岗、副主任岗、内勤岗、辅助人员岗等，将所有职责细分到个人；对于专业性较强的法律监督工作，由检察人员承担；对于为民服务或需要与乡镇街道协调的非法律监督工作，可以由辅助人员承担。特别是对于从乡镇街道上借调的、编制在乡镇街道的辅助人员，应当与乡镇街道积极沟通协调，在对其加强管理的同时，要保障其合法权益。可以将派驻基层检察室打造成为乡镇街道培养年轻干部的法制教育基地，增进乡镇街道向派驻基层检察室派遣借调人员的积极性，促进乡镇街道借调人员的良性循环。

第二节　层级管理

现代管理学认为，科学化管理分为三个层次：第一层次是规范化，第二层次是精细化，第三层次是个性化。派驻基层检察室要全面、正确地履行检察职能，必须大力加强管理，进一步转变管理观念，不断创新管理方式，真正实现管理的科学化。本书拟引用管理学的三层次分解方法，结合山东派驻基层检察室的管理实践，从省、市、区（县）三级管理的角度进行分析。

一、省级院的规范化管理

在省级院对派驻基层检察室的管理上，应当突出规范化。山东省人民检察院运用以下几种方法对派驻基层检察室进行了有效的规范化管理。

（一）建立检察室制度体系

无规矩不成方圆，制度是规范的前提条件。山东省检察机关着眼于派驻基层检察室长远发展，健全完善外观内务、业务运行、队伍管理、检务保障、考核奖惩等工作机制，形成了一套具有派驻检察室特色的管理流程和制度体系。省院先后制定制度规范40余项，确保了派驻检察室各项工作、各个环节都有章可循。检察室工作与派出院其他部门同管理、同要求、同考核，实现了对检察室工作的无缝隙管理。

（二）检察室信息化管理

山东省人民检察院经过周密调研及论证，组织研发了功能强大的派驻基层检察室管理系统，实现了工作情况网上录入、业务流程网上监控、工作数据网上统计、日常管理网上运行、司法活动网上监督、服务质量网上考核。利用管理系统，全省派驻基层检察室机构设置、人员情况等基础信息全部录入，自动分析。根据派驻基层检察室工作职能和相关业务规定，业务管理系统共包含控告申诉、协助办理职务犯罪案件、职务犯罪预防、轻微刑事案件审查起诉等9个司法办案模块，派驻基层检察室所有检察业务全部纳入网上统一管理。同时，按照案件办理进度，系统自动统计生成业务工作台账报表，并分类别呈现，数据情况一目了然，查询、分析、考评结果显而易见；既规范了派驻基层检察室司法办案流程，又减少了统计分析、整卷存档等重复性、耗时性工作负累，极大地提高了派驻基层检察室工作效率。同时，利用管理系统，山东省检察机关建立了庞大的"信息超市"，涵盖涉农政策、补贴、辖区社情、企业、学校、基层司法、执法单位信息、稳控信息、电子地图等13个大项、137小项的内容。全省派驻基层检察室共录入信息近4000万条，为检察机关开展法律监督职能，开展为民、便民、利民服务提供了重要的信息化载体。

（三）检察室等级化管理

为全面加强派驻基层检察室规范化管理，山东省人民检察院出台了《山东省检察机关派驻基层检察室规范化等级管理办法（试行）》，在全省检察机关部署开展派驻基层检察室规范化等级评定。该《办法》共五章 28 条，包括总则、评定内容、评定程序、奖惩和附则。同时配套出台了评分标准，将评定内容进一步细化，确定为 11 类 44 项，对每项内容赋予具体分值。将全省派驻基层检察室划分为三个等级，根据实地检查得分情况确定等级，达到 90 分以上、全面开展工作并且职能作用发挥显著的，为一级检察室；80 分以上的，为二级检察室；60 分以上的，为三级检察室；达不到规范化标准或存在严重问题的为不合格检察室。对派驻基层检察室规范化等级实行动态管理，通过年度复核及不定期抽查等方式，发现达不到相应等级标准的，及时作出撤销等级及降级决定，有效提升了派驻基层检察室规范化管理水平。

（四）检察室办案管理

山东省人民检察院 2014 年提出，具备条件的派驻基层检察室经批准后可以开展案件办理工作，主要表现在可以审查起诉轻微刑事案件以及协助办理自侦案件。根据省院规定，配备 2 名以上具备相应业务水平的检察官、配备满足工作需要的办案场所、建立符合办案要求的工作机制和流程体系的派驻基层检察室，经派出院申报、市级院审批、省院备案后可以取得办案资格。根据这一规定，全省超过 90% 的派驻基层检察室取得了办案资格，并开展了审查起诉轻微刑事案件和协助查办职务犯罪案件工作。

（五）检察室评先树优管理

山东省检察机关坚持把评先树优作为激发派驻基层检察室活力，提升派驻基层检察室司法公信力，增强派驻基层检察室群众满意度的重要支撑。注重宣传引导，建立奖惩机制，形成你追我赶争上游的良好氛围，将"工作业绩创一流"理念渗透到派驻检察工作和队伍建设的各个环节。五年来，全省有 93 个派驻基层检察室、126 名派驻检察人员受到省级以上表彰，427 个派驻基层检察室、1100 多名派驻检察人员被地方党委政府表彰为服务经济社会发展先进单位或先进个人，有力激发了派驻基层检察室的工作积极性。

二、市级院的精细化管理

市级院对派驻基层检察室的管理，应当突出精细化，在遵循省院基本规范的前提下，进一步实现本市派驻基层检察室的均衡发展和步调统一，充分发挥"一线指挥部"作用，加强对派驻基层检察室的工作管理和具体指导，重点解决基层院自身难以解决的实际困难。

（一）考核管理

市级院负责制定本地区派驻基层检察室工作考核的指导意见，组织考核评比，将对派驻基层检察室的考核作为对派出院考核的一部分，从履行职责情况、队伍管理情况、信息化应用情况、检务管理情况、群众满意度情况等几个方面对派驻基层检察室进行考核。

（二）督导检查

建立明察与暗访、日常督察与集中督察、上下联动督察与异地交叉督察相结合的派驻基层检察室工作督察机制，加强对派驻基层检察室人员到岗情况、工作开展情况、规范化建设情况的督察，提升工作效率和司法效果。加强日常督察，随时调取派驻基层检察室案件登记卡、工作台账与工作报表比对，确保工作真实细致。加强集中督察，如有的市级院采取随机抽签的形式，组织市院机关业务骨干、全市检察室主任，到被抽查的派驻基层检察室进行实地评审观摩。有的市级院建立了院领导和各业务部门分包检察室制度，及时掌握派驻基层检察室工作情况，指导派驻基层检察室各项工作开展，帮助解决派驻基层检察室在开展工作中遇到的"瓶颈"问题。市院领导、部门负责人对所分包派驻基层检察室反映的自身解决难度较大的问题和困难，及时向市院党组汇报协调解决。对市院领导及内设部门联系基层院工作情况、基层院落实指导意见情况及工作开展情况等信息，市院指定专门机构或专门人员负责及时跟踪了解，并适时进行通报。

（三）总结推动

市级院应当发挥主观能动作用，密切掌握本地派驻基层检察室工作实际，开展派驻基层检察室工作专题调研，促进工作成果转化。各基层院、各派驻基层检察室应当主动与市院分包领导及部门沟通，及时报告重要工作部署、重大事项和重要活动等情况。应当积极开展派驻基层检察室工作经验交流、理论研讨，在实践中有的市级院通过编制案例选编、检察室理论研讨文集等形式，不断总结推广派驻基层检察室的工作经验及创新亮点，不失为一种好的做法。

三、派出院的个性化管理

派出院作为对派驻基层检察室的管理主体，在确保派驻基层检察室与其他部门同管理、同要求、同考核的前提下，应当实现对派驻基层检察室的个性化管理。

（一）检察室管理模式的个性化

由于派驻基层检察室属于派出院的部门，对派驻基层检察室的管理同样应当由派出院负责。从山东省检察机关的派驻基层检察室管理实践来看，可以分为以下三种管理类型：一是检察长直接管理派驻基层检察室，各检察室主任直接向检察长汇报工作，由检察长统一调配派出院业务部门资源协助派驻基层检察室开展工作；二是指定一名分管副检察长管理派驻基层检察室，在派驻基层检察室开展业务工作时，由该副检察长协调其他副检察长；三是由多名班子成员分管派驻基层检察室，有的基层院按照"一对一责任落实到人"的原则，每个派驻基层检察室均对应一名班子成员分管，有的基层院根据分工，虽然有多名班子成员分管派驻基层检察室，但每名班子成员分管的派驻基层检察室数量并不一致。

（二）检察室履职能力的个性化

在派驻基层检察室全面履职的同时，山东省检察机关鼓励派驻基层检察室开展"一室一品"建设，全省形成了诸如未检检察室、环保检察室、海洋渔业检察室、产业园区检察室等一批特色化、品牌化检察室。"一室一品"建设，即根据检察室主任的履历情况，或者检察室所处的地域环境因素，设定派驻基层检察室不同的重点履职方向。如有的检察室主任具有丰富的自侦工作经验，在协助办理自侦案件方面发挥自身优势，取得较大突破，如茌平县院的派驻基层检察室，共协助办理自侦案件20件37人，占派出院总数的41.67%；有的检察室工作人员原来从事公诉工作，可以独立办理轻微刑事案件，如胶州市院的派驻基层检察室，2015年共办理轻微刑事案件案件270件，占派出院总数的22.2%；有的派驻基层检察室辖区内中小学数量较多，在建设职务犯罪预防展厅的同时，建立未成年人犯罪预防警示教育基地，为辖区未成年人检察工作开展提供了新思路、新方法；有的派驻基层检察室辖区内农业、矿场、水产养殖业发达，均结合辖区特点，在履行职能时突出地方、地域特色，为辖区内经济发展、社会稳定做出了突出贡献。

第三节　检务公开

深化检务公开，是落实党的十八届三中全会全面推进依法治国，深化司法体制改革精神的重要内容，是实现社会公平正义，保障人民群众知情权、参与权、监督权等民主权利的重要举措。派驻基层检察室作为检察机关的一线基层堡垒和延伸法律监督触角的重要载体，承担着化解辖区社会矛盾纠纷、参与基层社会治理创新的重要职责，更应致力于打造"阳光检务"，构建更加贴近基层、更加合理高效、更加科学透明的检务公开体系，让基层群众真切感受到来自身边的公平正义。

一、检务公开的内涵

检务公开是指检察机关依法向社会公众和诉讼参与人公开与检察职权相关的不涉及保密事项的有关活动和内容。根据最高人民检察院《关于全面推进检务公开工作的意见》，基本可概括为以下三类内容：一是检察案件信息，主要包括网上公开生效法律文书，依申请公开案件程序性信息，主动公开具有指导性、警示性、教育性的典型案例，职务犯罪案件查封、扣押、冻结涉案财物处理结果，以及对久押不决、超期羁押问题和违法或不当减刑、假释、暂予监外执行的监督纠正情况；二是检察政务信息，主动公开检察机关的性质任务、职权职责、机构设置、工作流程等与检察职能相关的内容，检察工作报告、专项工作报告，检察工作重大决策部署、重大创新举措、重大专项活动等内容，检察改革进展情况，与检察机关司法办案有关的法律法规、司法解释及其他规范性文件，违反规定程序过问案件的情况和检察机关接受监督的情况，检察统计数据及综合分析，年度部门预算、决算；三是检察队伍信息，主动公开检察机关领导班子成员任免情况，检察委员会委员、检察员等法律职务任免情况，领导班子成员分工情况，机构和人员编制情况，检察人员统一招录和重要表彰奖励情况，检察机关有关队伍管理的纪律规定，检察人员违法违纪的处理情况和结果。

二、检务公开的重要意义

（一）提升司法公信力的重要保证

深化检务公开，为人民群众提供了监督检察机关司法活动的平台，可以有效防止检察权滥用。深化检务公开，使检察机关与群众建立良性互动机制，及时了解群众司法需求和对检察机关的新期盼，提高服务群众的针对性、实效性，让社会各界更多地了解、支持、参与检察工作，保障人民群众的知情权、表达权、参与权和监督权。深化检务公开，把司法过程、司法结果和法律文书"曝"在公众视野下，"倒逼"检察机关自觉严格公正规范司法，以公开促公正，以透明保廉洁，挤压办案的寻租空间，迫使检察人员强化责任意识，不断提升自身司法技能和业务素养，促进检察权在阳光下运行。

（二）检察机关服务大局的重要举措

深化检务公开是提升检察机关服务大局实效的新增长点，是提高检察机关司法公信力的必由之路，是营造公平正义法治环境的重要途径，本身就是检察机关服务大局的实践活动。将检务公开与群众工作有机结合起来，积极拓展社会公益类检察业务，加大预防犯罪、法制宣传、法律服务、司法救助等工作力度，能够推动社会治理体制创新。公开重大案件信息，对社会公众进行法制教育，对可能犯罪的不稳定分子进行警示，在震慑犯罪、维护稳定、增强群众安全感等方面，具有不可替代的重要作用。检务公开能够凝聚法治正能量，通过公正司法、规范执法和检务公开，让人民群众在每一起案件中都能看得见公平正义，不断增强检察机关的公信力，促进社会崇尚法治、信仰法治。

（三）贴合时代背景的客观需要

随着互联网普及率的飙升，我国已逐步迈入信息化社会，网络信息已经渗透到社会经济、政治、文化以及人民群众的日常生活等各方面，互联网已经成为思想文化的集散地和社会舆论的放大器，公众对知情权的期盼热情随着社会运行的不断透明化而逐渐高涨。从近几年的社会热点新闻来看，检察机关的司法活动越来越成为人民群众关注的焦点。深化检务公开，是信息化时代背景下对人民群众诉求的良性呼应，是检察机关自觉接受人民监督和社会监督的重要体现，既符合信息社会的发展趋势，也符合信息公开和公民知情权的客观要求。

三、派驻基层检察室开展检务公开的方式措施

派驻基层检察室开展检务公开过程中，应当体现出与派出院开展检务公开的共性及个性，应当结合派驻基层检察室本身贴近基层、贴近群众的地缘优势，拓宽检务公开渠道，构建多元平台，正确处理公开与保密的关系，不断深化推进检务公开工作。

（一）拓宽公开渠道，推动检务公开的广度和深度

畅通渠道，有效保障群众的知情权、参与权和监督权，切实维护人民群众的利益诉求权利。一是畅通信访接待通道。加强派驻基层检察室硬件设施建设，增设便民设施，提供人性化服务，完善来访群众"一站式"便民咨询服务机制，确保来案有人及时接待处理。针对不属于检察机关管辖的上访案件，做好解释答复工作。二是畅通基层服务渠道。充分发挥派驻基层检察室贴近基层一线的优势，通过制作散发宣传图册资料，播放反腐宣传短片，开展法律知识宣讲，公开联系方式和电话，深入田间地头、进村入户走访群众开展法制宣传等方式将检务公开送到群众身边。三是畅通信访举报渠道。通过每周的赶集日、热线电话、检察室公开栏、检民联系信箱，采取定期接待和预约接待、驻点接待与巡回接待相结合等形式，了解群众所想、所需、所盼，真诚倾听群众心声。

（二）打造多元平台，推进检察权在阳光下运行

一是打造窗口性平台。要按照便民利民原则，加强派驻基层检察室窗口平台建设，突出窗口要素，不仅设置群众申诉、控告举报、检务查询、法律咨询等专人服务窗口，还要设置电子触摸屏和"信息超市"自助服务窗口。通过专人服务窗口，可以开展法律咨询、来信来访等工作；通过自助服务窗口，可以让群众直观明白地了解检察机关的主要职能、机构设置等检察政务信息，自主查询与自身利益密切相关的补贴信息、案件信息等。同时，要提高窗口部门舆情回应能力、与群众沟通能力，提高工作效率，切实"让群众少跑腿、办成事"。二是打造一线服务平台。依托派驻基层检察室，积极构建下沉式、延伸式服务网络，力求实现检务公开全域覆盖，为在第一时间、第一地点，低成本、高效率地受理维权投诉、调处矛盾纠纷提供保障。同时，要在送法下乡、带案下访等过程中，广泛宣传检务公开工作，使检务公开真正成为保障人民群众合法权益的"及时雨"。三是打造新媒体平台。准确把握开放、透明、信息化时代信息公开的规律特点，用现代化、信息化手段整合、提升传统检务公开手段，使传统检务公开方式增添信息化要素，承载检务公开的新任务。充分利用现代化信息技术，依托新媒体技术打造检务公开平台，创新完善检务公开方式，探索新媒体时代信息化渠道，实现从传统型公开向全面公开的转型升级。加强与新闻媒体的联系沟通，加强微博、微信、手机报等个性化新媒体平台管理，统筹和集成信息资源，形成整体规模效应，提升公开效果。

（三）把握公开尺度，处理好公开与保密的关系

在利益多元化的今天，检务公开并不是毫无限制地越公开越好。根据最高人民检察院《关于全面推进检务公开工作的意见》规定："涉及国家秘密、商业秘密、个人隐私、未成年人犯罪和未成年被害人的案件信息，以及其他依照法律法规和最高人民检察院有关规定不应当公开的信息，不得公开。当事人申请不公开且理由符合法律规定的，不向社会公开。"为保障检察人员排除外界干扰，相对独立地依据事实、法律和实践经验办案，对于案件侦查过程、讨论过程等就不能全面公开。同时，随着新闻媒体不断扩大社会公众对案件的及时监督及知情层面，应当处理好检务公开与新闻报道之间的关系，"在某种利益的驱动下，新闻媒体就可能不惜代价追逐司法问题，从而自觉不自觉地对司法独立造成侵害"。① 因此，应当努力在新闻媒体的高度公开化从而造成对检察人员的舆论影响压力以及检察人员提升司法效率、树立检察机关司法办案权威

---

① 谭世贵：《论司法独立与媒体监督》，载《中国法学》1999 年第 4 期。

性之间寻求平衡。

四、当前派驻基层检察室开展检务公开的困境

派驻基层检察室自检务公开实行以来取得了一定成效，但在实际工作中还存在一些问题，一定程度上影响了检务公开效能的充分发挥。

（一）检务公开缺乏主动性

部分派驻基层检察室在推动检务公开落实的过程中，只注重利用单个宣传日或开展重大活动的时机进行检务公开，而不去主动调研检务公开如何开展才能达到整治效果、社会效果、法律效果的统一，不能将检务公开与检察工作紧密结合，无法将检务公开融入到每个具体执法办案活动中。

（二）检务公开存在怠惰性

主要体现在某些派驻基层检察室工作人员思想顾虑多，怕惹麻烦，将"公开为原则、不公开为例外"的理念作反向思维，规避公开。特别是现在对派驻基层检察室开展检务公开缺乏良性的监督保障机制，无法更加有效地促进检察人员将检务公开转变为自觉行动。

（三）检务公开范围尚需拓展

在信息化社会时代背景下，不少派驻基层检察室仍满足于传统形式，局限于传统手段开展检务公开，对如何运用现代信息技术，片面强调活动次数，形式少、载体少、观念陈旧，缺乏创新意识。对于如何利用新媒体推行检务公开，研究不够，推行不力。

五、派驻基层检察室开展检务公开的实践探索

检务公开工作作为检务领域改革的一个突破口，其重要性得到各级检察机关的充分重视，深化检务公开工作已经取得了明显的成效。这里以山东省检察机关派驻基层检察室的实践为例，对当前派驻基层检察室在推行检务公开方面的主要举措和取得的成效进行阐述和分析。

（一）突出职能宣传

山东省检察机关派驻基层检察室在开展检务公开工作时，坚持将重点放在宣传检察机关的基本职能特别是派驻基层检察室的职能上，在宣传内容上主要体现派驻基层检察室的日常工作业绩、为民服务实例以及办理的典型案件，凸显派驻基层检察室的检察本质属性。派驻基层检察室有机结合自身职能与群众需要，充分发挥深入基层、贴近群众的优势，积极调研辖区特点及社会实际，

将履行法制宣传、法律咨询、接待来访等工作职能作为开展检务公开的有效手段，做到立足基层、扎根基层、服务基层。如结合"五进两服务"大走访活动，根据农村集市人员密集特点，通过赶大集发放宣传资料；以开展刑事被害人救助为突破口，立足检察职能为群众办实事、办好事，彰显检察机关的人文关怀。

（二）丰富宣传手段

在派驻基层检察室规划专门的宣传场地，增设检务公开栏、法制教育课堂等设施。结合社会关注的热点和难点，着重开展法律法规知识宣传。如，自 2014 年 10 月开始，山东省淄博市检察机关在派驻基层检察室实施了"一村一栏"工程，在辖区镇办村居等场所设立"检务公开栏"2356 个，实现了辖区内宣传全覆盖，既方便了群众，也拉近了检察机关与老百姓之间的距离。"检务公开栏"已成为辖区群众了解和认识派驻基层检察室最直观、最便捷、最有效的途径。[1] 有条件的派驻基层检察室还建有法制课堂，定期开展法制教育，向群众宣传国家法律法规，接待群众法律咨询，利用展板进行典型案例宣传，取得了较好的社会效果和法律效果。各派驻基层检察室均能借力新媒体，相继开通官方微信、新浪微博、腾讯 QQ 等一系列信息快车道，开设惠民超市触摸查询系统，定时定期更新发送检察信息、检察室工作情况、法律知识，方便群众了解法律法规、警示视频、检察室工作纪实等关乎群众切身利益的惠民信息。注重信息化，可在线为群众答疑解惑，东阿县院打造"3D 网络检察室"，使群众足不出户便可"参观"检察室，了解检察室职能，可以咨询法律问题，监督检察工作，真正实现掌上的阳光检察，打通服务群众最后一公里。各派驻基层检察室充分发挥贴近基层一线的优势，通过制作散发宣传图册资料，播放反腐宣传短片，开展法律知识宣讲，公开联系方式和电话，深入田间地头、进村入户走访群众开展法制宣传等方式将检务公开送到群众身边；严格执行每月巡访的工作规定，与相关部门、社区百姓面对面交流，提供法律咨询等检察服务，直接了解掌握地方、群众最为关心、期盼解决的突出问题，拉近检察机关与基层百姓之间的距离，使群众对乡镇派驻基层检察室这一新生事物由陌生到熟悉，进而予以认可和欢迎，从而塑造检察机关亲民爱民的良好形象。

---

[1] 贾富彬、杨刚：《山东淄博派驻基层检察室把法律服务送到群众家门口》，正义网 2013 年 11 月 20 日发布，http://www.jcrb.com/procuratorate/jckx/201311/t20131120_1253334.html，访问时间：2016 年 11 月 30 日。

（三）增强宣传实效

协助民生服务热线、预防、控告申诉、宣传部门开展法制宣传活动，开展集中宣传月活动，走村入户，赶大集，发放检民连心卡；组织基层行政执法部门进行节前教育；组织辖区内"两委"开展廉政教育，召开"保障和服务村'两委'换届"座谈会，推动换届风清气正。一方面通过列席地方党委政府的相关会议，了解掌握经济社会发展的情况以及关注的重点，使派驻基层检察室工作准确把握经济社会节拍。另一方面运用专业法律知识为地方党委政府、相关职能部门提供法律服务，为党委政府各项措施，高效运行，提供法律保障，充分发挥参谋助手作用。强化与地方信访办、综治办、公安派出所、人民法庭、司法所等相关职能部门的联系配合，建立信息通报、联席会议、问题研究等工作机制，积极参与社会治安综合治理、平安创建，提供法律政策咨询意见和建议。各地均建立了惠农资金数据查询库等，在派驻基层检察室大厅提供查询服务，把检务公开、预防、宣传等工作向虚拟空间延伸。

六、开展检察宣告

根据最高人民检察院的部署要求，山东省检察机关积极回应人民群众的新期待、新要求，不断创新方式方法，寻求人民群众有序参与、监督司法工作的有效路径，特别是创新开展检察宣告这一检务公开新方式，取得了积极成效。

检察宣告，是检察机关按照确定的范围和程序，在专门场所，对依法作出的检察决定，在相关人员在场的情况下，公开阐明作出决定的事实和理由，现场宣布决定内容并送达决定文书的执法活动。[①] 通过对检察决定公开宣告，公开听取意见，公开释法说理，对于彰显检察机关法律监督权威、维护社会公平正义，深化检察改革、推进检务公开，践行执法为民、化解社会矛盾具有重大意义。派驻基层检察室作为检察机关服务保障大局和民生的第一线，承载着人民群众的热切期盼，在开展检察宣告方面更要积极发挥立足基层、贴近群众的先天优势，在服务大局、保障民生、法律监督等方面狠下功夫，真正做到深入一线、深入群众。

（一）宣告人员

山东省人民检察院《关于在全省检察机关全面开展检察宣告工作的实施意见》规定，参与宣告的检察人员不得少于两名，一般应由承办案件的检察官或部门负责人担任宣告人主持宣告工作，书记员负责记录；在派驻基层检察

---

① 山东省人民检察院《关于在全省检察机关全面开展检察宣告工作的实施意见》。

室开展宣告工作的，派驻基层检察室应派员参加。在实践中，派驻基层检察室人员承办的案件，一般由派驻基层检察室人员直接担任宣告人，同时，派出院指定司法警察负责维护宣告程序。

（二）宣告案件范围

山东省人民检察院《关于在全省检察机关全面开展检察宣告工作的实施意见》规定，对检察机关履行法律监督职责过程中的下列决定事项，适用检察宣告：（1）因不构成犯罪作出的不批准逮捕决定；（2）绝对不起诉、相对不起诉决定；（3）刑事案件不予抗诉的答复；（4）对侦查机关要求复议或提请复核案件改变原决定的审查决定；（5）解除或变更羁押措施的决定；（6）民事行政案件不支持监督申请的决定；（7）民事行政案件的终结审查决定；（8）对当事人、申诉人、控告人申请检察机关立案监督案件的答复；（9）刑事申诉案件的复查决定；（10）国家赔偿案件的决定；（11）实名举报后不立案的答复；（12）附条件不起诉决定；（13）根据案件具体情况和决定内容需要宣告的其他事项。派驻基层检察室是检察机关设在基层的派出机构，贴近群众，除因涉及在押人员必须在看守所宣告的案件外，一般均可以在派驻基层检察室进行宣告。为方便群众，应实行就近原则，一般而言，应当根据案件当事人所在单位、学校、经常居住地或户口所在地辖区确定在何处检察室进行宣告，便于当事人所在单位、学校、当地居民委员会、村民委员会代表参加宣告，达到以案释法的目的。

（三）风险评估预警机制及监督程序

构建完善的风险评估预警机制是宣告制度运行的保障，加强执法办案风险分析预判则是科学确定风险评估预警范围的前提和基础，这就需要对将进入宣告程序的案件进行全程综合评估，合理确定风险评估预警范围，及时拟定应对方案，明确风险处置的层级责任。同时，还应建立宣告案件监督回访办法，根据宣告案件所存在的潜在风险，对其进行评估预警分类，定期做好监督回访工作。宣告活动结束后，由派驻基层检察室做好对当事人的回访工作，不仅符合检察权职能要求，而且由于派驻基层检察室设在基层，更贴近百姓，更容易把矛盾化解在萌芽阶段。

山东省检察机关派驻基层检察室全面开展检察宣告工作，各派驻基层检察室按照省院统一要求，全部设置专门的检察宣告庭，并做好日常管理和维护，与派出院业务部门搞好配合，承担好宣告活动的组织、记录及协助做好释法说理等工作。"这种方式为社会公众有序参与、监督检察工作提供了制度保证，增强了检察工作的透明度，提高了检察工作的公信力。"① 2015 年以来，山东派驻基层检察室共开展检察宣告 1931 次，更好地保障了诉讼参与人的合法权益，保障了人民群众的知情权和监督权。

派驻基层检察室作为检察机关基层治理法治化、促进检力下沉、延伸法律监督触角的一支重要力量，在服务保障基层经济社会发展、维护公平正义和百姓权益等方面发挥着越来越重要的作用。通过进一步促进派驻基层检察室检务公开的深化和完善，能够有效提升检察工作的公开透明程度，筑牢筑强检民联系的桥梁与纽带，让群众即时享受一对一、点对点的人性化服务，加强检察机关与社会公众最广泛的联系，增加透明度，提升检察公信力。

① 刘峰：《检察宣告制度有关问题研究》，载《法制与社会》2014 年第 33 期。

下编
业务篇

第七章　受理群众来信来访

　　信访①，是人民群众自我救济的一种方式，也是处理社会问题和缓解矛盾的一种有效机制。受理群众来信来访作为派驻基层检察室主要职责之一，是派驻基层检察室密切联系群众的纽带和桥梁，是了解社情民意的窗口，是维护广大人民群众利益及社会稳定的一项重要工作。派驻基层检察室认真分析群众来信来访事项的原因规律，把握辖区经济社会发展的热点、难点问题，进而深入研究加强和改进受理群众来信来访工作的具体措施，对于妥善解决群众信访诉求，化解矛盾纠纷，营造和谐的社会环境，促进经济社会发展，具有十分重要的意义。

第一节　基层群众来信来访现状

　　当前，我国正处于社会转型的关键时期，各种社会矛盾日益凸显，信访问题已成为影响当前社会稳定的因素之一。派驻基层检察室受理群众来信来访的数量居高不下，其形式多样，内在原因复杂，处理不当将成为影响社会稳定的隐患。当前新形势下，派驻基层检察室如何立足职能，充分发挥自身贴近基层的地缘、人缘优势，依法妥善处理群众来信来访工作，已成为摆在派驻基层检察室面前的一项重要课题。

一、基层群众来信来访的特点

（一）信访形势依然紧张

　　近年来，随着涉法涉诉信访改革的深入推进，检察机关在解决群众诉求、维护群众权益等方面做了大量工作，依法处理涉法涉诉信访工作取得明显成

---

　　①　信访是人民来信来访的简称，是指公民、法人或其他组织采用书信、电子邮件、传真、电话、走访等形式，向各级党政机关、其他国家机关、人民团体、企事业单位及其负责人反映情况，提出建议、意见或者投诉请求，依法由有关部门或单位处理的活动。参见王学军主编：《中国当代信访工作制度》，人民出版社2012年版，第1页。

效，来信来访群众"信访不信法""信上不信下"的状况得到初步扭转。同时，也要清醒地看到，检察环节信访总量仍在持续增加，越级访、重复访、缠访闹访等问题依然突出，息诉化解的任务十分繁重。

（二）信访方式呈现多样化

传统信访形式主要以来信和走访为主，现在随着信息技术的迅猛发展，尤其是检察机关开通"12309"举报电话、网上举报受理系统、远程视频接访等便民利民举措后，一些电子邮件访、传真访、网络访等新的信访形式不断涌现。过去主要是个人信访，现在集体访、越级访和联名访等现象比较普遍，个别案件甚至还出现缠访、闹访。就全国范围而言，当前我国已经进入群体性事件的高发期，群体性事件作为公众表达诉求的一种形式，呈现较快增长的态势。这些群体涉及多层次的社会关系、多样化的矛盾主体、多领域的利益冲突、多方面的利益诉求，是容易引发群体性信访矛盾和社会矛盾的敏感地带。①

（三）诉求内容具有多样性

从反映的诉求内容来划分，派驻基层检察室受理的群众来信来访可分为涉法涉诉信访和普通信访（非涉法涉诉信访）两大类。涉法涉诉信访，既有不服检察机关处理决定，以及反映检察机关处理群众举报久拖不决、未查处、未答复等问题的涉检信访，也有不服公安机关刑事处理决定、反映侦查活动违法，不服法院生效裁定判决或调解书、反映审判活动违法等问题，请求检察机关法律监督的诉讼监督案件案件；有反映国家工作人员涉嫌职务犯罪的控告举报，还有已经穷尽司法程序，当事人仍"讨要说法"的信访诉求。在非涉法涉诉类信访中，以群众自身利益受到侵害或者相关职能部门久拖不办，群众诉求得不到解决等带有明显利益导向的信访居多。同时，在群众来访中，一部分群众由于法律知识匮乏，特别是日常生活中经常发生的婚姻、家庭、邻里纠纷，要求派驻基层检察室提供法律咨询服务的也占有一定比例。

（四）问题处理带有复杂性

部分信访内容，尤其是集体访、联名访内容涉及土地征用、房屋拆迁，新农村建设中的征地拆迁、安置和土地流转，以及村居干部涉嫌侵占、贪污国家或集体财产等领域。这些问题敏感性强，关系错综复杂，涉及广大人民群众的切身利益，处理难度大。部分信访事项时间跨度大，牵扯部门多，有的信访事

---

① 张宗林、郑广淼主编：《中国信访：新视角　新思维　新理念》，中国民主法制出版社 2013 年版，第 5 页。

项长达十几年之久，处理结果很难满足信访人的请求。部分信访事项在群众到派驻基层检察室反映前，已经经过相关部门多个程序和环节予以处置，但信访人为达到自身目的，又到检察机关"讨说法"，致使部分棘手的信访案件集聚到检察机关，息诉罢访难度很大。

二、基层群众来信来访多发的原因分析

在日渐复杂的社会环境下，各种社会问题和矛盾日渐显露，各类信访诱因不断增多，加之群众的维权意识不断增强，造成了信访案件一直在高位徘徊。纵观当前派驻基层检察室受理的来信来访案件，归纳起来大致有以下几个主要原因。

（一）司法机关自身因素是导致涉法涉诉信访多发的内在原因

在对案件性质进行认定中，由于把握不准确或者有偏差，造成瑕疵案，导致当事人上访申诉；司法活动中，特别是在答复当事人和释法说理工作环节工作不到位，容易引起案件当事人的误解；个别司法人员对从源头上防范信访风险的意识不强；对一些由于历史原因形成的积案，受各种因素影响，司法机关查实难度大，甚至无法查实；对涉及征地拆迁、土地流转等方面的复杂案件，由于受操作的专业性及各方利益相互交织等因素影响，司法机关查处困难。同时，由于司法机关之间，以及司法机关内部各部门之间的协调处置机制不健全，处理矛盾纠纷的出口不畅等，致使这些案件的信访人长期上访。

（二）信访人的主观认知因素是导致信访多发的直接原因

部分信访人对检察机关职能认识不清楚，对一些依法不属于检察机关管辖的案件也到检察机关上访，寻求解决问题；不少信访人存在信访误区，遇到问题不是通过正常的法律途径解决问题，而是存在"信访不信法""信上不信下"的心理，希望通过上访引起领导足够重视，从而使问题得以解决。若个案因此得到解决，在一定程度上导致其他上访者仿效。若个案得不到解决，信访人就会觉得诉求得不到满足，就会通过越级访、重复访，甚至缠访、闹访来达到解决自己问题的目的。在现实中，信访人由于法律知识匮乏，走司法途径解决问题不仅费用高而且时间长，这就导致他们放弃正常的法律诉讼程序，而选择成本低、解决快且无时效限制的信访途径来解决自己

的问题①。甚至有的上访人在自己的诉求得到满足后，借助上访期间积累的相关经验，进而为其他上访人传授经验，或者直接为其代理案件，成为"上访专业户"。

（三）各种社会现实综合因素是导致信访多发的客观原因

一些干部执行政策不到位，决策不科学、不民主，政务、财务公开不及时，尤其是奢侈浪费、贪污腐败等问题，严重伤害了干群关系。还有的个别地方一味地对信访人实施"稳控"，对上访者多采取安抚态度，姑息迁就，通过"花钱买平安"的方式，换取上访人息诉罢访，这些做法，短期内安抚了上访者的情绪，却没有从根本上解决问题，甚至使个别上访人觉得有利可图，每逢重要节点或敏感时期就会进行非正常上访，使信访工作陷入恶性循环。同时，对非正常上访的打击力度不够，也在一定程度上助长了乱信访的不良风气。

还有一部分非涉法涉诉问题，信访人的诉求没有在其他机关得到解决，出于对检察机关的信任，而选择到检察机关寻求帮助。即使接访检察人员明确为其指明诉求渠道，引导其通过正常途径表达诉求，但因在部分群众意识里，检察机关作为国家法律监督机关，其监督管辖范围应该是无所不包，信访人仍然执意要求检察机关解决，这也是造成部分群众到检察机关上访的一个重要原因。

第二节 工作必要性和工作优势

一、派驻基层检察室受理群众来信来访的必要性

党的十八大以来，群众工作被提到一个更加重要的位置，派驻基层检察室如何在新形势下做好群众来信来访工作，回应群众诉求，有效减少群众信访问题，是派驻基层检察室践行党的群众工作路线，服务基层群众的一项重要而紧迫的工作任务。

（一）履行法律监督职能的内在必然要求

检察机关是国家法律监督机关，尤其是具有查办国家工作人员职务犯罪职能，对法院审判活动、公安机关侦查活动、行政机关执法活动的监督职能，因此大量的群众来信来访事项涌入检察机关。由于派驻基层检察室处于法律监督

---

① 郑州市人民检察院控告申诉处：《当前涉检信访问题浅析》，载《人大建设研究与探索》2011年10月。

的最前沿，贴近基层、贴近群众，为辖区群众合理表达诉求提供了一个便捷的诉求平台，在受理群众来信来访方面发挥着越来越重要的作用，也成为推动基层治理法治化进程的一支重要力量。群众可以就近通过举报、控告、申诉等方式，就严重侵害自身合法权益的审判行为、侦查行为以及其他职务违法犯罪行为等向派驻基层检察室反映，进而使派驻基层检察室职能得到充分发挥。

（二）践行党的群众路线的必然选择

现实中，大多数信访案件发生的源头在基层，大多数信访人也来自于基层且法律知识欠缺、文化程度偏低，因此，群众信访案件在很大程度上已不仅仅是一个法律问题，而更是一个社会问题。新形势下，如何更好地践行党的群众路线，切实做好群众工作，是派驻基层检察室围绕中心，服务大局，参与社会综合治理应当承担的一项时代重任。要妥善解决这些问题，派驻基层检察室必须把群众观点、群众路线放在首位，作为工作的出发点和落脚点，不断提升做好群众工作的本领，充分发挥地缘、人缘优势，深入基层，深入群众，依法、规范、高效地化解矛盾纠纷，维护社会和谐稳定。

（三）参与社会综合治理创新的重要体现

"创新是一个民族进步的灵魂，也是推进社会治理现代化的不竭动力。当前，我国已进入全面建成小康社会决胜阶段，社会治理面临新的阶段性特征。我们要准确把握新形势下人民群众需求新变化，深化对社会治理规律的认识，把社会治理摆到经济发展大局中来谋划，向改革要活力、向创新要动力，建立健全符合中国国情、具有时代特征的社会治理体系。"[1] 派驻基层检察室参与社会综合治理创新，是完善法律监督机制，加强对执法司法部门监督的发展和延伸，也是提升处置突发事件和公共关系水平的必然要求。在受理群众来信来访工作中，派驻基层检察室应当以创新社会综合治理为载体，准确把握当前的新形势，积极探索群众信访工作的新途径，健全新机制，从而完善社会矛盾化解工作机制，对整个社会治理的法治建设起到更加积极的促进作用。[2]

二、派驻基层检察室受理群众来信来访的工作优势

派驻基层检察室设置于乡镇街道，植根于群众之中，在受理群众来信来访

---

① 王志国：《孟建柱在全国社会治安综合治理创新工作会议上强调：坚持创新引领 提高预防各类风险能力 进一步增强人民群众安全感》，载《检察日报》2016年10月14日第1版。

② 李为民、袁文静、雷方银：《新形势下完善涉检信访处理机制之对策与建议》，载《黑河学刊》2013年11月（总第196期）。

工作方面具有得天独厚的优越性。

（一）方便群众表达诉求

在未设置派驻基层检察室的情况下，基层群众要到检察机关反映诉求，需要到县（区）级以上检察机关控告申诉部门反映。由于县（区）检察院一般设在县城，距离基层村居路程较远，因此给农村群众，特别是一些年老体弱的群众表达诉求，带来了不便，增加了群众诉累。派驻基层检察室成立后，其作为检察机关向广大基层地区提供服务、延伸触角的机构设置，是检察机关对外工作的窗口，是检察机关面对社会矛盾的第一线。其最直接最明显的特点就是深入基层、贴近群众，广大人民群众有控告申诉等法律及民生诉求时可以直接到派驻基层检察室进行陈述表达，尤其是下访巡访机制的建立，派驻基层检察室也彻底实现了由"上访到下访"的转变，拓宽了民众表达诉求的渠道，方便群众在第一时间表达意愿，减轻了群众的诉求成本。

（二）与派出院控告申诉部门优势互补

派驻基层检察室扎根基层，地缘熟、人脉广、信息灵，弥补了派出院控告申诉部门人员少、信息不畅的"短板"。同时，对于法律咨询类以及派驻基层检察室可以依法自行处理的信访案件，在群众初信初访环节就得到及时妥善处理，不仅减轻了派出院控告申诉部门的工作压力，节约了司法资源，提升了工作效率，也有效减少了重访、越级访等信访问题的发生。派驻基层检察室必须高度重视群众来信来访工作，认真处理群众来信，文明接待群众来访，积极引导基层群众合法、理性表达诉求，及时妥善处理矛盾纠纷，依法维护群众的合法权益，促进社会的和谐稳定。同时，通过加强与派出院控告申诉部门的对接，及时了解掌握派出院作出的涉及本辖区的不受理、不立案、不批捕、不起诉、不抗诉、不赔偿以及复议复核维持原决定的案件、重信重访、可能引发集体访或者群体事件的信访问题，及时进行研判处置，把一些苗头性、倾向性问题，化解在基层，解决在当地。

（三）有利于社会矛盾的化解

能够全面及时地了解掌握辖区群众信访信息，是开展好受理群众来信来访工作的重要前提和基础性工作。派驻基层检察室身处基层，与辖区群众接触多，对区域内情况相对熟悉，在辖区内有完善的信息联络员工作体系，这都为派驻基层检察室深入接触群众、及时了解社情民意、倾听群众呼声，从而分析研判社会问题，第一时间发现和化解矛盾提供了便利。如2013年7月上旬，山东滨州高新区小营办事处李芳含村李某夫妇来到滨州市人民检察院派驻高新区检察室寻求帮助。经询问得知，夫妻两人开了一家纺织小作坊，三年前为扩大生产，通过表弟贷款 25 万元，因经营不善，无力偿还，被表弟告上法庭，法院判决李某偿还表弟 25 万元欠款。李某认为与表弟系合伙关系，应共同承担损失，法院判决不公正，现在法院要执行他的机器设备，全家生活将无以为继，要求检察机关予以监督。工作人员耐心倾听了李某夫妇的意见，并进一步向审判法官和原告了解了相关情况，经审查后认为本案不符合民行案件监督条件，双方合伙关系从法律上也不成立，遂两次约谈李某，从法理和情理的角度对相关问题进行了细致解释，并多次协调双方当事人，达成了执行和解协议，既保证了李某夫妇生产生活的正常进行，又维护了原告的合法权益。

（四）有利于及时发现职务犯罪案件线索

派驻基层检察室通过现场接访、下访巡访、网上接访等形式，由过去的单纯坐等接访改变为预约接待、联合接访或定期组织下访巡访、上门回访，主动到基层中去，到群众中去，及时受理群众举报、控告、申诉案件线索，对及时发现职务犯罪案件线索、规范司法行政机关的司法执法行为，维护司法的权威性和社会的公平正义，具有积极的现实意义。

三、派驻基层检察室在受理群众来信来访工作中的作用发挥

（一）立足职能，合理定位

派驻基层检察室应当牢牢把握检察机关是国家法律监督机关这一基本定位，认真处理好派驻基层检察室工作与化解社会矛盾的关系。在受理群众来信来访工作中，要严格以法律为准绳，以事实为依据，不越权、不滥用权力处理信访问题，也不回避、不敷衍职责范围内的信访问题。要通过积极地释法说理、沟通协商、心理疏导等措施，引导群众化解积怨，解决问题。

（二）源头预防，化解纠纷

派驻基层检察室在受理群众来信来访工作中，对于群众反映强烈的问题如果处理不当，则极易造成群体性事件或矛盾激化，使检察工作陷于被动。因此，派驻基层检察室应始终坚持把防范激化矛盾摆在突出位置，在辖区内积极开展矛盾纠纷经常性排查和集中排查，准确掌握影响稳定的重点人群、重点环节和重点案件，对排查出的问题进行分类，建立台账，便于在第一时间接待时，做好解释工作，使当事人早日息诉。对于已发生的信访案件，严格落实首办责任制，认真处理群众来信，文明接待群众来访，积极沟通协调各方关系，主动开展释法说理工作，依法规范答复，努力把问题化解在首办环节和萌芽状态，真正使派驻基层检察室成为检察机关化解社会矛盾的"减压阀""晴雨表"。同时，对在群众来信来访事项中发现的源头性问题，进行认真分析研

判，结合发现有关部门管理制度等方面的存在的问题，及时提出消除隐患、强化管理、预防犯罪的检察建议。[①]

（三）加强沟通，形成合力

派驻基层检察室应结合自身工作实际，不断健全完善内外部沟通协调机制。一是完善内部协作机制。派驻基层检察室通过加强与派出院控告申诉部门的协作、配合，在受理群众来信来访工作上主动接受派出院控告申诉部门的业务指导，必要时与控告申诉部门联合接访，控制和化解矛盾纠纷，形成信访工作合力。二是建立外部协调机制。派驻基层检察室通过加强与信访、纪检、公安派出所、人民法庭等相关部门的联动配合，明确信访件的移送、反馈、协调及信息通报等具体事项，遇事及时沟通情况，必要时还可采取联合接待，共同答复的方式做好息诉罢访工作。

（四）加强宣传，积极引导

实际工作中，形成信访案件的因素有很多，其中部分矛盾是由于当事人法律知识欠缺、对政策理解不够造成的。因此，派驻基层检察室应积极通过下访巡访、法制宣传等灵活多样的形式，不断加大法制宣传力度和广度，提升群众的法律意识，引导群众通过正常途径合理表达诉求，改变部分群众"信访不信法"的观念和做法。

第三节　工作原则和工作范围

信访工作是构建和谐社会的基础性工作，是为民排忧解难的群众性工作。派驻基层检察室依法规范地处理好群众来信来访工作，不仅关系着人民群众的切身利益，还体现着检察机关强化法律监督，维护公平正义的历史使命。

一、开展受理群众来信来访工作的原则

派驻基层检察室的群众信访工作是检察机关直接依靠人民群众实施法律监督的一项重要的检察业务工作。它通过依法受理群众的举报、控告、申诉，维护群众的合法权益，履行法律监督职能。同时，结合来信来访工作，了解政策和法律的执行情况，向人民群众宣传法律，提供法律咨询，处理有激化倾向的控告和申诉，为稳定大局和社会综合治理服务。在受理群众来信来访工作中，

[①]　苏忠进、刘康：《检察机关在涉法涉诉信访法治化进程中的职能作用研究》，载最高人民检察院刑事申诉检察厅《刑事申诉检察工作指导》2015 年第 2 辑。

派驻基层检察室应遵循以下几个主要原则来开展工作。

（一）受理来信来访专职管理的原则

检察机关受理群众来信来访工作是检察业务的一个重要组成部分，是启动检察权的一种重要的方式。因此，派驻基层检察室对群众的来信来访必须要有专职人员受理，并按规定做好登记，对信访事项依法进行处理，从而体现出法律监督的严肃性。

（二）分级负责、归口办理的原则

在受理群众来信来访工作中，对属于检察机关管辖的，按级别管辖处理或查处；对不属于检察机关管辖的，要按程序移交有管辖权的部门办理。大部分信访问题发生在基层，也应该在基层得到解决。派驻基层检察室要根据信访问题的性质，依照法律、法规、政策和有关规定，就近解决信访问题，防止信访问题久拖不决。

（三）对群众负责的原则

要认真处理群众的每一封来信、每一通来电，本着对人民群众高度负责的精神，热情接待群众来访，切实解决群众遇到的实际问题，以树立检察机关的良好形象。在处理信访问题过程中，要做好说服解释工作，注意对群众情绪进行疏导，化解群众积怨。

（四）平等对待的原则

对群众的信访事项，都必须依法平等地对待，切实维护群众的合法权益，不能因来访者身份、诉求类别的差异而区别对待。对于涉嫌违法犯罪的人及其行为，都必须依法予以追究或移交有关部门进行处理。

（五）实事求是的原则

对群众来信来访中反映的问题，要依法进行实事求是的分析研判，准确把握，坚持以法律为准绳，以事实为依据，从而作出科学的合乎客观实际的判断。信访群众的心理动机各有不同，一部分群众从自身利益出发反映问题，难免出现缺乏事实依据的情况，处理此类信访必须严肃慎重，保证处理结果经得起历史检验。

（六）保密性原则

对于群众的来信来访，要严格落实保密制度。对信访人的个人信息及信访内容严格保密，对接收的信访材料按规定依法处理，不得私自摘抄、复印、扣压、销毁，严禁向无关人员泄露信访内容等。

二、受理群众来信来访的范围

最高人民检察院于 2007 年 3 月 26 日印发的《人民检察院信访工作规定》第三条，对检察机关依法处理的八类信访事项作了明确规定。[①] 在此基础上，山东省检察机关结合工作实际，制定出台的《山东省检察机关派驻基层检察室工作细则（试行）》，其中第五条就派驻基层检察室依法受理的信访事项，进一步进行了明确和细化，主要包括：

1. 反映国家工作人员职务犯罪的举报；

2. 不服人民检察院处理决定的申诉；

3. 反映侦查机关侦查活动存在违法行为的控告；

4. 不服人民法院生效判决、裁定的申诉；

5. 反映刑事案件判决、裁定的执行和监狱、看守所、劳动教养机关的活动存在违法行为的控告；

6. 反映人民检察院工作人员违法违纪行为的控告；

7. 公民、法人或者其他组织提出的国家赔偿申请；

8. 加强、改进检察工作和队伍建设的建议和意见；

9. 其他依法应当由人民检察院处理的信访事项。

派驻基层检察室受理群众来信来访的范围，原则上与派出院受理群众来信来访的范围一致，但同时需要注意的是，派驻基层检察室是设置在最基层的法律监督机构，这就要求派驻基层检察室不仅仅要受理群众来信来访，更应当分析群众申诉举报的其他内容，尤其是可能涉及犯罪问题的信访内容，应当及时分析总结，并根据情况决定是否移送相关部门。派驻基层检察室作为检察机关在基层的信息处理中心，在接受群众反应的问题后，还应当注重分析问题发生的原因及可能的发展趋势，为参与基层社会治理创新总结经验。

---

① 人民检察院依法处理的八类信访事项：（一）反映国家工作人员职务犯罪的举报；（二）不服人民检察院处理决定的申诉；（三）反映公安机关侦查活动存在违法行为的控告；（四）不服人民法院生效判决、裁定的申诉；（五）反映刑事案件判决、裁定的执行和监狱、看守所、劳动教养机关的活动存在违法行为的控告；（六）反映人民检察院工作人员违法违纪行为的控告；（七）加强、改进检察工作和队伍建设的建议和意见；（八）其他依法应当由人民检察院处理的信访事项。

第四节　工作方式和工作流程

一、工作方式

派驻基层检察室应充分发挥身处基层的区位优势，下沉与延伸信访工作，不断畅通和拓展群众的诉求渠道，服务基层，服务群众。在实际工作中，派驻基层受理群众举报、控告、申诉，接待群众来访，主要通过以下几种途径和方式来实现。

（一）依托检察服务大厅、控告申诉室等场所接待来访

派驻基层检察室扎根社会基层，有效弥补了检察机关在基层监督和管理服务的触角与网络"短板"问题。各派驻基层检察室的检察服务大厅、控告申诉室等场所为广大群众表达诉求提供了"零距离、低成本、面对面"的渠道和场所。辖区群众可以直接到派驻基层检察室当面反映自己的诉求。在接访中，接访人员要做到以礼待人、以情感人、以理动人、以法服人，在解决问题上，力争做到来信不转化为来访，初访不转化为重访、本级访不转化为越级访、个体访不转化为群体访，把矛盾化解在基层，消除在萌芽状态。如2015年，山东潍坊安丘市石埠子镇郭某某诈骗大桃种植户共50余万元的案件到了审查起诉阶段后，3000余户被骗桃农准备到检察机关集体上访。对此，安丘市人民检察院控告申诉科与派驻基层检察室联手，立即启动应急预案，一同与桃农代表见面，现场解答群众的疑问，安抚群众情绪；一同召开听证会，进行公开听证答询，敞开门接受群众监督；一同走村入户，深入桃农家中，认真做好教育引导工作。一起较大规模的集体告急访案件得到了及时妥善处理。

（二）积极开展下访巡访活动

派驻基层检察室应积极开展下访巡访活动，打通"服务群众最后一公里"，不断提升检察工作的亲和力。深入乡镇站所、工矿企业、社区村居组织，广泛开展法律宣传工作，引导群众依法合理表达诉求。加大举报宣传力度，强化线索摸排工作，激发群众举报热情，扩大案件线索来源。如山东临沭县人民检察院派驻临沭检察室在下访巡访，排查矛盾纠纷时，了解到李某对县法院执行其2万元银行存款不服，扬言要到法院以死相逼。派驻临沭检察室及时向分管领导进行汇报，落实领导包案责任，一名分管民行检察工作的副检察长包案后，先后4次约谈李某，与法院、镇信访办、居委会等单位进行2次联合研判，帮助李某最终追回2万元存款。

（三）利用远程视频接访

派驻基层检察室应加强远程视频接访系统的建设和应用。目前，山东556个检察室实现了远程视频接访系统与派出院的全面联通。同时，加强远程视频接访的广泛应用和宣传，积极引导群众通过远程视频就地反映问题、解决问题，逐步实现从来人信访到视频接访模式的转变，有效解决群众的诉累问题。如山东潍坊寒亭区检察院派驻滨海检察室联合该院控告申诉科，通过远程视频接访系统对家住滨海经济开发区的赵某遭到人身伤害的案件请求立案监督的事项进行了联合答复。接访人员通过视频接访系统，就掌握的情况向赵某作了详细说明，解答了赵某的疑问。针对赵某提出要提供新的视频证据一事，接访人员表示会尽快联系侦查监督科对该证据进行审查，如有新情况再向其作出答复。赵某对接访干警的答复表示理解和认可，感谢检察机关对其诉求的认真调查和及时回应。

（四）利用新媒体开展网上接访

派驻基层检察室应通过下访巡访等活动载体，积极向社会公开受理来信来访的电子邮箱、官方微博、微信以及QQ号码等电子信访方式，为群众提供信息化的便利条件。尤其是，通过便民QQ、微信、微博等，充分发挥新媒体的快捷、方便的特点，全方位、多角度方便群众表达诉求。如山东德州庆云县人民检察院派驻常家检察室工作人员从常家中学学生的一条"微信来信"入手，发现了当地教育部门办公室负责人周某及报账员孙某存在挪用专项义务教育保障经费的违法行为。案件线索被移送派出院举报中心，经立案侦查，最终查明两人挪用义务教育保障经费50余万元的犯罪事实。

二、工作流程

最高人民检察院于2007年3月26日印发了《人民检察院信访工作规定》，对信访事项的受理和办理做出相关的流程规定。派驻基层检察室受理群众来信来访工作是人民检察院信访工作在基层的延伸，应当遵守最高人民检察院的基本流程规定。在此基础上，各地检察机关还应该根据各地实际，制定完善符合派驻基层检察室特点的信访事项受理办理流程。如山东省人民检察院研究制定了《关于加强控告申诉检察部门与派驻基层检察室工作对接的指导意见》，充分借助覆盖全省的556个派驻基层检察室，促进重心下移、检力下沉、信访下行，有效畅通了群众诉求渠道。在此框架下，全省556个派驻基层检察室结合地方实际，都与派出院控告申诉部门制定了相应的联系对接机制，对派驻基层检察室受理群众来信来访工作作了较为明确的程序规定，对接访、受理、处理和反馈等各个环节，都有明确具体的操作流程。

（一）来信处理

作为控告申诉检察工作"预处理"程序，派驻基层检察室有权拆阅邮寄或者送达派驻基层检察室的信件，在严格保密的情况下，由专人负责、规范拆阅、加盖印章、准确登记，提出分流意见，经检察室主任审核后，报经分管检察长批准，并根据信件内容进行初步审查、分流：

1. 检察室能够独立处理的，依法处理并答复当事人，并将处理结果抄送派出院控告申诉检察部门；

2. 检察室不能独立处理的，移送派出院控告申诉检察部门；

3. 属于其他检察机关管辖的，及时移交其他检察机关控告申诉部门；

4. 派驻基层检察室应根据不同处理结果，在 7 日内及时告知有联系地址的来信人，对无联系地址的来信，应详细记录处理结果，以备来信人随时前来查询。

对于采用电子邮件、电话、微信等方式上访的，由专人负责准确登记，提出分流意见，经检察室主任审核后，按照来信处理流程进行处理。

（二）来访处置

信访人采用走访形式提出信访事项的，接访时，要由两名接访人员参与接访，接访人员应当制作笔录，载明信访人的姓名或者名称、单位、住址和信访事项的具体内容，经宣读或者交信访人阅读无误后，由信访人和负责接待的工作人员签名或者盖章。对信访人提供的控告、举报、申诉材料认为内容不清的，应当要求信访人补充。

多人采用走访形式提出同一信访事项的，应当要求信访人推选代表，代表人数一般不超过五人。

对于告急访、上访老户、集体访，检察室要及时与派出院控告申诉部门或相关单位、部门沟通，做好稳定、协调、息诉工作。

接受控告、举报线索的工作人员，应当告知信访人须对其控告、举报内容的真实性负责，不得捏造、歪曲事实，不得诬告陷害、诽谤他人，以及诬告陷害、诽谤他人应负的法律责任。

1. 对不属于检察机关管辖、应移送有关机关处理的，向来访人说明情况，引导来访人向相关机关直接反映，并将有关情况抄送派出院控告申诉检察部门；

2. 对属于派出院管辖的，汇总来访材料，做好受理登记，根据来访问题性质进行处理。

（1）检察室能够当场答复的是否受理的，当场书面答复，并将处理结果抄送派出院控告申诉检察部门；

（2）不能当场答复的，及时移送派出院控告申诉检察部门，做好跟踪工作，在 7 日内将处理结果告知有联系方式的来访人审查分流情况。

（三）下访巡访

派驻基层检察室应围绕中心、服务大局，采取带案下访、个别走访、联合接访、设摊接访、释法说理、法律宣传、调查研究、召开座谈会等形式开展下访巡访活动。每月下访巡访不少于 4 个工作日，对辖区内主要企事业单位、村（居）每年走访不少于两次。在下访巡访中，派驻基层检察室要做好下访巡访工作记录，对接收的举报、控告、申诉以及有关意见建议，要按规定及时处理：

1. 属于本院管辖的，检察室能直接办理的，及时予以办理并答复；不能直接办理的，按规定移送派出院相关部门。

2. 不属于本院管辖的，应当转送有关主管机关处理，并告知当事人。

同时，派驻基层检察室在下访巡访中，对发现的可能引发集体访、告急访、越级访的不稳定因素，应及时报告派出院并通报当地党委政府，同时做好应急防范工作，尽可能把矛盾化解在初期和当地。

【案例链接】

张某财产纠纷申诉信访案件
——淄博市临淄区人民检察院派驻稷下检察室

一、原案诉讼过程

申诉人（一审被告，二审上诉人）张某（男，淄博市临淄区稷下街道办事处人）与被申诉人（一审原告，二审被上诉人）李某某（女，淄博市临淄区稷下街道办事处人）原系夫妻关系，婚后未生育子女。2008 年 12 月 18 日，双方经协商，就离婚问题达成协议。2009 年 11 月 16 日，李某某依《离婚协议附加》约定的给付条件已经成熟为由，提起诉讼，要求张某支付现金 5 万元。一、二审法院均判决认为，《离婚协议》以及《离婚协议附加》都是双方当事人自愿达成对夫妻关系存续期间财产的协议处分行为，系双方真实意思表示，也未违反法律禁止性规定，应当认定两份协议都合法有效，对双方具有拘束力。

二、本案处理过程

2016年3月以来，张某多次到淄博市临淄区院派驻稷下检察室申诉，要求检察机关依法处理自己与妻子的离婚财产纠纷案件。稷下检察室与派出院民行检察部门及时对接，研判案件，认为人民法院判决认定当事人所签订《离婚协议书》和《离婚协议附加》均为有效协议缺乏证据证明。根据《合同法》第77条规定，当事人协商一致，可以变更合同。在合同发生变更之后，当事人应当按照变更后的合同内容作出履行，合同变更原则上仅向将来发生效力，对已经按原合同所为的给付无溯及力。《离婚协议书》中双方对财产的约定内容已经构成了对《离婚协议附加》内容的变更，根据变更后的内容，李某某不再享有向张某主张5万元的债权。

但按照民事诉讼法关于申诉时效的规定，张某申诉时已超过了法定的申诉时效。为了彻底化解这起矛盾纠纷，稷下检察室没有简单地以时效已过、张某已丧失申诉权为理由结案，而是从维护社会和谐稳定的角度出发，与民行检察科干警一起，不辞辛苦不怕麻烦，耐心地多次做双方的协调沟通工作，最终促成以张某支付3万元补偿款双方了结一切债权债务关系的协议，并协助双方完成了协议款的过付，成功化解了这起争讼达6年之久的离婚财产纠纷案件。双方当事人对案件的最终处理结果都非常满意，并送锦旗给稷下检察室表达感谢之情。

三、经验做法

近年来，淄博市临淄区人民检察院针对农村信访数量大幅上升的问题，充分发挥派驻基层检察室贴近基层群众的工作优势，积极改进工作方式方法，努力强化三项措施，切实提高农村信访工作水平，有效避免了"重信""重访"和越级上访等问题发生，取得了良好的政治、法律和社会效果。

（一）把好"三关"，确保农村信访件件有着落

一是把好入口审查关，确保分流及时。针对农村信访案件大幅增长的实际，对涉及农村的来信、来访，实行专人登记管理，专人接访，做到快速分流、及时办理，避免因"推、拖、磨、卡、压"的做法激化矛盾。二是把好归口办理关，确保渠道畅通。成立由控告申诉部门牵头，刑检、自侦、派驻基层检察室等部门共同参与的农村信访工作小组，规范情况通报、分流移送、交办督办、答复回馈等工作流程，实现快速归口办理。对涉及多个部门的信访问题，由控告申诉部门组织召开相关部门联席会议，统一认识，共同研究解决，落实部门责任。三是把好跟踪督办关，确保处置到位。针对农村信访特殊性，建立日常报备与应急汇报相结合、定期通报与即时汇报相结合的农村信访情况通报机制，由控告申诉部门对涉及各部门的信访情况，实行每周一通报、每月一总结，对农村信访案件，由派驻基层检察室全力协助控告申诉部门和民行检

察部门，认真做好息诉罢访工作，确保信访情况反映渠道畅通、处置到位，实现了农村信访"四不转化"，即来信不转化为来访，初访不转化为重访，本地访不转化为越级访，个体访不转化为集体访。

（二）坚持"五四三"工作法，确保信访办案质、效统一

一是实行办案"五定"制度，明确个案办理流程。"五定"即对每起农村信访案件定领导、定人员、定方案、定时限、定效果，明确个案办理流程。承办人除正常的案件办理、评估预警、请示汇报工作之外，还要针对每起案件进行社会调查，通过调查，明晰案情、预判效果，真正做到农村信访受理一件、办结一件、效果良好一件。二是坚持"四个联系"原则，促进个案办理效果。"四个联系"，即日常接访与联合接访相联系，信访办理与服务大局相联系，常规答复与复合答复相联系，事前预案与事后监督相联系，依职权化解农村信访案件，达到以民主促公正、以公正赢公信的办案效果。三是明确办案"三详询、三查看"要求，明晰个案办理细节。"三详询、三查看"要求，即受理之时要详细询问信访情况，查看信访材料是否齐全；办理之时要详细询问案件情况，查看办案材料是否完备；回访之时要详细询问办案效果，查看办案结果落实情况。通过对每个办案细节的管控，及时发现重大信访隐患，确保不因工作不负责任或失职，造成越级上访甚至群体性事件的发生。

（三）开辟便民利民窗口，拓展农村信访工作渠道

一是坚持"由上及下"，搭建农村信访"便民窗口"。依托5个派驻基层检察室地处乡镇、辐射全区的地理优势，改变原来"坐等"信访的老做法，通过派驻基层检察室搭建农村信访"阳光平台"，通过下访巡访构建信访群众家门口的接访窗口。控告申诉人员在派驻基层检察室现场受理农村信访、现场宣讲法律、现场解疑答惑，使农村信访不出村、不出镇就能得到受理和答复，变上访为下访，把纠纷矛盾化解在基层。二是坚持"由远及近"，开辟联系群众的"视频窗口"。为让群众少跑路，缩短问题处理时间，更好地把矛盾化解在基层，积极利用"检视通"远程视频接访平台，实现信访人员在派驻基层检察室与院控告申诉接访人员"面对面"交流，方便及时地解决信访问题。三是坚持"从里到外"，打造覆盖全区的"宣传窗口"。为了让农村信访工作化被动为主动，让广大农村群众了解检察机关查办农村基层组织人员职务犯罪的范围和内容，疏导信访群众到有管辖权部门依法信访，通过在街道、社区便民服务中心设立检察官咨询台、张贴发放宣传材料、设立检务公开栏，以及公布各派驻基层检察室的名称、服务区域、办公地址、电子邮箱、QQ号、法律服务电话、举报受理电话等便民信息，广泛宣传涉农职务犯罪相关法律、司法解释和典型案例。

第八章　发现受理职务犯罪案件线索及协查职务犯罪案件

第一节　工作必要性和可行性

查办职务犯罪案件是检察机关行使检察权的一项重要工作内容。利用派驻基层检察室的自身优势，及时发现受理职务犯罪案件线索，并赋予派驻基层检察室协助查办职务犯罪案件的职责，充分发挥其职能作用，具有必要性和可行性。

一、必要性分析

（一）推进基层反腐倡廉建设的需要

中国共产党的执政根基在基层，检察事业发展的根基也在基层。服务基层改革发展稳定，为基层建设营造良好的法治环境，是检察机关的重要任务。当前，有些基层政权建设较弱，有的基层组织负责人贪污、受贿、挪用惠农支农资金、土地征用补偿款，有的基层政法干警违法违纪，不作为、乱作为，侵害群众权益，直接影响群众对党的信任，事关基层政权稳固。"事实上，在很多民生领域中尤其是越到基层，腐败对老百姓生活造成的冲击越严重。许多基层地方或部门可能并不是位高权重的领域，但是基层权力运行在很多情况下处于一种缺乏监督的真空状态，加强基层党风廉政建设就是要化解这些问题，这是基层党风廉政建设的最大意义。"① 检察机关设置派驻基层检察室，可以充分发挥检力下沉的作用，查处发生在基层群众身边的腐败问题，对基层干部的教育和监督具有重要作用，对推进基层反腐倡廉建设具有重要意义。

（二）服务基层经济社会发展的需要

当前基层社会关系总体运行良好，但在社会主义新型农村建设和改革过程中，一些矛盾逐渐凸显。主要发生在征地补偿、农村基础建设、支农惠农和扶

---

① 《业内专家详解政府工作报告反腐新动向——反腐工作要着重从源头发力》，载《法制日报》2016 年 3 月 23 日第 5 版。

贫开发领域，村居"两委"人员和基层工作人员职务犯罪时有发生，进而引发一系列显性和潜在的社会矛盾，解决不好，极易引起群体性上访，影响基层稳定。派驻基层检察室第一时间发现、受理职务犯罪案件线索，及时处理，可以快速化解矛盾。派驻基层检察室通过查办职务犯罪案件，广泛开展法律宣传，尤其是结合查办的发生在老百姓身边的职务犯罪典型案例，开展"以案释法"法律宣传活动，可以有效预防基层职务犯罪的发生，提升基层百姓对党的信任度，促进基层和谐稳定发展。

（三）实现检察机关侦查一体化的需要

职务犯罪侦查一体化，是指检察机关为了优化侦查资源配置，提高整体效能，采取以侦查指挥中心为主要组织形式，以提办、交办、联合办、督办为主要办案方式，实行侦查活动统一组织指挥，案件线索统一管理和经营，侦查人才和技术装备统一调配使用，执法环境统一营造的侦查机制。① 职务犯罪侦查一体化有两项内涵：一是坚持上级院为办案主体，下级院为主要办案力量，通过建立侦查指挥中心，强化上级院对下级院侦查工作的统一指挥协调；二是同一检察院各职能部门相互协同、统一协调，整合侦查力量，形成大侦查的格局。通过侦查一体化，对辖区内发生的有影响的职务犯罪案件，能够形成统一调配力量、合力攻坚、集中突破的工作格局。派驻基层检察室立足基层，对辖区的社情民意较为了解，协助派出院或上级院自侦部门查办职务犯罪案件，能够充分发挥好其自身优势，提高侦查活动的整体效能，从而成为职务犯罪侦查一体化网络中的一个重要基点。

二、可行性分析

（一）职责依据

最高人民检察院于 2010 年印发的《关于进一步加强和规范检察机关延伸法律监督触角促进检力下沉工作的指导意见》，第 11 条明确了"发现、受理职务犯罪案件线索"等七项派驻基层检察室重点工作任务。全国各地检察机关在此基础上，根据自身情况，细化了本地派驻基层检察室的具体职责。2012年 11 月，山东省人民检察院结合本省实际，制定印发了《山东省人民检察院关于进一步加强和规范派驻基层检察室建设的指导意见》，该意见在最高人民检察院规定的基础上，增加了派驻基层检察室"开展为民、便民、利民服务和涉农检察，依法保障群众合法权益"一项工作内容。同时，该意见第 5 条

---

① 石金山：《检察侦查一体化机制的完善》，载《江苏警官学院学报》2009 年第 4 期，第 147 页。

规定："牢牢把握工作重心和着力点。要立足检察职能，加大法律监督力度，加强对国家惠农政策落实的监督检察，积极预防、发现和协助查办基层工作人员职务犯罪，依法纠正执法不严、司法不公问题，全力服务当地经济发展、维护社会公平正义。"该条规定进一步明确了"协助查办基层工作人员职务犯罪"是派驻基层检察室的工作重心和着力点。

2015年1月，山东省人民检察院印发了《山东省人民检察院关于规范派驻基层检察室履行法律监督职能的意见（试行）》，该意见第4条规定："对发现、受理的职务犯罪案件线索，检察室应当做好登记工作并按规定移送。经逐级严格审核并经检察长逐案审批后，检察室可以协助自侦等部门查办职务犯罪案件。"此外，2015年4月、5月、7月，山东省人民检察院陆续出台了《关于进一步规范控告申诉检察部门与派驻基层检察室业务对接的有关意见》《山东省检察机关反渎职侵权部门与派驻基层检察室业务对接指导意见》《山东省检察机关反贪部门与派驻基层检察室业务对接指导意见》。为进一步加强和规范派驻基层检察室举报线索管理工作，提高举报线索管理水平，山东省人民检察院于2016年8月8日出台了《山东省检察机关派驻基层检察室举报线索管理办法（试行）》。这些规范性文件的出台，为派驻基层检察室做好发现受理职务犯罪案件线索及协助查办职务犯罪案件提供了具体的工作依据和工作程序。

（二）工作优势

1. 调查取证隐蔽性强。派驻基层检察室作为检察机关设在基层的派驻机构，有着"贴近基层、贴近农村（社区）、贴近群众"的天然优势，派驻基层检察室工作人员深入社区、企业、农户、田间地头座谈了解情况，已成为常态化的工作方式。派驻基层检察室人员在辖区进行调查取证工作较为方便，能够隐蔽调查意图，不易被人察觉。反之，如果反贪、反渎部门人员出面，容易引起社会关注，引起调查对象的警觉，容易暴露调查工作意图，往往给调查取证工作带来障碍和难度。

2. 调查取证机动性强。派驻基层检察室直接面对辖区基层组织、农村社区、广大农民群众，能够及时发现和掌握案件线索，并且对辖区管理部门及管理人员和管理方法制度较为熟悉，对发案单位和涉案人员较为了解，能够针对不同的调查对象采取不同的调查方法和谋略，调查方式机动灵活，为快速调查取证、及时侦破案件提供了便利条件。

3. 特定领域职务犯罪容易切入。当前，涉农领域是基层检察机关查办职务犯罪案件工作的重要战线，针对涉及惠农扶贫开发等专项资金领域的职务犯罪，派驻基层检察室较为容易收集信息。派驻基层检察室的"信息超市"可以提供大量的涉农领域数据信息支持，派驻基层检察室人员能够得到第一手真实信息资料，能够及时发现涉农领域职务犯罪案件的突破口。只要派驻基层检察室工作人员把平时工作做到位，注重收集资料，做好记录，就会较为顺利地发现职务犯罪案件线索，甚至能够实现不刻意收集线索，线索自动显现的良好效果。

第二节　发现、受理职务犯罪案件线索实务

一、案件线索的来源

职务犯罪案件线索的来源，是指派驻基层检察室获取有关贪污贿赂、渎职侵权等职务犯罪案件线索的渠道或途径。实践中，派驻基层检察室获取案件线索的来源主要有以下几个方面：

（一）报案或举报

单位或个人报案或举报，是派驻基层检察室发现职务犯罪案件线索的重要来源。报案，是指单位或个人发现有贪污贿赂、渎职侵权等犯罪事实发生，但尚不知道犯罪嫌疑人为何人时，向派驻基层检察室告发的行为；举报，是指单位或个人对发现的贪污贿赂、渎职侵权等犯罪事实或犯罪嫌疑人，向派驻基层检察室进行告发、揭露，并要求依法惩处的行为。报案和举报的主要区别在于，报案侧重于犯罪事实，举报侧重于犯罪嫌疑人。一般而言，报案由于大多确有犯罪事实，因而成案率较高；举报有不少由于犯罪事实尚不明确，甚至有些是因为个人成见、对被举报人不满意而举报，因而成案率不具有确定性。

（二）派驻基层检察室自行发现

实践中，派驻基层检察室充分利用自身优势，通过下访巡访、紧盯涉农项目建设、土地征用开发、支农惠农扶贫资金管理领域等，开展涉农专题调研活动，收集发现了大量的涉农职务犯罪案件线索。派驻基层检察室自行发现的职务犯罪案件线索，往往质量较高，成案可能性较大。例如，2015 年山东曹县人民检察院派驻基层检察室共协助反贪部门办理贪污贿赂等职务犯罪案件 9 案 21 人，其中 7 案 15 人是派驻基层检察室自行发现的案件线索。

（三）辖区其他机关或单位移送

一是辖区乡镇办事处纪检监察部门移送。纪检监察部门是党政机关处理干部违纪违规的职能部门，不少违反党纪政纪的人员同时又是职务犯罪案件的犯

罪嫌疑人。这类线索经纪检监察部门调查获取了一定证据，成案可能性较高。二是其他行政执法机关移送。例如，公安派出所、人民法庭、司法所以及市场管理、税务、环保等行政执法部门在执法活动中发现的，属于人民检察院管辖而移送给派驻基层检察室的案件线索。这类线索是否具有可查性，一般需要对口业务部门审查评估。

（四）犯罪嫌疑人自首

接受犯罪嫌疑人自首，是派驻基层检察室的一项工作职责。山东省检察机关要求，犯罪嫌疑人到派驻基层检察室自首，属于检察机关管辖的，应当及时通知派出院有关业务部门，依法处理；不属于检察机关管辖的，应根据情况采取措施，并通知、移送主管机关处理。① 近年来，派驻基层检察室大力开展廉政警示教育、职务犯罪预防宣传等活动，在辖区内形成了有效法律震慑作用，部分职务犯罪嫌疑人迫于压力，到派驻基层检察室投案自首。自首所提供的情况比较准确，在经过必要的调查核实后，成案的可能性较大。例如，2015 年 5 月，山东省乐陵市郑店镇某村支部书记赵某某在参加乐陵市人民检察院派驻郑店检察室开展的廉政警示教育活动后，主动到该检察室投案自首，交代了贪污危房改造补贴款的事实，后经立案侦查、提起公诉，被人民法院判处刑罚。

二、案件线索的受理

案件线索的受理，是指人民检察院对职务犯罪案件线索的接受和处理，主要涉及案件线索的接受，以及登记、审查和分流处理等内容。

（一）案件线索的接受

接受案件线索是人民检察院的一项重要工作。《人民检察院刑事诉讼规则（试行）》第 161 条规定，人民检察院举报中心负责统一管理举报线索，本院其他部门或者人员对所接受的犯罪案件线索，应当在 7 日内移送举报中心。这里的"其他部门"包括派驻基层检察室。《山东省检察机关派驻基层检察室工作细则（试行）》第 9 条规定，对于通过来信来访受理和自行发现的职务犯罪案件线索，派驻基层检察室应当专人管理，并在 7 日内移送派出院举报中心。《山东省检察机关派驻基层检察室举报线索管理办法（试行）》规定，派驻基层检察室对发现、接收的举报线索，根据具体情况作出处理：属于检察机关管辖的，应当于 7 日内移送派出院举报中心；不属于检察机关管辖的，应当告知

---

① 《山东省人民检察院关于规范派驻基层检察室履行法律监督职能的意见（试行）》（鲁检发政〔2015〕9 号），2015 年 1 月 25 日印发。

举报人到有管辖权的机关举报，或者直接移送有管辖权的机关处理，并告知举报人；派驻基层检察室不得自行存查举报线索。

工作实践中，派驻基层检察室接受案件线索应注意以下几点：

1. 接待来访。派驻基层检察室对于以走访形式的报案、控告、举报，应当指派 2 名以上工作人员接待，并向报案人、控告人、举报人讲清楚，要如实控告、举报，不能捏造、歪曲事实，否则要承担法律责任。举报人提出预约接待要求的，派驻基层检察室可以指派 2 名以上工作人员在约定的时间到举报人认为合适的地方接谈。对于不愿公开姓名和举报行为的举报人，应当为其保密。

对采用集体走访形式举报同一职务犯罪行为的，应当要求举报人推选代表，代表人数一般不超过五人。

2. 制作询问笔录。受案时，工作人员应制作询问笔录，尽可能问清下列情况：一是所反映犯罪的时间、地点、手段、结果等情况；二是被举报人的姓名、性别、工作单位、职务等情况；三是发案单位的地址、电话以及单位的基本情况。

笔录制作后，须经报案人、控告人、举报人阅读或向其宣读，在其核对无误后，由其签名、捺指印。必要时可以录音、录像。对报案人、控告人、举报人提供的有关证据材料、物品等应当登记，制作接受证据（物品）清单，并由报案人、控告人、举报人签名，必要时予以拍照，并妥善保管。

3. 来电来信举报。对于电话举报的，应当制作举报笔录，必要时可以录音。对通过邮递或电子邮件形式举报的，要注明收到材料的时间。对举报材料在审查中发现内容不清楚的，如果有举报人的，可以约见其面谈或要求其补充有关材料。

4. 书面举报。对于书面举报的，要写明举报人的姓名、单位、住址和联系方式。单位的书面报案，应由单位加盖公章，并由单位负责人签名、按手印。

5. 犯罪嫌疑人自首。犯罪嫌疑人自首的，应当指派 2 名以上工作人员接待，要制作自首笔录。笔录要详细，其内容包括自首的时间、动机、事实等。自首人要在自首笔录上逐页签名、按手印。属于检察机关管辖的，派驻基层检察室应当及时通知派出院举报中心，依法处理。不属于检察机关管辖的，应当及时移送主管机关处理。

（二）案件线索登记

按照有关规定，派驻基层检察室对举报、控告、报案、自首和移送的案件线索，应当逐件进行登记，内容主要包括：报案人、举报人、控告人、自首人以及被报案人、被控告人、被举报人的基本情况，举报内容和处理情况等。对于通过来信来访受理和自行发现的职务犯罪案件线索，派驻基层检察室应当专人管理，并做好以下工作：

1. 建立台账。建立派驻基层检察室《受理职务犯罪案件线索情况台账》，内容包括：受理日期、线索来源、举报人姓名、被举报人姓名、举报内容、处理情况等。

2. 制作登记卡。填写派驻基层检察室《受理职务犯罪案件线索情况登记卡》。内容包括：受理日期、线索来源、案由、举报人情况、被举报人情况、举报内容、处理情况等。

三、案件线索的处理

（一）案件线索处理流程

依据《人民检察院刑事诉讼规则（试行）》和《山东省检察机关派驻基层检察室工作细则（试行）》，山东省检察机关制定了职务犯罪案件线索处理工作流程图，对派驻基层检察室如何处理发现的职务犯罪案件线索，规定了统一的工作流程：1. 案件线索专人管理，派驻基层检察室专人统一登记管理案件线索，并提出处理意见；2. 检察室主任审核；3. 分管检察长批准；4. 移送派出院举报中心，派驻基层检察室在 7 日内将案件线索移送派出院举报中心；5. 记录处理情况。

（二）案件线索处理工作要求

1. 严格履行移送手续。派驻基层检察室接受的职务犯罪案件线索或自行发现的职务犯罪案件线索，应当按要求移送派出院举报中心，并严格履行移送手续。实践中，派驻基层检察室向举报中心移送案件线索时，应填写制作内部移送文书《移送函》一式二份，正本随案件线索材料一同移交举报中心，副本留存；举报中心收到派驻基层检察室移送的案件线索材料，应填写制作《回复函》一式二份，正本交派驻基层检察室，副本留存。

2. 严格对案件线索保密。严格遵守保密制度，必须做好对举报人和被举报人的保密工作。一是对案件线索材料的内容应当严格保密；二是严禁泄露举报人的姓名、单位、家庭住址等情况，严禁将举报材料和举报人的有关情况透露给被举报单位和被举报人。

3. 建立完善对举报人的保护和奖励制度。为防止和避免举报人及其亲属可能会因其举报行为遭到打击报复，保护其合法权益，派驻基层检察室要加强与自侦、控告申诉部门的对接，建立对举报人的保护奖励机制。第一，要防止对举报人、控告人及其近亲属的人身权利、民主权利、财产权利等合法权利的侵害；第二，发现有打击报复举报人行为的，应当及时制止，并报告派出院，通过调查，交由主管部门处理；情节严重的，追究其法律责任；第三，对举报失实的，要客观分析失实原因，正确区分诬告与错告；第四，联合派出院有关部门建立举报奖励制度、建立奖励基金，对举报有功人员给予奖励。

四、案件线索的初核

（一）案件线索初核的含义及派驻基层检察室初核的依据

1. 案件线索初核的含义。案件线索初核是指人民检察院对受理的性质不明难以归口和检察长批交的案件线索进行立案前初步审核的办案程序，是检察机关为进一步判断案件线索所涉事实的性质或者是否有犯罪事实和是否需要追究刑事责任，而进行的初步调查活动。

线索初核的目的：一是履行法律监督职责，查明线索所反映的事实是否存在，是否需要追究刑事责任，维护法律尊严，打击犯罪；二是化解社会矛盾，调处基层民间纠纷，构建和谐社会、维护社会稳定的需要。

2. 派驻基层检察室初核案件线索的工作依据。《人民检察院举报工作规定》第 30 条规定，举报中心对接收的举报线索，属于性质不明难以归口的，应当进行必要的调查核实，查明情况后三日以内移送有管辖权的机关或者部门办理。

对于派驻基层检察室发现受理的案件线索，如何初核？《山东省检察机关派驻基层检察室举报线索管理办法（试行）》第 8 条对派驻基层检察室初核案件线索作了明确规定：对性质不明难以归口的，经检察长授权，可以进行初核，查明情况后 3 日内移送有管辖权的机关或部门处理；检察长批示交办的，按照批示意见处理。

（二）案件线索初核的程序

1. 初核审批。派驻基层检察室对案件线索进行初核，应当严格按照《人民检察院举报工作规定》第四章的有关条款规定办理，派驻基层检察室初核举报线索，须报请检察长授权。

2. 初核范围。派驻基层检察室开展案件线索初核的范围：一是派驻基层检察室接受的案件线索性质不明难以归口的；二是检察长批示交办。严格按照初核范围进行初核，绝不能任意扩大初核的范围，取代侦查部门的初查地位，影响初查权的统一行使。

3. 初核期限。《人民检察院举报工作规定》第 43 条规定，初核一般应当在两个月以内终结。案情复杂或者有其他特殊情况需要延长初核期限的，应当经检察长批准，但最长不得超过三个月。办案实践中，派驻基层检察室初核一般在一个月内可以完成。在作出初核结论后 3 日内，派驻基层检察室应当将初核结果及时通报派出院举报中心。

4. 初核终结。初核终结后，承办人员应当制作《初核终结报告》，根据初核查明的事实和证据，区分不同情形提出处理意见，经派驻基层检察室负责人审核后，报检察长决定：（1）认为举报的犯罪事实属于检察机关管辖的，移送派出院侦查部门办理，派驻基层检察室协助查办；（2）认为举报的事实不属于检察机关管辖的，移送有管辖权的机关处理；（3）认为举报所涉犯罪事实不存在，或者具有刑事诉讼法第十五条规定的情形之一，不需要追究刑事责任的，终结初核并答复举报人。需要追究纪律责任的，移送纪检监察机关或者有关单位处理。

派驻基层检察室按照《人民检察院举报工作规定》第 44 条规定，应当在作出初核结论后 7 日内向派出院举报中心登记备案。初核终结后，相关材料应当立卷归档。立案进入侦查程序的，派驻基层检察室应当在移送有关证据材料时留存复印件归入初核卷宗。

（三）初核应注意的问题

1. 严格保密。派驻基层检察室初核举报线索，应当严格遵守保密及办案安全的有关规定，严禁违反规定接触初核对象或采取强制措施。

2. 加强部门间协作。派驻基层检察室初核举报线索，应当加强与举报中心和侦查部门的沟通，对举报中心或侦查部门已决定初核（初查）的，派驻基层检察室应及时向检察长报告。

3. 注重工作谋略和技巧。派驻基层检察室在初核中，要注重运用谋略和提高办案技巧，避免因方式不当使初核工作陷入困境。应根据初核对象的具体情况，制定缜密可行的初核方案，针对不同初核对象，采取不同的初核策略和方法，并适时调整、随机应变，做到快、准、细、保密。

4. 做好善后工作。对实名举报线索初核结束后，认为举报的内容不实或没有犯罪事实，或者犯罪事实显著轻微，不需要追究刑事责任的，要将不立案查处的原因告知举报人并做好解释工作，以免挫伤群众的举报热情。对于不属于检察机关管辖的案件，在按规定尽快移送有管辖权的机关办理的前提下，向举报人详细讲解法律法规、相关规定和解决的途径，并及时与被移交单位联系沟通，确保无缝衔接，使群众的举报切实得到圆满处理。

第三节　发现职务犯罪案件线索的途径和方法

职务犯罪案件线索是检察机关查办案件的前提，如果没有案件线索，查办案件工作就是"巧妇难为无米之炊"。各地检察机关把发现群众身边腐败案件的犯罪线索确定为派驻基层检察室的工作重点，创新工作机制，拓宽线索渠道，探索出了很多好的经验做法，成效显著。据媒体公开报道，山东、广东、海南等地派驻基层检察室破解涉农职务犯罪案件线索发现难题，通过严查职务犯罪为群众维权，派驻基层检察室在查处职务犯罪上作用重大。下面汇总各地派驻基层检察室成熟的经验做法，从四个方面介绍发现职务犯罪案件线索的途径和方法：

一、广泛发动群众举报案件线索

实践中，群众举报是发现和掌握职务犯罪案件线索的重要渠道。为赢得老百姓对派驻基层检察室的信任，激发群众的举报热情，派驻基层检察室应做好以下工作：

（一）加大举报宣传力度

一是利用覆盖面广、有影响力的农村集市，进行法律咨询、宣讲、发放宣传材料等形式向群众宣传检察机关的反腐职能，调动群众对举报职务犯罪的积极性；二是利用法制课，开展专题宣讲；三是利用廉政警示教育展室开展教育活动，激励广大群众与职务犯罪作斗争的信心和决心，提高他们举报职务犯罪案件线索的积极性。

（二）深入群众拓宽案源

派驻基层检察室工作人员贴近群众，深入镇街村居、企业、学校、田间地头和农家院落，察民情、解民忧、帮民难，赢得群众的信任，村民们就乐意将自己的所见所闻，向派驻基层检察室干警反映。而村民们所关注的问题和反映的情况，往往是发现职务犯罪案件线索的重要渠道。如2015年11月，山东省滨州市沾化区人民检察院派驻下洼检察室在下访巡访中接到群众反映，下洼农电所农电工苏某某利用职务之便，将收取的电费用于赌博。派驻基层检察室获取这一线索后，及时与派出院控告申诉等部门对接，成功立查犯罪嫌疑人苏某某挪用公款案。

二、构筑信息平台，从中查找职务犯罪案件线索

当前，建立数据库、构筑信息平台，从数据信息中发现收集职务犯罪案件线索，已成为各地检察机关业务创新的工作重点之一，探索总结出不少好的经验做法。下面介绍山东派驻基层检察室运用信息平台发现职务犯罪案件线索的做法。

（一）利用"信息超市"，查找、发现职务犯罪案件线索

山东派驻基层检察室以信息化助推检察职能的发挥，建成了包括国家、省、市、县惠农政策，惠农资金发放情况，基层站所执法信息等 13 个大项、137 个小项内容的"信息超市"。派驻基层检察室充分利用"信息超市"，通过信息检索比对、综合分析研判，及时发现数据异常，从中发现涉农职务犯罪案件线索。实践中，派驻基层检察室协助反贪部门查办的村"两委"干部虚报冒领小麦种植补贴、伪造低保申请手续骗取低保金案件，相当一部分是通过"信息超市"数据比对发现的线索。例如，山东省肥城市人民检察院派驻安庄检察室结合下访巡访中村民的反映，对"信息超市"中相关数据进行有针对性的分析研判，发现辖区东虎村干部利用职务便利，虚报小麦种植面积，套取小麦补贴款的线索。经检察长批准，安庄检察室迅速展开初核，并及时将该案线索移送派出院相关部门，最终立查村干部涉嫌贪污案 1 案 6 人。

（二）发挥信息联络员的作用，收集发现涉农职务犯罪案件线索

山东派驻基层检察室实行信息联络员制度，从辖区每个行政村（社区）至少聘任了一名信息联络员，建立了乡镇街道信息联络员信息平台。通过创新完善信息联络员管理机制，发挥信息联络员贴近群众、了解基层情况的工作优势，从而收集、发现涉农职务犯罪案件线索。例如，2016 年 3 月，山东省曹县人民检察院派驻韩集检察室协助反渎局查办"生猪规范化养殖补贴项目"涉嫌职务犯罪案件，在摸排生猪养殖场是否存在弄虚作假、申报冒领"规范化养殖补贴款"线索的过程中，为了查清项目涉及的多个生猪养殖场的真实情况，而又不打草惊蛇、泄露初查意图，派驻基层检察室工作人员以开展环境污染调查的名义，通过猪场所在村的信息联络员了解情况。迅速查清了各生猪养殖场经营人员、建场时间、占地面积、开始养殖时间、养殖规模等真实信息，及时锁定了不符合申请"生猪规范化养殖补贴项目"条件的养殖场，立查畜牧、发改部门工作人员涉嫌滥用职权案 1 案 4 人。

三、履行监督职能，深度挖掘职务犯罪案件线索

（一）关注热点问题，以事找案

关注农村社会热点问题，以事找案，在热点问题背后，往往隐藏着违法犯罪的问题。关注这些热点问题，深挖细查，对涉及的事件和人员分析研判，查证是否存在渎职贪腐的情形，就能从中发现案件线索。例如，2016年3月，山东省曹县人民检察院派驻基层检察室密切关注"农村违法毁坏耕地建房、建厂，蚕食耕地"这一热点问题，组织派驻基层检察室人员对问题严重的2个办事处，以土地调研的名义进行排查，发现了办事处工作人员涉嫌玩忽职守的案件线索，协助反渎职侵权局立查土地监管人员涉嫌玩忽职守案5案5人。

（二）关注财务管理状况，以账找案

基层账务是记录基层组织业务经济活动的重要凭证。涉腐人员往往利用账务管理混乱的情况，采取虚报冒领做假账、建立"账外账"等手段，实施贪污、挪用公款等犯罪行为。因此对基层账务特别是管理混乱、缺乏监督的账目审查尤为重要。一些有价值的案件线索很可能就藏在看似合理的账目中。例如，山东省宁阳县人民检察院派驻磁窑检察室在查阅宁阳县经济开发区某村的银行日记账时，发现夹着一张现金支票存根，账目中只记载收入区政府拨付土地补偿款45.1万元，并没有记支出。派驻基层检察室工作人员分析这笔款有问题，到银行查询支票的取款记录，发现这笔钱转到了一个"日日升"理财产品账户上。该检察室及时移交线索并协助派出院反贪局立查村干部涉嫌挪用公款案1案3人。

（三）开展专项调查，挖掘犯罪线索

开展涉农惠农扶贫资金的专项走访调查，是派驻基层检察室发现职务犯罪案件线索的一个重要法宝。近年来，山东派驻基层检察室紧盯扶贫领域、惠民惠农领域专项资金，开展了各种形式的专项资金走访调查，发现并查处了一批涉农职务犯罪案件。如2015年初，山东省曹县人民检察院派驻闫店楼检察室在核查走访梁堤头镇库区移民款是否到位过程中，发现该镇某村366名移民名单中竟有91人为假移民。派出院及时调配办案力量，经过3个月走访调查，查清了村支书王某某和村委干部申某某伪造移民信息，连续7年骗取库区移民款21万元的犯罪事实。检察日报、山东电视台等多家新闻媒体对该案予以了报道。

四、创新工作机制，拓宽案件线索来源

派驻基层检察室通过创新工作机制，形成工作合力，拓宽了涉农职务犯罪案件线索来源。工作实践中，探索创新了以下工作机制：

（一）加强与财政、民政、农业、住建等重点部门的配合

由派出院牵头，与主管职能部门建立重点检查、情况通报、线索移送等多项制度，着力构建纵向联系、横向配合、信息共享的立体工作网络，形成推进发现职务犯罪案件线索的工作合力。

（二）与乡镇街道建立职务犯罪预防惩治工作机制和信息共享平台

派驻基层检察室加强对辖区职能部门的法律监督，和乡镇街道建立职务犯罪预防惩治工作机制，乡镇街道纪检部门将发现查处的违纪案件情况及时通报给派驻基层检察室，实现违纪案件信息共享，派驻基层检察室通过对上述信息的审查，发现职务犯罪案件线索。例如，山东省宁阳县人民检察院派驻基层检察室和辖区乡镇建立重大事件通报制度、违纪线索共享制度。2014 年，派驻磁窑检察室在纪委报送的线索中发现，磁窑镇某村支部委员、会计刘某私自将公款借给他人使用，纪委列为违纪案件，派驻基层检察室认为存在犯罪可能，经调取相关银行账证，最终发现了刘某涉嫌挪用公款 40 万元购买理财产品的犯罪事实。

（三）与纪委、审计等职能部门建立工作协作机制

派驻基层检察室由派出院牵头和纪委、审计、农业等职能部门建立协作机制，加强协作配合，有的还设立了联合派驻机构，增强发现查处涉农职务犯罪的合力。例如，山东省曹县人民检察院积极建议县委、县政府以派驻基层检察室为依托，设立 7 处村居干部监督办公室，作为县纪委、检察院、审计局、农业局等部门的联合派驻机构，制定了协作工作机制，从信息共享、协作办案、线索移交等方面制定具体可操作性的规定。村居干部监督办公室对受理和发现的线索，根据性质、管辖范围，移送纪委、检察、公安等部门处理。派驻基层检察室对不属于职责范围内的举报控告，移送村居干部监督办公室处理。2015 年以来，该院派驻基层检察室共移交村居干部监督办公室控告举报案件线索 21 件 27 人，其中给予纪律处分 16 件 17 人；村居干部监督办公室向派驻基层检察室移交案件线索 9 案 12 人。例如，2015 年 4 月，村居干部监督办公室发现普连集镇袁新庄行政村支书王某某涉嫌套取国家粮食直补款的线索后，及时移送普连集检察室，普连集检察室依照程序，当日启动初查，及时转换证据，5 日内侦查终结。曹县人民法院一审判决王某某犯贪污罪，判处有期徒刑一年

零二个月，并处罚金人民币十三万元。

（四）建立派驻基层检察室参与党委巡查机制，广开案件来源

近年来，山东省县级党委组织开展对辖区乡镇办事处的巡查活动，有的基层检察院主动配合服务当地党委工作部署，作为巡查组成员单位，积极指派派驻基层检察室参与巡查活动，从中发现职务犯罪案件线索，拓宽案件线索来源。例如，2015年下半年至2016年3月，山东省曹县县委先后组织巡查组分四批对27个乡镇办事处分别进行了为期一个月的巡查，曹县人民检察院积极指派派驻基层检察室人员参与对辖区每个乡镇的巡查，从中发现、收集了一部分有价值的职务犯罪案件线索。例如，郑庄办事处武装部部长兼民政办主任刘某某侵吞扶贫款涉嫌贪污案、常乐集镇常乐集村支书师某某虚报小麦种植补贴款涉嫌贪污案等线索，都是派驻基层检察室派员参与对乡镇的巡查工作中发现的。

第四节　协助查办职务犯罪案件实务

一、协助查办职务犯罪案件管理机制

（一）协助查办案件的范围

实践中，派驻基层检察室协助自侦部门查办的职务犯罪案件，应定位在以下范围：

1. 派驻基层检察室发现受理的涉农职务犯罪案件线索，移送自侦部门查办的；2. 反贪部门在派驻基层检察室辖区查办的“两委”换届、征地拆迁、民生工程、惠农扶贫政策落实等领域职务犯罪案件；3. 反渎部门在派驻基层检察室辖区内开展案件初查、侦查工作，需要检察室协助的案件；4. 检察长批示交办的案件。

（二）建立协助办案制度

派驻基层检察室协助自侦部门办理职务犯罪案件的做法，各地都在积极地探索和实践，有的基层院制定了派驻基层检察室和自侦部门业务对接办法。实践中，各地的做法既有共同点又有差别、各有亮点，业务开展不平衡。《山东省人民检察院关于规范派驻基层检察室履行法律监督职能的意见（试行）》规定，经逐级严格审核并经检察长逐案审批后，检察室可以协助自侦等部门查办职务犯罪案件。根据该规定，山东派驻基层检察室协助自侦部门查办职务犯罪

工作全面开展，并结合各地实际制定了协助办案机制。现将协助办案机制的内容、各地协助办案机制的特点做法介绍如下：

1. 协助查办职务犯罪机制的内容。派驻基层检察室协助自侦部门查办职务犯罪办案机制的主要内容包括：（1）相互配合协作、实现业务有效对接、信息共享；（2）建立案件线索通报制度；（3）明确派驻基层检察室协助查办案件的范围、审批程序；（4）派驻基层检察室和自侦部门共同对案件线索评估制度；（5）派驻基层检察室和自侦部门在不同案件中的主导作用、职责分工；（6）共同制定办案风险评估预警及矛盾化解工作方案。

2. 山东派驻基层检察室协助办案机制的分类。山东省共设立 556 个派驻基层检察室，由于配备人员数量、业务专长不同，派驻基层检察室在协助查办职务犯罪方面各有亮点、各有所长。各派出院根据自身实际，制定的派驻基层检察室协助自侦部门查办职务犯罪案件办案机制也不尽相同，据不完全统计，依据派驻基层检察室在查办案件中的主导地位不同等特点，协助办案机制可以划分为两类。

一类属于单纯性协助办案机制。派驻基层检察室协助自侦部门查办案件过程中，反贪、反渎部门处于主导地位，派驻基层检察室只是协助。这类办案机制的派驻基层检察室，所配备的检察人员大多没有从事反贪、反渎工作的经历。派驻基层检察室受理的职务犯罪案件线索，经举报中心移送自侦部门查办，反贪部门或反渎部门在派驻基层检察室辖区开展初查、侦查工作时，需要派驻基层检察室协助的，提出协查申请，经逐级审批后，派驻基层检察室派员协助。主要协助提取证人证言和有关书证，帮助查找涉案人员，了解涉案人员、企业、单位有关信息等。

另一类属于联合性协助办案机制。这类派驻基层检察室的主任或业务骨干多数拥有从事自侦工作的经历，自侦业务熟悉。派驻基层检察室在协助查办职务犯罪案件时，参与分析研判案件线索、制定初查方案和侦查计划、参与制定办案风险预警评估及化解矛盾方案。尤其是派驻基层检察室自行发现的案件线索，在协助办案过程中，派驻基层检察室起主导作用。下面介绍这类办案机制中两个有代表性的派驻基层检察室：

一是实行"协同式办案机制"的山东省淄博市淄川区人民检察院派驻基层检察室。该院把派驻检察室打造成为线索受理"情报站"和外围突破"前哨岗"，派驻基层检察室在职权范围内全面协同办理自侦案件。按照"大侦查"一体化办案格局部署，该院四个派驻基层检察室与院反贪局四个侦查科室、反渎局两个侦查科室等部门建立结对协作关系，将派驻基层检察室整合到全院侦查指挥中心总体布局之中。在全院统一调度下协同办理自侦案件，做到

"七统一"：统一调度侦查力量，统一量化考核，统一配备办案装备，统一业务办理流程，统一启用办案工作区，统一警务技术保障，统一执法外部监督。2015年以来，该院派驻基层检察室共协同自侦部门办理各类职务犯罪案件18人，其中基层计生服务站受贿窝案2人，村干部侵吞惠农资金涉嫌贪污案2人，基层水资源办公室玩忽职守导致资源流失涉嫌玩忽职守案2人，切实解决了一批基层群众反映强烈的突出问题

二是实行"一体化办案机制"的山东省曹县人民检察院派驻基层检察室。曹县辖27个乡镇办事处、1176个行政村、160万人口、4000多名村居干部，系农业大县。该院设立7处派驻基层检察室，在院机关设立了检察室工作办公室，组织协调各派驻基层检察室，实行"一体化办案机制"，联合办理涉农职务犯罪案件，形成了大检察室工作格局。具体运行方法如下：检察室工作办公室建立台账，统一管理涉农职务犯罪案件线索；会同自侦部门负责人共同分析线索质量、评估办案风险，对涉嫌犯罪的线索共同制定初查及侦查计划；检察室工作办公室统一调配办案力量，根据案情需要随时组织各派驻基层检察室联合查办。例如，该院办理的某办事处武装部部长兼民政办主任刘某某贪污案就是"一体化办案"的经典案例。2016年1月，该院派驻闫店楼检察室发现线索，及时报告检察长，鉴于刘某某经手参战、病退、老复员军人定期抚恤及农村老年人补助等多项惠民扶贫资金和管区水库占地青苗补偿款及土地租金等资金的发放工作，涉案时间跨度长，涉案金额巨大，涉及需要取证的人员众多，案发前刘某某又下落不明等情况，及时启动一体化办案机制，从7个派驻基层检察室抽调办案人员21名、车辆7台，会同反贪局组成共计30余名干警参战的专案组，定人定岗定责，划分7个调查取证小组，历时15天，深入到办事处49个行政村65个自然村，摸排调查1900余人次，形成笔录1700余份，将该案的涉案数额从立案时的29万元增加到100余万元。

（三）协助办案审批程序

1. 审批流程。自侦部门在派驻基层检察室辖区内开展案件初查、侦查工作，需要派驻基层检察室协助的，应经逐级严格审批并经检察长批准。具体审批程序如下：首先，自侦部门负责人向派驻基层检察室提出派员协助办案的申请意见；其次，检察室主任根据自侦部门提出的协助意见，结合本室人员情况，提出具体派员协助办案的意见；再次，报分管检察室工作的副检察长（领导）审批；最后，报检察长批准。

2. 审批文书。按要求制作《派驻基层检察室协助查办职务犯罪案件审批表》。

二、协助查办职务犯罪案件的程序和方法

实践中，派驻基层检察室协助自侦部门查办职务犯罪案件，因案件具体情况不同，因此介入协助办案的阶段也不同，有的在初查前协助排查线索，有的在初查阶段，还有的在侦查阶段。下面以派驻基层检察室发现受理的职务犯罪案件线索，移送自侦部门并协助查办的案件为例，介绍派驻基层检察室协助查办职务犯罪案件的程序和方法。

（一）参与对案件线索的评估

1. 案件线索评估的含义。案件线索的评估，是指负责职务犯罪案件侦查的检察办案人员，针对案件线索，围绕其所反映内容的真实性、成案的可能性进行详细分析、评价，从而决定是否启动初查、如何开展初查的办案活动。派驻基层检察室协助办案人员，要充分发挥对辖区社情民意熟悉的优势，认真参与对案件线索的评估，制定切实可行的初查方案。

案件线索的评估与案件线索的审查既有联系，又有区别。线索的审查，由线索管理部门进行，侧重于线索管理方面的审查；线索的评估，由职务犯罪侦查部门进行，侧重于线索实质内容的审查。线索的审查，不直接导致线索初查的启动；线索的评估，是为初查做准备，可以导致初查的启动。线索的审查与评估，在分析方法、考察内容、思维方式等方面有很多相似之处，线索的审查是线索评估的基础，它们是不同部门的检察人员对同一线索在不同阶段进行审查分析，从而揭示出线索的实质内容，为查办职务犯罪做充分准备。

2. 线索评估的内容。待查的案件线索，要确认其是否具有可查性，应当从线索的来源、反映问题的性质、情节、涉案数额以及举报人的动机和目的等方面进行综合评估，而不能简单机械地予以确定。具体来说：

（1）从线索来源、举报方式方面确认。实践中，线索来源主要有单位或个人举报、辖区单位移送、自行发现，举报方式有的实名举报，有的匿名举报。对不同的案件线索要具体问题具体分析，研判线索的可信度、成案的可能性。

（2）从线索的内容方面确认。对照职务犯罪的构成要件和相关法律规定，对线索进行认真审查，做出正确判断。一是从涉案人员职务方面入手推断线索的可查性，分析线索涉案人员是否属于国家工作人员、是否利用职务之便，具备这两点，就具有可查性。二是从涉案事实入手分析成案的可能性。从办案实践看，案件的性质和类型不同，评估的要点也不尽相同。比如，案件线索反映

村干部贪污某项惠农资金，就要从该村是否有该项惠农资金、申报发放途径、该村干部是否经手等方面进行分析研判。再如，对举报村干部受贿的线索，除了对该村干部的基本情况进行分析研究，对行贿人的基本情况也要进行分析，要分析行贿人的请托事项、行贿动机等，来判断行贿人行贿的可能性。

（3）结合派驻基层检察室"信息超市"的数据信息进行研判。涉农职务犯罪多发生在征地拆迁、民生工程、惠农扶贫政策落实等领域，对相关线索的评估，应对相关信息进行分析汇总，研判成案的可能性。如评估村干部虚报贪污小麦补贴款案件线索，就要结合"信息超市"中该村小麦补贴款发放数据，进行分析研判有无虚报的可能，进一步研判成案的可能性。

（二）案件初查的方法要求

案件初查，是指检察机关在必要时，对贪污贿赂犯罪或渎职侵权犯罪案件线索依法进行的立案前调查活动。根据最高人民检察院关于人民检察院直接受理侦查案件初查工作的相关规定，初查的任务是对举报材料进行初步调查核实，以决定是否立案侦查；同时还要收集相关证据和信息，为立案侦查做必要的准备。初查既是在线索审查、评估基础上的进一步深化、完善相关证据或信息，同时也是立案及立案后的侦查工作的重要基础。有价值的案件线索能否成案以及立案侦查的案件能否顺利突破，均与初查质量有着密切关系。

1. 案件初查的重点。派驻基层检察室协助查办涉农职务犯罪案件，围绕初查的任务，初查的重点包括以下方面：

（1）收集初查对象个人相关信息。一般包括：初查对象个人、家庭成员及其他亲属、社会交往密切人员，有无婚外情以及包养情妇等信息；初查对象及其家庭成员拥有的存款、住房、机动车以及投资理财等信息；初查对象的口碑，以前是否被举报过、处理过等信息。

（2）调查核实相关事实并选择适当突破口。针对案件线索内容或派驻基层检察室收集的其他信息，调查核实相关涉嫌职务犯罪的事实，并从中选择突破口，获取证明犯罪事实的关键证据，从而为立案打下坚实的基础，这是初查最重要的工作。一般包括以下几个步骤：首先，筛选拟进行调查的涉案事实。初查的案件线索所反映的内容繁简不一，有的涉案信息反映初查对象涉及违纪、违法、犯罪（贪污、受贿、挪用公款、职务侵占、挪用资金及渎职侵权等）乃至作风、道德等方面的问题，数量众多、包罗万象，办案人员不可能一一调查，这就需要认真评估、筛选，选择真实性较大涉嫌犯罪的事实进行调查核实。其次，对筛选的涉案事实进行调查核实。获取证明犯罪事实的证人证言、书证等证据。然后，选择适当的突破口。实践中，选择案件突破口应强化证据意识，全面收集证明涉嫌犯罪事实的证据，形成证据链条，在初查对象拒不供述的情况下认定犯罪事实存在，达到立案标准。一般按照以下规律选择突破口：一是在多项犯罪线索中，选择证据较为丰富或对言词证据依赖性较小的事实；二是对于涉及多名涉案人的线索中，选择较为容易突破的涉案人。

2. 初查的方法。初查的方法多种多样，办案人员应根据实际案情，灵活运用各种初查方法，高效、优质完成初查工作。下面结合派驻基层检察室协查涉农职务犯罪的办案实践，介绍几种常用的初查方法：

（1）常规调查的方法。常规调查的方法是指办案人员以检察院的名义，按照常规形式使用各项措施进行初查活动。在初查期间，可以采取询问、查询、勘验、检查、鉴定、调取证据材料等不限制初查对象人身、财产权利的措施。除了在初查阶段后期为立案做准备的情况外，初查期间一般不接触初查对象。

任何案件的初查，或多或少都要进行常规调查。常规调查不利于案件保密，实践中，进行常规调查，一般需要采取相应的保密措施或便于保密的途径。例如，查询银行存款资料时，如果初查对象可能与其开户行的工作人员熟悉，可以到开户行的上级银行查询；另外，需要到有关单位取证时，可以不公开自侦部门办案人员的身份，先以派驻基层检察室开展调研的名义进行初查。

（2）网上初查。网上初查是指检察机关通过检察机关的信息平台及互联网，获取相关证据或涉案信息。通过查询信息平台，办案人员可以快速获取大量涉案信息，做到了"秀才不出门，便知天下事"。网上初查不仅是简单的各类信息的获取，而且还可以利用各项信息进行对比、分析研究，进一步获取突破案件的关键信息。尤其在初查村级干部虚报冒领惠农资金涉嫌贪污的案件，办案人员将调查掌握的实际发放数据与"信息超市"中惠农资金应发数据比对，就会快速发现村"两委"干部虚报冒领惠农资金的涉案事实。网上初查最大的优点是快捷、保密。实践中，派驻基层检察室利用"信息超市"，依托信息数据，协助自侦部门初查涉农职务犯罪案件，已成为经常运用的初查方法。

（3）借力初查。借力初查即借助其他相关单位的力量进行初查。联合调查和配合调查的初查方式，即属于借力初查。借力初查的优点在于可以借助其他单位的力量弥补办案机关自身能力、专业知识方面的不足，也可以较好掩饰检察机关的调查活动和意图。实践中，借力初查的方法也常常运用，如对涉案信息涉及面广的案件线索，联合纪委、审计部门进行的联合调查等。

（4）线人调查。线人调查是指检察机关物色可靠并且易于接近、接触初查对象或其他涉案人的人选作为检察机关的线人，由线人获取相关证据或信息并提供给检察机关。线人调查方法主要是针对特定案件。如在初查村干部利用协助人民政府从事本村计划生育、户籍等行政管理工作的职务之便，收取保胎费、不结扎费、办理户籍费等涉嫌受贿的案件线索，该类案件最大的困难是取证难。此时，运用线人调查方法，在该村物色可靠的线人（如"两委"未涉案人员），帮助办案人员获取相关的证据和信息，就可以突破案件。实践中，在派驻基层检察室聘请的信息联络员中培养线人，是行之有效的方法，值得探索。线人调查的劣势在于线人不属于检察机关办案人员，其自身能力是否能够胜任工作，以及其是否真正为我工作，检察机关难以完全掌握，因此使用此种方法应当慎重。

3. 初查工作的要求。派驻基层检察室协助自侦部门进行案件初查，应严格按照《人民检察院刑事诉讼规则（试行）》的规定开展工作，要求做到以下几点：

（1）制定初查方案，有序推进。根据线索特点制定一个周密初查方案，可以保证初查工作有章可循，有计可用，有谋可施，避免初查工作的盲目性和随意性，使初查工作有序进行。初查方案的内容包括：初查的目的、方向、范围和调查的问题；初查的人员配备、分工及组织领导；初查的时间、步骤、方法和措施；初查的安全防范预案；办案风险评估及应对措施。

（2）做好初查保密工作。初查一般应当秘密进行，不得擅自接触初查对象。做好初查保密工作，有利于减少初查对象或其他利害关系人对调查工作的干扰。实践中，经常出现初查活动及初查意图暴露的情况，甚至在社会上传得沸沸扬扬，出现这种情况的原因，一是办案人员保密意识不强、不注意细节导致初查工作暴露；二是取证途径不当导致初查工作暴露；三是调查方式不当导致初查工作暴露；四是取证范围过于广泛导致初查工作暴露。对此，办案人员要加强保密意识，加强内部管理，严格控制初查工作的知情范围，采取保密系数较高的取证途径，减少取证中不必要的环节，多运用网上调查方法，抓住关键事实，获取关键证据，及时突破案件。

（三）查办案件的方法技巧

派驻基层检察室协助自侦部门查办案件，办案人员要保持高度职业敏锐性，善于从蛛丝马迹中发现、获取对突破案件有帮助的证据或信息。灵活使用各种调查方法、方式及措施，注重侦查技术及信息的运用，善于运用各种策略获取证据。山东派驻基层检察室在协助查办职务犯罪案件的实践中，积累了很实用的办案技巧和方法，下面简单介绍如下：

1. 依托"信息超市"、巧用"三对比"网上调查方法，快速突破惠农扶贫领域职务犯罪案件。实践中，有很多反映村"两委"干部虚报冒领惠农资金、扶贫资金的案件线索。针对这类案件，面对众多的领款村民，如何尽快甄别出哪些是涉案村干部虚报的、汇总出虚报金额，是突破案件的关键。办案实践中，办案人员总结出了查办此类案件的技巧，即依托"信息超市"、巧用"三对比"方法，快速突破案件。运用该种方法的前提条件是"信息超市"录入的数据全面真实。所谓"三对比"就是对比国家实际发放补贴信息、对比农户家庭成员信息、对比涉案人员领取补贴的银行交易明细。通过上述"三对比"，涉案事实基本明了，再结合调查该村账目，固定证据，案件可快速突破。

2. 借力调查，运用"剥葱"式的取证方法，层层固定证据，最终证实犯罪的办案技巧。运用这种方式查办的案件，大多是一些取证工作量大，采取常规调查的方法容易暴露初查意图的案件。例如，山东省曹县人民检察院派驻基层检察室协助反渎部门查办的土地监管工作人员涉嫌玩忽职守案就是一个范例。2015 年，曹县个别乡镇办事处发生村民违法占用毁坏耕地建房、建厂的事件，引起县委政府和检察机关的重视。检察长指示派驻基层检察室协助反渎职侵权局联合调查。为了有序调查固定证据，办案组运用"剥葱"式的方法调查取证，将需要调查的人员划分为四个层次：第一层次，违法建房户、所在村干部；第二层次，办事处包村干部、国土所一般工作人员；第三层次，国土所负责人、管区领导；第四层次，办事处时任领导。从第一层次开始，依次有序开展取证工作，为了不影响办事处的正常工作，第一层次的人员在村民家中或村委会办公室取证，第二、三、四层次的人员，就近在办事处或派驻基层检察室取证。经过近 2 个月的初查，调查取证 200 余份，层层剥离、形成证据链条，最终证实办事处土地监管人员涉嫌玩忽职守罪，立案查处 5 案 5 人。

【案例链接】

吕某某挪用公款案
——茌平县人民检察院派驻振兴检察室

一、当事人基本情况

吕某某，男，汉族，1969 年 2 月 15 日出生，茌平县振兴街道办马坊村人，原任茌平县振兴街道办马坊村委会主任。

二、案件来源及诉讼过程

2014 年 2 月 26 日，茌平县振兴街道办马坊村十余名村民到振兴检察室举报村主任吕某某涉嫌挪用征地补偿款的情况。振兴检察室针对群众反映情况，报经检察长批准后迅速展开初核。2014 年 3 月 28 日，茌平县检察院决定对吕某某涉嫌受贿、挪用公款一案进行立案侦查，同日对吕某某刑事拘留，4月4日予以逮捕。5月21日，该案侦查终结移送审查起诉。6月5日，茌平县检察院对吕某某以挪用公款罪、挪用资金罪向县法院提起公诉。

三、案件办理情况

振兴检察室受理马坊村村民的举报后及时向检察长作了汇报，经检察长批准迅速展开初核。调查发现该村主任吕某某涉嫌职务犯罪后，遂按照本院"捆绑对接"工作模式，及时与反贪部门进行对接，将案件线索移送反贪局立案侦查，振兴检察室协助侦查。侦查过程中，振兴检察室通过核对马坊村近年来账目、深入农户走访调查、查阅相关卷宗材料等手段，进行了艰苦细致的查证工作。经查，2011年11月26日，吕某某利用担任振兴街道办马坊村主任的职务便利，将马坊村的50万元征地补偿款借给聊城鲁泓能源科技公司用于经营。吕某某将44万元打到聊城鲁泓能源科技公司股东（负责人）庞某某的账户上，并直接扣除6万元作为好处费据为己有，协议月利息5分，借款期限3个月。案发前，50万元本金及7.5万元利息全部收回。其中，6万元好处费及7.5万元利息全部用于吕某某个人消费。另查明，2011年12月1日，吕某某利用马坊村村民用于城中村建设的盖楼款1000万元，在中国银行茌平中心街支行用于个人理财，并收取红利77671.23元据为己有。该案经茌平县法院审理后，于2014年9月5日以挪用公款罪、挪用资金罪对吕某某分别判处有期徒刑六年、有期徒刑五年，数罪并罚，决定执行有期徒刑十年。

四、经验做法

该案中，振兴检察室按照"捆绑对接"工作模式，开展协查工作成效明显。"捆绑对接"是茌平县院在缺乏成熟经验、人员短缺的情况下，创新探索实施的"院室横向一盘棋，业务纵向一体化"工作模式。一是加强检察室人员配备，通过为四个派驻检察室统一配备具有丰富办案经验和基层工作经验的正科级干部担任检察室主任，对检察室工作进行细化分工，有效提高了工作效率和业务水平。二是实现业务部门与检察室"捆绑对接"，实行"一把手"调配模式，健全业务部门与分包检察室之间人员机动调配和"捆绑作战"工作机制，落实一个重点业务部门分包一个检察室，在充分发挥派驻检察室基层战斗堡垒作用的同时，确保业务部门和派驻检察室的检力整合。三是实现派驻检察室的"能量反哺"作用，全面提升反贪工作效能。发挥检察室分流解压作用，利用近基层、近群众地域优势，有效解决当前基层涉案人数众多，反贪部门办案检力不足的难题；发挥检察室信息搜集作用，利用隐蔽性和便利性的优势，及时全面掌握相关情况和数据；发挥检察室业务拓展作用，利用派驻检察室基层一线平台，有效解决反贪部门案多人少的问题。该案中，茌平县院充分发挥检察室和反贪部门捆绑作战、检力协作的优势作用，按照"纵到底、横到边"深挖案件的工作思路，不仅使该案得以迅速侦破，同时成功追查到吕某某曾挪用数额高达 1000 万元城中村改造项目建楼款的犯罪事实。振兴检察室坚持法律效果和社会效果并重，事后积极与上访群众进行座谈，进一步了解群众诉求，并帮助马坊村清查和整理村级账目收支，张榜公布马坊村城中村改造过程中征地补偿款的收支情况，消除了群众的疑虑和抵触情绪，成功化解了社会矛盾，维护了基层社会稳定。

第九章　开展职务犯罪预防

近年来，随着我国城乡经济社会的发展，基层职务犯罪案件多发，加强对基层干部的职务犯罪预防警示教育，提升基层干部拒腐防变的能力意义重大。设立派驻基层检察室，不仅为检察机关促进检力下沉，延伸法律监督触角，化解社会矛盾，保障司法公平正义，维护社会稳定提供了有效的平台，还为基层干部的职务犯罪预防工作提供了更为行之有效的途径，有利于推动基层职务犯罪预防工作顺利开展。

第一节　当前基层职务犯罪的新特点

基层干部天天与群众打交道，直接代表着党和政府的形象。基层干部职务犯罪，降低了群众对党和政府的信任度，影响了社会的和谐稳定，不利于全面建成小康社会建设顺利进行。

一、涉案领域广，发案环节多

从涉案领域来看，基层干部职务犯罪多发生在行政审批、征地拆迁、教育就业、医疗卫生、社会保障、支农惠农、扶贫救灾、食品药品安全、生态环境保护等民生保障以及社会管理、执法司法等重点领域，尤其是资金数量大、流动比较频繁的基础设施建设、水利设施建设、农村土地复垦、药品和医疗器械采购、农业技术推广、国家惠农资金落实、扶贫资金发放等领域，这些领域权力集中、资金密集、资源富集，是基层职务犯罪的高发领域。从发案环节来看，从规划、立项审批到采购、执法监管、财会、物品管理、资金发放等环节都潜藏着发生职务犯罪的隐患。

二、犯罪主体身份集中

尽管基层职务犯罪涉及的领域广泛，但是主体身份比较集中，主要包括以下几类：一是乡镇街道政府领导干部；二是乡镇街道"七站八所"等具有行政执法职责部门工作人员，如计生、畜牧、国土、工商、税务等部门工作人员；三是协助政府从事《刑法》第 93 条第 2 款规定的行政管理工作的村（社区）等基层组织人员。

三、窝串案现象突出

随着全面建成小康社会建设的深入，人、财、物大范围的频繁流动，各项资金的注入增多，一些基层干部为了谋取私利，往往相互串通，内外勾结，利用职务便利大肆敛取钱财，从单独犯罪到合伙作案的趋势越发明显，不少案件都是查处一案带出一窝，查出一人带出一串，群体性特征突出。比如征地补偿及附属物补偿款发放领域发生的贪污案，往往是基层干部各自利用职务便利共同侵吞补偿款，涉及面广，影响恶劣。

四、涉案金额不大，社会影响坏

虽然相比其他领域的职务犯罪案件，基层干部职务犯罪多数涉案金额不大，但是其危害性和社会影响较大。一是因为此类案件的涉案领域与群众息息相关，往往直接侵害群众利益；二是因为基层经济总体上还不发达，小额资金对于群众生活也有较大影响；三是基层干部贪污受贿等职务犯罪问题，容易激起民愤，造成党群干群关系紧张，引发群众性上访，甚至出现集体访、越级访，严重影响社会稳定。

第二节　工作意义

检察机关的职务犯罪预防工作，对推动反腐倡廉建设、保障经济社会发展具有重要作用。在新的历史条件和社会形势下，根据党和国家大局的要求，检察机关应注重发挥派驻基层检察室职能，在保障基层民生、维护基层社会和谐稳定、遏制和减少基层职务犯罪方面发挥更大的作用。

一、有利于保障国家强农惠民政策落到实处

随着我国新农村建设力度的不断加大，国家各种强农惠农资金也相应增多。而目前基层有关部门对国家强农惠民政策的宣传解释工作不够到位，导致农民群众对国家有关强农惠农政策不够了解。少数基层干部正是利用群众掌握信息的匮乏，弄虚作假骗取国家强农惠农资金，影响了国家政策的落实。派驻基层检察室将检察机关的预防监督触角延伸到了乡村社区，可以通过加强对低保、粮补等重点强农惠民项目的专项督察，深挖蛀虫，有效震慑和遏制腐败行

为；可以通过设立专栏、送法进农户、散发宣传资料、法律咨询服务等多种形式，加大对强农惠民政策的宣传，增强群众的知情度、支持度和参与度，真正让强农惠民政策深入人心，进而充分发挥群众监督作用，把基层干部的职务犯罪苗头消除在萌芽状态，减少涉农职务犯罪的发生，保障国家强农惠民政策真正惠及广大群众。

二、有利于构筑社会化预防职务犯罪网络体系

职务犯罪预防是一项复杂而庞大的系统工程，其涉及面广、综合性强，需要社会各界的共同参与，构筑社会化预防职务犯罪网络，形成有效的约束和监督机制，才能取得实实在在的效果。派驻基层检察室可以综合运用个案预防、专项预防、系统预防等方式，以乡镇街道党委、基层组织、涉农工作主管部门为依托，将检察机关职务犯罪预防和各部门预防结合起来，采取基层预防协会、联席会议制度等多种途径和手段，加强预防基层干部职务犯罪的教育、制度、监督和机制建设，形成上下贯通、内外互联、左右协作的基层职务犯罪预防网络体系，不断推进职务犯罪预防工作向制度化、规范化、科学化方向发展。

三、有利于检察机关更好地延伸履行法律监督职能

当前我国正处于社会转型期，新型社会矛盾层出不穷，广大群众对涉及法律方面的服务需求更为迫切。乡镇街道工作面临如何依法高效地决策处理新遇到的经济事务，怎样遏制基层职务犯罪频发的势头，怎样妥善解决各类群众信访问题等。派驻基层检察室将检察职能延伸到基层干部和基层群众的身边，通过举办法制讲座、召开预防职务犯罪报告会、预防职务犯罪联席会，以及组织基层干部到派驻基层检察室进行警示教育等活动，切实增强基层干部的守法意识和廉政意识，促进基层干部廉洁自律。通过及时介入基层重大基础设施建设和重点民生工程，并以检察建议、案例分析、调查报告等方式提高乡镇街道依法行政水平，推进社会管理完善与创新。通过开展这些活动，派驻基层检察室既能有力监督和支持基层组织依法行政，又能及时倾听基层群众的民生需求，快速收集和准确把握群众法律诉求，积极有效维护社会公平正义。

四、有利于缓解基层检察机关职务犯罪预防工作的压力

近年来，随着经济的发展和城镇化进程的加快，基层干部职务犯罪案件逐步增多，正从最底层腐蚀着国家工作人员职务的廉洁性。由于基层职务犯罪具

有更为隐蔽、不易被察觉的特点，加上基层群众法律意识相对薄弱，使得此类职务犯罪案件的办理更加困难，检察机关职务犯罪预防工作也面临越来越大的压力。① 而在乡镇街道设立派驻基层检察室，恰好将这部分压力首先经过了一个过渡、分担甚至化解的过程。一方面，派驻基层检察室与村（社区）干部、群众直接接触，能够及时、准确地掌握基层职务犯罪的动态，并据此协助派出院有针对性地开展查办和预防工作。另一方面，通过加大基层法律宣传的力度，使群众能够知法懂法，并通过向派驻基层检察室检举揭发基层职务犯罪案件线索，自觉履行起法律监督的义务，实现群防群治，有效缓解基层检察机关职务犯罪预防工作压力。

第三节　工作优势

最高人民检察院《关于进一步加强和规范检察机关延伸法律监督触角促进检力下沉的指导意见》第 10 条、第 11 条明确规定，派驻基层检察室具有职务犯罪预防工作的职责任务。全国各地检察机关根据该条规定及实际需要，普遍赋予派驻基层检察室开展职务犯罪预防工作的职责。如山东省人民检察院出台的《关于规范派驻基层检察室履行法律监督职能的意见（试行）》，规定了派驻基层检察室的职能范围及工作重点，其中之一即"开展职务犯罪预防工作。组织预防宣传和廉政警示教育，接受辖区有关单位的预防咨询，提出预防职务犯罪建议等"。

依据各级检察机关的相关规定及工作需要，开展职务犯罪预防已经成为派驻基层检察室的一项重要日常工作。派驻基层检察室贴近群众，扎根基层，熟悉了解基层社情民意，在开展基层职务犯罪工作中具有独特优势。

一、能够畅通基层职务犯罪预防信息渠道

职务犯罪预防工作是一项综合性很强的工作，需要检察机关在全面掌握相关预防信息的基础上作出准确判断，并据此有针对性地采取预防措施，否则职务犯罪预防工作将会陷入被动局面。作为检察机关专门设立的工作机构，派驻基层检察室可以充分利用其身处基层、贴近群众的地缘优势，通过与乡镇街道政府、各基层站所、重大工程项目开发企业等单位建立联席会议制度，及时通

---

① 谭可为、代泽雄：《基层检察院在重点领域开展职务犯罪预防工作的几点思考》，载《中国检察官》2014 年第 2 期。

报交流、实行信息互联互通；通过深入镇街村居面对面地走访调研，全面了解基层财务管理状况、政务村务公开情况，准确掌握乡镇街道经济活动和基层干部职务行为方面的信息，尤其是征地拆迁、土地承包、惠农资金发放等涉及基层群众切身利益的工作情况，有效改变目前职务犯罪预防信息情报资料的收集、储存、管理相对封闭、分散的被动局面。

二、能够增强职务犯罪预防工作方式的针对性

派驻基层检察室能够深入了解基层干部在职务犯罪预防工作方面的的需求，知道什么样的内容是基层干部迫切需要的，什么样的形式最受基层干部欢迎，什么样的案件最受基层干部关注，什么样的方式最让基层干部接受。从而根据基层需求，丰富预防职务犯罪的形式和内涵，提高预防职务犯罪的效果。在廉政警示教育基地建设过程中，派驻基层检察室可以针对辖区职务犯罪特点，打造具有自身特色的教育平台，用"身边人身边事"来教育"身边干部"。在开展预防宣传、预防宣讲等活动时，可以充分挖掘辖区发生的职务犯罪根源，贴近百姓心声，用通俗易懂的语言点评剖析，突出预防效果。

三、能够方便基层干部就近接受廉政警示教育

各地检察机关普遍建设了廉政警示教育基地，并通过组织参观活动，促进了各级党员干部的廉政意识。但是，较大规模地组织基层干部，尤其是远离城区的乡村干部，到县级以上检察院机关参观廉政警示教育基地，存在着路途遥远、交通不便、耽误时间等诸多困难。派驻基层检察室一般设置在中心乡镇街道，能够辐射周边多个乡镇街道，可以实现较大规模地组织辖区基层干部到派驻基层检察室接受警示教育，真正使廉政警示教育常态化。

四、能够在预防工作中及时听取群众诉求表达

随着经济社会的快速发展，检察机关和基层之间信息不对称等问题逐渐显现，基层群众缺少对检察机关的有效诉求表达渠道，这势必导致出现矛盾隐患。派驻基层检察室开展职务犯罪预防工作，可充分发挥主观能动性，走近群众，深入田间地头，将法律监督关口前移，逐步构建上下联动、信息互通的涉农职务犯罪预防体系和工作平台，变以往的被动监督和事后监督为主动监督和事中监督，增强检察机关职务犯罪预防工作的实效性。

五、能够实现与其他业务工作的有机融合

派驻基层检察室具有随时到辖区单位开展活动的便利条件，除了每年定期开展的职务犯罪预防活动外，在下访巡访、走访"两所一庭"、到辖区司法执法部门检察监督等工作过程中，可以与职务犯罪预防工作有机结合起来。通过不定期教育，丰富多样的形式，加强辖区国家工作人员的法治意识、廉政意识、责任意识，提高他们廉洁用权、依法履职的自觉性，促进基层法治建设，提高基层法治水平。

第四节　工作实践路径

一、以警示教育宣讲团为载体提升预防工作水平

派驻基层检察室可以联合派出院职务犯罪预防部门，组建警示教育宣讲团开展各类警示教育活动，在突出重点、拓展形式、总结经验中逐步充实完善宣讲团活动模式，推动职务犯罪预防工作提质增效。

（一）突出宣讲重点，使宣讲内容有的放矢

注重对职务犯罪重点领域和高发领域的预防工作，加强对系统内全体工作人员的警示教育。警示教育活动中要坚持"以理服人"的原则，在参观警示教育基地、看守所、庭审现场的基础上，结合身边查办的同一领域的典型案例，详细讲述犯罪的特点、影响和危害，分析导致犯罪的主要原因，提出健全制度、完善监管和强化教育等方面的对策和建议，告诫他们正确使用好手中的权力。

宣讲过程中，可以结合职务犯罪多发的"59岁现象""45岁现象"以及"80后现象"，深入剖析犯罪原因，掌握犯罪规律，结合不同的年龄人群，开展具有针对性的警示教育。警示教育要坚持"以情感人"的原则，通过讲述自己的或身边的事件，将廉政的思想贯穿始终，使受教育人群通过这些朴实、真挚、敞开心扉的话语有所感悟、有所触动，从而珍爱美好生活，远离职务犯罪。

针对职务犯罪涉案人员中单位负责人、实权中层领导干部和会计所占比例较大的现象，宣讲要加强对这些重点岗位工作人员的警示教育力度，可以组织单位主要负责人警示教育活动、中层干部职务犯罪预防活动、会计岗位廉政教育活动等专项活动。活动按照重点岗位突出"以法育人"的原则，向他们展

示类似岗位的职务犯罪案例，深入讲解与受教育者岗位相关的法律条款，以案说法，以法育人，提高他们的懂法守法意识，使法制观念深入人心，从源头预防职务犯罪案件的发生。

（二）拓展宣讲形式，使宣讲活动丰富多彩

宣讲要以廉政报告活动为主要内容，通过"走出去"和"请进来"相结合的方式，深入相关行政单位以及社区、乡村、国有企业，开设法制课、举办预防职务犯罪讲座，邀请各单位到派驻基层检察室接受警示教育，有效增强不同领域、不同岗位人员的责任观念，提升廉政勤政意识。

为丰富宣讲活动的形式，宣讲可以根据不同系统、部门的特点，联合制定与行业息息相关的廉政试题，并在此基础上举办形式活泼、趣味十足的廉政知识竞赛活动，积极发动他们广泛参与活动，对在活动中表现优异的单位予以奖励，有效提高他们参加廉政知识竞赛的积极性和主动性。同时，通过参赛，还可以提高他们对廉政知识的掌握和防腐拒变能力，提升行业的工作作风。

宣讲团组建时要注意吸收多才多艺的干警参加，从而将职务犯罪预防工作融于艺术作品中，增强预防活动的艺术性和感染力。通过廉政小品、廉政歌曲、诗朗诵、快板书、舞蹈等不同的艺术形式，面向乡村社区进行巡演，使观众在高质量的文艺作品中受到廉政文化的感染，在潜移默化中提升思想境界。

（三）大胆规划，编织多部门联动的工作格局

派驻基层检察室可以联合相关单位，将廉政警句、廉政漫画、廉政短片等在人员密集的广场、车站、商场、医院等场所以及公交车车载广告、出租车LED屏上展播；和乡镇街道纪委建立起联动机制，重点做好对新上任村干部、乡镇党委班子成员以及各部门的中层领导干部的预防职务犯罪警示教育工作；结合在宣讲活动中发现的民生部门易发生职务犯罪的实际，可以在财政、民政、卫生、国土、水利等民生部门设立检察联络员，及时了解这些部门资金的拨付、管理、使用等工作，注重从源头上跟踪监督相关政策的落实，积极开展预防职务犯罪警示教育活动。

（四）充分发挥派驻基层检察室廉政警示教育基地作用，提高职务犯罪预防工作效能

派驻基层检察室普遍设立了廉政警示教育基地，宣讲团可以以警示教育基地为载体开展警示教育工作，使基层国家工作人员树立正确的权力观、地位观和利益观，筑牢廉洁用权的防线，从源头上减少职务犯罪的发生。

到派驻基层检察室廉政警示教育基地开展警示教育活动一般应包含以下内容，也可以有针对性地选择其中的几项开展活动：1. 看警示教育展览。主要

展出党和国家领导人关于反腐倡廉的重要指示，清正廉洁的先进典型，腐败案件反面典型，开展预防职务犯罪工作取得的成效等。2. 观警示教育片。观看职务犯罪警示片，揭示职务犯罪的危害，分析犯罪原因及留给人们的警示。3. 听预防教育课。由宣讲团专门授课，或者边参观边讲解，运用检察机关查办的发生在听众身边的职务犯罪案件，进行警示教育。4. 进行廉政谈话。结合教育活动，由开展活动单位的负责人对参加活动的人员进行一次集体廉政谈话。5. 进行廉政承诺。组织接受教育的人员集中进行廉政承诺，强化廉洁自律的意识。6. 发放宣传资料。介绍有关预防职务犯罪的知识，检察机关立案侦查的职务犯罪案件的范围、罪名，查处的典型职务犯罪案例等。

二、围绕重大工程项目建设开展同步专业化预防

派驻基层检察室要紧紧围绕辖区重大工程建设项目，充分发挥检察职能，抓住土地出让流转、拆迁安置补偿、工程招投标、工程建设以及资金管理和使用等重点环节，全程同步开展职务犯罪预防，确保重大工程项目廉洁高效推进，从而使"投入加上去，干部站得正"。

（一）构建立体式全程跟踪预防体系，提供全方位多角度预防服务

根据重点工程建设项目特点和需要，量身打造多项跟踪预防制度。推行举报方式附随资料公开制度，在重大项目招标公告、邀请投标函、拆迁公告等面向社会、群众公开的各种资料中，同步公开检察机关"12309"统一举报电话及举报方式，方便群众及时举报。实行检察约谈制度，针对项目建设过程中管理不力、出现违法苗头等情况，对相关单位或个人及时进行约谈，随时掌握情况、分析原因，并有效解决问题。创新重要环节现场见证制度，联合乡镇街道纪委、财政所、审计站等部门开展工程项目全程监督，使每个环节都在阳光下运行，确保评审工作公开、公平、公正。

（二）积极整合各类社会资源，形成社会化预防合力

建立重大工程项目信息互通机制，主动加强与财政所、国土所、乡建办等职能部门的沟通联系，建立重大项目工程信息沟通和情况通报机制，强化对职能部门行政职权的内外部监督。同时，与财政所、国土所、乡建办等项目建设重点职能部门签订责任书，共同开展分期分类专业化预防，指导相关部门结合近年来发生典型案例，针对薄弱环节、风险岗位及时完善管控制度。推行廉政风险专家评估制度，邀请专家对重点项目或社会关注的工程施工、材料采购、资金拨付等关键环节进行分析会审，指导相关部门防范法律和职务犯罪风险。建立公共资源交易平台的行贿犯罪档案查询联动机制，整合公共资源交易平台

监管职能，将行贿犯罪档案查询作为政府采购的必经环节，并对执行重点项目行贿犯罪档案查询情况实行考核。①

（三）努力打造专业化的预防队伍，全面提升预防工作水平

严格选拔，将政治素质高、业务能力强、工作责任心大的派驻基层检察室骨干力量选进来，组建一支高水平的专业化职务犯罪预防队伍。开展专题业务培训，确定民政、规划、建设、国土、税务、卫生等重点知识专题，定期组织业务学习和培训，进一步加强专业领域的职务犯罪研究，提升专业化预防水平。组织自侦干警到派驻基层检察室轮岗交流，扩充实战经验，提升预防精准度。有效利用自侦干警在讯问初期、讯问攻坚中，与犯罪嫌疑人正面交锋的机会，全面了解和掌握征地拆迁、工程建设领域职务犯罪特点和"潜规则"，为有针对性地开展职务犯罪预防工作提供实践参考。

三、推行预防职务犯罪志愿者制度，构建新型社会化预防工作机制

积极探索推行预防职务犯罪志愿者制度，吸纳社会公益力量和群众智慧，实现专业化预防与社会化预防的有效对接，进一步延伸预防职务犯罪工作触角，扩大预防宣传的受众率和覆盖面，走出一条专群结合、服务发展、关注民生的职务犯罪预防工作新路径。

（一）完善制度，多个层面吸纳预防力量

建立预防志愿者工作领导机制，成立预防志愿者工作领导小组，制定《关于推行预防职务犯罪志愿者制度的试行意见》，规定志愿者的基本条件、选拔程序、工作职责等。同时深入机关、企事业单位，广泛宣传，层层部署，造足声势，努力扩大预防志愿者活动的影响力及社会辐射面。建立公开选拔制度，采取个人报名、单位推荐，检察机关审查的方式，从机关、国企、金融、税务、院校、社区和其他企事业单位中选拔精通财务、审计、建筑、招投标等业务素质高、志愿从事职务犯罪预防工作的志愿者。建立志愿者服务备案制度，派驻基层检察室每次组织志愿者活动结束后，应当及时填写《预防职务犯罪志愿者活动情况登记表》，活动结束后3个工作日内将活动情况和电子版照片送检察机关预防部门。建立表扬、奖励制度，鼓励引导志愿者积极参与志愿服务活动，结合年终总结，开展优秀志愿者评选活动，对优秀志愿者进行表彰奖励。

---

① 张媛媛：《行贿犯罪档案查询制度中的问题及完善路径》，载《法学教育》2012年第5期。

（二）强化措施，多种形式提升预防功力

开展"每周一次走访、每月一次座谈、每季度一次预防宣传、每半年一期预防刊物、每年一次表彰"为主要内容的"五个一"活动，通过预防微博、QQ群、微信等形式，加强联系沟通，及时通报检察机关查处职务犯罪的新情况、新特点，增强志愿者开展预防工作的前瞻性和针对性，提高预防工作实效。通过培训班、讲座、座谈会、情况通报会等多种形式，加强教育培训和业务指导，讲解志愿者的职责范围，党风廉政建设有关制度，加强对志愿者预防工作的指导，提升预防志愿者的预防能力。组织志愿者观摩典型职务犯罪案件庭审、观摩警示教育宣讲团的报告会、互相观摩各单位预防职务犯罪、党风廉政建设情况，帮助提高预防专业素质和工作水平。

（三）发挥优势，多条渠道放大预防效果

充分发挥志愿者精通法律、审计、财务、工程建设等专业特长，组织志愿者对近年来工程建筑领域的职务犯罪案件进行调研剖析，找出容易引发职务犯罪的重点环节和岗位，配合协助检察机关对重大建设工程开展专项预防，围绕项目审批、工程招投标、物资采购等关键环节，加强监督，把工程建设领域专项预防做"深"，确保重点建设项目顺利推进。充分发挥志愿者了解本单位、本行业的业务特点、工作流程、管理隐患的优势，积极协助各行业、系统健全完善内部防控机制，协助建章立制，把重点行业系统预防做"细"。充分发挥志愿者来自基层，了解社情民意的优势，针对群众反映强烈的问题，向党委政府发出完善制度、堵塞漏洞的检察建议，把关系群众切身利益专项预防做"实"，从源头上预防腐败问题的发生。

四、积极运用检察建议开展行业预防

工作中派驻基层检察室应坚持把检察建议作为参与和加强社会治理的重要手段，充分运用检察建议的针对性、说理性和权威性，着力实施专家咨询机制、回访问效机制和通报督促机制，治理行业"痼疾顽症"，最大限度发挥其预防效能，取得良好效果。

（一）建立专家咨询机制，强化"靶向预防"效应

针对以往有些检察建议分析问题原因大而化之，提出防范对策针对性不强、缺乏可操作性，难以得到被建议单位重视的情况，建立检察建议专家咨询机制，制定专家顾问协助制作检察建议的实施办法，并在充分考虑多个行业部门特殊性和专业性的基础上，选聘来自工程建设、财务审计和公共行政管理等领域的专家作为检察建议专家顾问，充分发挥他们的专业知识、技能和经验优

势，针对不同的预防咨询项目，从专业角度为被建议单位和行业找出"病灶"，开出"良方"，选准"靶标"，精准施治，增强检察建议的针对性，有效解决检察建议"药不对症"等问题。

（二）健全回访问效机制，强化"跟踪预防"效应

针对以往部分检察建议发出后，检察机关未能及时跟踪监督，被建议方草草回复、应付了事，行业问题整治效果不佳的情况，完善回访问效制度。在检察建议发出后的 15 个工作日内，通过座谈、实地调研等多种途径对被建议单位跟踪回访，主动了解被建议单位在落实检察建议过程中存在的问题和困难，督促、协助被建议方落实整改措施；在被建议单位收到检察建议 1 个月内，要求其回复反馈落实的具体情况及效果，检察室将据反馈材料中的相关数据，对检察建议的效果进行评估分析，重点研究未落实或落实不到位的建议，找准原因后通报被建议方，并视情况再次回访，确保检察建议内容得以完全落实。

（三）实施通报督促机制，强化"强制预防"效应

针对以往部分被建议单位回复不及时、未真正落实整改建议的情况，建立通报督促机制，增强检察建议的权威性。对整改不力的单位，进行通报予以督促；对通报后仍不予采纳的，抄送其上级主管部门；对通报后拒绝整改可能再次发生同类案件、导致严重后果的，直接向主管部门和纪检监察部门提出调整责任人员、实施责任追究等意见，或请示人大启动专项审议、执法检查、询问质询等监督程序，强力督导检察建议落实到位。

五、积极探索预防诫告制度，提升职务犯罪预防工作实效

工作中，派驻基层检察室可以积极探索实行预防诫告制度，变事后惩治为事前预防，实现关口前移、临界预警，从源头上预防和减少职务犯罪的发生，提升职务犯罪预防工作实效。

（一）明确范围，确保诫告工作规范性

预防诫告是检察机关在职务犯罪预防工作环节，针对辖区各级党政机关、企事业单位、学校、村居社区及其工作人员，在公务活动中存在违反法律法规、工作规范的职务犯罪苗头、现象，或存在职务犯罪风险的行为，而实施的教育引导、警示提醒、察帮诫劝等预防职务犯罪工作措施。预防诫告一般适用于检察机关直接受理立案侦查案件中依法不立案、撤案、不起诉、经法院判决免予刑事处罚、判处缓刑的国家工作人员。派驻基层检察室可以作为预防诫告的组织实施主体，但是应当加强与自侦、预防、刑检、控告申诉等业务部门的协作配合，在案件办理过程中发现符合开展预防诫告的情形，应及时开展预防

诫告活动；派驻基层检察室单独实施预防诫告有困难，或联合办案部门实施更为有利的，可联合发现（办理）案件（线索）的业务部门共同实施。开展预防诫告，应填写《预防诫告意见书》，详细记录被诫告对象的基本情况、诫告事由及诫告时间与地点，经分管领导审核后，报检察长审批。诫告前，应向被诫告人送达《预防诫告通知书》，并由被诫告人当场填写《送达回证》，签署意见；对预防诫告不服的，被诫告人可在接到《预防诫告通知书》10日内提出书面申辩意见。派驻基层检察室在收到书面申辩材料之日起，10个工作日内作出维持或撤销预防诫告的决定，并给予书面答复，申辩期间按原预防诫告决定继续执行；对无正当理由拒绝诫告者，要记录在案，并抄送被诫告对象纪检监察部门及其上级主管部门，视情作出处理决定。

（二）科学组织，确保诫告工作严肃性

派驻基层检察室开展预防诫告，要坚持实事求是、适时适事、宽严相济、科学规范的工作原则。结合诫告对象存在的问题、苗头和倾向，及其所处领域、行业特点，精心制定诫告方案，有的放矢地选择口头诫告、书面诫告、单独诫告或公开诫告等方式，深入剖析产生问题的原因、危害，告知其所应承担的责任和后果，找准问题症结，帮助制定有针对性和可操作性的预防整改方案，坚决防止问题查不深、析不透、诫告浮于表面等现象发生。预防诫告工作实行"三书一证一表"制度（即《预防诫告告知书》《预防诫告意见书》《预防诫告通知书》《送达回证》和《预防诫告工作回访跟踪表》），严格按照规定流程和职责权限，层层审批，避免诫告工作的随意性，防止给诫告对象带来不必要的负面影响。预防诫告工作实行定期回访制度，针对诫告对象存在问题的整改、廉政风险防控举措长效性作用发挥等方面，进行跟踪问效、督促落实。对拒不整改或整改不力的单位和个人，要记录在案，科级以上领导干部的预防诫告材料按照干部管理权限抄送纪检、组织人事和政绩考核部门，并纳入本年度考核成绩，据情作出不评先树优、不表彰奖励等处理决定，坚决防止整改一阵风、走形式、走过场等现象发生。

（三）注重结合，确保诫告工作实效性

预防诫告工作要注重教育和挽救，抓问题、讲方法、求实效，切实起到抓早抓小、治病救人的预警作用。参考近年来查办的国家机关工作人员职务犯罪案件，深入调研，对存在职务犯罪重大隐患和问题苗头的单位，在预防诫告中通过预防座谈、上法制课等形式强化预防教育，增强诫告效果。结合开展检察官联系大项目活动，精心梳理查办的工程腐败案件，针对招投标、物资采购、质量验收等职务犯罪易发多发环节，采取招标现场监督、重要节点把关等监督型诚告，提前打好"预防针"。针对一些行业系统干部腐败犯罪多发的问题，开展多种类型的警示教育，积极进行防范型诚告；对尚不构成犯罪，但其行为已处罪与非罪边缘的个别干部，临界预警，及时开展约谈型诚告，警示其悬崖勒马，避免身陷囹圄。

六、强化扶贫工作"精准预防"，服务经济社会发展中心大局

2016年以来，随着国家扶贫工作战略目标的实施，中央和地方政府扶贫资金投入更大，项目更多。为保障扶贫政策和资金真正惠及贫困群众，派驻基层检察室应紧紧围绕群众的工作需求，以充分发挥职能作用为落脚点和出发点，充分发挥派驻基层检察室扎根基层的优势，进一步加大预防职务犯罪力度，建立起全方位、多层次、立体式的防护体系，服务基层稳定、护航农业转型升级、保障农民持续增收，推动扶贫工作深入持续健康发展。

紧密结合查办的涉农职务犯罪案件，深入查找农业发展建设、支农惠农和扶贫资金、专项补贴的项目申报、审核审批、发放管理、检查验收、项目实施等环节存在的制度机制性隐患及监督管理等方面的漏洞，通过开展预防调查、职务犯罪分析等，向有关单位提出职务犯罪预防重点岗位、重点环节检察建议，积极推动涉农惠民和扶贫资金管理制度完善和监督机制创新。

结合查办的支农惠农财政补贴，基层基础设施建设，基层社会事业，基层"两委"成员等职务犯罪案件，积极开展预防调研分析等工作，及时向乡镇党委政府及相关部门提交专题报告，不断健全完善村务公开、村账乡管、民主决策、民主理财等制度机制，深入推进基层惩治和预防腐败体系建设。

优先选择党委政府关注、农民群众反映强烈、在本地乃至全省有较大影响的严重侵害农民群众切身利益的"小官大贪""小官巨腐"案件等开展个案或类案分析，认真总结职务犯罪行为的特点规律和发案趋势，分析诱发职务犯罪的深层次原因，及时向党委政府、有关部门提出预防职务犯罪的对策建议。结合查办的惠农扶贫典型职务犯罪案件，以案释法、以案析理，积极开展法制宣传和警示教育，提升农民群众的法制意识，积极化解社会矛盾，维护基层社会和谐稳定，不断提升基层法治建设水平。

建立检察官以案释法制度，加强对典型案件的剖析，以案释法、以案析理，对基层基层组织和干部普遍开展一次预防职务犯罪专题巡回宣讲，实现全覆盖、无遗漏，推动扶贫工作顺利开展。

为使检察机关更好地服务"精准扶贫"工作，推动"精准扶贫"顺利进行，山东检察机关进行了有益的探索。例如，沂水县检察院依托派驻基层检察室开发了"扶贫工作精准监督信息管理系统"，分为扶贫工作流程、扶贫人员

及职责、扶贫村户基本信息、扶贫资金发放等六大功能模块，利用"大数据"提高监管实效。通过信息管理系统，该院厘清了扶贫政策依据、资金名称、补贴标准，明确了辖区内贫困人口数量、区域分布、扶贫项目清单和扶贫资金安排等基础数据的底子，可以实时掌握扶贫开发基本情况，加大对扶贫资金"最后一公里"的监督，确保扶贫资金每一分钱都用在刀刃上。

【案例链接】

关于加强对龙口港集团职务犯罪预防和经营监管工作的检察建议

——龙口市人民检察院派驻经济开发区检察室

一、检察建议产生的背景

龙口市院派驻龙口经济开发区检察室在协助派出院反贪局办理龙口港集团有限公司仓储理货事业部王某某、王某与非国家工作人员穆某某等18人贪污窝案过程中发现，该案不同于以往国有企业职务犯罪大都集中在高层管理以及财务、保管、销售等重点岗位人员身上的特点，看似不易引发职务犯罪的普通一线工作人员也开始活跃开来，他们利用自身一切可能的谋利机会，大肆作案，呈现出小人物大腐败的典型特点且有愈演愈烈之势，这不仅使港口货主利益受到严重损害，也给地方港口声誉带来不良影响，严重损害了港口经济健康发展，本案的严肃查办和对犯罪分子的严惩，也在一定程度上震慑了龙口港集团有限公司相关从业人员。

龙口经济开发区检察室通过协助派出院反贪部门办案，以及通过多次对案发单位龙港集团的走访，发现该案案发，除受王某某、王某其自身因素影响外，同时也暴露出龙港集团在党员干部职务犯罪预防警示教育、监督管理制约机制等方面存在问题和不足。为了从源头上有效遏制此类贪腐受贿案件的发生，减少职务犯罪对单位生产经营造成损失，派驻龙口经济开发区检察室根据龙口港集团的实际情况，结合案发所反映出来的一些需要改进和预防的问题，特提出检察建议。

二、检察建议的主要内容

为了更加有效地从源头上遏制龙口港集团有限公司广大党员干部职工职务犯罪案件的发生，特向龙口港集团提出检察建议如下：

（一）加强职业道德教育，强化干部职工素质

教育是提升干部职工素质的根本手段，能够从内心和思想上构筑第一道，也是最重要的一道防线，能从根本上抵御非法诱惑，主要积极开展职业道德教育和艰苦奋斗教育活动。教育广大干部职工学习正面典型人物的先进事迹——"见贤思齐"，在平凡的工作岗位上勤谨自勉，不骄不躁；通过本案的特殊教育，从身边的案例中吸取警示和教训——"见不贤而内自省"，在日常的工作生活中远离诱惑，慎思慎行。教育广大职工将自己的物质要求放置到合理、合法的范围内，面对人生，"静以修身，俭以养德"，过一种简单质朴的生活，保持朴素本色；面对社会，"出淤泥而不染"，自觉抵制不良风气，树立行业正气。在加强在职职工的职业道德教育和培养的基础上，充分重视新晋职工选聘和干部人才选拔过程中的道德考察工作，严格实行"德、勤、绩、效、廉"的综合考评，既注重组织考察又要注重民意测评，在注重聘任人员业务素能基础上，更要注重考察个人品德修养，健全选人用人公示制、试用制，保障基层职工的监督权，建立健全廉洁档案制度，实事求是填报企业内部要害岗位、重点部门工作人员廉洁考评结果，坚决弃用贪腐人员，做到贪腐人员走到哪里，档案就跟到哪里，形成震慑力。

（二）加强预防职务犯罪教育，强化从业风险意识

认真落实机关作风整改的中央八项规定和党的群众路线教育实践活动，开展形式多样的反腐倡廉警示教育活动。案例是特殊预防，以本案为抓手，加强整个集团公司的预防职务犯罪教育。通过参观反腐倡廉警示教育基地，预防职务犯罪讲座、座谈会、宣传月活动、版面宣传等多种形式开展宣传教育活动，教育广大干部职工算好人生七笔账，政治账、经济账、名誉账、家庭账、亲情账、自由账、健康账，关系重大，一旦算错，必将受到法律的严惩，身陷囹圄，则悔之晚矣，使重点岗位的党员干部和广大干部职工对职务犯罪行为后果的严重性有清醒的认识，提高干部职工自身从业的职务犯罪风险意识，督促干部职工从内心筑牢拒腐防变的防线。

（三）加强经营管理治理力度，强化监管制约制度

本案的发生，在管理治理方面，不能"头痛医头，脚痛医脚"，要"举一反三"，加强整个集团公司的管理治理和职业教育工作，并形成制度化纪律处置和职务犯罪预防工作。加强对本案涉案的空磅单、进出车辆管理等环节进行严格自查，并延伸到整个集团公司，加强监督查处机制，对各个管理环节进行及时排除隐患，防止积想成疾。加强廉政风险预警防控机制建设，从加强企业内部制度建设入手，提高制度执行力，形成用制度管权、按制度办事、靠制度管人的有效机制。通过个人自查、职工互查、部门督察、组织审查等方式，查

找企业内各岗位特别是重点部位和环节存在的风险点，对各风险点的风险等级进行评定。在风险排查评估的基础上，按岗位列出"权力清单"，将可能存在风险的岗位进行风险标识，细化岗位工作标准，建立科学规范的岗责体系和分权制约工作流程，以此对各部门的权力运行实施科学管理。加强监督制约机制，坚持党组织的核心领导作用，加强监察部门作用，监督重点岗位人员的履职，发现问题及时处理。加强职务犯罪预防工作的群众基础，依靠职工，发挥职工代表大会的职能和广大职工的民主监督作用。

三、检察建议的效果

龙口港集团对龙口市院派驻经济开发区检察室提出的检察建议十分重视，立即组织学习研究，尤其是在派驻龙口经济开发区检察室的监督指导下，对检察建议书的内容进行了认真学习和总结，针对案发情况，结合检察建议和该集团实际情况，制定了一系列防范措施。

（一）加强预防职务犯罪和反腐倡廉工作

以中央八项规定为抓手，集中整治"四风"问题，广泛深入开展党的群众路线教育实践活动，结合仓储理货事业部等发生在身边的国企贪腐案例，有针对性地进一步加强警示教育工作，达到以案促防的效果。通过与纪检、监察、派驻龙口经济开发区检察室的通力合作，构筑有效的预防职务犯罪网络机制，积极开展职业道德和艰苦奋斗教育活动，发扬爱岗敬业的国企奉献精神。在具体措施上，将邀请派驻龙口经济开发区检察室到龙口港集团开展警示教育讲座 5 次，组织集团员工分批次到派驻检察室警示教育展览室进行参观教育，在集团走廊墙壁、电梯等位置增加廉政警语展板 32 块，加强警示教育宣传，弘扬反腐倡廉文化。在重点堵塞港口货物管理漏洞的基础上，扩大深化预防职务犯罪警示教育的受众面和受教育对象，全面覆盖集团内部全体党员干部职工。通过加强预防职务犯罪和反腐倡廉工作，督促集团全体党员干部从内心筑牢拒腐防变的防线，营造积极向上的廉洁氛围，并逐步建立健全能够有效化解廉政风险的内部预防预警防控机制，重塑良好企业形象，树立良好的社会口碑。

（二）加强经营管理治理工作

在整体管理方面，加强整个集团公司的管理治理和纪委监察工作，形成制度化违纪违法处理程序。加强对本案涉案的空磅单、进出车辆管理等环节进行严格自查，并延伸拓展到整个集团公司，加强运用监督查处机制，对各个管理环节，及时排除隐患，防止积患成疾。在人事管理方面，严肃落实新晋职工选聘和干部人才选拔过程中的道德考察工作，加强在职职工的职业道德教育和培养，严格实行"德、勤、绩、效、廉"的综合考评，既注重聘任人员业务素能，又要实行个人品德量化考核和"一票否决"，健全选人用人公示制、试用制，充分保障基层职工的监督权，实事求是公示企业内部要害岗位、重点部门工作人员廉洁考评结果，坚决弃用贪腐人员，形成廉洁选人的正直风气。

（三）加强集团内部监督制约工作

坚持龙口港集团党组织的核心领导作用，加强纪委监察部门的监督考核作用，并邀请派驻龙口经济开发区检察室主任担任特派监督员，发现问题及时、严肃处理。充分发挥职工代表大会的职能和广大职工的民主监督作用。加强廉政风险预警防控机制建设，从加强企业内部制度建设入手，提高制度执行力，形成用制度管权、按制度办事、靠制度管人的有效机制。通过个人自查、职工互查、部门督察、组织审查等方式，查找企业内各岗位特别是重点部位和环节存在的风险点13个，对各风险点的风险等级进行评定。在风险排查评估的基础上，按岗位列出"权力清单"23份，将可能存在风险的岗位进行风险标识，细化岗位工作标准，建立科学规范的岗责体系和监督制约工作流程，以此对各部门、广大干部职工的权力运行，实施科学管控。

四、经验做法

（一）内外协作，提升检察建议制发质量

加强与自侦部门的密切配合，深入办案一线，了解掌握"第一手"案件资料，从中找出案件的发案特点和重点发案环节，着力发现深层次的问题，提升建议的可行性。加强与预防部门的探讨，认真研究被建议单位的法定职责、行业规定、工作程序、工作要求等，主动与对方沟通，向专业人士请教，找准"病灶"后开出"良方"，保证整改建议具有可行性。加强对发案单位的走访调查，结合查办职务犯罪案件的实际，深入了解发案单位中易发生职务犯罪的关键环节和部位，针对犯罪涉及的机制、制度、管理的问题进行专项调研，深入剖析，提出建议和意见。

（二）跟踪监督，增强检察建议执行效果

加强与被建议单位的沟通联系，在发出检察建议后的15日内，到发案单位进行回访，了解检察建议落实情况，听取对检察建议的反馈意见，及时采取有针对性的调整措施加以修改完善。同时，根据建议对象的领导体制和建议事项的属性，灵活掌握抄送范围，积极整合政党监督、人大权力监督、行政主管监督、政协民主监督等各种监督资源，形成强大的监督合力，有效地克服检察建议作为柔性监督方式的"软肋"。

（三）建章立制，扩大检察建议预防实效

建立检察建议回访考察制度，检察建议发出后，检察建议发出部门要定期或者不定期到被建议单位走访，通过召开座谈会、发放调查问卷等方式对所发检察建议的落实情况进行回访考察，提高受建议单位的认同感，增强检察建议实效。建立部门协调配合机制，针对重点领域、行业存在的突出问题和监管难题，联合相关部门开展综合治理，推动解决需整改的问题。建立检察建议公开宣告制度，采用群众看得见的方式宣告检察建议，进一步引起被建议单位的重视，最大限度发挥检察建议的作用，同时接受社会监督。

第十章　对公安派出所的检察监督

公安派出所作为公安机关设置在基层的派出机构，在刑事执法中的作用日益增强。检察机关充分发挥派驻基层检察室地缘优势，加强对公安派出所的法律监督，将有助于解决目前的监督盲点多、信息不畅等问题，提升检察机关法律监督水平，提高检察机关的司法公信力。

第一节　监督依据

一、理论依据

权力得不到有效监督就会被滥用，这是一条颠覆不破的真理。侦查权具有强制性、扩张性，直接涉及公民的人身自由、财产、隐私等基本权利，无论是大陆法系国家还是英美法系国家，以检察权制约侦查权已成为普遍做法。我国现行刑事诉讼程序是由一整套的诉讼职能组成，主要包括公安机关的侦查职能，检察机关的侦查监督、审查起诉职能和其他法律监督职能，人民法院的审判职能。这三大基本职能之间是一种流程制约及协作关系，常常具有被动性和滞后性，这就需要一种职能在诉讼活动的一开始就处于主动状态，以对诉讼活动的合法性进行监督。① 派驻基层检察室作为检察机关设置在基层的派出机构，具有对公安派出所进行同级监督的便利条件，加强派驻基层检察室对公安派出所执法活动的监督，有利于转变检察机关"坐堂监督"的固有理念，通过主动深入办案一线，让群众近距离了解检察工作，促进检察机关在基层治理法治化进程中发挥更大作用；同时，有利于转变检察机关法律监督职能在乡镇街道的虚化，更好地实现公检法等基层政法机构相互制约、相互配合，实现司法运行的合理、有序、有效。

---

① 陈瑞华：《从"流水作业"走向"以裁判为中心"——对中国刑事司法改革的一种思考》，载《法学》2000 年第 3 期。

二、法律依据

我国《宪法》第 129 条规定："中华人民共和国检察院是国家的法律监督机关。"《人民检察院组织法》第 5 条规定："检察院对于公安机关侦查的案件，进行审查，决定是否逮捕、起诉；对于公安机关的侦查活动是否合法，实行监督"。《刑事诉讼法》第 8 条规定："人民检察院依法对刑事诉讼实行法律监督"。此外，《人民检察院刑事诉讼规则（试行）》第十四章第一节、第二节、第六节、第八节分别就检察机关对公安机关的立案监督、侦查活动监督、羁押和办案期限监督等方面，进行了详细具体的规定。2010 年最高人民检察院印发的《关于进一步加强和规范检察机关延伸法律监督触角促进检力下沉的指导意见》，赋予了派驻基层检察室"受理群众来访、对两所一庭监督、职务犯罪预防"等 7 项职能。公安派出所是公安机关的派出机构，负责对部分刑事案件进行立案侦查，派驻基层检察室是检察机关司法属性和工作职能的自然延伸，代表基层检察院对公安派出所执法活动进行监督是法律应有之义。①

三、现实依据

公安派出所是公安机关打击违法犯罪、维护社会治安、服务人民群众、保卫一方平安的基层综合性战斗实体②。公安派出所逐步成为公安机关内部主要办案主体之一，办理的刑事案件具有数量多、常见多发案件集中、本地居住人员涉案比例高、判决轻缓刑比重大等特点。从基层法律监督现状看，由于长期以来，检察机关没有设立与公安派出所相对应的基层机构，对公安派出所的法律监督一直是检察机关的薄弱环节。检察机关侦查监督、公诉部门在对公安派出所法律监督方面进行了很多有益的探索，但受案多人少、知情渠道不畅及体制机制等方面的因素限制，导致相当一部分未移送检察机关的案件处于监督盲区，监督效果差强人意。从近期派驻基层检察室对公安派出所的法律监督实践看，海南、上海等省市率先开始探索了派驻基层检察室对公安派出所监督的试点工作。检察机关设置派驻基层检察室开展对公安派出所刑事执法进行监督，不仅有效地弥补了监督盲区，而且实现了同级对应的检察监督体系，促进了公安派出所执法的规范与统一。

---

① 司郑巍：《派驻检察室对公安派出所监督机制研究》，载《中国检察官》2015 年第 19 期。
② 公安部《公安派出所正规化建设规范》，2007 年 5 月 17 日印发。

第二节　监督原则

派驻基层检察室在对公安派出所执法活动的监督中，要根据检察室工作、人员实际，坚持以问题为导向，针对重点区域、突出问题开展监督活动，工作中应坚持以下原则。

一、有限监督原则

派驻基层检察室开展公安派出所执法活动监督是宪法和法律赋予检察机关法律监督职能的体现，必须依法规范进行，不能超越法律规定的权限和范围，只有依法规范实施监督才能体现立法意图，促进法治理念在基层的普及。派驻基层检察室依据《刑事诉讼法》第八条"人民检察院依法对刑事诉讼实行法律监督"开展对公安派出所的刑事执法监督。因此，要遵循有限监督的原则，做到"监督不越权、参与不干预、引导不主导、言论不结论"①，严格限定监督范围，既不能越俎代庖、名为监督实为包办，也不能任意扩大监督范畴。比如，派驻基层检察室可以介入引导公安派出所的侦查取证活动，纠正办案中出现违法违纪问题，但不应主导整个案件的办理，或作出案件结论。

二、重点监督原则

派驻基层检察室在对公安派出所的监督中，应充分发挥能动性，在主动监督的同时，以必要性为原则，严格按照法律规定，在明确履职主体、对象、标准、流程的基础上，重点围绕社会影响较大的、人民群众反映强烈的问题进行监督。明确监督不是最终目的，应将落脚点放在更好地规范公安派出所的刑事侦查行为，着力解决现实存在的突出问题，积极回应公众对公安机关刑事侦查活动的规范化诉求，提升基层司法公信力。

三、监督配合相统一原则

要加强沟通，换位思考，充分体谅公安机关执法办案的难处，全面考虑公安机关维护稳定的需要，既不能只讲监督、不讲配合，也不能只讲配合、不讲监督，形成打击违法犯罪、维护群众权益的整体合力。派驻基层检察室在加强

---

① 李军：《侦查权下沉之检察监督制约模式研究》，华东政法大学 2010 年硕士学位论文。

法律监督的同时，应当积极探索刑事监督的新途径，努力寻找监督配合的结合点。在维护司法公正的前提下，考虑公安派出所的实际情况，拓宽监督渠道，创新监督方法，达成监督共识，形成工作合力，打消公安派出所对派驻基层检察室监督活动产生的消极抵触情绪，取得公安派出所的积极配合，使刑事执法工作与执法监督协调推进。

四、公正效率原则

"迟来的正义并非正义"，公正和效率是检察机关实施法律监督的价值追求，是公安派出所和人民群众信任检察机关监督职能的基础。派驻基层检察室设置的目的，既是为了服务基层群众，也是为了能够在第一时间将社会矛盾化解在基层。派驻基层检察室必须秉持公正和效率的原则进行监督，切勿由于与公安派出所关系过于密切，发生监督不公和监督拖延的情况，引发人民群众对司法机关的不满。

第三节　监督范围和监督内容

派驻基层检察室应重点围绕辖区公安派出所刑事立案、侦查活动及其他执法办案活动开展法律监督。

一、立案监督

刑事立案监督的范围包括立案监督和撤案监督，是指人民检察院对公安派出所的刑事立案活动是否合法所进行的监督。目的在于纠正刑事立案活动中的违法现象，监督刑事立案活动正确合法进行，保障刑事案件当事人的正当权利，保证国家法律统一正确地实施。人民检察院对刑事侦查活动中有案不立、有罪不究、以罚代刑、违法立案的情况进行检察。从整体上说，刑事立案监督包括获得线索、移送线索、受理审查、要求说明理由、通知立（撤）案和跟踪监督等阶段。

在实际工作中，派驻基层检察室应重点加强公安派出所对案件存在升格、降格处理等问题监督。主要存在以下情形：1. 对案件定性、法律规定把握不准确，对已构成犯罪的嫌疑人作撤案处理。如某派出所对一名盗窃数额为5000元的犯罪嫌疑人刑事立案后，又因犯罪嫌疑人有自首情节，以情节显著轻微、不认为是犯罪为由作撤案处理。2. 案件情况掌握不准确、案件处理程序不规范。如经鉴定伤情为轻伤后，不立案或调解后作撤案处理。3. 证明犯罪嫌疑人实施犯罪的证据不实或情节轻微，不需承担刑事责任，不应当立案而立案。4. 利用违法立案插手经济纠纷。对受理的实属治安案件或经济纠纷案件先进行刑事立案，再由刑事案件转为治安案件，最后作罚款处理。5. 将其他机关立案侦查案件或其他地域公安机关管辖的案件超越管辖权立案。

二、侦查活动监督

侦查活动监督是对公安派出所在办理案件过程中所开展的调查取证和采取的有关强制措施的合法性进行监督。侦查活动监督的范围较广，按照《人民检察院刑事诉讼规则》第 565 条之规定，大致分为非法侵犯、限制人身权利的侦查行为、违法采取财产性强制措施和其他违法侦查行为。

（一）非法侵犯、限制人身权利的侦查行为

1. 采用刑讯逼供以及其他非法方法收集犯罪嫌疑人供述的；2. 采用暴力、威胁等非法方法收集证人证言、被害人陈述或者以暴力、威胁等方法阻止证人作证或者指使他人做伪证的；3. 非法拘禁他人或者以其他方式非法剥夺他人人身自由的；4. 非法搜查他人身体、住宅，或者非法侵入他人住宅的等。

（二）违法采取财产性强制措施

1. 对与案件无关的财物采取查封、扣押、冻结措施，或者应当解除查封、扣押、冻结不解除的；2. 贪污、挪用、私分、调换、违反规定使用查封、扣押、冻结的财物及其孳息的；3. 应当退还取保候审保证金不退还的等。

（三）其他违法侦查行为

1. 违反刑事诉讼法关于决定、执行、变更、撤销强制措施规定的；2. 侦查人员应当回避而不回避的；3. 应当依法告知犯罪嫌疑人诉讼权利而不告知，影响犯罪嫌疑人行使诉讼权利的；4. 阻碍当事人、辩护人、诉讼代理人依法行使诉讼权利的；5. 讯问犯罪嫌疑人依法应当录音或者录像而没有录音或者录像的；6. 对犯罪嫌疑人拘留、逮捕、指定居所监视居住后，未依法及时通知家属；7. 对案件消极侦查，导致案件久侦不结。如在取保的十二个月内，派出所无正当事由，未对案件做相关侦查，也未将案件移送审查起诉，违反了《公安机关办理刑事案件程序规定》第 103 条之规定："公安机关在取保候审期间不得中断对案件的侦查，对取保候审的犯罪嫌疑人，根据案情变化，应当及时变更强制措施或者解除取保候审。取保候审最长不得超过十二个月。"

派驻基层检察室在实际工作中应重点对公安派出所办案中可能存在的以下情形进行监督：1. 拘留犯罪嫌疑人未及时送看守所羁押并通知其家属，未及时进行讯问。2. 违法延长拘留期限。如对于不符合流窜作案、结伙作案、多次作案的情形，违法延长至 30 日。3. 超过取保候审期限而未解除取保候审，或同时要求交纳保证金和提供保证人。4. 将犯罪嫌疑人送看守所羁押后讯问未在看守所进行。5. 讯问、询问笔录无侦查人员签名或只有一人签名，或讯问、询问没有告知相关权利义务。6. 讯问未成年犯罪嫌疑人、询问未成年被害人、证人时，没有通知其法定代理人到场；讯问女性未成年犯罪嫌疑人时，无女性工作人员在场。7. 扣押无关物品，或经查实物品、财产与案件无关后，未在 3 日内解除查封、扣押、冻结或退还。8. 无扣押物品清单、扣押物品清单记录不规范或使用、调换、损毁扣押物品。9. 鉴定意见未告知犯罪嫌疑人、被害人，或未加盖司法鉴定专用章并由鉴定人员签章，鉴定意见未附鉴定机构和鉴定人员资质证明。

三、对其他执法活动的监督

（一）刑事和解活动监督

此类监督是对辖区内公安派出所在刑事案件侦办过程中滥用刑事和解，逃避侦查责任活动的监督。公安派出所只有通过深入侦查，对案件情况、危害程度及责任承担有了全面认识之后，才能在犯罪嫌疑人或者被害人要求下，对符合条件的案件适用刑事和解。在新刑诉法实施前，司法实践中，由于警力不足、经费紧张等因素，部分公安派出所在接到报案后不是迅速侦查、全面取证，而是惯于以刑事和解结案，或者滥用刑事和解对不应当撤案的案件予以撤销。新刑诉法第 279 条规定："对于达成和解协议的案件，公安机关可以向人民检察院提出从宽处理的建议。"新刑诉法实施后，公安派出所对已经达成和解的案件，仅有向检察机关提出从宽处理的建议权，无权以刑事和解为由在侦查阶段予以结案或撤案。

（二）剥夺政治权利执行监督

根据我国刑法规定，剥夺政治权利是一种资格刑，既可以附加适用，也可以独立适用。新刑诉法第 259 条规定："对被判处剥夺政治权利的罪犯，由公安机关执行。执行期满，应由执行机关书面通知本人及其所在单位、居住地基层组织。"《人民检察院刑事诉讼规则（试行）》第 657 条规定："人民检察院依法对公安机关执行剥夺政治权利的活动实施监督，发现公安机关未依法执行或者剥夺政治权利执行期满未书面通知本人及其所在单位、居住地基层组织等违法情形的，应当依法提出纠正意见。"实践中，派驻基层检察室对公安派出所执行剥夺政治权利刑的监督，既包括单独剥夺政治权利，也包括附加剥夺政治权利刑的执行。

（三）发现移送职务犯罪案件线索

《检察机关执法工作基本规范》第 5 条、第 127 条规定，侦查监督部门发现侦查人员在侦查活动中的违法行为情节严重，构成犯罪的，应当移送本院侦查部门审查，并报告检察长。最高人民检察院《关于进一步加强和规范检察机关延伸法律监督触角促进检力下沉的指导意见》中，规定了派驻基层检察室具有"发现、受理职务犯罪案件线索"的职能。派驻基层检察室在工作中，应当对公安派出所侦查人员存在滥用职权、玩忽职守等渎职犯罪行为进行监督，并将发现线索及时移送派出院。对于不属于检察机关管辖的犯罪线索，应当及时移送有管辖权的机关处理。

四、常发类案监督

（一）盗窃案件

2011 年 2 月 25 日全国人大常委会通过《中华人民共和国刑法修正案（八）》对盗窃罪的构成作了修改，规定"盗窃公私财物，数额较大的，或者多次盗窃、入户盗窃、携带凶器盗窃、扒窃的，处三年以下有期徒刑、拘役或者管制，并处或者单处罚金"。根据上述规定，公安机关办理的治安案件中，多次盗窃、入户盗窃和扒窃的涉案人员依法已构成盗窃罪，应当监督派出所立案追究其刑事责任。比如：嫌疑人先后在 3 个小区盗窃 4 块电动车电瓶，派出所以盗窃数额达不到刑事立案标准作为治安案件处理。但行为人实施了多次盗窃，应监督派出所以盗窃罪立案。

（二）故意伤害案件

根据犯罪构成要件，故意伤害罪要求犯罪嫌疑人有伤害被害人身体健康的主观故意，并且造成他人轻伤以上后果，并有法医学鉴定依据。实践中，对于轻伤害案件，特别是邻里纠纷，有时派出所在调解后作撤案处理或久拖不结。根据《刑事诉讼法》和《公安机关办理刑事案件程序规定》，对于当事人和解的案件，公安机关只能提出从轻处理意见，作撤案处理不符合规定。

（三）寻衅滋事案件

关于寻衅滋事罪，"两高" 2013 年《关于办理寻衅滋事刑事案件适用法律若干问题的解释》中规定："行为人因婚恋、家庭、邻里、债务等纠纷，实施殴打、辱骂、恐吓他人或损毁、占用他人财物等行为的，一般不认定为'寻衅滋事'，但经有关部门批评制止或处理处罚后，继续实施前列行为，破坏社会秩序的除外。"如山东省立案标准一般为：随意殴打他人，造成 1 人以上轻伤或 2 人以上轻微伤；强拿硬要公私财物价值 1000 元以上；任意损毁、占用公私财物 2000 元以上，要求有伤情或价值鉴定。在实践中，应重点监督不构成犯罪，公安派出所作刑事立案处理，或者对构成犯罪的行为只作治安处罚的案件。

第四节 监督途径

现行法律明确了检察机关的法律监督职能，但没有赋予检察机关相应的知情权，检察机关获得对公安派出所刑事活动监督线索的信息相当有限。派驻基层检察室可以发挥自身优势，通过贴近监督、实地监督弥补侦监、公诉部门常规监督的不足。

一、定期开展访查

充分利用派驻基层检察室贴近辖区公安派出所的地缘优势，定期到辖区公安派出所走访，查看卷宗材料、视听资料、案件台账等。一是通过公安警务综合平台查阅辖区案件台账，从简要案情中发现有无立案监督线索。如通过登录公安警务综合平台，调阅辖区公安派出所近期的行政、刑事案件的受案、立案情况及简要案情，实施专门登记，跟踪监督。二是查看案件卷宗材料。刑事卷宗材料包括受案登记表、立案决定书、采取强制措施情况、讯（询）问笔录、相关书证、鉴定意见等。必要时还要抽查同步录音录像和相关视听资料。三是定期检查涉案物品登记、保管、返还情况，解决群众反映的非法扣押问题。四是就近监督公安派出所对检察机关监督意见的落实。派驻基层检察室根据会签的工作衔接机制，定期到公安派出所进行实地检查，并与公安派出所分别设立专职联络员，就辖区内案件信息进行相互通报，同时将监督活动以台账的形式予以如实记录，通过监督查看台账，及时发现存在的问题，总结监督漏洞，对公安派出所违反法定程序的行为和错误决定，及时启动相应的纠错程序。

二、开展专项监督活动

上级检察院要高度重视和大力支持派驻基层检察室对公安派出所的监督工作，定期统一部署开展专项监督活动。一是加强组织领导。成立活动领导小组及办公室，加强与公安派出所的上级机关的协调，会签配合监督文件机制，积极争取公安派出所的理解、支持与配合，助力派驻基层检察室开展监督活动。二是加强业务联动和培训。针对目前派驻基层检察室人员不足，部分人员业务能力不强等现状，要加强侦查监督、公诉部门与派驻基层检察室的工作联动和业务培训，提升检察室人员监督派出所执法能力水平。三是明确监督任务。统一制定下发专项监督活动方案，明确活动期限及监督重点任务，选择一类或几类重点案件进行监督。比如：未经报捕程序，处于侦查监督部门监督空白的案件。包括治安处罚罚款数额较大的案件、采取取保候审措施的案件、刑拘后上网追逃的案件、刑拘后未提请逮捕的案件、立案后久侦不结的案件、立案后又撤案的案件。再如：派驻基层检察室受理的群众举报、控告的案件或人民群众有强烈反应、影响恶劣的案件。派驻基层检察室应通过调阅案卷、声像监控资料，与侦查人员、诉讼当事人谈话等方式，逐一核查、比对、查证，从中发现监督线索。山东省检察机关自 2014 年 5 月启动了公安派出所刑事执法专项监督活动，集中对群众反映强烈的公安派出所执法不公不严等突出问题进行监督纠正。全省检察机关侦查监督部门联合派驻基层检察室完成了对具有刑事案件办理权限的 2200 个派出所的摸排走访，查阅行政、刑事案卷，对发现的各类违法情形和苗头性问题及时提出书面纠正违法 820 余件次，监督立案 436 件，监督撤案 537 件。[1]

三、受理群众举报、控告、申诉

"这是发现立案监督线索和纠正违法线索的重要来源，特别是受理被害人的举报，既是刑事立案监督案件线索的又一重要来源，也是实现立案监督制度根本目的的必然要求，就是要解决被害人告状无门的问题。"[2] 派驻基层检察室要高度重视被害人的举报，对被害人反映的立案监督线索，必须认真及时进行审查，不得以任何理由推脱。同样，对于其他控告人、举报人或行政执法机关反映的问题，也要认真审查。派驻基层检察室受理群众控告、申诉、举报，一般要制作接访笔录，包括来访人的基本情况、联系方式，反映的具体事项等。然后，围绕反映事项，根据犯罪构成要件，有重点地开展询问和记录，特别是要记明来访人的确切诉求。

---

① 程振楠、卢金增、王睿、任启东：《向不规范执法行为说"不"——山东：开展刑事执法专项监督活动见成效》，载《检察日报》2016 年 3 月 20 日第 1 版。

② 孙谦：《〈人民检察院刑事诉讼规则（试行）〉理解与适用》，中国检察出版社 2012 年版，第394 页。

四、审查起诉轻微刑事案件

相对于巡查辖区公安派出所、查阅案卷等事前监督方式，派驻基层检察室办理辖区公安派出所侦办的轻微刑事案件是监督公安派出所刑事执法活动最有效的方式之一。以办理轻微刑事案件为契机，提前介入侦查，将审查关口前移，通过审查案卷、掌握案情和证据，引导侦查人员合法、及时、准确、全面收集、固定证据。通过审查轻微刑事案件锻炼派驻基层检察室人员的业务能力，提高监督的实效，也方便了案件当事人，推进以案释法工作。同时，派驻基层检察室将在审查案件中发现的问题类化、分析，定期向公安派出所、院公诉部门反馈，联合公诉部门形成反馈机制，提高公安派出所办案人员的能力，规范公安派出所刑事执法行为，提升案件质量。

第五节　监督方式

派驻基层检察室对公安派出所的监督方式，是指对发现公安派出所立案活动、侦查活动和其他办案活动中的违法情况，进行纠正、处理的措施和手段。有效的监督方法，对于确保监督效果，促进公安派出所严格执法，具有重要作用。

一、立案监督方式

根据《人民检察院刑事诉讼规则（试行）》，检察机关对公安机关立案监督方式包括刑事立案监督调查、要求说明不立案理由、通知立案或通知撤案等，以上方式在派驻基层检察室对公安派出所的监督中均可采用。刑事立案监督调查是指检察机关受理立案监督线索后，对公安机关是否存在应当立案不立案，或不应当立案而立案侦查的事实和证据，进行了解和查证活动。调查也可以在审查公安机关说明的不立案理由时或发送立案通知书前进行。

二、侦查活动监督方式

（一）口头纠正

派驻基层检察室对在监督中发现的一些轻微的、不影响实体公正和程序公正的瑕疵性问题，可以通过口头即时提出纠正意见的监督方法。口头纠正适用于轻微违法情形，派驻基层检察室可以直接作出，并及时录入检察室业务管理软件。比如：1. 讯问犯罪嫌疑人、询问证人，讯（询）问笔录只有一名侦查人员签字或侦查人员漏签；2. 在第一次讯问犯罪嫌疑人或者对犯罪嫌疑人采取强制措施时，未及时告知犯罪嫌疑人有权委托辩护人，或作出伤情鉴定后未及时将鉴定结果告知双方当事人；3. 在对涉案人员的物品进行扣押时，见证人未签字或者侦查人员未签字；4. 在案件材料或诉讼文书上应当有侦查人员、证人、鉴定人的签名而未签名，或遗漏应当记载的事项等。

（二）书面纠正违法

对于公安派出所立案侦查活动中情节较重的违法行为，以特定的书面形式要求其纠正的一种监督方法。使用书面纠正公安派出所违法情形，应把握好以下几个问题：1. 适用范围。适用于情节较重的违法行为。如可能导致错误追究和放纵犯罪，非法拘禁或刑讯逼供，贪污挪用赃款赃物，多次口头纠正或沟通提醒仍不改正等。2. 纠正主体。派驻基层检察室应单独或联合派出院侦查监督部门，依照相应程序，经检察长批准后，以派出院的名义依法向公安派出所所在的县市区公安局发出《纠正违法通知书》，派驻基层检察室跟踪监督落实。3. 监督落实。发出书面纠正通知书后，派驻基层检察室应及时跟踪监督落实情况，确保纠正违法的效果。

（三）其他监督方式

主要是指检察机关对公安派出所在刑事执法活动中的一般性、偶然性的违法行为，定期以口头或书面通报的方式向公安派出所进行沟通提醒的一种监督处理方式。由派驻基层检察室具体负责，发送对象为公安派出所，所针对的是公安派出所在执法过程中，轻微违法或苗头性问题，可以具体到案件，也可以是类案中的共性问题。对于口头或书面通报，公安派出所接收后，可根据情况，自行决定是否向公安（分）局报备，但需要将处理情况向派驻基层检察室反馈。这样将问题解决在公安派出所范围内，既提高了监督效率和办案质量，又打消了公安派出所的抵触情绪。

第六节　监督机制的完善

派驻基层检察室在开展对公安派出所的刑事执法监督工作中，不断建立健全工作制度机制，有利于固化有益的经验做法，使监督工作有章可循，进一步提升监督工作的规范性和实效性。

一、建立健全业务协作机制

"派出检察院原来职能部门能够履行并且履行不错的职能就不要交给派驻基层检察室来做，派驻基层检察室要做的工作是弥补派出检察院原有职能部门的不足。"[①] 要加强与侦查监督、公诉等部门的业务协作及联动，明确职责界限、衔接办法和协作义务，形成分工明确、便于操作的工作机制，实现优势互补。如山东省东平县人民检察院研制了"网上法律监督职能延伸平台"，依托信息技术手段，打造业务科室与派驻基层检察室职能对接的"高速通道"，明确下沉业务清单，业务部门随时将需要派驻基层检察室协办的下沉业务发送到信息平台，派驻基层检察室及时办理后，将办理结果或情况通过平台发送业务部门，推进业务对接网上通知、网上办理、网上回复。

二、建立健全案件信息共享机制

要实现派驻基层检察室对公安派出所的动态、同步监督，必须保证检察室对公安派出所刑事执法信息的全面知情权。根据最高人民检察院、公安部《关于刑事立案监督有关问题的规定》的要求，人民检察院与公安机关应当建立刑事案件信息通报制度。公安派出所定期向派驻基层检察室通报刑事案件发案、立案、破案、撤案的案件情况，以及采取取保候审、刑事拘留和逮捕等刑事强制措施情况。有条件的地方可建立刑事案件信息共享平台，公安派出所定期将立案、侦查、执行过程中的相关情况发送到信息平台，派驻基层检察室定期将办理轻微刑事案件等情况发送信息平台，推进案件信息交流常态化。另外，派驻基层检察室与公安派出所应定期召开联席会议，传递最新法律法规，交流上级部门要求精神，统一执法标准，共同分析研判当地治安形势，针对辖区内频发案件、执法办案中遇到的新问题，需要两部门协作配合的，进行定期交流研讨，形成打击刑事犯罪的合力。

三、建立健全案件巡查机制

案件巡查机制是指派驻基层检察室工作人员主动深入公安派出所办案一线，查看立案、侦查各个环节流转记录，涉案物品、证据材料处理清单等办案情况的一项监督发现机制。建立案件巡查机制，要立足于派驻基层检察室的法律监督职能，聚焦公安派出所刑事执法活动的关键环节和重要诉讼程序，把监

---

① 张静：《派驻基层检察室建设理论研讨会综述》，载《人民检察》2014 年第 2 期。

督重点放在有案不立、违法立案、久侦不结、非法收集证据、违法采取强制措施、随意撤案等方面，以实现对公安派出所刑事执法活动的动态监督，必要时也可在公安派出所设立驻所检察员。另外，派驻基层检察室通过登录公安机关治安、刑事立案网上警务平台，查看公安派出所每月刑事、行政案件的受案、立案、破案、结案情况，也是强化对公安派出所执法监督的有效途径。

四、建立健全提前介入机制

派驻基层检察室对公安派出所个案的程序监督应是经常性、普遍性的。"对公安派出所办理的一些群体性、涉众性、敏感性案件，派驻基层检察室可提前介入，查阅公安派出所相关案卷材料，以及时发现和纠正不规范的侦查行为；派驻基层检察室听取公安派出所办案人的案情介绍，旁听侦查人员的讯问、询问，研究分析案件情况，帮助公安派出所侦查人员确定正确的侦查方向，引导收集证据。"[1] 派驻基层检察室通过动态、不定期介入公安派出所办理案件的过程，对侦查活动实行同步监督，监督侦查机关依法侦查，引导侦查机关全面收集、固定、补强证据，从而解决监督不力的问题，并为诉讼的顺利进行打牢证据基础。对于重大、疑难、复杂案件或者涉众型、群体性案件，公安派出所应在第一时间内通知派驻基层检察室，以便检察室适时介入、及时引导侦查取证。

【案例链接】

朱某某、刘某某涉嫌盗窃立案监督案
——临邑县人民检察院派驻临盘检察室

一、原案诉讼过程

犯罪嫌疑人朱某某，男，1976 年 6 月 6 日出生，汉族，初中文化，山东省临邑县邢侗街道办事处双庙村人。

犯罪嫌疑人刘某某，男，1966 年 9 月 6 日出生，汉族，小学文化，山东省德州市临邑县孟寺镇东店村人。

2011 年 8 月，犯罪嫌疑人朱某某勾结临盘采油二十四队负责看护油井的

---

[1] 孙曙生等：《检察机关对派出所刑事执法监督的法理分析与制度构建》，载《西南政法大学学报》2011 年第 4 期。

犯罪嫌疑人刘某某，先后三次在刘某某负责看守的 510 - X1 油井盗窃原油 2.55 吨价值 12689.92 元予以销赃谋利。其间，犯罪嫌疑人朱某某意图将第三次盗放的原油运往外地销赃时，于 2014 年 8 月 14 日被临邑县公安局邢侗派出所查获，后邢侗派出所、孟寺派出所分别对朱某某、刘某某处以罚款 7000 元、5000 元行政处罚，且未对该案立案侦查。

二、本案监督过程

临邑县院派驻临盘检察室在开展"对公安派出所刑事执法专项监督活动"中，通过深入调查走访得知，辖区内村支书大多了解村民涉油违法犯罪的情况，他们也极有可能掌握派出所违规、违法线索。2014 年 4 月中旬，临盘检察室在走访孟寺镇某村支书时，通过耐心交谈询问，发现了一条重要线索：村民刘某某、朱某某因为偷油被孟寺派出所、邢侗派出所查获后罚款了事。临盘检察室随即展开调查，在调阅了相关卷宗材料后发现朱某某、刘某某已涉嫌犯罪，临邑县公安局以罚代刑的行为违反了法律规定，应当予以监督立案，遂于 4 月 18 日将案件线索移送该院侦查监督科。经侦查监督科审查后，于 4 月 23 日向临邑县公安局发出《要求说明不立案理由通知书》。公安机关接通知后，于 4 月 24 日对朱某某、刘某某涉嫌盗窃一案作出立案侦查决定。9 月 13 日，临邑县法院以犯盗窃罪分别判处朱某某、刘某某有期徒刑一年，缓刑二年，并处罚金 1.2 万元。两被告人当庭表示服判，不上诉。

三、经验做法

监督立案朱某某、刘某某涉嫌盗窃一案的成功办理，得益于四个方面：一是领导重视。省、市院部署开展"对公安派出所刑事执法专项监督活动"后，临邑县院成立了"专项监督活动工作领导小组"，为活动扎实开展提供了强有力的组织保障。领导小组明确提出了"打通刑事执法监督最后一里地"的工作要求，检察长亲自挂帅，指导制定了《组织开展专项监督活动实施方案》，健全完善了《派驻基层检察室与业务部门工作对接实施意见》，指导检察室与辖区派出所会签了《公安派出所刑事执法信息共享工作意见》，建立起了"双向对接"工作机制，并在一线人员极度紧张的情况下，为检察室加配了精干力量。二是方向明确。一方面针对公安派出所刑事执法监督存在"四难"的现实情况（即信息知情难、线索发现难、案件办理难、规范执法难），派驻基层检察室研究制定了"查、盯、追、促"四字工作法、即查底数、盯重点、追证据、促规范，为确保开展活动取得实效、建立长效工作机制指明了努力方向。另一方面，院领导小组对派驻基层检察室开展专项活动从工作进度、工作效果、工作责任等提出严格要求，将检察室开展专项活动的成效列入年终绩效考核范围，完不成任务的年终评先树优一票否决。三是对接有力。为破解派驻基层检察室监督案件"办理难"的问题，不断强化与侦查监督科的工作对接。临盘检察室发现违法线索后，及时移交侦查监督科，与侦查监督科通过"面对面"研讨、"手拉手"检查等方式，形成监督合力，增强监督力度和实效。四是合力攻坚。针对派驻基层检察室发现、移送的监督案件线索，侦查监督科及时跟上，联手开展追踪取证、固证工作，确保了监督案件的成案率。如本案接到线索通报后，侦查监督科认为调阅朱某某、刘某某的行政处罚相关卷宗是关键，遂联合临盘检察室开展工作，但邢侗、孟寺两个公安派出所态度消极，以时间久远、人员调整、卷宗丢失等理由推诿，不予配合。工作人员找公安派出所领导做思想工作，严肃指出丢失卷宗的严重后果。最终，两个派出所不但交出了有关卷宗，而且安排当初查获朱某某的干警提供了证言，使得本案的证据体系形成了完整的链条，也为后续的批捕起诉、定罪判刑打下了坚实的证据基础。

四、案例评析

《中华人民共和国刑事诉讼法》第 107 条规定："公安机关或者人民检察院发现犯罪事实或者犯罪嫌疑人，应当按照管辖范围，立案侦查。"《中华人民共和国刑法》第 264 条规定："盗窃公私财物，数额较大的，处三年以下有期徒刑、拘役或者管制，并处或者单处罚金。"关于"数额较大"的执行标准应当根据 2013 年 7 月 9 日山东省高级法院、山东省检察院、山东省公安厅联合印发的《关于确定盗窃罪执行具体数额标准的通知》的规定：盗窃罪"数额较大"数额较大的标准为"两千元以上"。本案中犯罪嫌疑人刘某某、朱某某盗窃原油价值总额 2000 元以上，已经达到盗窃罪的刑事立案标准。临邑县公安局以罚代刑的行为，违反了《中华人民共和国刑事诉讼法》第 107 条之规定。基于上述违法事实，临盘检察室依法协助监督公安机关对犯罪嫌疑人朱某某、刘某某涉嫌盗窃罪一案立案侦查。该案的成功办理，有力打击了犯罪行为，规范了公安机关执法行为，维护了群众合法权益和社会和谐稳定。

第十一章　对人民法庭的检察监督

　　法律监督是法律运行不可或缺的构成性机制，是维护法律正确统一实施的重要手段。人民检察院作为宪法和法律确定的法律监督机关，对诉讼活动实行法律监督是其履行法定职责的重要体现。近年来，随着检察改革的深入推进，为充分发挥人民检察院的法律监督职能，契合建设和谐社会的时代背景，通过检力下沉、重心下移，广泛设置派驻基层检察室，强化对人民法院基层派出法庭（以下简称人民法庭）法律监督，对促进司法公正、推进社会基层治理法治化具有重要意义。

第一节　监督依据

一、理论依据

　　中国先秦时代的法家代表人物管仲曾经指出："国皆有法，而无使法必行之法；无必行之法，是为无法。"法家所指的"使法必行之法"，一定意义上就是法律实施的"督责之法"，也就是法律监督问题[①]。

　　现代社会的法制运行系统是一个由法律创制、法律实施、法律监督、法律实现等各种要义构成的有机体，其内部必须有法律监督这个法律运行的自我保障机制来发挥作用。法律监督作为法治建设的重要内容，与立法、守法、司法等活动相伴相生，只有立法、执法和司法，并不能保证法律准确有效地实现，更难以在动态中求得法制系统的统一协调和健全。可以说，建立健全法律监督制度不仅是现代民主政治的需要，同时也是现代国家、社会管理的需要，更是维护国家法制统一和实现法律价值的重要保障，如果一个国家没有强有力的法律监督，也就无法谈及真正的法治。因此，法律监督必须贯穿于整个法治过程中。这一点随着我国法治建设的深度推进，也得到了较好的体现，党的十八大报告明确指出：要确保国家机关按照法定权限和程序行使权力，推进权力运行

---

　　① 付子堂：《法理学初阶》，法律出版社 2015 年版。

公开化、规范化，加强法律监督。十八届四中全会通过的《中共中央关于全面推进依法治国若干重大问题的决定》也将监督理念贯穿始终，指出要"完善检察机关行使监督权的法律制度，加强对刑事诉讼、民事诉讼、行政诉讼的法律监督"等。

"严密的法治监督体系"乃是中国特色社会主义法治体系的重要组成部分，也是全面依法治国战略部署中的重要环节。在我国人民代表大会制度宪政体制下，为更好地实现公平正义，根据权力分立与权力制约原理，将法律监督职能从其他国家职能中分离，赋予人民检察院行使，人民检察院就理应依法做好对人民法院诉讼活动的法律监督和制约。作为人民检察院派出机构的派驻基层检察室，对人民法庭诉讼活动进行法律监督，自然属于人民检察院对人民法院诉讼活动履行法律监督职责的范畴。如此既能在人民法庭的诉讼违法行为发生前起到预防作用，又能在人民法庭的诉讼违法行为发生后及时起到救济作用，既可以对人民法庭诉讼主体权力进行制约，防止人民法庭诉讼主体权力滥用，也可以促进廉洁司法，保证人民法庭及其工作人员适用法律活动的合法性，避免或减少人民法庭审判人员在诉讼活动中的主观性、随意性，保障广大人民群众的合法权益不受侵犯，及时排除各种复杂因素对法律实现的干扰和阻扰，保证人民法庭诉讼主体的活动都在法律规定范围内进行，最大限度地实现法的价值。

二、法律依据

我国《宪法》和《人民检察院组织法》明确规定："中华人民共和国人民检察院是国家的法律监督机关"。因此，人民检察院的性质和主要职能就是法律监督。在我国刑事、民事和行政三大诉讼法中，对检察监督也都有相关规定，如《中华人民共和国民事诉讼法》第14条规定，"人民检察院有权对民事诉讼实行法律监督"；第208条规定，"人民检察院对人民法院已经发生法律效力的判决、裁定，或者发现调解书损害国家利益、社会公共利益的，应向人民法院提出抗诉，也可向人民法院提出检察建议；对审判监督程序以外的其他审判程序中审判人员的违法行为，有权向人民法院提出检察建议"；第235条规定，"人民检察院有权对民事执行活动实行法律监督"。从以上法条可以看出，人民检察院通过行使检察权，对人民法院诉讼活动适用法律行为的监督，理所当然包含了对人民法院内设审判机构——人民法庭实施和执行法律的行为的法律监督。具体到这些法律监督权是由人民检察院内部哪个部门行使，则是检察权的内部配置问题，人民检察院基于检察权的衍生，在条件成熟时将对人民法庭诉讼活动的法律监督权限，赋予给派驻基层检察室行使是完全可以的。

最高人民检察院《关于进一步加强和规范检察机关延伸法律监督触角促进检力下沉的指导意见》中提出，派驻基层检察室在工作职责内发挥的作用之一，就是受理、发现执法不严、司法不公问题，对诉讼中的违法问题依法进行监督。在此基础上，《山东省检察机关派驻基层检察室工作细则（试行）》又对最高人民检察院规定的这项职能进行了细化和明确，并进一步提出派驻基层检察室应当协助派出院业务部门对辖区人民法庭审判活动依法进行法律监督等内容。

由此可见，派驻基层检察室对人民法庭的民事诉讼活动进行法律监督，既有国家宪法和基本法律为基本依据，也有国家司法机关的相应工作规定要求等为依据。

三、现实依据

随着社会政治经济发展和人民群众法律意识的提高，人民法庭审判案件数量迅猛增加，新类型案件层出不穷，审判人员面临的挑战越来越大。而多数人民法庭存在着人员紧张、素质参差不齐的状况，这就使得部分执法理念存在误区的人民法庭审判人员，往往过分地依赖办案经验予以裁判，或为盲目追求结案率而草率结案。导致立案不当，随意撤案，重实体、轻程序，证据审查不规范，不尊重当事人诉讼权利，超审限审理，久调不决，强制调解，裁决执行不当等影响案件质量问题频频出现，甚至出现徇私舞弊、枉法裁判等严重渎职行为，以致引起人民群众对法院裁判的认可度不高，信访不信法等一系列社会问题。

而长期以来，尽管人民法院在乡镇等基层设置了大量人民法庭，但由于人民检察院缺少与人民法庭相对应的派出机构，仅利用区县级以上人民检察院设置的民行检察部门，对人民法院众多民商事审判部门诉讼活动和相关执行活动进行"一对多"的法律监督。受空间、距离及时间、职责等原因限制，在司法实践中人民检察院与诸多人民法庭一直缺乏有效的联系机制，无法准确掌握人民法庭审判活动的动态信息，致使检察监督的辐射面相对较窄。对一些发生在人民法庭的司法不公、执法不严等问题，尤其是审判过程中存在的程序违法等方面问题的有效监督和制约存在薄弱环节，多停留在形式意义上的泛泛监督，难以及时发现和实现同步有效监督纠正，存在诸多弊病。有些需要及时监督的问题，往往都是通过诉讼当事人对裁判结果不服的申诉后，才经阅卷审查和调查等予以发现，即使据此向人民法庭发出检察建议等，也因时过境迁或出于维护人民法院裁判权威、节约诉讼资源等需要，仅能起到以后注意改正的效力，约束力不强，客观上造成了检察监督职能在人民法庭监督方面虚化、监督效果不彰的局面。人民群众殷切期待人民检察院能够改变这种不应有的监督滞后性，切实加强对人民法庭的法律监督。

近年来，随着人民检察院派驻基层检察室的广泛设置，由派驻基层检察室对人民法庭开展诉讼监督已是水到渠成。由此将人民法庭的审判活动较好地纳入检察监督视野，有利于把检察监督延伸到最基层，改变检察监督在基层的虚化状况，进一步畅通检察监督渠道，有效激发人民群众的法律意识和维权意识，更直接、更快捷、更方便、更有效地收集、发现人民法庭执法不严、司法不公及诉讼中的违法问题，增强人民检察院法律监督的时效性，提升检察监督的渗透力、影响力、公信力；也有利于健全有中国特色的基层司法工作体制，更好地实现检法机关的相互制约，有效回应社会公众对人民法庭诉讼活动规范化的诉求，使人民群众能够更直观地了解感受检察工作的作用；同时有利于人民检察院更好地掌握一些基层社会矛盾的根源，创新工作机制，实现与社会矛盾调处部门的有效对接，有针对性地及时化解社会矛盾，密切与人民群众的关系，提升人民检察院的社会认可度和良好形象。从而有效保障基层司法运作的合法、合理与有序，进一步促进建设公正、高效、权威的社会主义司法制度，保障国家法律的统一正确实施，维护司法公正和司法权威，维护国家利益和社会公共利益，维护相关权益人的合法权益，维护社会稳定。

第二节　监督原则

最高人民检察院 2013 年 9 月颁行的《人民检察院民事诉讼监督规则（试行）》第 4 条确立的"公开、公平、公正和诚实信用"四原则，显然是指导民事检察办案的工作原则，也是派驻基层检察室开展对人民法庭法律监督的工作原则。但从派驻基层检察室对人民法庭法律监督工作特点和现有实践成果看，派驻基层检察室在开展对人民法庭法律监督工作时，除应遵守以上四原则外，还应贯穿把握以下基本原则：

一、依法监督原则

派驻基层检察室对人民法庭开展诉讼活动法律监督，必须做到合法有据，才能富有理性，具有说服力。因此必须依据民事诉讼原理，严格按照《民事诉讼法》和《人民检察院民事诉讼监督规则（试行）》等相关规定来依法行使监督权，维护司法公正。一般来讲，应以当事人或利害关系人的申请为原则，以人民检察院依职权启动为例外。这是因为民事诉讼涉及私权的处分，按照民事法律上的处分原则，当事人有权处置自己的实体和诉讼权利。在当事人"意思自治"范畴内，即使人民法庭的审理活动有点瑕疵，但当事人和案外人愿意接受这样的结果，不愿意增加诉累，为遵守诉权和审判权的内在要求，充分尊重民事主体的意思自治和民事行为自由处分权，避免公权力对私权领域的不当干预，人民检察院不宜过分强行干预。如某些民事赔偿案件的调解结果，虽然协议赔偿数额与依法应判赔偿数额不一致，但并不是显失公平、违反常理和法律，不存在虚假调解、违法调解损害国家利益、社会公共利益问题，或者即使权益相差比较悬殊，当事人仍自愿接受此结果的，派驻基层检察室一般不应予以主动监督纠正。

但在有些情况下，民事诉讼活动不仅涉及当事人双方的利益，还可能会牵扯着是否损害国家利益、社会公共利益和他人的合法权益，影响司法公正和司法权威等问题，例如：某些民事诉讼活动涉及国有资产被非法侵占流失、食药品卫生危害公共安全、生态环境污染公害、浪费破坏公共资源损害公众利益等事件。对此，派驻基层检察室则应恪守人民检察院司法独立和维护国家利益、社会公共利益原则，对民事主体的意思自治和民事行为自由权予以法律约束，依职权及时启动检察监督程序，以事实和法律为根本出发点，该监督纠正的要坚决予以监督纠正；该督促、支持起诉的予以督促、支持起诉；该公益诉讼的予以公益诉讼。尤其是如果发现人民法庭工作人员存在枉法裁判、徇私舞弊、贪污受贿等行为的，即使没有当事人或案外人的申请，也应依职权依法进行违法调查直至追究其刑事责任。

二、有限监督原则

虽然现行《民事诉讼法》等相关法律法规赋予人民检察院法律监督权的范围，涵盖了民事诉讼过程和结果、实体与程序等，可以说是民事诉讼活动全程监督，使人民检察院在法律上具备了行使民事诉讼活动检察权的正当性，但这种民事诉讼检察权毕竟在性质上属于公力救济权，在开展对人民法庭法律监督工作时，应在法律授权的范围内，按照法定的监督方式、程序进行。也就是说，派驻基层检察室对人民法庭开展的法律监督并非是面面俱到和无孔不入的，而应该有一定的边界范围。

在检察监督工作中，派驻基层检察室要注意支持、维护人民法庭审判活动的严肃性和权威性，不干涉不属于检察监督范围的人民法庭工作安排、管理事项等，不干预人民法庭的正常审判活动，不在程序进行之中监督，对相关当事人的救济要奉行有限救济。如在当事人或利害关系人认为人民法庭审判过程中的某些活动违法，损害了其合法权益而向派驻基层检察室提出相应异议或申诉时，派驻基层检察室应依法坚持先审判机关后检察机关的处理程序，告知相关申诉人先向人民法院提出异议、复议等，在人民法院于法定期限内无正当理由不处理，或又做出新的错误决定、裁定，且不能通过第三人撤销之诉或执行异议之诉、申请人民法院再审等手段予以解决，也就是穷尽人民法院救济手段后，才能依法予以启动检察监督程序，而一般不宜直接强行予以监督处理。又如，人民法庭的民事诉讼裁判结果虽有一定瑕疵，但由于人民法庭在诉讼中是根据证明责任分担的法律规定和民事诉讼基本原理，给予当事人充分的举证、质证和申请法院调查取证等权利与机会后，在当事人疏于行使自己诉讼权利前提下，依据法律事实作出的裁判，这种裁判结果瑕疵实际上是当事人举证不能造成的后果，派驻基层检察室一般也不能依据自己主动调查取得的新证据予以启动监督程序。除非有符合《民事诉讼法》第 200 条规定的事由，并符合第209 条规定情形等法定监督条件，才能依法予以启动监督程序，以免影响检察监督的权威与实效。

三、事后监督原则

派驻基层检察室在开展对人民法庭法律监督工作时，要保持一定的谦仰性，注意尊重人民法庭审判职权的独立性，不能一味强调对诉讼活动的监督制约，直接越俎代庖贸然介入民事诉讼活动中，而应在事实形成之后才能进行相应法律监督，不能干扰人民法庭进行正常审判、执行工作。但这里所说的"事后"，并不是一定得等人民法庭将案件全部审理完毕之后，而应是在人民法庭审判案件过程中的某些诉讼行为程序结束之后，或作出某一法律文书生效之后。也就是说，为了节约监督成本、提高监督效益，在对民事诉讼活动检察监督中，无论是诉前、诉中、诉后还是执行阶段，只要人民法庭作出对当事人权利义务有重要影响的生效裁决符合法律监督条件就应即时进行检察监督，以在合理时间内最大限度地发挥监督效用。例如：对诉前的不予受理、先予执行、财产保全等临时、应急措施，诉中的管辖权异议、驳回起诉、法律文书违法送达，诉后的生效调解书或裁判，执行中的怠于执行、超范围执行、错误执行、执行异议等违法问题，都可以即时行使检察监督权，否则任何一个诉讼环节的执法不严、司法不公现象蔓延，都将导致对该起诉讼案件检察监督失败。

因为，公正与效率都是法律所追求的基本价值，迟来的正义是非正义。当审判活动中的决定、裁定等一经作出，就对相对人产生了直接法律效力，若要求所有合法权益受到侵害的人都必须等到案件全部审理完毕或严重损害结果发生后，再通过其他方式寻求救济是有失公平的，也是对司法资源的浪费，更可能因已时过境迁，使相关诉讼当事人心灰意冷，或丧失对司法机关的信任，或激发社会不稳定隐患。所以，人民检察院有责任为受到诉讼违法行为侵害的相对人提供及时有效的救济手段，促使人民法庭早日纠正其违法行为，加快诉讼争议解决过程，以实现诉讼效益的最大化，还社会公众一个清明公正的社会环境。

四、客观公正原则

由于人民检察院是代表国家公权力的司法机关，这种性质决定了派驻基层检察室在行使检察监督权时必须保持客观中立的监督态度，绝不能违背检察监督追求公平正义的目的。一方面，在进行民事诉讼监督活动时，不能够偏重任何一方民事当事人。因为派驻基层检察室不论是以什么身份参与民事诉讼，本质上都没有自身的具体利益，不应打破当事人之间诉讼平等地位，破坏当事人之间诉讼力量平衡，不能出于对某一方诉讼当事人的同情，或和相关人员是好友，或有其他利益关系等因素，就站在某一方诉讼当事人的立场上干涉人民法庭的正常审理工作，更不能出于谋取个人利益的想法而滥用检察监督权。

另一方面，派驻基层检察室也不能充当维护人民法庭滥用权力的角色。虽然派驻基层检察室与人民法庭同属司法机关的基层单位，应相互配合合力维护司法权威，但不能只讲配合不讲原则，对受理、发现符合监督条件的人民法庭诉讼违法问题有选择地予以监督，以牺牲检察监督权来换取人民法庭的审判权威，换取与人民法庭的感情。实际上，派驻基层检察室利用处于民事诉讼格局中的居中监督地位，对人民法庭的错误决定、裁判结果进行检察监督，遏制个别人民法庭工作人员的违法行为，就是对人民法庭审判权威的最大维护，也只有如此才能促使被监督对象更加重视派驻基层检察室的监督意见，更好地维护人民检察院的监督权威。

第三节　监督职能定位

派驻基层检察室作为人民检察院的派出机构，是人民检察院内部与其他部门平行设置的综合业务部门，不隶属于其他任何业务部门，在开展对人民法庭检察监督工作中，必然会与人民检察院专设监督机构——民行检察部门存在着部分职能重叠。从职责范围讲，派驻基层检察室对人民法庭的检察监督作为人民检察院法律监督活动一部分，并不具有一种完整的权能，只具有部分权能，不能取代民行检察部门的职能作用。因此，派驻基层检察室在开展对人民法庭检察监督工作时，要注意避免两种倾向：一是职能泛化，一哄而上、越权办案，导致什么都干，最后什么也干不好；二是职能虚化，因噎废食，偏离职能，无所作为。应努力做到不缺位、不错位、不越位，积极利用人民检察院赋予派驻基层检察室相对独立的职权，协同民行检察部门开展工作，共同构筑人民法庭监督体系。

一、监督对象

目前各地人民法院对人民法庭具体职能的规定虽然不尽相同，有的规定仅承担民事（经济）案件的审判职能；有的规定除承担民事（经济）案件审判职能外，还承担直接立案和本庭审理案件的执行职能；也有的规定除审理民事（经济）案件外，还负责审理辖区刑事自诉案件等。但总体而言，从程序法上来看人民法庭的工作范围主要是民事诉讼涉及的范围。因此，派驻基层检察室对人民法庭检察监督内容，也相应地主要是民事诉讼监督。

需要注意的是，派驻基层检察室设立的主要目的之一，是便于代表派出院对人民法庭等基层司法、执法单位行使同级监督权，而作为人民法院派出机构的人民法庭对外不具有独立意志，其案件裁判结果必须以其所在人民法院的名义作出，诉讼当事人等不服人民法庭裁判结果，可以通过向该人民法庭隶属人民法院的上级人民法院上诉或申请再审等手段行使救济权；同时，现行《民事诉讼法》规定，人民检察院受理当事人不服人民法院民事诉讼裁判结果申诉的前提，一般须要经过人民法院再审程序后才行。这样实际上派驻基层检察室受理当事人不服人民法院最终裁判结果申诉时，其裁判机构很可能已经不是人民法庭，也不是该人民法庭隶属人民法院，而是该人民法庭隶属人民法院的上级人民法院。在此情况下，虽然不妨碍派驻基层检察室可根据上级人民检察院或民行检察部门的委托协助开展检察监督的辅助性工作，但由于其检察监督权依法应由作出最终裁判结果人民法院的同级或上级人民检察院来行使，相应地，对这种最终裁判结果的法律监督职责不应由派驻基层检察室来独立承担。也就是说，派驻基层检察室并不是对人民法庭审理案件的全部违法问题都独立进行监督，不应独立承担裁判结果抗诉案件的法律监督职责。

二、监督范围

派驻基层检察室对人民法庭进行民事诉讼监督，主要是其派出院对人民法庭隶属人民法院能够直接采取监督措施，实现同级监督的诉讼活动违法行为等。其中重点应是民事诉讼案件中立案或撤案不当、违法送达、超审限审理等严重损害当事人合法权益、破坏司法权威的审判程序违法问题；损害国家利益、社会公共利益及违反合法、自愿原则的调解违法问题；采用查封、扣押、冻结等先予执行、诉讼保全、执行措施，所执行的财产明显超标的、不合法扣押案外人财产，及怠于执行、错误执行、执行异议处理不当、保全措施不当等违法问题。还有适用特别程序可一审终审的选民资格案件，认定公民无民事行为能力、限制民事行为能力案件，宣告公民失踪、死亡案件，认定无主财产案件等审判程序中出现的司法不公正、不规范等问题。

同时，派驻基层检察室应积极参与、协助派出院民行检察部门等，办理本辖区内督促、支持起诉案件、公益诉讼案件，并做好相关释法说理、延伸服务工作。将工作中收集、发现的本辖区内人民法庭工作人员涉嫌徇私舞弊、枉法裁判、贪污、受贿、挪用公款等职务犯罪线索，及时移送派出院职务犯罪侦查部门。

三、监督手段

派驻基层检察室对人民法庭检察监督时，可结合受理相关当事人申诉等，在通过采取有效措施了解人民法庭诉讼活动信息，适时进行信息数据分析、有选择地不定期旁听庭审、抽查阅卷等基础上，严格按照《民事诉讼法》和《人民检察院民事诉讼监督规则（试行）》的相关规定，综合运用阅卷审查、调查核实和公开听证等手段开展监督案件审查工作。

阅卷审查，也就是通过审查人民法庭相关诉讼卷宗材料进行监督，这是最主要的监督手段。具体可以根据《最高人民法院办公厅、最高人民检察院办公厅关于调阅诉讼卷宗有关问题的通知》中关于人民检察院办理申诉案件过程中调阅人民法院诉讼卷宗的规定等，运用拷贝、复制、摘录等形式了解掌握相关诉讼卷宗材料，审查监督案件审判组织的组成是否符合法律规定，案件审理程序、采取措施是否合法规范，证据审查、采信是否符合民事诉讼规则，认定基本事实是否缺乏证据证明，适用法律是否正确，裁决是否遗漏或超出诉讼请求，调解书是否损害国家利益、社会公共利益等，即是否符合《民事诉讼法》第200条、第208条等规定的监督条件。

调查核实，主要是指在案件监督审查中，如果存在仅通过阅卷及审查现有材料难以认定的情况，或审判、执行程序中审判人员、执行人员可能存在违法行为等情形时，根据《民事诉讼法》第210条和《人民检察院民事诉讼监督规则（试行）》的规定要求，认为确有必要的，可以采取查询、调取、复制相关证据材料；询问当事人或者案外人；咨询专业人员、相关部门或者行业协会等对专门问题的意见；委托鉴定、评估、审计；勘验物证、现场等调查核实措施，向当事人或案外人调查核实有关案件事实情况，以便结合阅卷审查结果等，综合认定监督案件是否符合《民事诉讼法》第 200 条、第 208 条等规定的监督条件。

公开听证，则是为规范人民检察院合法地行使权利，增强当事人对检察监督权的认同感，在正当程序下公开透明审查案件的要求。即在案件审查中如果发现相关诉讼当事人之间对案件事实意见分歧较大，或审查处理不当有可能激化矛盾影响社会稳定等，确有听证必要的，可以依据《人民检察院民事诉讼监督规则（试行）》的规定要求，组织有关当事人公开听证。围绕案件基本事实认定和法律适用等问题，及当事人提交出示的证据材料、人民检察院调查取得的证据等，充分听取各方当事人的意见，并可根据案件实际情况，邀请与案件没有利害关系的人大代表、政协委员、人民监督员、特约检察员、专家咨询委员、人民调解员或者当事人所在单位有关人员、住所地居民委员会成员以及相关专家、学者等其他社会人士参加听证，以便更好地征求社情民意，更加准确地认定案件事实。

四、监督方式

根据《民事诉讼法》和《最高人民法院、最高人民检察院关于民事审判活动和行政诉讼实行法律监督的若干意见（试行）》、《人民检察院民事诉讼监督规则（试行）》等相关规定，虽然人民检察院对人民法院民事诉讼法律监督有提出抗诉、再审检察建议、检察建议等方式，即人民检察院对人民法院已经发生法律效力的判决、裁定，发现有《民事诉讼法》第 200 条规定情形之一的，或者发现调解书损害国家利益、社会公共利益的，应当提出抗诉；地方各级人民检察院对同级人民法院已经发生法律效力的判决、裁定，发现有《民事诉讼法》第 200 条规定情形之一的，或者发现调解书损害国家利益、社会公共利益的，可以向同级人民法院提出检察建议；各级人民检察院对审判监督程序以外的其他审判程序中审判人员的违法行为，有权向同级人民法院提出检察建议等。但因法律也同时明确规定，地方各级人民检察院对同级人民法院已经发生法律效力的判决、裁定，或者发现调解书有损害国家利益、社会公共利益的，需要抗诉时只可提请上级人民检察院提出，而不能直接向同级人民法院提出。因此，地方各级人民检察院对人民法院的同级监督方式应主要是提出再审检察建议或检察建议等，相应地派驻基层检察室对人民法庭监督的方式也主要应是提出再审检察建议或检察建议等，而不包括提出抗诉。

据此，在具体司法实践操作中，派驻基层检察室对受理、发现人民法庭诉讼活动中存在的司法不公正、不规范等问题，情节轻微并适合即时纠正的，可以直接口头提出纠正意见；情节严重的，则可视情做如下处理：适合检察建议条件或不须再审即可纠正的，依法提出检察建议或纠正违法通知书，适合同级人民法院直接再审条件的，依法提出再审检察建议，可能需要提请抗诉的，移交并协助民行检察部门审查。

同时，为有效促进司法公正和规范司法，派驻基层检察室与人民法庭可建立联席会议机制，将定期汇总分析出人民法庭诉讼活动中出现的倾向性问题，如在多起案件中适用法律存在同类错误或有相似违法行为的，对同类问题适用法律不一致也即同案不同判的，工作制度、管理方法、工作程序违法或者不当，需要改正、改进的等，向人民法庭予以通报，共同分析问题产生的原因、特点和趋势，研究制定有针对性的整改措施。

第四节　监督机制的完善

一、建立完善对人民法庭监督的法律保障机制

为增加派驻基层检察室对人民法庭检察监督运行机制的刚性，建议最高人民检察院根据社会政治经济发展现状和法律监督工作的需要，切实加强对派驻基层检察室工作的调研论证，争取在提请全国人大修订《人民检察院组织法》时，适当增加有关派驻基层检察室的规定内容，使派驻基层检察室的设置取得国家级立法的认可，得到与人民法庭同等的法律地位。改变目前派驻基层检察室的设置只有人民检察院内部文件规定，各地人民检察院对派驻基层检察室工作具体职能定位、职责规定不够统一明晰，派驻基层检察室开展对人民法庭监督运行保障机制存有不确定性，有时得不到被监督对象认可与尊重的状况，为派驻基层检察室履行好人民法庭监督职责提供更充足的法律依据。同时，各地人民检察院也应坚持"边实践、边探索、边规范"的要求，在不断积累、总结经验基础上，围绕工作所需，依据现行法律规定和最高人民检察院的工作要求，出台相应业务考评、管理措施等，完善对人民法庭监督长效工作机制建设。

二、建立完善有效的信息互通机制

一方面，派驻基层检察室可通过加强与人民法庭沟通联系，确立人民法庭定期将审理案件的立案、延长办案期限、诉讼中止、诉讼终结、审结等基本信息，特别是涉及国家利益、社会公共利益，或者群众反映强烈、可能激化矛盾

涉众性案件信息，随时通报给相应派驻基层检察室机制。或将人民法庭网络与相应派驻基层检察室网络进行联网，以便派驻基层检察室能够通过查看人民法庭审理案件流程明细或通过网络旁听庭审等，及时掌握人民法庭诉讼活动信息，从中发现符合监督条件的案件线索，适时向人民法庭反馈相关案件的社情民意，和受理相关当事人申诉反映情况等，督促人民法庭注意规范执法，做好诉讼活动社会维稳工作。

另一方面，派驻基层检察室应与派出院的控告申诉检察部门、民行检察部门、自侦部门等加强信息融合共享。由派驻基层检察室将受理、发现的人民法庭监督线索与审理情况，收集的人民法庭审理案件信息数据等，根据工作需要和要求及时提供给控告申诉检察部门、民行检察部门或自侦部门等；控告申诉检察部门、民行检察部门、自侦部门等将受理、发现的属于派驻基层检察室辖区人民法庭监督线索及审理情况，及时移送或通报相应派驻基层检察室；对受理、发现的派驻基层检察室辖区内可能引起社会不稳定因素的重大、疑难复杂涉众性敏感案件，相互预警通报，必要时可几个部门联合同步介入进行监督引导等，或协调人民法庭等共同做好释法说理、定分止争、息诉罢访等风险防控、化解社会矛盾工作。

三、建立完善一体化合力监督纠违机制

派驻基层检察室要充分利用扎根基层的"亲民"条件，通过开门"迎诊"、主动"出诊"等方式，积极配合民行检察部门开展业务宣传工作，畅通群众诉求渠道、联手拓展案源。将受理、发现的人民法庭监督线索，与民行检察部门按照分工配合原则适时进行审查。其中，派驻基层检察室对民行检察部门办理的涉及本辖区人民法庭监督案件，可协助、配合了解社情民意、舆论导向，根据民行检察部门的委托到人民法庭调阅、复制相关案卷材料，找有关当事人等调查核实有关情况，交接、送达相关法律文书，向有关当事人提供法律咨询、进行答疑解惑等，并对确需向人民法庭提出检察意见的协助跟踪问效，以确保监督效果。

民行检察部门对派驻基层检察室审查的人民法庭监督案件，在需要时提供必要的专业指导建议，并对其中疑难复杂的案件可通过联合"会诊"、联合审查等形式予以帮助支持。在出现派驻基层检察室提出监督意见正确，但被监督对象置之不理或不予采纳的情形时，按照《人民检察院民事诉讼监督规则（试行）》的相关规定等，及时提请上级院民行检察部门审查，利用上级监督保障机制，向被监督对象的上级人民法院提出抗诉或检察意见，给派驻基层检察室壮"底气"。进而将派驻基层检察室接"地气"的地缘优势与民行检察部

门的专业优势有效结合起来，做到无缝对接，发挥"1+1＞2"的最大法律监督效能。

四、建立完善联合听证机制

为便于加强派驻基层检察室和民行检察部门动态协作，共同掌握派驻基层检察室辖区内人民法庭监督案件的审查状况，派驻基层检察室和民行检察部门可根据工作需要建立联合听证制度。在开展人民法庭法律监督工作中，对需要通过听证审查才能作出公允审查结论的案件，无论是派驻基层检察室审查的，还是民行检察部门审查的，或是派驻基层检察室和民行检察部门联合审查的，都要充分利用好派驻基层检察室的听证设施，尽可能地在相应派驻基层检察室内由派驻基层检察室和民行检察部门进行联合听证。发现人民法庭有执法不规范或司法不公、诉讼违法的问题，视情节轻重，或由派驻基层检察室直接依法及时处理，或由派驻基层检察室适时介入，协助、配合民行检察部门进一步审查。发现当事人有和解意愿且有和解可能的案件，在查明事实、分清是非的基础上，通过派驻基层检察室和民行检察部门的相互配合开展检调对接，建议、引导当事人自愿达成和解，以增进群众对人民检察院的理解和信任。

五、建立完善派驻基层检察室队伍素质建设机制

由于人民检察院工作人员多是从事刑事检察工作出身，精通民商法和民事诉讼知识的相对较少，派驻基层检察室现有干警大多没有从事过民事检察工作，缺乏人民法庭监督工作经验；而人民法庭案件审理面又相对较广，涉猎法律法规、司法解释博大精深，且废、改、立频繁发生，许多派驻基层检察室干警对这些法律法规和不断变化的司法解释，在短时间内难以全面掌握和及时了解。为履行好对人民法庭的法律监督职责，必须多管齐下，加强派驻基层检察室干警队伍素质建设。

一方面，派驻基层检察室的派出院要提高派驻基层检察室对人民法庭监督工作重要性的认识，加强办案资源的统一调配，尽可能地为派驻基层检察室充实配置部分懂民商法和民事诉讼知识、有民行检察工作经验的检察官，以优化派驻基层检察室人员组合；将派驻基层检察室检察官审查的人民法庭监督案件，纳入检察机关统一业务应用系统中管理，严格按民事检察规定予以规范要求，并通过研究讨论案件和法律文书把关审批等方式，指导派驻基层检察室检察官不断提高办案质量和效果。另一方面，派驻基层检察室系统也要积极加强内部优化整合措施，通过常态化的组织业务培训、案例研讨、轮岗锻炼、岗位

练兵等形式，促使派驻基层检察室干警准确掌握人民法庭监督办案标准要求和工作流程规范等，努力增强驾驭各种人民法庭监督案件的业务素质能力。

【案例链接】

孙某某等诉毛某某合伙纠纷审判程序违法监督案
——昌乐县人民检察院派驻营丘检察室

一、原案诉讼过程

孙某某、王某某、张某某、毛某某四人合伙出资承包土地经营速生杨，后因合伙协议发生纠纷，2010 年 6 月，孙某某、王某某将毛某某诉至昌乐县法院阿陀法庭。案外人韩某某介绍营丘司法所工作人员吕某某作为孙某某、王某某的诉讼代理人，同年 6 月 13 日阿陀法庭受理了该案。7 月 9 日，另一合伙人张某某作为第三人参加了诉讼。2011 年 6 月 2 日，昌乐县法院阿陀法庭作出判决，判处孙某某、王某某、毛某某私自处分合伙财产，按照合伙比例返还第三人张某某应得利益。法庭未将该判决直接送达孙某某、王某某，在无任何理由的情况下由案外人韩某某代收。

二、本案监督过程

2013 年 1 月 6 日，王某某、孙某某向昌乐县院派驻营丘检察室反映称，昌乐县法院阿陀法庭法官宋某某在审理王某某、孙某某诉毛某某合伙协议纠纷一案中，违法办案，未将判决书直接送达，导致申诉人错过上诉期。同时宋某某还接受其宴请，并收受 500 元购物卡。

营丘检察室受理该案后审查认为，阿陀法庭办案法官宋某某接受当事人的宴请、收受财物，违反了《中华人民共和国法官职业道德基本准则》第 24 条和《人民法院审判纪律处分办法》第 27 条的规定，并可能存在其他违法情形。经分管检察长批准，2013 年 1 月 9 日营丘检察室将该案移送本院民行科。经民行科进一步查明：（1）该案审判程序为普通程序，但昌乐县法院阿陀法庭在没有依法批准延长审理期限的情况下，审理时间长达 11 个多月，严重超出审理期限；（2）2011 年 8 月 13 日，阿陀法庭未依法将民事判决书直接送达孙某某、王某某及诉讼代理人，而是由案外人韩某某代为签收，导致孙某某、王某某一直未能收到判决书，送达程序违法。根据《中华人民共和国民事诉讼法》第 208 条第 3 款的规定，昌乐县院向县法院发出检察建议，建议其依法纠正本案存在的违法问题，对相关责任人员依法依规予以处理，同时要教育法官执行好审判规范，避免类似违法情况发生。昌乐县法院对检察建议反映的内容进行调查核实后，2013年1月22日，经该院党组研究决定，对宋某某在全院范围内予以通报批评。

三、经验做法

该案是昌乐县院派驻营丘检察室充分发挥监督职能作用、延伸法律监督触角、加强对基层法庭法律监督的典型案例。通过该案的办理，有效维护了当事人合法权益和国家法律的正确统一实施。

本院派驻检察室自成立以来，积极履行监督职能，强化业务对接，在履行对派出法庭民事审判监督中发挥了重要作用。主要做法有：一是健全监督机制。一方面，建立核查法庭月报表机制，检察室每月采用阅卷抽查、个别谈话、数据分析、走访询问等方法进行逐一核查，及时掌握法庭诉讼活动情况，发现派出法庭诉讼审判活动中存在的问题；另一方面，建立民事诉讼案件信息共享机制，派出法庭每季度末向检察室就所审理案件中有关立案、审结、诉讼中止与终结的情况及当事人的基本情况、联系方式等信息提供一次数据。此外，建立联席会议机制，及时通报派出法庭审判和执行工作中存在的问题，系统分析派出法庭工作中存在问题的原因、特点和趋势，研究制定有针对性的措施。二是突出监督重点。加强对法庭的执行监督，针对"执行难""执行乱"的问题，在严格执行与法院会签的《关于民事行政案件执行监督的意见》等文件基础上，派驻检察室对执行监督案件来源、执行监督案件范围、执行监督内容、执行监督手段等作了进一步规范。积极开展诉讼违法行为调查，重点对法庭程序违法、调解违法、执行活动违法等进行监督，派驻检察室对发现的诉讼违法案件线索，即在受理线索三日内做出立案决定，经调查属实的依法发出纠正违法通知书。三是注重业务对接。派驻检察室与民行部门在案件线索移送、案件协办、案件回访等方面加强协作配合，取得监督效果良好。依托"王艺利民行检察工作室"，在5个派驻检察室设立联系点，进一步密切与派驻检察室的对接。制定民行部门与派驻检察室工作衔接办法，依托检察机关网上办案系统，建立工作无缝对接机制，将民行部门的专业优势与派驻检察室的区位优势有效结合，切实履行对基层法庭民事诉讼活动的监督职责，把民行检察工作延伸至最基层。

第十二章 社区矫正检察监督

第一节 社区矫正概述

一、社区矫正的概念和渊源

社区矫正，是指将符合社区矫正条件的罪犯置于社区内，由专门的国家机关在相关社会团体和民间组织以及社会志愿者的协助下，在判决、裁定或决定确定的期限内，矫正其犯罪心理和行为恶习，并促进其顺利回归社会的非监禁刑罚执行活动①。19世纪末西方近代学派关于行刑社会化的思想是现代社区矫正理念的理论渊源。该理论学派主张对罪犯采取非监禁的刑罚措施，并进行人格改造。20世纪50年代新社会防卫学派兴起，该学派主张对罪犯进行再社会化，对社区矫正思想的发展产生了重要影响，并影响到各国的行刑实践。1973年美国明尼苏达州通过的《社区矫正法》，成为世界上第一部专门的社区矫正法律。此后，欧洲多个国家包括英国、法国、德国、俄罗斯等，以及澳大利亚、日本等国，纷纷制定实施了本国的社区矫正法律法规。从国外社区矫正的方式看，主要有缓刑、假释、学习释放、暂时释放、工作释放、电子监控和社区服务等，从当前各国社区矫正服刑罪犯的情况看，许多国家的社区服刑罪犯比例甚至超过了监禁刑罪犯②。

二、社区矫正制度在我国的产生和发展

现代社区矫正概念在我国是一个外来语，但在我国古代，实际上已经有了广义上的社区矫正实践活动。比如，《周礼·士师》中就有"若邦凶荒，则以荒辩之法治之。令移民通则，纠守缓刑"的记载。这里的"缓刑"，只

① 参见最高人民法院、最高人民检察院、公安部、司法部于2003年7月10日联合发布的《关于开展社区矫正试点工作的通知》。

② 如美国，2000年同期非监禁的犯罪人数是监禁人数的2.36倍，2006年底，缓刑人数为423万左右，假释人数为79万，社区矫正的比例约占70%。参见种若静：《美国社区矫正制度》，载《中国司法》2012年第1期。

是为了应对灾害而采取的暂时不执行刑罚的临时措施，并非刑罚制度，但在一定程度上体现了现代意义上的社区矫正理念。在我国历代封建王朝统治下，中国的刑罚理念和制度没有太大变化，直到国民党政权时期颁布的刑事法律，虽然都有假释、暂予监外执行等规定，但由于受到传统封建文化和社会局势动荡等方面的影响，这些规定都没有真正落实到司法实践中。

在新民主主义革命中，人民民主专政制度建立以后，曾经探索过一些监外执行的制度，例如"回村执行""战时分遣""保外服役""取保假释""放春耕假"等。到了解放战争时期，对于一些罪不足杀的反革命分子，为了解决监所不足的问题，实行由人民政权组织和人民群众监管的"管制"措施，对其人身自由不完全剥夺。此后这种刑罚措施经过不断充实和完善，被逐步吸收到我国刑事法律中去。

新中国成立后，经过不断立法实践，在1979年《刑法》和1997年《刑法》中均包含了社区矫正的内容，比如管制、缓刑、假释等。我国最早以社区矫正名称启动试点工作的地区是上海市和北京市。2002年8月，上海市的斜土、宝山、曹杨三个街道，以及北京市的密云县和房山区，在全国率先启动社区矫正工作试点。到2003年7月10日，根据最高人民法院、最高人民检察院、公安部、司法部联合下发的通知精神，北京、天津、上海、浙江、江苏、山东六个省（直辖市）开始社区矫正试点，从而在较大范围内正式开始社区矫正实践，社区矫正制度正式引入我国的司法实践。从2004年起社区矫正工作被中央列为我国司法体制和工作机制改革重要内容。2006年10月召开的中国共产党第十六届六中全会决议提出要"积极推行社区矫正"。2011年2月召开的第十一届全国人大常委会第十九次会议，审议通过了《刑法修正案（八）》，明确规定了社区矫正罪犯的范围，即对判处管制、缓刑和假释的罪犯要依法实行社区矫正，这是我国社区矫正制度在法律层面正式确立的重要标志。2012年3月1日，我国《社区矫正实施办法》正式施行，该《办法》明确规定了社区矫正的执行程序、工作措施、法律监督等主要问题，从制度上为社区矫正工作顺利开展提供了保证。2012年3月通过的关于修改刑事诉讼法的决定，也对社区矫正工作作出了相应规定。这两部法律对社区矫正工作的规定，使我国社区矫正制度得到进一步完善。2016年8月30日，最高人民法院、最高人民检察院、公安部、司法部联合制定下发《关于进一步加强社区矫正工作衔接配合管理的意见》，对社区矫正工作中涉及法院、检察院和公安机关、司法行政机关工作衔接配合的有关问题作了细化规定，使社区矫正的适用、执行和监督等工作具有了更强的可操作性。

现代意义上的社区矫正制度在我国的发展，与我国刑事犯罪和刑罚执行的状况基本上是一致的。据统计，从 1982 年到 2002 年底，我国监狱在押人数从 62 万增至 151 万，增长率为 150%，远高于 20% 的同期人口增长比率。同时，监狱系统的财政开支也大幅增长，1992 年为 14 亿元，2001 年增加到 108 亿元。根据测算，当时我国监狱的实际关押能力只有 28 万人，超押问题相当突出①。可见，随着经济社会的发展，监禁型罪犯大量增多对监管工作带来的巨大压力，成为我国社区矫正制度发展的重要推动力。从我国社区矫正制度试点运行以来的情况看，我国的社区矫正制度经过了一个逐步发展完善的过程，并取得了显著的成效。据统计，2014 年全国在册社区服刑人员共计 73 万余人，全年累计接收社区服刑人员 223 万余人，累计解除矫正 150 万余人。社区服刑人员的再犯罪率不到 2%，社区矫正工作的成效明显②。

新中国成立以后的社区矫正制度的发展，主要经过了以下几方面的发展变化：

一是社区矫正执行主体的变化。长期以来，我国社区矫正工作的执行由基层公安派出所实施，2012 年 3 月，我国《社区矫正实施办法》施行，该《办法》明确由司法行政机关负责对社区矫正工作的指导管理和组织实施。至此，社区矫正工作的执行主体由公安派出所转到基层司法所。《办法》同时规定，社会工作者和志愿者，以及基层组织、社区服刑人员所在单位、学校和家庭成员、监护人、保证人有参与和协助的义务。

二是社区服刑人员范围的变化。在最高人民法院、最高人民检察院和公安部、司法部制定的《关于在全国试行社区矫正工作的意见》（司发通〔2009〕169 号）（以下简称《全国意见》）中，社区服刑人员的范围有五种，即在社会上服刑的被判处管制、被宣告缓刑、被暂予监外执行、被裁定假释，以及被剥夺政治权利的五种人员。但根据第十一届全国人大第五次会议修改的《刑事诉讼法》的规定，剥夺政治权利的社会服刑罪犯没有被列入社区服刑人员范围。作为基本法律，《刑事诉讼法》比《全国意见》具有更高的等级效力，因此，社区服刑人员的范围应该按照该次刑事诉讼法的修改规定进行调整，在社会服刑的剥夺政治权利罪犯仍应由基层公安机关监管，不属社区服刑人员范围。

三是社区矫正方式和手段逐步丰富。经过不断实践探索，目前我国社区矫正的方式和手段逐步趋于多样化，矫正方式主要包括教育矫正、劳动矫正、心理矫正、帮扶矫正等；矫正手段主要包括集中教育、定期报到、定期走访、家

① 吴宗宪：《非监禁刑研究》，中国公安大学出版社 2003 年版。
② 数据来源于司法部社区矫正管理局的《2014 年全国社区矫正工作统计分析》。

属监督、公益劳动、思想汇报、定期体检、心理疏导、电子监控等。

四是对社区矫正工作的检察监督不断强化。对社区矫正工作的检察监督，长期以来主要由检察机关的监所部门（现更名为刑事执行检察部门）承担，由于监所部门还要承担监狱和看守所的监督等工作，再加之人员力量不足等原因，造成检察机关对社区矫正执行的监督相对弱化。但近年来随着派驻基层检察室的建立和发展，以及其履职能力的不断加强，派驻基层检察室在社区矫正执行监督中的作用正日益强化，有些基层检察机关甚至已经明确由派驻基层检察室承担主要的监督工作，从实际工作效果来看，派驻基层检察室履行社区矫正监督工作职能也展现出了独特优势。

第二节　监督必要性和现实性

一、社区矫正工作的现状和问题

（一）有关社区矫正的法律法规需要进一步完善

当前，我国虽然通过《刑法修正案（八）》和《社区矫正实施办法》等法律和规定，为社区矫正工作提供了依据，但还没有一部独立的社区矫正法律，没有赋予现行矫正部门应有的执行力，矫正执行缺乏权威，而且目前的相关规定还存在诸多模糊的地方，造成实践中难以把握，影响了社区矫正工作的健康开展。例如《刑法》第72条对缓刑的规定和第81条对适用假释的规定，都把是否具有再犯罪的危险作为适用条件，但对于如何认定是否有再犯罪的危险，现行规定并没有明确的考察、考评和认定标准，造成实践操作上的困难，影响到缓刑、假释适用上的公平性、公正性。另外，现行矫正措施强制性、严肃性不足，矫正措施包括电话报到、思想汇报、谈话教育、学习培训、公益活动、请销假制度等，主要以监控为主，其矫正、教育和刑罚执行性质体现不足，再加上受到矫正力量、经费、场地等的限制，以及矫正工作评价体系不完备等原因，导致矫正效果大打折扣。

（二）社区服刑人员激增与矫正力量不足的矛盾突出

随着经济社会的快速发展，特别是社会主义新农村建设迅速推进，对村居等基层社会产生日益深刻的影响，导致各种利益关系更加复杂、基层社会矛盾日渐凸显。同时，随着我国宽严相济刑事政策逐步深入贯彻，适用非监禁刑案件大量增多，这给社区矫正工作带来了越来越大的挑战。根据现行法律规定，对社区服刑人员的日常管理由基层司法所具体负责。但是从当前情况看，社区矫正工作在人员力量、经费保障等方面，都难以适应社区服刑人员激增带来的挑战。社区矫正力量严重不足。以社区矫正执法力量比较强的山东省淄博市某区为例，截至 2015 年底，该区 12 个司法所共有工作人员 41 人（其中中央政法专项编制 22 人，地方行政编制 10 人，事业编制 4 人，聘用人员 5 人），平均每所不到 4 人，而全区社区服刑人员始终保持在 750 人以上，平均每所 60 余人，社区矫正服刑人数与在编矫正工作人员的比例达到 21：1。同时，从当前的情况看，社区矫正执行工作仅是基层司法所承担的任务之一，除此之外，基层司法所大多还承担着社会综合治理、基层法律服务、人民调解、法制宣传、刑满释放人员安置帮教，以及社会矛盾化解、维护社会稳定等工作任务。从基层司法人员的素质看，也难以适应社区矫正工作的需要。以山东省淄博市某区为例，该区 41 名司法所工作人员，40 岁至 50 岁的有 11 人，占总人数的 26% 以上，50 岁以上的有 6 人，占总人数的近 15%；大学本科以上学历的 30 人，法律专业的 25 人，但有司法行政工作经验的只有 14 人，仅占总人数的 34%，而且多数从事司法行政工作时间短。据了解，各地情况虽然有差别，但社区矫正力量不足的问题都不同程度地存在。社区矫正工作人员作为刑罚执行专职人员，应当有丰富的法律知识和较强的执法能力，但目前基层司法人员水平参差不齐，成分复杂、年龄偏大的现状，对专业性、程序性较强的社区矫正工作而言，无疑是很大的制约。另外，部分基层干部认为社区矫正工作成本高、收效慢，不愿投入过多经费，造成社区矫正经费难以有效落实。

（三）社区矫正中司法、执法不严问题时有发生，相关工作机制有待完善

当前，随着我国市场经济的不断深入发展，经济活动流动性越来越强，社区服刑人员在经济活动中离开矫正区域的问题，正越来越普遍。而且，有些社区服刑人员本来就在异地谋生，要求其放弃正在从事的工作回到户籍地参加社区矫正缺乏现实性。加之农民工大量进城及城市户口制度的调整与就业机会的增加，社区服刑人员"人户分离"现象越来越成为常态。① "人户分离"增加了相关部门确定矫正机构的难度。同时，由于相关职能部门之间对社区矫正工作的配合衔接机制还没有有效建立起来，社区矫正相关部门之间工作衔接不畅的问题在各地不同程度存在，以上因素导致社区矫正工作中司法、执法不严等问题时有发生。例如，对于犯罪嫌疑人或被告人是否适合社区矫正的调查评估，较长时期以来虽有审前调查、释放前调查等规定，但由于缺乏硬性规定，

---

① 但未丽：《当前中国社区矫正发展的困境及应对》，载《中国人民公安大学学报》（社会科学版）2015 年第 5 期（总第 177 期）。

受到办案进程、人力等方面的制约，调查评估工作往往不能有效开展，导致适合矫正的人员无法依法入矫。再如，有的社区服刑人员不按时到社区报到，甚至拒绝报到，造成漏管问题；有的则因为矫正部门管理不严、矫正措施缺乏强制力等，即使社区服刑人员能按要求到矫正机构报到，但常因人在外地而长期不能真正参加各类矫正活动。如震惊全国的"山东疫苗案"，据媒体公开报道，犯罪嫌疑人庞某某曾经因为非法从事疫苗经营活动被判处有期徒刑三年，缓刑五年，却在缓刑期间"重操旧业"，继续非法贩卖问题疫苗，涉案金额高达5.7亿元，造成巨大危害和恶劣影响。庞某某在缓刑期间属于社区服刑人员，按照规定，应由司法行政部门对其教育、管理，时刻掌握其动态、情况，帮助其改过自新、回归社会。而从案件后续处理情况看，当地司法行政部门并没有将其纳入社区矫正有效管理，没有掌握庞某某的基本动态，这是其得以继续作案的重要因素。这起案件充分暴露出我国社区矫正工作还存在着部门衔接不畅等多方面问题。

（四）对社区矫正工作的宣传引导不力，社区矫正社会知晓度和认同感有待增强

由于我国社区矫正工作起步较晚，受传统思想观念和宣传引导不深入的影响，社会公众和有关部门对社区矫正工作的知晓度和认同感不高。主要表现在三个方面：一是少数部门和基层领导思想认识不够。认为社区矫正成本高、效益低，甚至认为是浪费司法资源，对社区矫正工作存在重视不够、配合不积极的问题，甚至存在各自为政、推诿扯皮现象。二是部分社区居民对接收社区服刑人员存在抵触思想。认为把大量的社区服刑人员放到社区内，会影响社区安全，给社区治安埋下安全隐患，会增加社区的不安定因素。三是"严打"思想在部分群众头脑中根深蒂固。受善恶报应观念和重刑主义文化传统的影响，认为社区矫正与我国长期以来刑事犯罪"严打"方针相矛盾，担心社区矫正会放纵犯罪，对社区矫正这一新事物尚不能坦然接受，有的甚至认为罪犯没有关进监狱服刑就等于没有受到刑罚处罚。

社区矫正制度在我国处于起步阶段，还有一个逐步完善成熟的过程，目前社区矫正工作出现的问题，也符合事物发展的客观规律。但正因为存在诸多问题，才更需要各方面监督主体的有效监督，其中检察机关的专门监督更是责无旁贷。

二、派驻基层检察室开展社区矫正检察监督的现实性和优势

（一）符合能动司法理念的要求

检察机关贯彻能动司法理念，就是要主动回应社会发展的新要求，通过不

断强化法律监督，维护社会公平正义，保障国家法律的正确实施。社区矫正在我国从试行到实施至今只有七年时间，需要在司法实践中不断完善，也需要检察机关通过履行法律监督职能促进其健康发展，这对检察机关而言也是新的要求和挑战，检察机关只有积极适应新形势、新任务的要求，才能在这一制度建设中发挥应有的作用。设立派驻基层检察室，进一步延伸法律监督触角，以其深入基层的优势，全面加强对基层执法、司法工作的监督，正是检察机关贯彻能动司法理念的体现。社区矫正作为一种刑罚执行方式，工作对象在基层，主要的工作量也在基层，建立完善有派驻基层检察室参与的基层法治体系，对促进社区矫正工作依法进行具有现实必要性，也是检察机关贯彻能动司法理念、实现检力下沉的客观要求。

（二）有利于解决刑事执行检察部门力量不足的问题

在派驻基层检察室设立之前，特别是派驻基层检察室全面履行各项法律监督职能之前，对社区矫正工作的检察监督任务完全由监所检察部门（刑事执行检察部门）履行，但长期以来由于监所检察部门（刑事执行检察部门）受到人力不足等方面的影响，主要精力往往侧重于对监禁刑执行的检察监督，而对于人员众多、地域分散的社区矫正工作，难以开展全面、有效的检察监督。而随着派驻基层检察室的设立，作为基层派驻机构，其扎根基层、深入群众、贴近执法一线的优势十分明显。同时，随着各级对派驻基层检察室的重视，其在履职方面的保障更加有力，为有效开展检察监督提供了有利条件。为此，将对基层社区矫正工作的监督权最大限度地甚至完全赋予派驻基层检察室，已经具备现实可行性。如上海社区检察室的主要职责之一是"负责对街镇社区矫正工作机构矫正活动的监督"，并且"以墙内墙外为界"与刑事执行检察部门进行职责上的划分[①]，即对监管场所（"墙内"）的监督由刑事执行检察部门负责，对街镇社区矫正执法活动的监督由社区检察室独立开展。

（三）有利于完善基层司法治理体系、有效实现检察室自身职能

派驻基层检察室作为检察机关在乡镇一级的派驻机构，担负着检察机关的各项监督职能，社区矫正作为基层执法活动的重要方面，派驻基层检察室履行好对其监督的职能作用，才能体现派驻基层检察室的自身价值，也是实现自身发展的需要。同时，派驻基层检察室与司法所在社区矫正工作中形成对应的监督与被监督的关系，就社区矫正而言更加完整地构成了乡镇一级的司法治理体

---

① 朱文波、顾晓军：《上海特色派驻社区检察工作概论》，2015 年 11 月检察日报社、山东省人民检察院"派驻基层检察室建设研讨会"优秀论文。

系，有利于促进我国基层治理法治化和社会管理创新。

（四）派驻基层检察室开展社区矫正检察监督的独特优势

派驻基层检察室由于其扎根基层、贴近群众的独特区位和层级优势，使其开展社区矫正检察监督具有一定优越性。[①] 一是有利于畅通监督信息渠道。有效开展检察监督必须以全面及时地掌握相关信息为条件。派驻基层检察室更加贴近群众，便于发现收集监督信息。在未设立派驻基层检察室之前，检察机关了解掌握监督信息的渠道相对单一，主要来源于社区矫正工作相关部门的工作通报，由于人力有限，通过自身调查了解获得的信息十分有限。而且，从被监督对象方面获得的监督信息，其及时性、真实性和有效性大打折扣。信息资源的不对等性给检察监督造成很大制约。而派驻基层检察室具有常驻基层、密切联系群众的优势，能够更加有效地保证社区矫正信息获取的及时性和真实性。二是有利于实现同级监督。目前，社区矫正工作的主体是乡（镇）、街道司法所，设立派驻基层检察室开展社区矫正检察监督，可以实现对司法所社区矫正活动的同级监督。而同级监督有利于相互熟悉情况，由于相互对等，更便于沟通协调。三是有利于开展矛盾化解、维护稳定工作。当前我国正在加快建设社会主义和谐社会，实现社区矫正工作的健康发展对构建和谐社会意义重大。社区矫正虽然是非监禁刑罚执行措施，但社区服刑人员大多存在家庭经济困难、性格缺陷、文化知识水平低等问题，从而导致其依然是潜在的矛盾高发群体，在出现生活生存问题或者受到外部刺激的情况下，极有可能诱发再犯罪问题，成为影响社会稳定的重要因素。派驻基层检察室具有常驻基层优势，通过贴近了解社区服刑人员的思想和生活状况，有利于及时发现矛盾激化点，及时协调有关部门疏导化解，把社会矛盾消灭在萌芽状态。

第三节　监督内涵和监督依据

一、社区矫正检察监督的内涵

（一）基本概念和属性分析

作为一种刑罚执行活动，社区矫正自应受到社会各方面的监督。在我国，对社区矫正的监督主要包括国家权力机关的监督、检察机关的专门法律监督、

[①] 朱为学、顾浩：《基层检察室开展社区矫正检察工作初探——以浙江省湖州市长兴县人民检察院的探索实践为例》，载《河北法学》2012 年第 30 卷第 6 期。

人民群众和社会媒体的舆论监督，以及社区矫正机构的自我监督等。对社区矫正工作的检察监督，有学者认为，就是指检察机关对社区矫正执行活动是否存在违法行为进行的监督活动。① 实际上，社区矫正检察监督的概念应有广义和狭义上的两种理解：广义的社区矫正检察监督包括对人民法院适用社区刑罚的监督、监狱变更行刑方式的监督和司法行政机关对社区服刑人员监管矫正活动的监督；狭义的社区矫正检察监督仅指对司法行政机关社区矫正具体活动的监督。目前，广义的社区矫正检察监督为通说。但也有学者主张采取狭义的社区矫正检察监督概念更为妥当。该观点认为既然检察机关对人民法院适用监禁刑罚的监督并非监所监督，那么，对人民法院适用社区刑罚的检察监督也不应等同于社区矫正检察监督，两者都应当属于审判监督的范畴，而不是刑事执行监督。依据我国《社区矫正实施办法》第 2 条第 3 款的规定，检察机关的社区矫正检察监督特指 "社区矫正各执法环节" 的监督，而不包含审判环节。对审判环节的监督应当主要由公诉部门承担，因而不属于社区矫正检察监督的范畴。② 我们认为，对人民法院适用社区矫正的监督，在审查起诉阶段当然由公诉部门承担更为妥当，但在社区矫正实施阶段发现法院违法适用社区矫正刑罚的，刑事执行检察部门和派驻基层检察室都应当有权依法予以监督纠正，也就是说对社区矫正检察监督应作广义上的理解。

根据检察权的性质和检察监督的内涵界定，社区矫正检察监督的属性可以从以下几方面分析③：一是法定监督属性。检察机关的国家法律监督机关地位是由《宪法》和《刑事诉讼法》规定的，检察机关具有对刑事诉讼进行法律监督的权力。刑罚执行作为刑事诉讼的延伸，依照刑事诉讼法的规定应该属于检察机关的监督范畴，因此对于刑罚执行重要组成部分的社区矫正工作，检察机关应当具有依法监督的权力和职责。二是行使监督权主体的唯一性。人民检察院依法独立行使检察权是我国宪法的明确规定，其他任何机关、团体和个人都无权行使法律监督权力。因此，对社区矫正实施法律监督的主体只能是检察机关。三是监督手段的专门性。针对社区矫正工作中存在的倾向性、苗头性问题或违法行为，根据行为的违法程度，通过提出口头纠正意见或制发书面纠正违法通知书等形式，及时监督纠正，这是检察机关履行社区矫正检察监督的主要措施。四是多元监督属性。检察机关开展社区矫正监督的对象具有多元性，

---

① 参见黄玉坚：《社区矫正检察监督的实践思考》，载《法制与经济》2012 年第 10 期。

② 参见王平在《人民检察》组织的 "创新监督方式，完善监督机制，强化社区矫正检察工作" 主题研讨会上的发言，载《人民检察》2015 年第 15 期。

③ 参见邓泰清：《论我国社区矫正之检察监督》，湘潭大学 2013 年硕士学位论文。

其监督对象包括从社区矫正裁决、交付到管理、变更、终止等各环节，以及各个参与主体。

（二）社区矫正检察监督的对象

对社区矫正检察监督的对象界定，实践中存在多种不同的观点。有学者认为，社区矫正检察监督的对象应当是担负执行交付、管理、矫正社区服刑人员的司法所及公安派出所的司法、执法活动；也有学者认为，社区矫正检察监督的对象既包括社区矫正的实施主体司法所，同时公安派出所、法院等社区矫正参与主体的司法、执法活动也包括在内，还包括授权履行教育矫正、帮困扶助职能的社会团体和组织。① 后者在本书中权且称为全面监督的观点。从两种观点的争议内容来看，参与社区矫正的社会团体和组织等主体，是否属于检察监督的范围是争议的焦点。对此，我国法律并没有明确的规定。我们认为，派驻基层检察室作为检察机关的派出机构，在履行社区矫正监督过程中对发现的违法行为，都有权也有义务依法进行监督。因此，我们认为派驻基层检察室对社区矫正活动进行监督，应当坚持全面监督观点。

二、派驻基层检察室开展社区矫正检察监督的法理依据

（一）具有合法、合规性

我国《宪法》确立了检察机关作为国家法律监督者的地位，《刑事诉讼法》《人民检察院刑事诉讼规则》《人民检察院组织法》和《社区矫正实施办法》等都对人民检察院行使社区矫正监督权作出了规定。例如，《社区矫正实施办法》第2条第3款规定："人民检察院对社区矫正各执法环节依法实行法律监督。"《刑事诉讼法》第265条规定："人民检察院对执行刑罚的活动是否合法实行监督。如果发现有违法的情况，应当通知执行机关纠正。"另外，"两高两部"联合发布的《关于在全国试行社区矫正工作的意见》和《社区矫正实施办法》等，对检察机关开展社区矫正监督的地位和职责都作出了明确规定。因此，检察机关开展社区矫正检察监督具有明确的法律依据。

（二）符合权力制约的基本原理

法国启蒙思想家孟德斯鸠曾说"要防止滥用权力，就必须以权力制约权力"。我国《刑事诉讼法》关于诉讼权力的规定，充分体现了权力制约的原理。例如其第6条规定："人民法院、人民检察院和公安机关进行刑事诉讼，

---

① 周伟：《社区矫正检察监督问题研究》，载《人民检察》2011年第9期。

应当分工负责，互相配合，互相制约，以保证准确有效地执行法律。"作为我国刑事诉讼活动的重要组成部分，社区矫正执行工作原先由基层派出所负责执行，现在转为由司法行政机关负责。司法行政机关作为社区矫正工作的执行主体，在履行职责过程中，必然对社区服刑人员的人身权利等产生巨大影响，对司法行政机关而言，社区矫正工作既是其职责，也是重要权力。正因为如此，如果对社区矫正工作的监督不力，社区矫正工作中的司法和执法不公等问题就很难避免。在现有的社区矫正监督体系下，国家权力机关和社会舆论等监督都存在一定局限性，加强检察机关的专门法律监督具有内在必要性。

（三）克服社区矫正制度内在不足的需要

社区矫正作为一种非监禁的行刑模式，相比较监禁型行刑模式，具有节省大量行刑资源，减轻监管压力，提高教育改造罪犯质量，有利罪犯回归社会，减少重新犯罪，促进社会和谐稳定等诸多优点，但也存在缺乏刑罚威慑力，淡化刑罚惩治作用，罪犯与社区不隔离给社会带来潜在危险，以及社区矫正执行方式具有随意性和可能出现的权力"寻租"等问题，当前社区矫正中出现的"漏管""脱管""虚管"等现象，与社区矫正制度本身存在上述缺陷有直接联系。正是社区矫正制度本身具有的内在矛盾，对加强检察监督、维护社区矫正实体和程序上的公正性带来了内在需求。

（四）社区矫正制度自身完善发展的需要

社区矫正制度在我国仍处于起步和探索阶段，有关立法尚不完善，再加上社区矫正工作的复杂性和参与主体的多元化，社区矫正工作参与主体在素质和能力水平方面参差不齐，导致实际工作中履职不到位、履职越位等问题时有发生。实践中存在的对非监禁刑执行不严，或者重监管轻教育甚至侵犯社区服刑人员合法权益等问题，不仅不利于对社区服刑人员的改造，甚至引发社会各界对社区矫正制度的质疑。因此，在当前社区矫正制度尚不成熟、不完善的情况下，强化社区矫正检察监督，也成为这一制度健康发展和不断完善的现实需要。如 2014 年 9 月，章丘市检察院派驻普集检察室在社区矫正检察监督中发现，公安机关没收 7 名社区服刑人员取保候审保证金共计 35000 元的行为存在违法问题。经调查核实，证实反映属实，遂联合本院侦查监督部门依法督促公安机关如数退还了该保证金，有效维护了社区服刑人员的合法权益。

第四节　监督内容和监督方法

派驻基层检察室开展社区矫正监督，应严格遵循《刑事诉讼法》等法律规定，以及《社区矫正实施办法》《人民检察院监外执行检察办法》《关于加强和规范监外执行工作的意见》（中央社会治安综合治理委员会办公室、最高人民法院、最高人民检察院、公安部、司法部联合制定）等规定，坚持依法、依规进行，不断提高社区矫正检察监督的规范化和制度化水平。派驻基层检察室开展社区矫正检察监督，应重点从以下方面入手。

一、社区矫正调查评估和适用社区矫正合法性的检察

（一）对社区矫正调查评估活动的检察

检察内容：司法行政机关是否依法履行了调查评估职责。

根据《社区矫正实施办法》等规定，法院、检察院、公安机关、监狱对拟适用社区矫正的被告人、罪犯，根据需要可以委托县级司法行政机关调查其对居住社区的影响，受委托的县级司法行政机关应当认真调查评估。派驻基层检察室开展社区矫正调查评估检察，就是要认真检察司法行政机关是否依法履行了调查评估职责。

（二）对适用社区矫正合法性的检察

检察内容：人民法院对被交付执行的社区服刑人员适用相关法律是否正确，作出社区矫正决定是否符合相关程序。

（三）检察主体

根据检察机关内部机构职责分工，在社区矫正决定作出之前，对社区矫正调查评估工作的监督，以及社区矫正适用合法性的监督，由刑事执行检察和公诉部门承担更有利于工作开展，但在社区矫正执行过程中，应当赋予派驻基层检察室履行这一监督职责的权力和义务。

（四）检察方法

1. 查阅、审核相关档案；2. 走访社区服刑人员；3. 走访相关单位和群众。

（五）应当重点监督纠正的违法情形

1. 受委托进行调查评估的县级司法行政机关，没有按照相关规定认真开展社区矫正调查评估的；2. 受委托的司法行政机关在调查评估中违反保密等要求和规定的；3. 因未认真开展调查评估可能影响社区矫正决定公正性，或者人民法院作出社区矫正决定违法的；4. 其他违反法律规定的情况。

二、交付执行检察

（一）检察内容

人民法院、监狱、看守所的交付执行活动是否符合有关法律规定，交付执行的相关法律手续是否完备，交付执行是否及时。

（二）检察方法

1. 全面掌握交付执行基本情况。对收到的人民法院相关交付执行法律文书认真审查登记，全面掌握人民法院交付执行的基本情况。2. 全面掌握监狱、看守所交付执行的罪犯情况。对检察机关派驻监狱、看守所检察机构的《社区服刑人员出监（所）告知表》等进行全面登记分析，了解监狱、看守所是否依法将被裁定假释、批准暂予监外执行的罪犯交付执行地司法行政机关执行。3. 走访调查。向执行地司法行政机关了解、核查相关法律文书送达情况，以及社区服刑人员报到情况。

（三）应当重点监督纠正的违法情形

1. 人民法院、监狱、看守所没有及时送达相关法律文书或者法律文书不齐全的；2. 人民法院、监狱、看守所不依法将社区服刑人员押送交付执行机关的；3. 社区服刑人员的相关法律文书没有及时抄送检察机关的；4. 因不及时交付执行等原因造成漏管的；5. 其他违反交付执行规定的。

三、监管活动检察

（一）对社区服刑人员行为的检察

检察内容：1. 社区服刑人员是否严格遵守相关法律规定；2. 社区服刑人员存在违法、违规行为的，是否应当依法收监执行。

（二）对社区服刑人员合法权益保障的检察

检察内容：1. 对不符合收押条件的社区服刑人员是否存在违法收押的情况；2. 对社区矫正执行期满的，是否依法公开宣布；3. 对有立功表现、应当依法报法院裁定减刑的，是否依法上报；4. 社区服刑人员的人身自由有没有被非法限制的情况；5. 有没有违法强迫社区服刑人员从事超强度公益劳动，甚至变相体罚等情况。

（三）对社区矫正执行机构履职情况的检察

检察内容：1. 建立监管和矫正档案的情况，监管矫正措施落实的情况，是否存在社区服刑人员脱漏管或下落不明问题；2. 对社区服刑人员是否履行了相关告知义务；3. 对刑罚执行或矫正期满的社区服刑人员，是否公开宣布并通报相关部门，是否及时发放相关证明；4. 对在矫正期间重新犯罪或违反相关规定，以及暂予监外执行条件消失的社区服刑人员，是否依法及时处理；5. 出现社区服刑人员迁居、死亡或者请假外出等情况，是否及时通报情况和移送相关材料。

（四）检察方法

1. 通过谈话、电话访谈等形式，征求了解社区服刑人员及其亲属的意见和情况反映；2. 查阅审查相关档案和案件材料；3. 开展社区矫正工作现场监督；4. 向相关单位和基层组织了解、核实社区矫正情况。

（五）应当重点监督纠正的违法情形

1. 没有建立监管组织和监管档案的；2. 没有对社区服刑人员履行告知义务的；3. 社区服刑人员出现迁居等等情况，迁出地执行机关和迁入地执行机关没有办理监管交接手续和进行监督考察档案移交的；4. 对违法或者重新犯罪的社区服刑人员，不依法处罚或追究的；5. 侵害社区服刑人员合法权益的；6. 不向检察机关及时通报监督管理情况的；7. 其他违反监督管理规定的。

四、变更执行检察

（一）收监执行检察

检察内容：1. 社区矫正机构关于撤销社区服刑人员缓刑、假释，以及对暂予监外执行罪犯收监执行的建议，是否符合法律规定；2. 人民法院裁定撤销缓刑、假释是否符合法律规定；3. 监狱、看守所的收监执行活动是否符合法律规定。

（二）减刑检察

检察内容：1. 对罪犯提请和裁定减刑是否符合法律规定；2. 是否存在不依法提请和裁定减刑的情况；3. 是否按照相关程序依法、依规提请和裁定减刑。

（三）检察方法

1. 查阅案卷和相关记录材料；2. 对涉嫌违法违规的社区服刑人员等有关人员进行走访了解；3. 向作出提请和裁定减刑的机关和工作相关单位、基层组织了解情况。

（四）应当重点监督纠正的违法情形

收监执行检察应重点监督纠正的违法情形：1. 对符合撤销缓刑、假释条件的社区服刑人员，不依法向人民法院提出撤销缓刑、假释建议的；2. 人民法院对撤销缓刑、假释的建议不依法作出裁定的；3. 对裁定撤销缓刑、假释的罪犯，不及时送交执行的；4. 对违反社区矫正管理法律法规的社区服刑人员，不及时通知监狱、看守所收监执行的；5. 对不符合收监执行条件而违法收监执行的；6. 其他违反收监执行规定的。

减刑检察应重点监督纠正的违法情形：1. 对不符合减刑条件的罪犯提请减刑的；2. 对符合减刑条件的罪犯不依法提请减刑的；3. 对罪犯提请减刑的起始时间、间隔时间，以及减刑后罪犯实际执行的刑期违反法律规定的；4. 提请减刑的手续不完备的；5. 其他违反提请减刑规定的情形。

五、终止执行检察

（一）检察内容

终止执行的决定和办案程序是否符合相关法律和规定，手续是否完备。

（二）检察方法

1. 查阅相关法律文书，明确监外执行的刑期和考验期；2. 向执行机关了解对罪犯的释放和解除等情况；3. 与罪犯谈话，听取意见和情况反映。

（三）重点监督纠正的违法情形

1. 对符合解除管制条件的管制罪犯，不按期宣布解除并发给相关证明的；2. 对考验期满的缓刑、假释罪犯，不依法予以公开宣告的；3. 对刑期届满的暂予监外执行罪犯不依法办理释放手续的；4. 对死亡的监外执行罪犯，不及时通报原判人民法院或者原关押监狱、看守所；5. 对刑期、考验期限未满的罪犯违法提前释放、解除、宣告的；6. 其他违反终止执行规定的。

六、对违法情形的纠正程序

（一）对轻微违法情形的口头纠正

对社区矫正工作中的轻微违法情形，派驻基层检察室人员可以当场提出口头纠正意见，并及时报告派驻基层检察室负责人，并填写《检察纠正违法情况登记表》。

（二）对严重违法情形的监督

对社区矫正工作的严重违法情形，或者被监督单位对口头纠正意见不按期纠正且不说明理由的，派驻基层检察室应独立或会同派出院刑事执行检察部门，报经检察长批准后，以派出院的名义向统计司法机关发出《纠正违法通知书》，《纠正违法通知书》可由派驻基层检察室送达违法单位，并督促其落实。派驻基层检察室独立办理的，应当与派出院刑事执行检察部门做好工作衔接。

（三）被监督对象不纠正、不回复情况的处理

对检察机关发出的《纠正违法通知书》，被监督单位在15日内未纠正或者回复的，派驻基层检察室应及时报告检察长批准后，及时向上一级人民检察院报告。

（四）被监督单位提出异议情况的处理

对检察机关提出的纠正违法意见，被监督单位提出书面异议的，检察机关应当复议。被监督单位对复议结论仍有异议的，检察机关应报上一级检察机关复核。

（五）可以提出检察建议的情况

按照《人民检察院检察建议工作规定（试行）》的有关规定，对于社区矫正工作中存在以下情形的，派驻基层检察室可以依照相关程序，以派出院的名义，向有关单位提出检察建议：1. 社区矫正工作存在管理不完善、制度不健全、不落实等情况，有违法犯罪隐患的；2. 社区矫正相关部门需要加强或改进管理监督工作的；3. 在开展监督活动中发现应当对有关人员或行为予以表彰或给予处分、行政处罚的；4. 社区矫正工作中存在需要改进的苗头性、倾向性问题的；5. 其他需要提出检察建议的。

第五节　监督制度的完善

一、派驻基层检察室开展社区矫正检察监督的现状和问题

当前，随着派驻基层检察室的逐步发展，派驻基层检察室的各项法律监督职能发挥不断深化，特别是对社区矫正工作的监督取得了初步成效。据统计，山东省556个派驻基层检察室2016年1—10月份，共为47383名社区服刑人员建立了监督台账和个人档案，发现监督线索2061条，通过检察监督，共监督纠正脱管、漏管问题175件次，对促进社区矫正工作健康发展发挥了积极作用。但从总体来看，派驻基层检察室对社区矫正工作的监督，目前仍然存在一

些需要改进和完善的方面。

（一）监督依据还需要进一步完善

目前派驻基层检察室的设置及其职能设定只有检察机关的内部规定，与《人民法院组织法》和《公安派出所组织条例》对基层法庭和公安派出所的规定相比，《人民检察院组织法》对派驻基层检察室的建设尚没有作出明确规定；目前，检察机关虽然有最高人民检察院《人民检察院乡（镇）检察室工作条例》和2010年《指导意见》等意见规定，但都属于工作制度层面的文件，没有上升到国家法律层面，这使派驻基层检察室在人员、经费、职权等方面缺少法律上的保障，对依法履行法律监督职能带来很大障碍。与此相关，目前派驻基层检察室对社区矫正监督的对象、范围、方式、手段等，以及其与检察机关刑事执行检察部门的职责划分等，仍缺乏明确的法律规定，监督工作的强制力有待增强。例如，对于被剥夺政治权利并在社会服刑的罪犯是否属于社区服刑人员，目前相关规定还存在不一致的地方，这给司法实践带来一定困惑，实践中被剥夺政治权利罪犯监管缺失的问题时有发生。

（二）社区矫正检察监督信息化建设需要提档升级

目前，全国各地派驻基层检察室信息网络建设情况差别较大。以山东省为例，目前山东省各派驻基层检察室均开通了互联网和派驻基层检察室专线网，但因为保密工作的需要，检察涉密网络还没有开通。目前全国检察机关普遍建设了统一业务管理系统，司法办案活动必须通过系统平台进行，但派驻基层检察室在没有开通检察涉密网络的情况下，无法登录检察机关统一业务管理系统，这就导致派驻基层检察室无法在检察室操作办案系统，而不得不回院机关录入办案信息，这在很大程度上影响了办案效率。另外，派驻基层检察室与社区矫正机构之间大多没有建立专门的信息联络平台，工作中与司法所的信息交流主要通过电话、电子邮箱等完成，沟通效率不高，信息交流存在滞后性和不准确性，一定程度上影响了社区矫正检察监督工作的质量和效率。

（三）监督成效有待提升，履职保障有待加强

目前，派驻基层检察室对社区矫正的法律监督虽逐步走上正轨，但在监督规范化、常态化、高效化等方面，距离我国法治化建设的要求和人民群众的期待仍有差距。究其原因是多方面的，但目前派驻基层检察室履职保障不充分是其中重要的原因。主要表现在以下几方面：一是监督手段强制力不足。目前检察机关（派驻基层检察室）纠正违法的手段，主要包括提出口头纠正意见、提出检察建议或制发纠正违法通知书等，但现行法律对落实这些纠正手段的措

施规定不明确，很大程度上影响了监督力度。二是监督存在较强滞后性。从目前的司法实践看，不论是检察机关刑事执行检察部门还是派驻基层检察室，对社区矫正的检察监督基本停留在事后监督层面，由于人员力量、工作衔接机制、法律文书送达方式等方面的原因，对社区矫正工作尚未实现全过程的监督，而且在监督时间上明显具有滞后性，这大大影响了检察机关（派驻基层检察室）开展社区矫正检察监督的成效。

二、完善检察监督的路径选择

（一）进一步明确派驻基层检察室开展社区矫正检察监督的法律地位

1. 在法律层面明确派驻基层检察室的地位和职能。对派驻基层检察室开展社区矫正检察监督的地位和职能，应当在《人民检察院组织法》等法律中予以明确，为其依法履行法律监督职能提供明确的法律依据。

2. 制定社区矫正专门法律，并明确派驻基层检察室监督职能和程序。在我国社区矫正制度初步确立的基础上，制定独立的《社区矫正法》，对检察机关及派驻基层检察室开展社区矫正监督的职能、程序等予以明确规定，实现有法可依，增强监督的可操作性和实效性。

3. 着力强化派驻基层检察室开展社区矫正检察监督的权威性和强制力。赋予派驻基层检察室开展检察监督必要的调查核实权，对于社区矫正工作发生的玩忽职守、徇私舞弊、滥用职权，以及侵犯社区服刑人员合法权益等违法犯罪行为，派驻基层检察室根据工作需要可以查看相关部门的涉案法律文书等资料，可以了解社区矫正的建档及矫正情况，必要时可以调取相关材料，扣留、封存证据，或者询问相关人员，要求有关部门或个人协助调查等。

（二）明确监督重点

对于派驻基层检察室开展社区矫正检察监督的工作职能，与其监督对象和监督内容的争议一样，在这一问题上也存在不同观点。按照全面监督的观点，派驻基层检察室开展社区矫正检察监督的工作职能，包括基本职能和其他职能两个方面。[①] 其基本职能主要是对社区矫正活动本身开展的各项监督活动。社区矫正检察监督的其他职能主要是与社区矫正检察监督相关的职能，例如法制宣传、犯罪预防、调查研究、经验总结、制度建设、帮教服务等。

鉴于派驻基层检察室人力、职权等方面的限制，当前派驻基层检察室在开展社区矫正检察监督中，应重点加强对交付执行和矫正执行活动的检察监督，

---

① 孟传香：《关于派驻基层检察室开展社区矫正检察监督制度构建》，载《行政与法》2013年6月。

并以此为切入点，积极监督纠正社区矫正司法、执法活动中的违法行为，以保障社区矫正工作依法进行，这应该作为社区矫正检察监督最核心和最基本的内容。

（三）改进监督的方式方法

如前所述，社区矫正工作当前还处于探索实践阶段，本身存在诸多问题和不足，检察机关对社区矫正工作的监督，也存在不规范和不深入的问题。为此，认真总结监督工作中的经验教训，积极创新开展监督的方式方法，进一步完善和丰富监督手段，对促进这项工作深入健康开展具有十分重要的现实意义。近年来，山东省检察机关各派驻基层检察室根据工作实践，认真总结提炼了一些切实可行的监督方式和方法，取得了较好的效果。如淄博市临淄区检察院派驻基层检察室经过积极探索，总结推广了"一二三四"社区矫正检察监督工作法，取得了较好效果。"一二三四"工作法，即"一档"：建立社区服刑人员档案，做到"一人一档"，掌握社区服刑人员底数；"二查"：查司法所的监管情况，查基层组织日常开展帮教活动情况，及时纠正脱管、漏管问题；"三走访"：走访监管人员、矫正帮教小组成员和社区服刑人员，及时了解社区矫正工作中的问题；"四对接"：与司法所、派出所、法院刑事审判庭、本院刑事执行检察部门进行对接，全面核实社区服刑人员情况。再如，东营市检察机关刑事执行检察部门以实现社区矫正工作的资源共享为目的，在社区矫正检察监督中开展了"六个一"建设活动，这些做法对派驻基层检察室开展社区矫正检察监督有很好的借鉴作用。"六个一"，即"一表"：向在押出所人员发放报到回执表，在其到司法所报到后，由司法所盖章后，限期送回或寄回检察机关刑事执行检察部门；"一卡"：向社区服刑人员发放"重塑自我，伴你同行"联系卡，社区服刑人员可以通过上面的联系电话，随时联系法律援助中心或刑事执行检察部门，便于其及时维护自身合法权益；"一室"：设立检察官帮教室，通过多种形式开展对社区服刑人员的帮教工作；"一员"：在乡镇街道聘请社区矫正联络员，可以就社区矫正工作及时与检察机关进行联系沟通；"一课"：开设检察官法制教育讲堂，强化对社区服刑人员的思想教育；"一卷"：向社区服刑人员定期发放调查问卷，便于及时、全面掌握社区服刑人员的情况。[1]

（四）丰富完善监督手段

目前《社区矫正实施办法》第37条规定的检察监督手段，主要有提出口

---

[1] 周玉国、刘新群：《社区矫正检察监督研究》，载《中国检察官》（司法实务）2014年第4期（总第192期）。

头纠正意见、制发纠正违法通知书或者检察建议书 3 种手段。从目前来看，社区矫正检察监督的这几种手段，得到了较为充分的运用，也产生了较好的效果。如检察建议是目前使用较多的一种监督手段，这种监督手段虽然在强制力上还有待增强，但从总体上看仍不失为一种好的监督手段。如临淄区派驻稷下检察室在开展社区矫正检察监督中发现，虽然相关法律法规明确规定了对符合条件的罪犯依法实行社区矫正，但在淄博市两级法院的刑事判决书中都没有明确写明对罪犯实行社区矫正的内容。从实践情况看，目前社区服刑人员对矫正工作还存在不正确的认识，对社区矫正工作的严肃性认识不足，甚至认识不到社区矫正的刑罚执行性质，这也成为脱管、漏管问题发生的重要原因。基于此，把社区矫正明确写入判决书的主文，明确其刑罚执行的性质，有利于社区服刑人员树立正确的自觉接受矫正的意识，严肃对待社区矫正工作。为此，临淄区检察院和淄博市检察院先后向区、市两级法院制发了检察建议书，被两级法院接受，目前该做法已经在全市推广。

当然，从社区矫正检察监督不断发展的视角看，社区矫正检察监督的手段尚显单一，难以适应新形势的发展要求。为此，检察机关除依法行使查处职务犯罪、建议给予相关人员纪律处分等监督职权外，应进一步赋予检察机关一些具体的、新的监督手段。一是赋予检察机关建议更换矫正小组成员的权力。在社区矫正实施过程中，对有玩忽职守、徇私舞弊、滥用职权等违法违纪行为但尚不构成犯罪的矫正小组人员，检察机关在向纪检监察部门提出给予纪律处分建议的同时，有权建议司法行政机关对其予以更换。二是赋予检察机关建议顺延考验或者执行期限的权力。按照《实施办法》的规定，缓刑、假释的社区服刑人员未按规定时间报到或者接受社区矫正期间脱离监管超过 1 个月的，应当提请撤销缓刑、假释，收监执行。但对于因社区服刑人员个人原因脱管不足 1 个月的情况，实践中多是计入考验或者执行刑期，这与刑罚的目的是相违背的。对于这种情况，应该赋予检察机关提出顺延考验或者执行期限意见的权力，以防止司法不公问题。三是赋予检察机关建议给予或者撤销司法奖惩的权力。检察机关发现对社区服刑人员的司法奖惩有错误或者与事实不符的，有权建议矫正工作小组给予或者撤销奖惩。

（五）提高监督的信息化和科技化水平

社区服刑人员数量多、居住分散，与监禁罪犯相比具有很强的流动性，靠人盯人式的传统监管方式已经难以奏效。检察机关（派驻基层检察室）开展对社区矫正工作的监督，如果无法及时掌握社区服刑人员的动态信息，那么对社区矫正执法活动的监督就难免存在虚化之嫌。根据当前信息化工作实践，提高社区矫正检察监督的信息化和科技化水平，应当从以下三方面入手。一是建立完善社区服刑人员信息库。将社区服刑人员的基本情况，包括住址、年龄、基本案情、家庭状况、矫正方案等，以及社区服刑人员劳动、学习、思想汇报及考核等情况，由社区矫正机构及时录入信息库，并逐步实现社区矫正机构、检察机关刑事执行检察部门和派驻基层检察室之间的信息联网共享。二是运用电子监控技术对社区服刑人员实施跟踪管理。主要是通过无线通信网络技术和GPS定位技术，实现对社区服刑人员的手机定位或视频监控，做到实时跟踪监督。如2015年5月，山东省费县检察院派驻费城检察室在对辖区内社区服刑人员服刑情况开展专项检察中，通过手机定位发现，因容留他人吸毒被判处缓刑正接受社区矫正的陈某某，在未请假的情况下，擅自到青岛居留2天，已违反社区服刑人员管理有关规定。遂向费城司法所提出口头建议要求纠正，费城司法所对陈某某作出书面警告一次的处理决定。三是为社区矫正工作人员和监督人员配备执法记录仪。通过执法记录仪的拍照、摄像、录音等功能，可以及时固定重要证据，为作出社区矫正监督处理决定提供重要依据。

（六）完善监督工作机制

1. 建立完善派驻基层检察室与刑事执行检察部门间的分工合作机制。目前，刑事执行检察部门是负责社区矫正检察监督的专门机构，派驻基层检察室成立后，也承担社区矫正检察监督职能。那么，科学界定两者之间的职权和工作分工，将有助于有效开展社区矫正检察监督。结合工作实践，我们认为在派驻基层检察室与刑事执行检察部门之间，按照监督对象的对等原则进行职权划分具有较强的可行性。所谓对等原则，即派驻基层检察室对应基层公安派出所和司法所、法庭，刑事执行检察部门对等本院同级法院、司法局和公安局相关职能部门。因为社区矫正具体执行工作由司法所负责，所以对这些具体执行活动的监督，也应由派驻基层检察室负责较为合适。对于发现的轻微违法违规可以由派驻基层检察室口头提出和监督整改；重大问题需要以检察院名义制发书面纠正违法通知书或检察建议书的，应由刑事执行检察部门调查处理，派驻基层检察室予以协助。在对其整改活动的监督上，也应实行对等监督原则。

2. 进一步完善与其他相关部门的协作配合机制。派驻基层检察室与人民法院、公安机关、司法行政机关之间，特别是与其基层派出机构之间，应进一步完善情况通报、联席会议、协同调查等工作机制，共同研究解决困难和问题，用良好的工作成效增强被监督者自觉接受监督的意识。

3. 建立完善社区矫正同步动态监督机制。应当尽快建设矫正信息联网平台，实现监督网络化。目前，司法行政机关依托政务网构建了社区服刑人员信息系统，检察机关应当尽快完成检察信息网与这一信息平台的互联互通，充分利用这一信息平台，进一步畅通监督途径，提高发现违法问题的能力。同时，应及时修订《人民检察院监外执行检察办法》等制度规定，建立健全社区服刑人员脱管、漏管问题发现机制，通过开展举报宣传、公布举报电话、设置网上举报信箱、落实"检察官接待日"等措施，全面提高检察监督的动态化和实效性。

【案例链接】

关于将"依法实行社区矫正"明确写入
判处管制、宣告缓刑案件刑事判决书主文的检察建议
——淄博市临淄区人民检察院派驻稷下检察室

一、检察建议产生的背景

淄博市临淄区人民检察院派驻稷下检察室在履行社区矫正监督职责、开展社区矫正工作专项调研过程中，发现临淄区人民法院对于判处犯罪分子管制及宣告缓刑案件，未将"依法实行社区矫正"明确写入刑事判决书主文，不利于刑罚后果的明确化、具体化和刑罚执行。

当前，部分犯罪分子认为被判处管制、宣告缓刑就是"没事了"，漠视社区矫正监督管理规定。群众也普遍存在"社区矫正等于释放""监外执行等于不执行"的错误认识。且乡镇（街道）司法所事多人少，监管不到位，导致脱管、漏管现象频发，监督中发现有些管制、宣告缓刑犯甚至长期不到基层司法所报到。

我国《刑法》第38条第3款、第76条明确规定，"对判处管制的犯罪分子，依法实行社区矫正""对宣告缓刑的犯罪分子，在缓刑考验期限内，依法实行社区矫正"。截至目前，上海、天津、甘肃、云南等省市基层法院已将"依法实行社区矫正"写入刑事判决书主文，并取得了良好的法律效果和社会效果。为保障刑法、刑事诉讼法等法律的正确实施，促进社区矫正工作依法规范开展，临淄区人民检察院认为，将"依法实行社区矫正"写入被判处管制及宣告缓刑犯罪分子的刑事判决书主文，一方面有利于刑罚后果的明确化、具体化，有利于刑罚的执行；另一方面有利于犯罪分子和社会公众正确认识管制、缓刑的刑罚属性，增强矫正人员自觉接受社区矫正机构监督管理的意识，也有利于发动社区群众积极支持社区矫正工作，提升司法公信力，遂向临淄区人民法院提出检察建议。

二、检察建议的主要内容

2014 年 8 月 25 日，由淄博市临淄区人民检察院派驻稷下检察室提请，经该院检委会研究同意，向淄博市临淄区人民法院提出三条检察建议：一是对判处管制及宣告缓刑的案件，将"依法实行社区矫正"写入刑事判决书主文；二是对适用社区矫正的案件，应核实罪犯居住地，并及时向社区矫正机构送达裁判文书和执行通知书；三是对适用社区矫正的案件，应将裁判文书及时抄送罪犯居住地所属辖区的派驻基层检察室。

三、检察建议的效果

淄博市临淄区人民法院对临淄区人民检察院的检察建议高度重视，并于 2014 年 9 月 1 日书面回复整改措施：一是认真组织学习修订后的刑法、刑事诉讼法，使审判人员充分认识到社区矫正的刑罚性质，以及社区矫正对于促进刑法轻缓化、行刑社会化的重要意义；二是明确要求对于判处管制以及宣告缓刑的案件，将"依法实行社区矫正"写入刑事判决书主文；三是对于适用社区矫正的案件，要求审判人员根据《社区矫正实施办法》，严格核实罪犯居住地，并在三日内向社区矫正机构送达裁判文书和执行通知书；四是对于适用社区矫正的案件，要求审判人员将裁判文书在三日内抄送罪犯居住地所属辖区的派驻基层检察室。

2014 年 9 月，淄博市人民检察院时任党组书记、检察长黄敬波指示，将临淄区人民检察院的做法进行学习推广，并以此形式向市法院提出检察建议，在全市范围内规范社区矫正工作。淄博市中级法院采纳了该检察建议，要求全市法院将"依法实行社区矫正"写入判处管制、宣告缓刑案件的刑事判决书主文。

该检察建议，促进了刑事审判和社区矫正工作依法规范开展，进一步明确了管制、宣告缓刑刑罚后果，增强了矫正对象自觉接受社区矫正机构监督管理的意识，提升了司法公信力，取得了良好的法律效果和社会效果。

四、经验做法

（一）完善工作措施，在充分履行监督职责中找准问题切入点

临淄区人民检察院派驻稷下检察室依托该院与临淄公安分局、区法院、区司法局联合会签的《关于人民检察院派驻基层检察室开展法律监督工作的规定》，认真履行法律监督职责，并探索总结出社区矫正工作"一二三四"工作法。即"一档"，设立"一人一档"社区矫正对象档案；"二查"，查司法所的监管情况，查基层组织开展日常帮教活动情况；"三走访"，走访管理人员，走访矫正帮教小组，走访社区矫正对象；"四对接"，与司法所、派出所、法院刑庭、监所检察科进行人员对接。2014 年，先后监督纠正 6 件社区服刑人

员脱管、漏管案件，均系社区服刑人员法律意识薄弱、基层司法组织责任心不强、审判机关与司法行政部门衔接不畅等原因导致。通过强化监督，深入了解到了社区矫正工作中存在的问题。

（二）充分调研论证，找准问题症结所在

针对发现的问题，临淄区人民检察院派驻稷下检察室认真开展调研，从理论与实践角度进行反复论证。对本院2013年以来监督纠正的13件脱管、漏管案件进行了调查分析，发现人民法院对判处管制、宣告缓刑的犯罪分子交付执行时，一般将相关法律文书送达执行机关，同时向犯罪分子宣告应当到社区矫正机构报到并遵守有关规定。实践中，部分罪犯对社区矫正刑罚属性认识存在偏差，以致对自身约束不严，存在违规违法行为。通过对《刑事诉讼法》《刑事诉讼规则》和《社区矫正实施办法》等的研究，尤其是《关于对判处管制、宣告缓刑的犯罪分子使用禁止令有关问题的规定（试行）》明确规定，"人民法院对判处管制、宣告缓刑的被告人宣告禁止令的，应当在裁判文书主文部分单独作为一项予以宣告"。通过分析认为，依法实行社区矫正和宣告禁止令都属于刑法规定犯罪分子在刑罚执行期间应当履行的义务，应当依法写入判决书主文。

（三）积极发挥检察建议职能，切实解决影响公正司法的普遍性问题

本着对法律负责，对检察工作负责的精神，本着促进刑事审判和社区矫正工作规范开展的态度，经检察委员会慎重研究，依法向临淄区人民法院发出了"在判处管制及宣告缓刑案件刑事判决书主文明确写入'依法实行社区矫正'"的检察建议。法院采纳了该建议，并于当日将整改情况书面反馈该院。同时，该院将此经验做法整理成检察信息呈送淄博市人民检察院时任党组书记、检察长黄敬波，受到领导充分肯定，并批示向市法院发出检察建议，在全市范围内规范社区矫正工作，收到了良好成效。

第十三章　行政执法检察监督

人民检察院是国家专门法律监督机关，从法律层面加强对行政权运行的监督，促进严格公正规范执法，确保执法主体、执法程序、执法手段、执法结果符合法律要求，是法律监督的应有之义。作为检察机关延伸法律监督职能、服务基层的重要载体，派驻基层检察室对基层行政执法单位的执法活动开展法律监督，对于丰富检察权内涵，拓展法律监督职能，推动基层改革发展和法治建设具有重要的意义。

第一节　监督意义

行政是国家行使权力的重要方式，是国家对社会进行管理的基本途径。基层行政执法部门的执法行为涉及社会的方方面面，是国家意志向社会传递的直接方式。行政执法部门中的不作为、乱作为现象，将直接损害人民群众的切身利益，影响社会和谐稳定。作为检察机关派出机构的派驻基层检察室，开展对基层行政执法站所的执法活动监督，可以有效延伸检察机关的监督触角，对于督促基层国家行政机关及其工作人员严格依照国家的法律、法规、规章行使职权，切实保护广大人民群众或者其他组织的合法权益具有积极的现实意义。

一、促进依法行政的现实需要

行政执法权具有管理性、强制性、广泛性特性，关系经济社会发展的方方面面和人民群众的切身利益。依法行政是依法治国的重要内涵，也是简政放权、转变政府职能，确保党中央全面深化改革政策落地的必然选择。随着法治建设的不断进步，依法执政、依法行政的观念深入人心，但由于行政执法权往往蕴含着巨大利益价值，基层行政执法站所众多，行政系统常规自主监督存在主体多元、程序烦琐、监督乏力等弱点，行政不作为、乱作为、权力寻租等现象时有发生，严重影响了政府公信，削弱了行政效能。因此，由检察机关通过派驻基层检察室加强对基层行政执法站所行政执法权进行有效法律监督，对于促进依法行政、巩固党的执政基础具有十分重要的意义。

二、强化法律监督职能的现实需要

长期以来，检察机关对行政权的监督多集中于诉讼领域，而对于诉讼外监督手段的涉及较少，特别是对行政机关的执法信息不能及时全面地了解，检察机关对行政执法行为的监督存在着程序范围不明确、监督手段缺少刚性、监督机制不完善等弱点，影响了监督效果。派驻基层检察室设立后，通过完善内外协作机制，畅通信息渠道，打造信息化监督平台，联合派出院民行检察部门综合运用检察建议、纠正违法、督促起诉、公益诉讼等监督手段，构建多元化行政执法监督新格局，对拓展法律监督的广度和深度，提升监督效果具有重要的意义。

三、推动司法体制改革的现实需要

为提高依法治国的水平，加快建设法治国家、法治政府和法治社会，必须对公权力尤其是行政权力进行制约。"检察机关作为独立行使监督权的国家机关是监督行政权的权威机关，它不仅应当在出现行政公务罪案时对行政权加以控制，而且可以在任何时候对行政权的运用进行监督。"① 党的十八大和十八届三中、四中全会对检察监督工作提出新的要求和更高的期望。十八届四中全会《决定》要求，通过加强包括司法监督在内的八种监督制度，强化对行政权力的制约和监督，并将督促纠正行政违法行为列为司法体制改革的重要内容。这是检察机关法律监督职能的一次重大拓展，最高人民检察院也正在部署开展对行政权运行的诉讼外检察监督，为检察机关参与和监督行政机关依法行政奠定了基础、提供了依据，也提出了新的挑战。作为检察机关派出机构的派驻基层检察室，只有落实好十八届四中全会精神和最高人民检察院部署要求，履行好对基层行政执法站所的执法活动的监督职责，才能在推进依法治国中发挥更大的作用，更好地体现自身价值。

第二节　监督依据

有法可依、有法必依是依法办事的前提和基础。在开展行政执法检察监督工作中，派驻基层检察室必须严格依法开展监督工作，才能够更好地促进依法行政，推进基层治理法治化进程。

---

① 胡建淼：《公权力研究》，浙江大学出版社 2005 年版，第 331 页。

一、政策基础

党的十八届四中全会通过的《中共中央关于全面推进依法治国若干重大问题的决定》中，作出了深入推进依法行政、强化对行政权力的制约和监督、优化司法职权配置等一系列战略部署，要求"检察机关在履行职责中发现行政机关违法行使职权或者不行使职权的行为，应该督促其纠正"。习近平总书记在《关于〈中共中央关于全面推进依法治国若干重大问题的决定〉的说明》中指出："现在，检察机关对行政违法行为的监督，主要是依法查办行政机关工作人员涉嫌贪污贿赂、渎职侵权等职务犯罪案件，范围相对比较窄。而实际情况是，行政违法行为构成刑事犯罪的毕竟是少数，更多的是乱作为、不作为。如果对这类违法行为置之不理、任其发展，一方面不可能根本扭转一些地方和部门的行政乱象，另一方面可能使一些苗头性问题演变为刑事犯罪。"习近平总书记指出："作出这项规定，就是要使检察机关对在执法办案中发现的行政机关及其工作人员的违法行为及时提出建议并督促其纠正。这项改革可以从建立督促起诉制度、完善检察建议工作机制等入手。"这是检察机关开展行政执法检察监督的政策基础，检察机关理应依法做好对行政执法机关执法活动的监督和制约。而作为检察机关派出机构的派驻基层检察室，对基层行政执法站所的执法活动进行监督，也自然属于检察机关对行政执法机关执法活动履行监督职责的范畴。目的是监督和促进行政执法部门依法行政，保障国家行政法律的统一正确实施，切实维护国家利益和社会公共利益，保护广大人民群众和其他组织合法权益。

二、法律基础

（一）宪法和宪法性法律

我国《宪法》第 129 条明确规定"中华人民共和国人民检察院是国家的法律监督机关"。从该规定中，可以看出《宪法》赋予了检察机关法律监督这一职权，其应对法律实施的各个领域进行监督，这里既包括监督司法行为，也包括监督行政执法行为。此外，《人民检察院组织法》第 6 条明确要求："人民检察院依法保障公民对于违法的国家工作人员提出控告的权利，追究侵犯公民的人身权利、民主权利和其他权利的人的法律责任。"该条明确指出，检察机关有追究违法国家工作人员的职责，而行政执法人员属于国家工作人员的范畴，所以行政机关执法人员也当然在检察监督范围之内。派驻基层检察室作为检察机关的派出机构，理应秉承检察机关的监督职权，开展行政执法检察监督工作，符合检察权监督行政权的宪法精神。

（二）基本法律

现行《刑法》和《刑事诉讼法》分别就检察机关立案侦查的范围和具体罪名做了明确，其中，《刑事诉讼法》第18条第2款规定了检察机关立案侦查的范围，"贪污贿赂犯罪，国家工作人员的渎职犯罪，国家机关工作人员利用职权实施的非法拘禁、刑讯逼供、报复陷害、非法搜查的侵犯公民人身权利的犯罪以及侵犯公民民主权利的犯罪，由人民检察院立案侦查"。从《刑法》分则第四章、第八章和第九章可以看出，在对渎职侵权类犯罪进行侦查，追究相关人员刑事责任的同时，行政执法行为也就自然进入检察机关监督之下。《行政诉讼法》也对检察监督有条文规定，其中就人民法院已经发生法律效力的判决、裁定，如若发现存在违反法律、法规规定的情形时，该法明确检察机关可以行使抗诉权。据此，检察机关监督行政执法行为得到法律的进一步明确，派驻基层检察室监督基层行政执法站所执法行为也得到了明确。

（三）行政法规及司法解释

在国务院颁布的《行政执法机关移送涉嫌犯罪案件的规定》和最高人民检察院制定的《人民检察院办理行政执法机关移送涉嫌犯罪案件的规定》中，明确指出，"检察机关在发现行政执法机关有案不移或者以罚代刑时，有权对其进行监督"；在最高人民检察院制定的《人民检察院民事行政抗诉案件办案规则》中更明确了检察机关可以通过检察建议这一方式进行监督。再如由最高人民检察院联合全国整顿和规范市场经济秩序领导小组办公室、公安部和监察部下发的《关于在行政执法中及时移送涉嫌犯罪案件的意见》中，规定，"人民检察院依法对行政执法机关移送涉嫌犯罪案件情况实施监督，发现行政执法人员徇私舞弊，对依法应当移送的涉嫌犯罪案件不移送，情节严重，构成犯罪的，应当依照刑法有关的规定追究其刑事责任"；由监察部、最高人民检察院和国家安全生产监督管理总局联合下发的《关于加强行政机关与检察机关在重大责任事故调查处理中的联系和配合的暂行规定》第2条规定："国务院或国务院授权有关部门组成的事故调查组，应当邀请最高人民检察院参加；地方各级人民政府或政府授权有关部门组成的事故调查组，应当邀请同级检察机关参加。"以上规定明确了检察机关的监督职责，也为派驻基层检察室监督基层行政执法站所执法行为提供了强有力的法规基础。

三、地方规范性文件

近年来，全国各地检察机关探索开展了对行政执法活动的法律监督，部分省级人大常委会对行政检察工作作出相应规定，为当地检察机关开展行政违法行为法律监督提供了直接依据。部分地方检察机关出台规范性文件，强化对行政执法活动的检察监督。有的地方检察机关与政府法制部门或者有关行政部门联合出台规范性文件，在重点执法领域有针对性地开展法律监督，收到了良好的法律效果和社会效果。以山东为例，2009 年 11 月，山东省人大常委会发布《山东省人民代表大会常务委员会关于加强人民检察院法律监督工作的决议》，明确规定：全省各级人民政府应当支持人民检察院依法开展法律监督工作，督促相关行政执法机关与人民检察院建立并完善行政执法、执纪与刑事司法衔接、信息共享机制。行政执法机关对人民检察院查询涉嫌违法犯罪案件情况、要求提供有关案件材料、介入调查的，应当予以配合；对人民检察院要求移送刑事案件的意见，应当认真研究并反馈处理情况。对重大责任事故案件，应当及时通知人民检察院介入调查，并予以协助和配合。对人民检察院提出的检察意见和检察建议，应当认真办理，切实纠正确有错误的行政行为，并及时函复办理结果。该《决议》的出台，为山东各级检察机关开展行政执法检察监督工作提供了直接依据和支撑。在此框架下，各市、县级院结合当地实际，积极实践，争取同级人大审议通过了相关加强行政执法检察监督工作的决议。一些地方检察机关与政府法制部门或者有关行政部门联合出台规范性文件。如夏津县人民检察院提请县人大通过了《关于加强行政执法检察监督工作的决议》。

为进一步规范行政执法检察监督工作，2014 年 6 月 24 日，山东省人民检察院出台了《山东省检察机关行政执法检察监督工作规范（试行）》。该《规范》共 22 条，明确提出了行政执法检察监督的内涵、基本原则、监督范围、监督方式和手段、程序、监督效果等内容，标志着该省行政执法检察监督试点工作由实践探索上升到制度建设层面。《规范》的出台，对加强、改进和规范该省行政执法检察监督工作，提高行政执法监督案件的质量和水平，确保监督实效，树立监督权威，完善和拓展对行政行为实施法律监督的途径和方式，推动行政执法检察监督工作健康顺利发展具有重要意义。一系列规章制度和措施的出台，为派驻基层检察室规范有序地开展行政执法检察监督工作提供了有力的保障。

第三节　监督原则

派驻基层检察室对基层行政执法活动的检察监督，在遵循依法监督、规范监督等普遍适用的监督原则的前提下，还应遵循以下原则。

一、有限监督原则

有限监督是指派驻基层检察室开展行政执法检察监督应当以检察权依法运行为基础，严格按照法律规定和派出院授权，在一定权限范围内依法行使检察监督的权力。具体来说，对行政执法的监督适用法律法规要正确，要有明确的监督范围、监督方式和完善的监督程序，确保监督的规范化、制度化。特别是对于行政强制措施实施过程的检察监督、行政机关违法行使职权或不行使职权的监督等新兴的监督领域，更要做到依法有序、严谨规范，为行政权的司法监督积累有益经验。

二、重点监督原则

基层行政行为范围宽泛、数量巨大，盲目追求对行政行为监督的全覆盖与目前派驻基层检察室的人员配备、队伍专业化水平、工作能力等不相适应，也不会取得应有的监督效果。在实践中，要充分考虑派驻基层检察室的现实状况，以有效监督为原则，因地制宜、因时制宜，选取问题突出、当地群众高度关注或者与当地经济社会发展关系密切的领域作为重点进行监督。如对于涉及群众切身利益的生态环境、食品药品、医疗卫生、社会保障、涉农惠农、国土资源等领域，要持续加大监督力度，提高监督质量，实现法律效果和社会效果的有机统一。

三、尊重行政权运行规律原则

要坚持职权法定、依法监督的司法谦抑原则，科学把握行政违法行为检察监督的范围、方式、程序和时机，恪守司法规律和派驻基层检察室法律监督的职能定位。派驻基层检察室与行政执法站所在各自职权范围内依法履行职责，不代行行政权和对违法人员的处分权，做到监督到位不越位，参与不干预。要加强与行政复议、行政监察等部门的协调配合，建立联席会议、情况通报、联合执法等制度机制，推动形成监督合力。要及时向政府有关部门通报行政执法行为检察监督情况，针对重点领域和重点问题进行讨论交流，协调解决法律监督工作中存在的困难和问题。如山东省淄博市周村区人民检察院院联合邹平县人民检察院，依托两地派驻检基层察室，以治理跨区域环境污染问题为重点，创新监督模式，与两地环保部门共同建立了"跨区域环境污染综合治理快速反应协查机制"，有效破解了跨区域环境污染治理和环境执法监督难题，取得良好社会效果。

第四节 监督方式和监督程序

检察机关作为法律监督机关，依法对行政执法活动进行监督是其参与国家治理的重要实践。检察机关行政执法监督的特征主要表现在：一是对基层行政执法机关和行政执法人员执法活动的监督；二是通过对行政执法内容、执法程序以及执法效果的检验和评价，来判断法律、法规和规章是否得到正确贯彻实施。[①] 监督范围应有两方面：一方面对行政执法行为的程序是否合法进行审查，保证程序的公正与合法；另一方面对行政执法行为的实体进行监督，主要审查两点：一是对执法主体的合法性进行审查；二是对执法主体的具体行政行为是否合法进行审查。

一、监督方式

1. 预防性监督。派驻基层检察室通过主动与有关单位建立经常性联系，深入到行政执法站所对行政强制案件、行政处罚案件进行调查摸底，从而发现不当行政执法行为。实践中，有时行政机关基于本身执法需要，邀请派驻基层检察室参与监督、提供意见，派驻基层检察室也可以主动开展监督，充分发挥预防在监督行政违法行为中的作用。如 2016 年 3 月，山东省滨州高新区市场监管局在开展食品药品安全执法活动中，主动邀请滨州市人民检察院民行检察处、高新区检察室派员参与讨论案件定性，就食品药品安全执法案件"情节轻微"情形的认定原则达成了一致意见。

2. 干预性监督。干预性监督的主要方式是提出检察建议、督促起诉和支持起诉，具体包括对行政机关不依法移送涉嫌犯罪案件的监督、对有权机关怠于行使权力将导致国家利益和社会公共利益受损的督促和支持起诉等。通过检察监督的介入，切断可能存在的寻租行为及利益兑现链条，使被监督的权力、需要保护的利益通过检察监督转入正常的轨道。

预防性监督和干预性监督之间存在着层次性和递进性关系，只有在预防性监督没有起到预期效果，并且已经造成了违法性事实的情况下才启动干预性监督，这也是检察监督权谦抑性的表现。需要特别强调的是，检察建议这种监督方式的特点是方便、灵活、使用范围广、易被接受，也是被普遍采用的，是行

---

① 黄胜：《浅析检察机关强化行政执法监督的必要性及其建构》，载《法制与经济》2011 年第 4 期（总第 273 期）。

政执法监督最主要的监督方式，可对包括督促行政机关纠正行政违法行为、履行法定职责、更换办案人、依法强制执行或者申请人民法院强制执行等在内的行为进行建议纠正。

3. 参与性监督。参与性监督即提起行政公益诉讼。根据最高人民检察院规定，提出检察建议是公益诉讼的诉前程序，也是必经程序，设立诉前程序的目的是提高检察监督的效力，发挥行政机关履行职责的能动性，启动行政机关自我纠错机制，节约司法资源。对于基层行政执法检察监督案件，在经过提出检察建议、督促起诉等监督方式，行政机关仍不纠正行政违法行为，或者纠正违法行为不彻底的，符合最高人民检察院《检察机关提起公益诉讼制度改革试点方案》和《人民检察院提起公益诉讼试点工作实施办法》提起公益诉讼情形的，派驻基层检察室可以协助民行检察部门向同级人民法院提起公益诉讼。

二、监督程序

派驻基层检察室开展行政执法检察监督，应严格遵循以下程序：案件线索发现→线索移送→调查核实→监督纠正。

（一）案件线索发现

行政执法检察监督案件线索的主要来源有：公民、法人或者其他组织向派驻基层检察室检举、控告、申请监督；有关机关交办、转办、移送；派驻基层检察室依职权发现等。除此之外，派驻基层检察室还应依托"信息超市"、行政执法监督信息共享平台，利用下访巡访、法制宣传以及微信、微博等自媒体渠道，积极发现和受理行政执法检察监督案件线索。

（二）案件线索移送

对于发现的监督线索应分别不同情形制作《案件线索移送函》连同相关证据材料，报经分管检察长批准后，移送有关部门：1. 对发现的行政执法部门不作为、乱作为等线索，移送派出院民行检察部门；2. 对发现涉嫌刑事犯罪不移交的线索移送派出院侦查监督部门；3. 对发现的工作人员涉嫌贪污受贿、渎职侵权等职务犯罪案件线索移送派出院控告申诉部门（举报中心）。发现有违反党纪、政纪行为的，应当移送纪检监察机关处理，并制作《案件移送函》。

（三）调查核实

对移交后的监督线索，派驻基层检察室应及时跟进，了解案件线索处理情况，必要时积极配合派出院相关部门开展走访核实、调查取证等工作。派驻基层检察室对经检察长授权或者批示交办的案件线索进行初核，应当严格按照规定的程序和期限办理。

（四）监督纠正

根据监督案件的不同情形采取不同监督措施：1. 对可能造成重大损失、引发群体性事件，但未形成事实后果的，由派驻基层检察室配合派出院民行检察部门以派出院名义发出《纠正违法通知书》监督纠正；2. 发现行政主体在执法活动中有下列情形之一，致使国家利益、社会公共利益或者利害关系人合法权益受到严重损害，尚未构成犯罪的，应当配合派出院民行检察部门依法对建议事项负有直接责任的行政主体提出检察建议，涉及多个行政主体职责的，应当向依法负有主要责任的行政主体提出检察建议，同时报上一级人民检察院备案：（1）未履行或者怠于履行法定职责的；（2）超越职权、滥用职权的；（3）行政主体不适格的；（4）违反法定程序行使职权的；（5）违反法律规定，影响人民法院公正审理行政诉讼案件的；（6）具有其他违法情形的。3. 对危害食品药品安全、破坏生态环境、制售假冒伪劣商品等违法行为，配合派出院民行检察部门提起公益诉讼；4. 行政主体不存在或者已经自行纠正执法活动中的违法行为的，应当配合派出院民行检察部门作出终结审查的决定，并制作《终结审查决定书》。同时，在提出检察建议或者作出终结审查决定后，需要答复有关机关或者相关检举人、控告人、申请监督人的，应当及时答复，并对发出的检察建议，及时跟进监督。

第五节　监督实践探索

近年来，随着我国法治化进程的不断推进，检察机关通过开展专项活动，对行政执法检察监督的力度不断加大，取得了良好的效果。2016 年 8 月，最高人民检察院下发了《关于开展检察机关参与土壤污染防治行动专项监督活动的实施方案》，加强对污染土壤等环境违法行为的监督。山东省人民检察院也先后出台了《全省检察机关深入开展环境保护行政执法检察监督专项活动实施方案》《全省检察机关开展道路交通安全法律监督专项活动实施方案》和《全省检察机关开展国土保护和食品药品安全行政执法检察监督专项活动实施方案》等，积极探索开展行政执法专项检察监督活动。以上专项活动，为检察机关开展行政执法检察监督，提供了依据，探索出了一种规范高效的行政执法检察监督模式，取得了良好的工作效果。

2015 年 5 月份，在全省开展的环境保护行政执法检察监督专项活动中，山东各级检察机关围绕企业事业单位和其他生产经营者违法排放污染物、超标准排放污染物；未依法进行环境影响评价擅自开工建设；未按规定设计使用或擅自拆除防治污染设施；生产、使用国家明令禁止生产、使用农药的；重点排污单位未按规定安装使用监测设备、不公开或者不如实公开环境信息或篡改、伪造检测数据；涉污单位屡查屡犯，污染顽疾长期得不到解决的；企业事业单位和其他生产经营者未按规定节能减排、节水节地节材、开发利用自然资源；引进外来物种以及研究、开发和利用生物技术，导致资源浪费、生态受损和生物多样性被严重破坏的；环境影响评价机构、环境监测机构以及从事环境监测设备和防治污染设施维护、运营的机构，在有关环境服务活动中弄虚作假，造成环境污染和生态破坏的；环境保护管理部门对不符合行政许可条件准予行政许可；对环境违法行为进行包庇或以罚代管，未依照环保法律法规进行处理；篡改、伪造或者指使篡改、伪造监测数据，未依法公开环境信息；将征收的排污费截留、挤占或者挪作他用；对于企业事业单位和其他生产经营者未构成犯罪的违法行为，应该移送公安机关处罚而未移送的；发生跨行政区域的重点区域、流域环境污染和生态破坏事故，环境保护管理部门互相推诿、怠于履行职责的；其他违反环境保护法律法规，造成严重环境污染、生态破坏，环境保护管理部门不严格公正执法等七个重点方面，依法运用检察建议、监督立案、督促移送等形式，督促整治污染企业 419 家，监督移交环境违法案件 62 件。同时，把监督纠正不作为、乱作为问题与查办背后的职务犯罪紧密结合起来，共批捕破坏环境资源刑事犯罪 289 人，立查监管不力，导致严重污染环境职务犯罪 53 人。[①] 派驻基层检察室在行政执法检察监督案件线索发现、移送和协助办理中，发挥了积极有效的重要作用。山东各地派驻基层检察室仅 2016 年前 6 个月，就直接或协助办理各类行政执法检察监督案件 734 件，为规范行政执法活动，预防和纠正行政违法行为，有效打击犯罪，促进社会治理创新，添上了浓墨重彩的一笔。

如 2015 年 6 月，山东省博兴县人民检察院派驻湖滨检察室在下访巡访中，发现湖滨镇柳桥村附近有一家晒鸡血的小作坊，露天晾晒鸡血，没有任何环保设备，污染物随便往临近河里排放，严重污染周围空气和水流，影响居民生产生活。检察室干警经批准后，对小作坊和周围环境进行了拍照、录像，并走访附近居民，制作调查笔录，查明事实后，及时将案件线索移送派出院民行检察科。博兴县人民检察院向县环保局发出检察建议书，县环保局收到检察建议书

---

① 数据来源于 2016 年《山东省人民检察院工作报告》（在山东省第十二届人民代表大会第五次会议上）。

后，及时进行调查，并对涉事小作坊作出了查封处理决定，并将处理结果书面回复博兴县检察院。柳桥村的空气和水流环境得到了明显改善。

派驻基层检察室在行政执法检察监督工作中，应当找准定位、摆正位置、明确重点，避免因定位不准、职责不清、权限太广而变成"小检察院"或变成乡镇政府的职能部门。所以派驻基层检察室要紧紧围绕检察机关法律监督职能这一核心开展工作，积极构建即有利于节约基层检察院的司法成本，又避免混乱监督和职责重叠的行政执法监督机制，才能彰显其独特的生命力和影响力，树立检察机关在行政执法单位中的权威和公信力。

第六节　监督机制的健全完善

一、健全完善制度机制

制度机制建设是开展行政执法检察监督的前提条件和重要保障。从地方检察机关的实践来看，检察机关对行政违法行为的法律监督目前仍缺乏直接的法律依据，存在着体制性、机制性的障碍以及监督乏力等问题。检察机关督促纠正行政违法行为属于重大司法改革措施，要在总结各地司法实践的基础上，结合中国特色的检察制度，做好制度设计。根据《中共中央关于全面推进依法治国若干重大问题的决定》要求，行政执法检察监督的线索来源限定为检察机关在履行职责中发现的情形，主要是指检察机关在开展检察业务过程中发现的行政违法行为。为了提升行政执法检察监督的效果，在制度设计中，要充分考虑和利用行政执法信息平台以及行政执法和刑事司法的衔接制度，拓宽检察机关发现监督线索的渠道。另外，在制定相关法律时，应对检察机关对行政违法行为的调查核实权、监督方式等问题作出明确规定。

二、健全完善信息共享机制

派驻基层检察室应主动争取乡镇党委的重视和支持，建立健全与行政执法站所的沟通、协调、反馈机制，与乡镇纪检监察、法制部门的协作配合机制，以及与行政执法站所的信息共享、案情通报、案件移送、案件报备等机制，努力营造良好的法律监督环境。近年来，国家大力推进政务公开信息化，应积极推进检察信息网与行政执法信息网的连接，积极与行政执法部门建立信息共享机制，行政执法机关及时将本单位行政执法信息进行报送，以便于检察机关及时跟踪了解行政执法工作动态，综合研判相关涉案信息，及时跟进监督。如山东省庆云县人民检察院为强化对行政机关的法律监督，与县委政法委共同研究制定了《"两法衔接"信息共享平台建设意见》，并依据该意见推动各派驻基层检察室与乡镇站所的信息共享平台建设。截止到 2015 年 10 月，该院派驻基层检察室已完成了与辖区经管站、财政所、国土所、税务所、工商所、民政所、食药所等主要站所的互联互通，实现了"行政执法"和"刑事司法"的全面衔接。[1] 据了解，2016 年以来，该市各行政执法站所共向"两法衔接"信息平台上传行政处罚案件 185 件，监督行政执法站所向公安机关移送案件 25 件，监督公安派出所立案 12 件，纠正基层行政执法部门不作为、乱作为等违法行为 36 件，发现并移交职务犯罪案件线索 5 件，有效提升了基层行政执法站所的规范执法意识。

三、健全完善内外部协作机制

在检察机关内部，派驻基层检察室还要建立与派出院相关内设部门的信息双向互通互联，做到信息共享共用，加强与民行检察、控告申诉、侦查监督、自侦等部门的对接，建立健全协同办案机制，对信息通报、工作协作、跟踪回访、督导落实、案件线索移送等作出规定，做到无缝对接、各司其职，增强工作合力和监督效果。对于派驻基层检察室能够自行处理的，依法自行处理，并将处理结果报派出院民行检察部门备案；对于一些重大行政执法案件，要积极与派出院民行检察部门对接，通过联合办案，打造民行检察一体化办案格局。

四、健全完善跟踪问效机制

从目前看，检察建议是派驻基层检察室开展行政执法检察监督的主要方式，但由于现行法律法规对检察建议的效力并没有做出刚性规定，实践中个别行政机关不积极采纳、落实，虚于应付，致使监督效果并不理想。因此，应对检察建议的落实情况进行回访督查，通过实地查看、电话回访、走访行政相对人等形式，督促有关单位彻底整改落实，确保行政执法检察监督落到实处。如山东省夏津县人民检察院派驻新胜店、宋楼两个检察室，在 2013 年 3 月，对当地低保重残生活补贴发放不到位问题发出检察建议后，发现仍有部分补贴没有落实到位，检察室及时通过电话回访和实地调查等形式，对低保重残生活补贴发放情况进行了详细的调查摸底，在查明情况后，检察室及时将线索移交派

---

① 李智群：《庆云检察院利用信息技术推动检察室工作——"两法衔接"规范执法行为》，载《德州日报》2015 年 10 月 31 日第 3 版。

231

出院民行检察科，帮助 470 名低保重度残疾人领到了 20 余万元生活补贴金。

【案例链接】

关于建立跨区污染综合治理快速反应机制的检察建议
——淄博市周村区人民检察院派驻王村检察室

一、检察建议产生的背景

2014 年 3 月，淄博市周村区院派驻王村检察室工作人员在下访巡访过程中，发现与周村区毗邻的滨州市邹平县境内存在多家企业向我区排放废水、废气的情况，造成跨区污染，给周村区人民群众的生产、生活造成严重危害，群众反映强烈。为更好地开展行政执法监督，促进依法行政，防止失职、渎职现象和职务犯罪案件发生，实现对跨区污染的综合治理，在充分调研基础上，根据最高人民检察院《检察建议工作规定》的规定，周村区院向淄博市环保局周村分局提出了"建立跨区污染综合治理快速反应机制"的检察建议。

二、检察建议的主要内容

（一）2014 年 3 月 5 日周检王建字〔2014〕1 号检察建议书：

1. 对两区县边界处邹平境内污染企业进行实地排查摸底，根据污染的不同种类进行分类统计。

2. 周村区环保分局与邹平县环保局建立"跨区域污染综合治理快速反应机制"。一是建立联席会议制度。成立行政区域边界地区执法联动工作领导小组，主要负责召开联席会议、制订工作计划、协调处理边界污染纠纷，双方各指定 1—2 名联络员，负责信息沟通和联络工作。二是建立边界污染协查制度。两地环保部门积极对接，建立边界污染协查制度，开展执法合作，对处于两地区边界的环境污染事件，由双方环保部门共同组织人员联合执法，避免因责任不清产生推诿扯皮情况发生，使污染企业无处藏身，确保环境污染治理成效。三是建立信息通报制度。对日常监督检查过程中发现的有可能造成跨区污染但不属于管辖范围的环境污染隐患，详细搜集相关资料，及时通报对方，及早做好整改，避免造成重大环境污染事故。

3. 积极开展技术交流。两区县环保部门加强技术交流，双方就各自成功的治理经验相互学习，实现环境污染共同治理的双赢目标。

（二）2014 年 9 月 15 日周检王建字〔2014〕3 号检察建议书：

通过实地勘察和群众反映情况，发现淄博市环保局周村分局在治理污染过程中，有些方面还存在治理不到位、治理的广度和深度还不够等，为了深入促进周村、邹平两地开展跨区域综合治理工作，实现跨区域污染治理取得更加有效的成果，提出如下检察建议：

1. 按照重点突破、以点带面、分类督导的原则，制定治理跨区污染长期规划、分步实施的战略，实行分期、分片、分行业依次治理，确保实效。

2. 周村区西外环道路坑洼、尘土飞扬，空气污染严重，建议在治理环境污染的同时，为彻底解决问题，由有关部门对该道路进行升级改造。

3. 位于和平村、前进村附近的生活污水臭气熏天，污染严重，周边群众反映强烈、意见较大，建议对此污水河开展整治活动。

4. 建议近期开展专项整治活动，联合邹平县有关部门对跨界土小企业进行拆迁、取缔。

三、检察建议的效果

淄博市环保局周村分局高度重视区检察院的检察建议，研究制定了落实建议的实施意见，并在周村、邹平两地检察机关和环保部门的共同努力下，王村检察室建议建立的"跨区污染综合治理快速反应机制"取得了明显成效。截至目前，山东亚圣集团投资400余万元建成的污水处理厂，日处理废水200立方米，废水经处理后循环利用，彻底根治了化工废水外排对周边村庄、水库造成的跨界污染"顽疾"；山东赫达股份有限公司周村城区投资80余万元，建设了废气焚烧设施，对污水处理产生的废气进行焚烧，现已正常投入使用；南郊镇对辖区内的2家土炼油作坊进行了查封并彻底拆除；王村镇与邹平县交界处骨料粉碎企业有60家被关停取缔，另外90家企业通过治理达标验收，共减少粉尘排放2000多吨，有效解决了粉尘污染问题。

据检测，近期周村区西部大气环境质量明显改善，周边群众对于两区县联动执法的治理效果感到非常满意。灯塔社区的一名全国人大代表由衷地表示：周村区检察院积极发挥职能作用，加大行政执法监督力度，建议建立的"跨区污染综合治理快速反应机制"执行到位，周村北部和西北部地区的污染异味等现象已有明显改善。周村区一位分管环保工作的领导说："区检察院做了一件大好事，解决了区委区政府多年想解决而未解决的问题，这是让群众拍手称快的事。"这一治理跨区污染工作机制取得了良好的社会效果。

四、经验做法

（一）有效对接，探索跨区治污新思路

为有效推动环境执法，周村区院与区环保局召开了座谈会议，围绕跨区环境污染的现状、成因、治理措施以及检察机关在打击环境犯罪、监督环境执法等方面进行了深入探讨和细致交流。根据前期提出的检察建议，周村区院全程监督指导周村区环保分局与邹平县环保局建立"跨区污染综合治理快速反应机制",并签订"周村邹平行政区域边界地区环境执法联动协议"。

（二）争取领导支持，推动治理跨区污染工作深入开展

检察室人员在深入调研的基础上，撰写形成了《周村区检察院关于治理跨区环境污染问题的调研报告》，呈报省、市院和周村区委、区人大，省、市院对有关经验材料给予转发，周村区委主要领导给予充分肯定，《检察日报》等媒体对该做法也给予报道。

（三）组织"四方会谈"，达成跨区治污合作共识

为共同打击违法犯罪行为，维护交界地区和谐稳定，周村区院主动与邹平县院进行了有效对接，并于 2014 年 7 月 30 日，在王村检察室召开了由两地检察机关和环保部门共同参加的"四方会谈"，会谈就两地在加强跨区域环境执法建设中，如何共同打击环境违法犯罪行为，加强联系配合，通力合作，尽最大努力控制和减少对相邻地区的污染影响等广大群众关心、关注的问题进行了深入沟通，并达成共识。为避免出现推诿扯皮，粗放草率等问题，会谈决定由四部门分别指定一名联络员，定期组织召开会议，通报相关工作开展情况，及时就各部门协同合作的具体方法进行商讨。

（四）召开现场推进会，推动跨区治污工作深入开展

为实现环境污染共同治理的双赢目标，在周村区检察院的建议下，周村环保分局先后两次邀请邹平县环保局带领邹平县境内 10 余家企业来周村参观大气环境治理项目，并对邹平地区相关问题提出了合理化治理建议，为保障综合治理成效，2014 年 8 月 27 日，由周村区院联合周村环保分局、邹平县院、邹平县环保局共同召开了"检察助力环保"现场推进会，有效推动了跨区治污工作深入开展。

第十四章　审查起诉轻微刑事案件

法律监督是体现派驻基层检察室检察属性的显著标志，是派驻基层检察室在推进基层治理法治化进程中有效发挥作用的必然要求[1]。赋予派驻基层检察室审查起诉辖区内轻微刑事案件的权限，是充分发挥其法律监督职能作用的重要举措和有力保障。实践证明，派驻基层检察室审查起诉辖区内轻微刑事案件，有利于强化派驻基层检察室对公安派出所、人民法庭、司法所等基层执法司法部门的法律监督，有利于发挥在参与社会治安综合治理和平安建设中的职能作用，有利于及时化解深层次社会矛盾，维护基层社会和谐稳定，对推进基层治理法治化具有重要意义。

第一节　工作必要性

派驻基层检察室作为检察机关的新生力量，在延伸法律监督、化解基层矛盾等方面都发挥了积极作用。由派驻基层检察室审查起诉轻微刑事案件，是推动检察体制改革、完善中国特色社会主义检察制度的重要举措，其必要性具体体现在以下四个方面：

一、强化基层法律监督，提升检察机关的社会认可度

检察权的本质是法律监督权，国家设置检察权的目的在于最低限度地保障国家权力的健康运行，保障国家法律得到遵守和实施。[2] 随着社会改革和经济建设的逐步深化，影响基层社会稳定的不安定因素增加，因普通民事纠纷或者征地拆迁、民生工程、惠民政策落实、劳资纠纷等引发的故意伤害、寻衅滋事以及危险驾驶等案件增多，使公安派出所等基层执法司法部门工作压力不断增大，执法司法办案任务凸显，办案中的各类问题也不断出现。公安派出所、人

---

[1]　吴鹏飞：《派驻检察室：基层治理法治化的重要力量》，载《检察日报》2015年1月19日第3版。
[2]　韩大元、刘松山：《论我国检察机关的宪法地位》，载《中国人民大学学报》2002年第5期，第54页。

民法庭、司法所三者之间缺少派驻基层检察室的有效衔接，使得公、检、法、司四家在基层业务上没有交叉，不仅造成乡镇街道一级基层法律监督的虚化，也使群众不能准确认识检察机关的法律监督地位。派驻基层检察室审查起诉轻微刑事案件，不但使派驻基层检察室与公安派出所等基层执法司法部门的沟通联系更加紧密，围绕打击刑事犯罪维护稳定、诉讼监督保障人权等充分履行职责，充分发挥其身处基层、"耳聪目明"、有利监督的优势，依法对公安派出所等基层执法司法部门执法司法活动开展贴近式监督，更能有效地受理、发现基层执法不严、司法不公问题，强化基层法律监督的力度和效果，逐步与公安派出所等基层执法司法部门形成"分工负责、相互配合、相互制约"的基层司法体系，同时，也能推动派驻基层检察室的职能实质化，有助于加深人民群众对检察机关的认识，更好地理解和支持检察工作。

二、充分发挥自身优势，增强办案效果

随着依法治国进程的不断推进，基层民众的民主意识、法治意识逐渐增强，对法律服务的需求更为迫切。派驻基层检察室审查起诉发生在辖区内的轻微刑事案件，尤其是办理"具有和解可能的轻微刑事案件"，既具有地缘优势，植根基层、贴近群众，能方便快捷地进行调查取证、法律文书送达、开展刑事和解、检察宣告等工作，又具有人缘优势，熟悉当地风土人情和人际关系，同时也具有环境优势，有利于与公安派出所和基层组织形成工作合力，深层次化解案件引发的社会矛盾，缩短办案时间，降低基层群众"接近正义"的成本，提高案件办理的社会效果。此外，派驻基层检察室在审查起诉轻微刑事案件过程中，通过分析辖区内违法犯罪的特点和规律，可以更加有效地参与农村（社区）社会治安综合治理，协助发案单位建章立制、堵塞漏洞，营造良好的治安环境，也能更加准确地感受和回应人民群众对检察工作的新期待和新要求，为地方党委政府决策提供参考，推进基层民主法治建设。

三、促进辖区人民群众参与司法，增强司法信任

随着权利意识的不断觉醒和法治观念的逐步树立，人民群众对公平正义的期待和参与司法的热情越来越高。党的十八届四中全会通过的《中共中央关于全面推进依法治国若干重大问题的决定》，把"保障人民群众参与司法"作为"保证公正司法，提高司法公信力"的一项重要任务。派驻基层检察室就地审查起诉轻微刑事案件，保障辖区人民群众广泛深入地参与司法，有利于发

挥辖区人民群众在司法调解中的重要作用，及时了解掌握当事人诉求，打开当事人双方心结、化解矛盾；有利于加强基层群众对检察机关司法活动的监督，防止司法擅断；有利于消除基层群众对司法活动的距离感，使裁判更易于得到当事人和社会公众的认同。尤其对于作出不起诉的轻微刑事案件，由派驻基层检察室进行公开审查、检察宣告、释法说理，增强司法的透明度，有利于消除当事人的疑虑和对抗情绪，增强司法信任，保证司法权力运行的公正性，促进社会公正与司法公正的统一。

四、实现案件繁简分流，提高办案效率

近年来，基层公诉部门受理刑事案件数量高位运行、逐年递增，且疑难复杂案件、职务犯罪案件、热点敏感案件比例不断攀升。以山东省为例，2010年至2015年，全省公诉部门受理案件较前五年上升24.5%，年均增长5.8%，案件总量持续增长、案件复杂程度持续加大，案件出庭任务十分繁重，部分基层院年人均办案量接近200件，一定程度上影响了案件的审查起诉效率，也不利于当事人合法权益的有效保护。另外，轻微刑事案件所占比重较大，据不完全统计，约占刑事案件总数的50%以上，在基层检察院，这一比重还要更高。以烟台市芝罘区人民检察院为例，该院2015年共受理公诉案件777件，其中轻微刑事案件540件，所占比例达到69.5%。派驻基层检察室审查起诉轻微刑事案件，实现案件在公诉部门与派驻基层检察室之间的科学分流，合理配置司法资源，缓解了公诉部门案多人少的矛盾，可以集中更多的时间和精力办理重大、疑难、复杂案件，实现了检察工作效益和效率的最大化。

第二节 工作依据及工作原则

一、工作依据

近年来，最高人民检察院相继出台了《关于进一步加强和规范检察机关延伸法律监督触角促进检力下沉工作的指导意见》《关于进一步加强和改进人民检察院基层建设的意见》等规范性文件，进一步明确派驻基层检察室作为延伸法律监督触角、促进检力下沉的重要组织形式，为派驻基层检察室建设和发展指明了方向。派驻基层检察室的设置体现了有效优化、合理配置检察权，强化对基层执法司法活动监督的重要要求和重大使命。《人民检察院组织法》规定"检察长统一领导检察院的工作"，表明派驻基层检察室作为基层检察院

的派出机构，可以根据检察长的授权履行相应业务职责。经检察长批准和授权后，派驻基层检察室完全可以审查起诉轻微刑事案件。

各地各级检察机关制定出台了相关规定，对派驻基层检察室审查起诉轻微刑事案件工作进行规范。如浙江省三门县人民检察院出台了《基层检察室办理轻微刑事案件实施细则》①，规定"基层检察室根据上级检察院的规定和本院检察长的指派承担辖区内的轻微刑事案件的审查起诉工作"。浙江省永康市人民检察院与永康市人民法院联合出台了《关于部分轻微刑事案件实行巡回审判的若干规定》，积极探索故意伤害轻伤案件刑事和解和同类案件尝试快速审查机制。② 江苏省江阴市人民检察院与市人民法院达成共识，由乡镇检察室审查起诉轻微刑事案件，在人民法庭开庭审理案件。发生在群众身边的案件在群众身边开庭，用群众身边的案件教育身边的群众，在群众身边开庭主动接受群众监督。③

2015 年以来，山东省人民检察院先后制定出台了《山东省人民检察院关于规范派驻基层检察室履行法律监督职能的意见（试行）》《全省检察机关公诉部门指导派驻基层检察室办理轻微刑事案件的实施意见（试行）》等规范性文件，明确规定了派驻基层检察室审查起诉轻微刑事案件的基本原则、案件范围、办理机制、工作流程，为派驻基层检察室职能的充分发挥提供了重要遵循和具体指导。2016 年 1 月至 10 月，山东派驻基层检察室共审查起诉轻微刑事案件 4747 件，其中起诉 4582 件，不起诉 165 件，并对部分案件进行了公开宣告，树立了派驻基层检察室在基层法治治理中的权威，同时提高了派驻基层检察室诉讼监督的能力和水平。

二、工作原则

派驻基层检察室在派出院授权范围内，开展辖区内轻微刑事案件的审查起诉工作，应当坚持审查起诉工作的一般原则。同时，作为检察机关延伸法律监督触角的平台，派驻基层检察室在审查起诉工作中应特别把握以下原则：

（一）有限职权原则

派驻基层检察室由检察机关派出，代表派出院履行职权，其性质定位决定

---

① 来源于三门县人民检察院网站，http：//jt.smjcy.gov.cn/shous85.html，访问时间：2016 年 12 月 1 日。

② 王宪峰：《用文化智慧培育创新能力》，载《检察日报》2013 年 1 月 9 日第 11 版。

③ 苏文海、杨婧：《群众身边的案件在群众身边开庭——乡镇检察室出庭公诉轻微刑事案件》，载《江阴日报》2013 年 6 月 3 日第 2 版。

了派驻基层检察室必须在授权范围内以派出院名义履行职责，不能以自身名义开展司法办案工作。派驻基层检察室审查起诉工作应当按照派出院确定的流程体系进行，作出的决定须经派出院内部审批并统一出具规范的法律文书。考虑派驻基层检察室工作实际，应当根据检察室的人员状况、辖区案件数量等因素，与派出院公诉部门合理划分办案类型和范围。

（二）依法规范原则

依法办案是派驻基层检察室审查起诉轻微刑事案件的首要前提，司法规范化是现代司法的时代要求。要遵照法律规定，严格规范办案程序，坚持罪刑法定、罪刑相适应、法律面前人人平等的原则。派驻基层检察室审查起诉轻微刑事案件，可以缩短办案期限，但不能省缺法定办案程序，违反司法规范化要求。要切实尊重和保护诉讼参与人的诉讼权利和人格尊严，不能因办案方式的变化或诉讼环节的简化，而侵害犯罪嫌疑人、被告人、被害人及其他诉讼参与人的合法权益。要防止单纯强调宽缓化处理而该严不严的错误倾向，做到裁量公允。要避免片面保护被害人和犯罪嫌疑人、被告人的利益而忽视保护社会公共利益的错误做法，力求利益平衡。要文明执法，禁止出现工作方法简单、工作态度粗暴等现象。要强化检察机关内部的监督制约机制，做好对轻微刑事案件的督促、检查工作，严把事实关、证据关、程序关和法律适用关，切实保证办案质量。严格办案责任追究，按照"谁办案、谁负责"的原则，确定办案责任。实行责任倒查机制，违规办案、出现违法违纪问题的，依法依纪严肃处理。

（三）公正效率原则

公正与效率是司法追求的价值目标。派驻基层检察室审查起诉轻微刑事案件同公诉部门审查起诉轻微刑事案件对公正效率的要求并没有不同，从形式上看，派驻基层检察室办理轻微刑事案件重点体现的是便捷和快速，但前提必须是在公正的基础上。"一次不公正的审判，其恶果甚至超过十次犯罪。犯罪好比污染了水流，而不公正的审判则好比污染了水源。"而从另一方面讲，"迟来的正义非正义"。因此要把公正与效率相统一原则贯彻始终，无论是以违反法律程序来追求的"司法高效"，还是以降低司法效率来追求的司法公正，都是不可取的。这里的公正包含实体公正和程序公正，是基层群众的迫切期待；而办案效率，则要从优化办案机制、改进工作方法、完善配套措施上加以提高，以加快办案节奏，缩短办案期限，减轻当事人的诉累。要加强案件预警机制与监控机制，及时发现、解决问题，防止片面追求办案速度而忽视办案质量与效果的错误做法。

（四）加强监督原则

加强监督是派驻基层检察室审查起诉轻微刑事案件的本质要求。派驻基层检察室对基层司法组织的法律监督一直缺乏行之有效的切入点，通过办理轻微刑事案件，可以不断加大对基层公安派出所、人民法院（或人民法庭）、司法所的监督力度。一是依法加强对侦查活动的监督。依法监督纠正辖区内派出所各种违反诉讼程序、侵犯当事人及其他诉讼参与人合法权益的违法侦查行为。加强对证据的审查，严格依法排除非法证据，确保对轻微刑事案件的处理建立在"事实清楚，证据确实、充分"的基础上。同时做好追诉漏罪、漏犯工作。二是依法加强对审判活动的监督。要加强对改变指控事实、量刑情节或法律适用案件判决的审查力度。发现庭审中有违反诉讼程序、侵犯诉讼参与人合法权益的审判行为，或者发现适用法律错误、量刑畸轻畸重等违法裁判的，要及时依法提出纠正意见，符合抗诉条件的，应当依照相关程序提出抗诉。三是依法加强对社区矫正活动的监督。重点监督办理的辖区内轻微刑事案件的社区服刑人员交付与执行脱节、监督与管理不到位、社区服刑人员脱管、漏管等问题，及时提出纠正意见。

（五）注重效果原则

注重效果是派驻基层检察室审查起诉轻微刑事案件的基本目标。"有作为才能有地位"，派驻基层检察室只有把审查起诉轻微刑事案件的效果展现在基层群众面前，基层群众才会真正认可派驻基层检察室的工作。要克服就案办案、仅满足于在法律上对案件做出结论而不重视解决问题的思想，注意发挥人民调解委员会等基层组织的作用，促进当事人之间的和解。要注意做好基层群众工作，尤其要充分听取当事人的意见，做好对犯罪嫌疑人、被告人的教育、说服工作和对被害人的解释、说理工作，把化解矛盾、理顺情绪融入派驻基层检察室执法办案的全过程，努力实现惩治犯罪与保障人权、法律效果与社会效果的有机统一。

第三节 案件范围及办案机制

一、案件范围

基于派驻基层检察室办案力量有限的现实情况，应当从充分发挥其特有优势的角度出发，对派驻基层检察室审查起诉案件范围作出必要限制。综合各地的规定，派驻基层检察室审查起诉案件范围大致相同，基本遵循属地管辖原则，即办理辖区内的案件，且多数限定在符合一定条件的轻微刑事案件。如前文提到的三门市人民检察院《基层检察室办理轻微刑事案件实施细则》，对该院基层检察室审查起诉案件范围作了"辖区内""轻微刑事案件"等明确限定。① 山东省检察机关规定得更为具体，该省出台的《全省检察机关公诉部门指导派驻基层检察室办理轻微刑事案件的实施意见（试行）》第3条规定：具备条件的派驻基层检察室可以审查起诉公安机关办理的辖区内符合以下条件的轻微刑事案件：（一）案情简单，事实清楚，证据确实、充分；（二）可能判处三年以下有期徒刑、拘役、管制或单处罚金；（三）犯罪嫌疑人承认实施了被指控的犯罪；（四）犯罪嫌疑人未被羁押；（五）适用法律无争议或争议不大。

对派驻基层检察室审查起诉案件范围作出以上界定，由公诉部门办理其余案件，尤其是重大疑难复杂案件，有利于发挥公诉部门的专业优势。但随着派驻基层检察室办案经验的积累和办案实践的需要，案件范围不应该一成不变，应当根据形势发展作相应调整。目前，山东部分基层院结合本地案件羁押率较高的特点，开始尝试将犯罪嫌疑人被羁押的案件指定派驻基层检察室办理，拓宽了派驻基层检察室的案件范围。

二、办案机制

（一）快速办理机制

派驻基层检察室应严格按照《中华人民共和国刑事诉讼法》《人民检察院刑事诉讼规则（试行）》、最高人民检察院《关于依法快速办理轻微刑事案件的意见》等相关规定审查案件。对于案情简单、不需要刑事和解的轻微刑事案件，可以根据案件情况简化内部工作流程，缩短审查起诉期限，予以快速办理。在快速办理过程中，可以简化制作公诉案件审查报告，认定事实与侦查机关一致的，予以简要说明，简单列明证据出处及其所能证明的案件事实，但是认定犯罪事实的理由和处理意见不能简化。

2014年以来，随着全国人大常委会表决通过《关于授权最高人民法院、

---

① 三门县人民检察院规定，基层检察室辖区内公安机关派出机构侦查终结的轻微刑事案件符合以下条件的，由基层检察室审查起诉：（1）案件事实清楚，主要证据确实充分；（2）犯罪嫌疑人、被告人自愿认罪；（3）依法可能判处三年以下有期徒刑、拘役、管制或者单处罚金；（4）犯罪嫌疑人一般为取保候审；（5）有赔偿和解条件。公诉部门因下列原因，认为由基层检察室办理更为合适的，可以交由基层检察室办理：（1）犯罪地在基层检察室辖区的；（2）犯罪嫌疑人居住于基层检察室辖区内的；（3）案件有和解可能，基层检察室更有利于促进和解的。

最高人民检察院在部分地区开展刑事案件速裁程序试点工作的决定》，从整个法律趋向上已将办理轻微刑事案件的程序推向"依法、快速"。全国部分地区据此开展了刑事案件速裁试点工作，并且尝试在派驻基层检察室办理的轻微刑事案件中适用速裁程序。如山东省人民检察院制定了《山东省检察机关公诉部门刑事案件速裁程序试点实施方案》，规定了对危险驾驶等十类犯罪行为，符合规定条件的，可以适用速裁程序。刑事速裁试点单位，不断拓宽刑事速裁工作新领域，注重公诉部门与派驻基层检察室的业务对接，积极推进派驻基层检察室办理速裁程序案件。部分试点地区的检察院与法院协商确定，派驻基层检察室办理速裁程序案件提起公诉后，基层法院选派刑事审判人员到派出法庭集中开庭审理。如 2015 年 8 月 18 日上午，山东省首例由派驻基层检察室审查起诉的刑事速裁案件在济南市历城区人民法院鲍山法庭开庭审理，历城区人民检察院派驻唐冶检察室工作人员出庭支持公诉，三起危险驾驶案件仅用十五分钟就审理完毕，并当庭宣判，三被告人均表示认罪服法。

（二）刑事和解机制

因亲友、邻里及同学同事之间等民间纠纷引发的涉嫌刑法分则第四章、第五章规定罪名的轻微刑事案件，犯罪嫌疑人和被害人自愿和解的，派驻基层检察室可以根据《中华人民共和国刑事诉讼法》《人民检察院刑事诉讼规则（试行）》的相关规定，建议当事人进行和解，并告知相应的权利义务以及达成和解协议后案件可能从宽处理的法律后果，必要时可以提供法律咨询。双方当事人可以自行达成和解，也可以通过人民调解委员会、居民委员会、村民委员会、当事人所在单位等促成当事人和解。派驻基层检察室在案件和解中，应坚持公平、公正、居中处理原则，对和解的自愿性、合法性进行审查。经审查认为双方自愿和解，内容合法的，派驻基层检察室可以主持制作和解协议书。和解协议应当包含以下内容：1. 双方当事人的基本情况；2. 案件的主要事实；3. 犯罪嫌疑人真诚悔罪，向被害人赔偿损失、赔礼道歉；4. 被害人及其法定代理人或近亲属谅解犯罪嫌疑人，并要求或同意人民检察院依法从宽处理。双方当事人达成和解协议的案件，可以作为是否需要判处刑罚或者免除刑罚的一项因素予以考虑，符合法律规定的不起诉条件的，可以决定不起诉。对于发现调解条件消失或调解不成，符合起诉条件的，应当作出提起公诉的决定。

（三）公诉指导机制

公诉部门是派驻基层检察室开展审查起诉工作的业务指导部门，公诉部门应立足部门职责，发挥业务优势，切实做好轻微刑事案件的预审分流、业务指导、审核把关工作，指导派驻基层检察室依法规范办理轻微刑事案件，必要时可设置专门人员，对派驻基层检察室审查起诉工作开展业务指导。公诉部门指导派驻基层检察室审查起诉轻微刑事案件遵循以下原则：严格依法，规范高效；职责清晰，权责一致；因地制宜，有序推进。派驻基层检察室办案人员制作的法律和工作文书，需要审批的，报分管公诉的院领导审批。经公诉部门研究把关的案件，应经公诉部门负责人审核。公诉部门应与派驻基层检察室建立案件座谈机制，定期或不定期召开有关部门参加的联席会议，对司法办案中存在的问题进行沟通协调，确保轻微刑事案件规范办理。上级院公诉部门应加强调研，对于公诉部门指导派驻基层检察室审查起诉轻微刑事案件的经验做法，及时总结转发，供下级院公诉部门借鉴学习。

目前，司法责任制改革正在有序进行，从长远看，派驻基层检察室的检察官独立办理辖区内轻微刑事案件，对案件行使决定权，是改革的发展趋势。当然，从业务层面来讲，司法责任制改革后派出院及上级院公诉部门对案件进行指导仍是不可或缺的。

（四）对接协调机制

一是派驻基层检察室应当主动加强与公安派出所和人民法院（人民法庭）的沟通，商讨解决审查起诉轻微刑事案件中涉及的法律适用和程序操作问题。对遇到的困难和问题，应该在证据真实性的基础上，分别与公安派出所和人民法院（人民法庭）进行充分磋商，力求消除分歧，达成共识，及时将成熟的经验制度化、规范化。二是要加强与刑事执行检察部门、司法所的联系，及时掌握所办理的辖区内轻微刑事案件的社区服刑人员的改造情况，评估轻缓刑事政策的适用效果。要注意保持与社区服刑人员所在单位、社区、学校等组织的经常性联系，争取支持，配合做好社区矫正工作。各地派驻基层检察室在办理轻微刑事案件的过程中不断探索建立适合派驻基层检察室的对接协调办理机制。烟台市芝罘区人民检察院首创的以派驻基层检察室为主导的"四位一体"轻微刑事案件办理模式得到了山东省检察机关的普遍认可：即辖区内的轻微刑事案件由辖区派出所立案侦查、派驻基层检察室审查起诉、人民法庭开庭审理、司法所社区矫正。这一模式的建立，使轻微刑事案件在基层司法组织中就能得到快速处理，节省了大量办案时间，当事人也不再为繁杂的诉讼程序四处奔波。公检法司各部门都本着司法便民、节约诉讼成本的原则，真正打通了司法服务群众的最后一公里。同时还可以结合在辖区人民法庭审理刑事案件，加强以案释法，增加普法教育的效果。如芝罘区院派驻锦绣新城检察室在办理一起危险驾驶案时，组织辖区办事处部分驾驶员到庭旁听，通过法庭调查、法庭控辩、播放影像证据等形式，让驾驶员进一步认识酒后开车的危害性，受到辖区群众的一致好评。当然，由于人民法庭的职责权限、人员配备等问题，目前该模式仍在探索完善过程中。

第四节　基本办案程序

派驻基层检察室审查起诉轻微刑事案件的程序同公诉部门的基本程序是一致的，但对案件受理以及案件流转审批等程序的规定各地掌握的并不完全一致。本节仅以山东省检察机关为例介绍派驻基层检察室审查起诉轻微刑事案件的基本程序。

一、案件受理

派驻基层检察室办理的轻微刑事案件，由案件管理部门统一受案，录入统一业务应用系统，统一分案至公诉部门，公诉部门经预审，适合派驻基层检察室办理的轻微刑事案件，经公诉部门负责人决定，可分流至犯罪地或犯罪嫌疑人、被害人居住地所属派驻基层检察室办理。在部分基层检察院，案管部门统一受案后，由案管部门预审，将符合派驻基层检察室办理条件的轻微刑事案件直接分案给相应的派驻基层检察室。

派驻基层检察室接收派出院交办的轻微刑事案件，应对案件进行初审，并根据案卷审查情况进行处理：明显不属于本检察室管辖的、卷宗册数或犯罪嫌疑人情况有误的、赃证物未随案移送的，应不予受理；法律手续、诉讼文书不齐全，犯罪嫌疑人取保候审地点不清的，由公诉部门通知案件管理部门要求侦查机关及时补充、核实后再移送审查起诉。接收案件时必须对移送材料进行清点，案件材料不齐备或与清单不符的，可以暂不接收，待公诉部门通知案件管理部门要求侦查机关及时补送后再予以接收。经审查后，对具备接收条件的案件，认真核对无误后再签收《派驻基层检察室办理轻微刑事案件交接单》，避免造成接收案卷材料不全或遗漏。

二、案件审查

派驻基层检察室应严格按照《中华人民共和国刑事诉讼法》《人民检察院刑事诉讼规则（试行）》等相关规定审查案件。

（一）讯问、询问

讯问犯罪嫌疑人，询问被害人、证人，一般应在派驻基层检察室进行，必要时可到派出院进行。询问不满18周岁的证人、被害人应当通知其法定代理人或合适成年人到场；询问聋、哑人应当有通晓聋、哑手势的人在场并将此情况记明笔录。

（二）研究讨论

派驻基层检察室办理轻微刑事案件，一般实行案件承办人审查，派出院公诉部门负责人审核，分管公诉的院领导审批，检察长或者检察委员会决定的制度。在部分基层院，由于案件数量过多、公诉部门负责人无法兼顾等因素，检察长指定专门人员审核派驻基层检察室办理的轻微刑事案件。派驻基层检察室认为案件需公诉部门研究把关的，应形成处理意见，将案件提交公诉部门研究讨论。应当提交讨论的案件主要有：1. 改变定性的案件；2. 追诉漏罪漏犯的案件；3. 需要补充侦查的案件；4. 其他应当提交讨论的案件。

（三）补充侦查

派驻基层检察室经审查认为需要退回补充侦查的案件，经与公诉部门沟通后，由案件承办人制作补充侦查提纲、填写退回补充侦查审批表，经分管公诉的院领导审批后，由派驻基层检察室将相关法律文书、卷宗材料交案件管理部门办理。侦查机关补充侦查完毕后，由案件管理部门直接将卷宗材料移交派驻基层检察室。退回补充侦查期间，派驻基层检察室应充分利用地域便利，引导辖区内派出所调查补充证据。

（四）起诉

派驻基层检察室审查后，认为犯罪嫌疑人的犯罪事实已经查清，证据确实、充分，依法应当追究刑事责任的，应当作出起诉决定。作出起诉决定的案件，派驻基层检察室应将卷宗材料、证据移交派出院案件管理部门，由案件管理部门送达人民法院。

（五）不起诉

对于符合下列情形之一的，应当作出不起诉决定：1. 情节显著轻微、危害不大，不认为是犯罪的；2. 犯罪已过追诉时效期限的；3. 经特赦令免除刑罚的；4. 依照刑法告诉才处理的犯罪，没有告诉或者撤回告诉的；5. 犯罪嫌疑人死亡的；6. 其他法律规定免予追究刑事责任的。对于犯罪情节轻微，依照刑法规定不需要判处刑罚或者免除刑罚的，可以作出不起诉决定。拟作不起诉处理的轻微刑事案件，应由派驻基层检察室案件承办人提出不起诉处理意见，经公诉部门研究把关后，报分管公诉的院领导同意，按照法定程序，提交检察长或检委会研究决定。作出不起诉决定的案件，由派驻基层检察室公开宣布。符合检察宣告条件的，派驻基层检察室案件承办人应按照省院实施检察宣告的有关规定，在检察宣告庭进行检察宣告。根据案件实际情况，对于被不起诉人，可以分别作出训诫、责令具结悔过、赔礼道歉等决定。

（六）程序转换

派驻基层检察室办理案件时，发现存在以下情形的，应将案件转派出院公诉部门办理：1. 发现案件遗漏犯罪事实或者遗漏同案犯，公安机关追加移送后，不适宜由派驻基层检察室继续办理的；2. 在审查起诉中，发现犯罪嫌疑人可能患有精神病的，或者犯罪嫌疑人的辩护人或者近亲属以犯罪嫌疑人可能患有精神病而申请对犯罪嫌疑人进行鉴定的；3. 案件出现新的事实和证据，犯罪嫌疑人翻供、辩护人做无罪辩护等对案件产生重大影响，不适宜由派驻基层检察室继续办理的；4. 其他不适宜由派驻基层检察室继续办理的案件。以上转公诉部门办理的案件，经公诉部门审查，通过统一业务应用系统转由公诉部门人员办理，派驻基层检察室原办案人员配合，审查起诉期限连续计算。

三、出庭公诉与追加、变更、撤回起诉

（一）出庭公诉

提起公诉的案件，应由派出院指派派驻基层检察室人员以国家公诉人的身份出席法庭，支持公诉。公诉人应当由检察员或者经检察长批准代行检察员职务的助理检察员一人至数人担任，并配备书记员担任记录。适用简易程序审理的公诉案件，可以不配备书记员担任记录。

（二）追加、变更、撤回起诉

在人民法院宣告判决前，派驻基层检察室案件承办人认为需要变更、追加、补充起诉的，应及时听取派出院公诉部门意见，按照有关规定，报经检察长或者检委会决定，作出是否变更、追加、补充起诉的决定。变更、追加、补充起诉后，不适宜由派驻基层检察室办理的案件，应转由公诉部门办理。对于需要撤回起诉的案件，派驻基层检察室应及时听取公诉部门意见，经分管公诉的院领导审批后，作出是否撤回起诉的决定。

（三）判决、裁定审查

派驻基层检察室在收到人民法院第一审判决书或者裁定书后，应当及时进行审查，承办人员应当填写刑事判决、裁定审查表，提出意见，经公诉部门负责人审核，由分管公诉的院领导审批。对于需要提出抗诉的案件，应当报公诉部门审核，报请检察长决定。

（四）诉讼案卷归档

派驻基层检察室应按照公诉部门检察诉讼档案规范要求，及时装订卷宗，确保必备文书齐全、规范，并按照要求移交派出院档案管理部门归档。

四、法律文书公开

派驻基层检察室应当在案件办结后或收到人民法院生效判决、裁定后十日以内做好法律文书公开工作。公开的法律文书参见《全国检察机关案件信息公开系统业务资料》。起诉书、不起诉决定书（公开版）应提交案件管理部门复核、发布。网上发布的法律文书，应按照《人民检察院案件信息网上公开操作规范》规定的要求进行技术处理，并应当与送达当事人的法律文书内容一致。

【案例链接】

段某某危险驾驶案
——烟台市芝罘区人民检察院派驻锦绣新城检察室

一、案件基本情况

段某某，男，1963年9月8日出生，汉族，初中文化，烟台市芝罘区人，无业。

段某某于2015年4月13日15时许，未取得机动车驾驶证，醉酒驾驶鲁FX1500号小轿车沿烟台市芝罘区红旗西路由东向西行驶至电厂东路交叉路口处，驾车向南左拐弯时，与沿红旗西路由西向东行驶的杨某驾驶的鲁K0916Q号小轿车前头相撞，致两车损坏。经检验，段某某血液中乙醇含量为126mg/100ml。

二、案件诉讼过程

本案由烟台市公安局以段某某涉嫌危险驾驶罪于2015年5月7日移交烟台市人民检察院审查起诉，烟台市人民检察院同日转至烟台市芝罘区人民检察院（以下简称芝罘区院）。芝罘区院于同日交由派驻锦绣新城检察室办理，同年5月29日向芝罘区人民法院提起公诉，同年6月23日芝罘区人民法院一审判决段某某犯危险驾驶罪，判处拘役两个月。

三、经验做法

本案是芝罘区院派驻锦绣新城检察室办理的轻微刑事案件，也是该院建立以派驻基层检察室为主导的"四位一体"轻微刑事案件办理模式以来，在辖区只楚人民法庭审理的有代表性的案件，该案当庭予以宣判。芝罘区院的主要经验做法有：

（一）实现了公诉业务与派驻基层检察室业务的无缝对接

一是严格按照山东省人民检察院制定的《全省检察机关公诉部门指导派驻基层检察室办理轻微刑事案件的实施意见（试行）》，明确了派驻基层检察室办理的轻微刑事案件的范围。即发生在本辖区内的案件简单、事实清楚，证据确实充分，可能判处三年以下有期徒刑、犯罪嫌疑人认罪且未被羁押的、适用法律无争议或争议不大的轻微刑事案件。本案发生在芝罘区院派驻锦绣新城检察室辖区，段某某系该辖区居民，属派驻基层检察室辖区内犯罪，段某某危险驾驶的案情简单、事实清楚，证据确实充分，可能判处拘役，被告人认罪且未被羁押，适用法律无争议，属于派驻基层检察室办理轻微刑事案件的受案范围。

二是明确了案件管理部门受理、公诉部门审查分流、派驻基层检察室检察员审查、出庭支持公诉的办案模式。即辖区内的公安派出所侦查终结，移送检察机关审查起诉。检察机关案件管理部门统一受理后，将案件分流至公诉部门，公诉部门审查后认为符合派驻基层检察室受理案件条件的，报经公诉部门分管领导同意后，将案件移送派驻基层检察室审查起诉。派驻基层检察室对案件审查终结后，报经公诉部门分管领导审批后起诉并出庭支持公诉。本案按照上述程序审查终结后移送芝罘区人民法院只楚人民法庭审理，派驻基层检察室派员出庭支持公诉。

（二）创新了派驻基层检察室审查起诉轻微刑事案件办理模式

为进一步规范派驻基层检察室对辖区内轻微刑事案件的办理，加强对基层派出所、人民法庭、司法所的法律监督，芝罘区院结合自身实际，由区委政法委牵头，与公安、法院、司法局等就派驻基层检察室辖区内的轻微刑事案件办理达成一致，会签了《关于加强派驻基层检察室与人民法庭监督配合工作的实施意见》等三个文件，确立了由基层派出所立案侦查、派驻基层检察室受理审查起诉、基层人民法庭审理、司法所社区矫正的"四位一体"轻微刑事案件办理模式，极大地方便了案件当事人，有效节约了诉讼资源，提高了诉讼效率，取得了良好效果。芝罘区院选派了公诉部门业务骨干到派驻基层检察室工作，负责派驻基层检察室刑事案件的审查起诉和出庭公诉；芝罘区法院积极配合，指派有丰富刑事审判经验的法官担任审判长；辖区司法所及时跟进进行社区矫正，确保了芝罘区院以派驻基层检察室为主导"四位一体"轻微刑事案件的办理实效。本案即由派驻锦绣新城检察室直接将案件移送辖区对应的只楚人民法庭审理，只楚人民法庭以简易程序开庭审理，并当庭予以宣判。

（三）坚持"谁执法谁普法"，向辖区群众普及法律知识

审理有教育意义的案件，有针对性地邀请社区群众旁听，普及法律知识，教育广大群众，是芝罘区院"四位一体"轻微刑事案件办理模式要义之一，现场以案释法的庭审教育，开拓了社区普法宣传的新途径，深受辖区群众欢迎。本案在辖区人民法庭公开开庭审理，庭审邀请了派驻基层检察室所在办事处的驾驶员以及附近居民前来旁听。通过法庭调查、法庭控辩、播放影像证据等形式，让驾驶员进一步认识酒后开车的危害性，以及给个人和家庭造成的无法挽回的伤害后果。提醒大家要提高安全驾驶意识，远离酒驾，确保安全驾驶。亲身感受身边发生的案例，前来旁听的驾驶员们深受教育，休庭后，参加旁听的驾驶员们纷纷表示，以前自己或多或少存在侥幸心理，这次有机会亲身参加庭审，特别是看了检察官播放的身边人、家门口发生的触目惊心的影像，真的很受触动，今后一定"喝酒不开车，开车不喝酒"！

四、案件评析

芝罘区院首创的"以派驻基层检察室为主导的'四位一体'轻微刑事案件办理模式"受到了山东省院领导的高度重视。2015 年 6 月，省院吴鹏飞检察长对该做法作出重要批示："加强与省公、法、司等部门共商此事，推动此项工作开展。"同年 7 月，山东法制报头版头条报道了该案的办理情况。

同时，该案非常好地诠释了"谁执法谁普法"的普法责任制原则，以刑事犯罪案件为宣传点，在辖区内有效开展以案释法工作，促进刑事犯罪案件的普法范围和普法力度，有效预防各类刑事犯罪案件的发生，促进社会平安建设。

该案是芝罘区院创新实践"四位一体"轻微刑事案件办理模式的有益尝试，为今后派驻基层检察室办理轻微刑事案件提供了很好的经验，同时也为以案释法工作提供了新的途径和方式。

第十五章　开展法律服务

派驻基层检察室作为检察机关设置在基层一线的工作机构，必须坚持群众路线，必须建设成为检察机关联系群众、"接地气"的重要载体和畅通群众诉求渠道、维护基层和谐稳定的有效平台。法律服务是派驻基层检察室扎根基层、广接地气、联系群众的重要职能，对保障基层经济社会发展、化解社会矛盾纠纷、密切检企检民关系起到重要的推动作用。派驻基层检察室身处基层的特点，决定了必须把法律服务作为基础性工作和重要工作内容。

第一节　服务基层管理

派驻基层检察室工作要始终纳入地方经济社会发展大局中来谋划推进，把服务党委中心工作作为服务大局的基本内容，不断改进服务措施，创新服务载体，增强服务效果，努力在服务地方经济社会发展中彰显生机与活力。

一、检察室主任列席乡镇街道党委会

乡镇街道党委会是基层学习、研究贯彻上级重要文件、指示，研究决策重大问题的重要途径。检察室主任列席乡镇街道党委会有利于充分了解基层情况，把准基层党委工作脉搏，当好党委政府的法律参谋，更好地发挥派驻基层检察室服务基层经济社会发展的职能作用。

（一）明确列席乡镇街道党委会的范围

检察室主任列席乡镇街道党委会能够有效促进派驻基层检察室工作和乡镇街道工作的双赢，派驻基层检察室应当积极与辖区乡镇街道党委就列席会议的范围达成共识。山东省检察机关在探索实践的基础上，全面推行检察室主任列席辖区乡镇街道党委会做法，各地通过与当地党委沟通协商出台制度性文件，明确检察室主任应当列席乡镇街道党委研究当地经济、社会、发展、稳定等事项的重要会议。如山东省临清市人民检察院在充分听取该市各镇（街道）党委意见的基础上，研究制定了《临清市人民检察院派驻基层检察室主任列席辖区镇街道党委政府重要会议的办法》（以下简称《办法》）。《办法》规定，

派驻基层检察室要加强与辖区镇办党委、政府的联系，做好基层党委政府依法决策、依法行政的法律参谋，强化监督力度，促进辖区镇办党委、政府工作依法健康开展。该院与各镇（街道）党委达成一致，凡是涉及《办法》规定的七类事项的党委会议①，镇（街道）党委主动邀请检察室主任列席参加，通过加强与派驻基层检察室的联系，主动接受监督，大力加强基层干部队伍建设，进一步提高自身依法行政的能力，最终实现互利双赢，为辖区群众营造一个公平正义的良好环境。

（二）把握列席乡镇街道党委会的原则

派驻基层检察室作为检察机关派驻乡镇街道的工作机构，应当处理好与当地党委的关系。检察室主任列席乡镇街道党委会应当坚持的原则有：

1. 不缺位，不越位。派驻基层检察室应当担负起在基层的法律监督职能作用，监督行政机关依法行政，维护当地社会和谐稳定。检察室主任应当通过列席乡镇街道党委会，了解和掌握当地党委的重大决策、重大项目安排等情况。检察室主任列席乡镇街道党委会，应当把握好自身定位，不超出检察职能范畴，不干预党委正常的决策活动。简而言之，检察室主任列席乡镇街道党委会要"到位而不越位"。

2. 优势互补，良性互动。检察室主任列席乡镇街道党委会，既不是派驻基层检察室干预乡镇街道工作，也不是派驻基层检察室听命于乡镇街道党委，而是派驻基层检察室和乡镇街道的一种良性互动。应当通过列席党委会这种形式，进一步深化派驻基层检察室和当地党委的交流互动，实现派驻基层检察室工作与当地党委中心工作的融合发展。

3. 立足职能，积极服务。检察室主任列席党委会，应当立足派驻基层检察室职能定位，积极为党委建言献策，当好法律参谋助手，帮助党委找准影响当地发展的突出问题和短板，建立职务犯罪和社会治安防控机制，推进社会管理创新，促进基层依法行政。

二、服务精准扶贫

党的十八大以来，中央对新阶段扶贫开发工作进行一系列部署。习近平总

---

① 该《办法》规定的七类重大事项会议包括：（一）涉及向村、居民征收水费、政策性保险、社会治安保险、养老保险等各类费用的会议；（二）涉及向村、居民发放小麦直补款、良种补贴等惠农资金的会议；（三）涉及国家重点大型工程、小城镇建设等配套资金管理使用的会议；（四）涉及辖区涉检信访、矛盾化解、社会稳控工作的会议；（五）涉及辖区村居"两委"班子换届选举工作的会议；（六）涉及辖区乡镇、办事处每年度工作开局和年终工作总结的会议；（七）其他需要检察室主任担任法律参谋而列席的会议。

书记多次指出，要更多面向特定人口、具体人口，实现精准脱贫，防止平均数掩盖大多数；扶贫开发贵在精准，重在精准，成败之举在于精准。[①] 检察机关作为国家专门法律监督机关，应当努力做到在"精准扶贫"中加强"精准监督"和"精准服务"，保障扶贫政策和扶贫资金在基层落实到位，为打赢脱贫攻坚战提供强有力的司法保障。

（一）明确主要任务

2016年2月23日，最高人民检察院与国务院扶贫开发领导小组办公室在兰州联合召开会议，在全国检察机关和扶贫部门部署开展为期5年的集中整治和加强预防扶贫领域职务犯罪专项工作。[②] 开展这次专项工作，是检察机关服务中央脱贫攻坚战略实施的重要体现，是维护群众切身利益的迫切需要，是检察机关反腐败工作的现实选择。派驻基层检察室具有"接地气"、熟悉基层情况的独特优势，能够为办案工作提供相关线索信息，协助开展预防工作，在服务精准扶贫中大有作为。

（二）建立服务工作机制

派驻基层检察室应准确把握角色定位，找准工作的落脚点和突破口，在派出院党组和专项工作领导小组的统一部署安排下，认真落实总体部署、实施方案和阶段性工作，正确处理好整体工作与专项工作的关系。建立健全检察联络室（员）制度，在扶贫对象所在的村、镇及承担扶贫职能的县区职能部门设置检察联络室（员），做到贫困人口底数、致贫原因等基本情况"一口清"，并建立台账。聘请驻村工作队成员或第一书记担任检察联络员或志愿者，实现与村居、乡镇社区、扶贫部门的有效对接，形成惩治和预防扶贫领域职务犯罪的合力。

（三）发挥好信息化建设的优势

加大扶贫数据信息源采集力度，建立涵盖检察联络室（员）、贫困人口、扶贫项目、扶贫资金等数据信息的数据库。建立健全信息共享和通报机制，加强与乡镇承担扶贫职能站所的协调联动，定期互相通报工作情况，建立信息互通平台，定期交互信息数据，实现扶贫数据的无障碍共享。据媒体报道，甘肃省检察机关与22个省级涉农部门联合，涉农部门、乡镇、村级组织分别将自

---

① 《人民日报评论员：贵在精准，重在精准——二论谋划好"十三五"时期扶贫开发工作》，载《人民日报》2015年6月26日第1版。

② 王志国、王地、南茂林、李郁军：《严肃查办积极预防扶贫领域职务犯罪　为打赢扶贫攻坚战提供有力司法保障》，载《检察日报》2016年2月24日第1版。

身管理或实施的涉农政策项目、资金总量、实施范围等信息向对应的派驻基层检察室、检察联络室报备，所有惠农扶贫政策、资金及落实情况随时向农户公开，有力倒逼政务、村务公开，也推动了农村基层组织管理民主化。[①]

（四）综合运用检察职能

派驻基层检察室应结合日常接访、下访巡访等活动，主动送法律、送救助、送温暖，广泛开展预防宣传和警示教育，充分发挥预防警示教育展室作用，积极配合扶贫有关部门开展预防宣传和警示教育活动，推动预防警示教育巡回宣讲向乡镇、村（居）基层延伸。增强开展工作的主动性、计划性和系统性，积极发现一批扶贫领域的职务犯罪案件线索并协助派出院自侦部门查办职务犯罪案件，形成惩治和预防扶贫领域职务犯罪的合力。

2016 年 4 月，山东省人民检察院下发《关于充分发挥派驻基层检察室职能作用扎实开展集中整治和加强预防扶贫领域职务犯罪专项工作的通知》，对全省检察机关派驻基层检察室开展专项活动提出明确要求。全省各派驻基层检察室充分认识开展专项工作的重要意义，找准工作的落脚点和突破口，认真落实总体部署、实施方案和阶段性工作，加强与辖区乡镇党委、政府的联系，及时总结分析工作落实情况，确保了工作成效。

以山东省沾化县人民检察院派驻下河检察室为例。该检察室积极探索和创新服务保障惠农扶贫的有效措施，以"三项举措"保障"精准扶贫"。一是明确扶贫对象，实施建档立卡。通过与乡镇联合入户走访，为辖区 1394 名低保户、贫困户建立了电子档案，内容涉及家庭人口、经济收入、住房面积、耕地数量、就医情况、是否享受政府补助资金等基本信息。二是推行全覆盖警示教育，实施精准预防。把所辖 4 个乡镇划分为 4 个片区，每个片区安排一名检察干警负责本片区的廉政教育工作，做到每村必到、每村必讲，实现警示教育全覆盖。三是紧盯扶贫补助资金，实施精准监督。聚焦危房改造、惠农补贴等扶贫资金管理和使用、扶贫对象识别、扶贫项目审批和实施等重点环节，派驻基层检察室通过查验账目、实地走访等方式，对基层群众的举报线索全部进行精细化核查，保证案件线索件件得到核实，以"零容忍"的态度，确保扶贫资金管理使用到位、作用发挥到位。

三、服务村（居）"两委"换届

村（居）"两委"换届选举是基层政治生活的一件大事。严肃换届纪律，

---

① 魏星、王地、南茂林、李郁军：《这里，法律监督网络实现"村村通"——甘肃检察机关开展"保民生、促三农"专项行动纪实》，载《检察日报》2016 年 2 月 21 日第 1 版。

营造风清气正的换届环境，关乎地方改革发展稳定全局，关乎党的形象。派驻基层检察室应当围绕大局，立足职能，创新方式，主动作为，按照"到位不越位、参与不干预、尽职不越权、服务不代替"的定位，分为选前、选中、选后三个步骤扎实服务村（居）"两委"换届选举。

（一）选前宣传引导，努力营造风清气正的换届氛围

通过广播、网络、报纸、流动宣传车、村务公开栏、检务公开栏以及现场接受咨询、分发宣传资料、张贴换届知识画报等多种方式，对换届选举相关法律法规、程序及换届纪律进行广泛宣传，引导基层群众正确行使手中的民主权利，对出现的贿选和强拉选票等违法行为进行自觉抵制。

（二）选中监督服务，积极化解涉选矛盾纠纷

主动加强与辖区党委政府、公安派出所等部门的协调配合，密切关注可能影响换届选举的苗头性、倾向性问题，参与制定应急处置预案；强化选举期间接访力度，对涉选信访的举报线索及有关材料，认真审查，及时分流，妥善处置，确保把矛盾纠纷化解在基层，消除在萌芽状态；注重线索排查，严惩违法犯罪，配合和监督公安机关，依法严厉打击妨害村民依法行使民主权利等破坏选举的违法犯罪行为。

（三）选后跟踪交接，认真做好廉政预防教育

通过对移交账目、印章、固定资产、集体财务等工作进行跟踪监督，配合乡镇街道党委政府做好村居换届交接工作，避免发生次生矛盾；对检察机关的职务犯罪预防工作进行关口前移，通过组织参观廉政教育展室、讲授法制课等多种形式，切实增强新当选的村居干部的廉政意识和法制意识。

山东省检察机关自2014年5月开始，在全省派驻基层检察室部署开展了服务村居"两委"换届专项活动，为村居"两委"换届发挥了重要的保障作用。一是保障村"两委"换届依法依规进行。开展专项活动，有力保障了基层换届选举程序的规范有序开展，大大提升了基层组织的战斗力和凝聚力，为基层和谐健康发展提供了司法保障，受到了各级党委政府的充分肯定和人民群众的普遍欢迎。二是全面宣传派驻基层检察室工作。各地通过服务村"两委"换届专项工作，一方面掌握了群众诉求，回应了群众关切的问题，另一方面向群众宣传了派驻基层检察室的工作职能，树立了派驻基层检察室"亲民、爱民、为民"的良好形象，大大提高了派驻基层检察室在群众中的知晓率和满意度。三是职务犯罪预防工作关口前移，有效提高了新任"两委"干部廉洁自律意识。选举结束后继续跟进，对新一届"两委"班子成员集中开展预防职务犯罪警示教育，增强了新任"两委"成员廉洁从政意识和拒腐防变的能力。

第二节 服务平安建设

群众看政法，首先看平安。社会平安是人民群众的基本期盼。平安建设事关党和国家工作大局，事关巩固党的执政地位，事关国家长治久安，事关人民群众切身利益。派驻基层检察室作为检察机关的最基层单位，处于维护社会和谐稳定的最前沿，理应是服务平安建设的重要力量。

一、开展青少年法制教育

青少年是祖国的未来，青少年是普法教育和法制社会建设的重点群体。对青少年进行法制教育关系到整个国家和社会的文明化法治化程度。检察机关是我国的法律监督机关，派驻基层检察室应当积极参与，在青少年法制教育中发挥独特作用。

（一）发挥青少年法制教育基地的平台作用

按照"谁主管谁普法、谁执法谁普法、谁普法谁建设"的原则，加大对青少年法制教育基地规划布局力度，新建或改建符合青少年特点的法制教育基地。在基地建设方面，要适应青少年特点和成长规律，坚持融法于情、融法于景，综合运用声、光、电等设备和图片、文字、视频等形式展现法律知识。有条件的地方建议设立多媒体功能展示区、心理咨询室等贴近青少年学习生活实际的新型功能区，增强教育的吸引力。

目前山东省检察机关派驻基层检察室共建立法制教育基地120多个，在预防和减少青少年犯罪、培养法制观念方面发挥了积极作用。如山东省烟台市牟平区人民检察院派驻大窑检察室，建成面积600多平方米的青少年法制教育基地，共设志存高远、阳光快乐篇，失足者的脚印篇，迷失的人生航向篇，阳光的爱、感恩的心篇，自我保护远离犯罪篇，法律知识互动篇，权益保护篇，结束语篇等八个区块，展览内容丰富翔实，特色鲜明，涵盖了法律专家讲座、法律知识点播、法律问题解答等多项内容，并有专职人员配以直观、生动、形象的解说，使内容、形式和功能高度统一。

在提升社会认知方面，要及时与教育部门、学校、社区等青少年聚集地联系，积极推介青少年法制教育基地，定期组织活动，通过报刊、网络、微信等媒体，向社会公布基地的名单、服务区域、开放时间、主题内容等，确保青少年能想得起、找得到、学得实、用得上。在提升教育效果方面，要挑选懂法律、有爱心、善交流的人员担任管理讲解员，抓住"五四""六一"等重要时间节点有针对性地开展活动，创新法制教育形式，坚持正面引领与反面警示相结合，切实提高青少年明辨是非的能力。

（二）以校园法制课和法制宣传为载体拓展教育效果

派驻基层检察室要主动送法进校园，走到青少年身边，为青少年讲授法制课，倾听心声、化解困惑。要深入乡村社区，开展法制宣传活动，发送宣传材料，同家长们谈心，与青少年交朋友，积极预防青少年犯罪。根据青少年的知识和心理特点，编印《青少年预防犯罪手册》等宣传材料，以丰富的形式、不同的视角、轻松的语言、明快的漫画以案说法，教育青少年谨慎把握人生航向。

山东省莱芜市人民检察院派驻雪野检察室法律宣教展厅专门设立了青少年教育版块，目前已邀请辖区内 14 所中小学共计 600 余名学生到检察室接受法制教育。在"请进来"的同时，雪野检察室还通过开设法制教育讲堂、巡回展览法律知识展板、发放宣传画册和资料、举办法制征文活动等"走出去"的方式"送法进校园"，先后开展法制教育讲堂 20 余次，发放宣传画册和资料 1000 余份，受教育学生达 1500 余人，实现了辖区中小学法制教育全覆盖。雪野检察室在面向青少年群体开展法制宣传过程中，更加注重宣传内容的趣味性和适龄化，运用丰富多彩的形式力求青少年听得懂、看得明，真正入脑入心。通过漫画与诗歌相结合的方式，介绍中小学生自我保护"防奸淫、防欺骗、防拐卖、防抢劫""四防"小常识；通过列举发生在身边的中小学生安全事故实例，深入剖析事故发生的原因并提出预防建议；通过文字说明与图解并用的方式，分析未成年人不良行为表现形式及违法犯罪特点；通过详解法律法规条文与"检察官寄语"的方式，启发教育青少年学法懂法守法用法。

（三）加强多部门合作，共同预防青少年违法犯罪

派驻基层检察室要切实加强与共青团、妇联、教育系统等部门的联系与合作，及时沟通情况，共同分析青少年犯罪现状、研究预防和减少青少年犯罪的对策，形成预防和减少青少年违法犯罪的合力。惩罚并不是治理未成年人犯罪的唯一途径，必须做到惩罚与教育两手抓，才能有效预防和减少青少年犯罪。

山东省莱芜市检察机关派驻基层检察室充分认识到"惩罚与预防两手抓"的重要性，开展了针对青少年的"关爱明天工程"，并与关心下一代工作委员会、司法所、人民法庭等相关部门建立了长效协作机制，共同维护青少年合法权益。为全面掌握辖区青少年成长环境基本情况，莱芜市人民检察院派驻雪野检察室制订了详细的调查计划，进村入户对贫困青少年进行走访摸底。雪野检察室干警在走访中了解到，辖区某村高二在读学生李某因涉嫌盗窃罪被刑事拘

留。考虑到李某是高二学生，且为初犯，犯罪情节轻微，犯罪后认罪态度良好，为让李某能够继续接受更好的教育，雪野检察室与莱芜市莱城区人民检察院公诉科积极沟通协调，莱城区人民检察院对李某作出了不起诉决定。最后，李某被某职业学院录取。这是该市派驻基层检察室多部门联动开展"关爱明天工程"的一个缩影。

二、参与基层矛盾化解

当前我国正处于经济社会转型期，利益格局发生重大变化，各种矛盾层出不穷。有效化解基层矛盾，促进社会和谐稳定，有着重要的政治意义和社会意义。派驻基层检察室应立足检察职能，积极参与创新社会治理方式，及时防范和妥善处理影响基层社会和谐稳定的突出问题。

（一）工作目标

在部分农村社区，由于基层组织薄弱涣散，导致在征地拆迁、惠农资金发放、村务管理、村干部选举等领域矛盾纠纷多发频发，由于干群矛盾、家庭邻里纠纷等原因引发的刑事案件也易发高发，严重影响农村的和谐稳定。派驻基层检察室身处基层，应学习和借鉴"枫桥经验"①，及时受理和处置群众来信来访，力争把矛盾化解在最基层和萌芽状态，避免矛盾激化、上移，维护基层和谐稳定、促进基层法治建设。

（二）工作方式

内外联动是化解矛盾的有效途径，通过培养派驻基层检察室干警的责任意识、调处能力，提高服务群众工作水平；通过强化内部协作、外部联动，形成矛盾化解的合力，把大量矛盾化解在萌芽状态。

1. 打造内部协作平台。派驻基层检察室与控告申诉、侦查监督、公诉、自侦、民行检察等部门建立维稳工作联动机制，在明确责任的同时强调互相配合、协调行动，提高矛盾化解效率。各部门在执法办案中发现不稳定苗头时，由派驻基层检察室提前介入，共同开展信访维稳工作，形成合力，将不稳定因素化解在萌芽状态。

2. 打造外部联动平台。建立联动联调机制，派驻基层检察室与公安派出

---

①　20世纪60年代初，浙江省诸暨市枫桥镇干部群众创造了"发动和依靠群众，坚持矛盾不上交，就地解决。实现捕人少，治安好"的"枫桥经验"，为此，1963年毛泽东同志就曾亲笔批示"要各地仿效，经过试点，推广去做"。"枫桥经验"由此成为全国政法战线一个脍炙人口的典型。之后，"枫桥经验"得到不断发展，形成了具有鲜明时代特色的"党政动手，依靠群众，预防纠纷，化解矛盾，维护稳定，促进发展"的枫桥新经验，成为新时期专门工作与群众路线相结合的典范。

所、人民法庭、司法所建立定期联席会制度，互通工作情况，及时移交线索，"会诊"疑难问题，联合处理群众诉求，维护稳定和谐。

3. 畅通群众诉求表达渠道。在乡镇街道设立民生联系点，在村居、企事业单位聘请民生联络员，并配备车载"流动检察室"，形成以民生联络员为点、车载流动检察室为线、派驻基层检察室为面的联系服务群众网络，就地开展诉求受理、法律救助、困难帮扶等工作。

（三）工作重点及工作步骤

在工作重点方面，派驻基层检察室应积极配合做好检调对接工作，对本院开展的检调对接、刑事和解、社区矫正等工作，充分发挥面向基层、贴近群众的优势，及时提出意见和建议，协助做好相关工作；派驻基层检察室还应积极配合了解办理涉农案件的社会效果，对本院办理的涉农案件，积极配合做好回访工作，确保案结事了。在工作步骤方面，一般应按照下列程序进行：

1. 收集社会矛盾。可以采用在重点区域设立工作站的方式，定期对社会矛盾排查情况进行收集，汇总至派驻基层检察室，并建立台账，全面掌握辖区内社会矛盾排查化解动态。

2. 化解并反馈处理结果。坚持立足检察职能，积极化解矛盾，对属于检察机关管辖但派驻基层检察室无法处理的，及时移送派出院相关部门。对不属于检察机关管辖的，及时移送有管辖权的部门。对社会矛盾化解情况，及时向当事人予以反馈，并全面掌握当事人的思想动态。

3. 跟踪化解效果。对已化解的社会矛盾，及时跟踪问效，积极回访当事人，认真听取当事人的意见和建议，巩固化解成果，防止出现矛盾反复现象。

山东省检察机关派驻基层检察室坚持工作跟着民意走，认真接待群众来访，主动下访巡访，积极回应群众诉求，筑牢了化解矛盾纠纷、维护社会稳定的第一道防线。如莱芜市莱城区人民检察院派驻羊里检察室在信访问题联合调查工作中，发挥职能作用有效化解矛盾纠纷，获得地方党委、政府和人民群众欢迎。羊里镇经济较发达，但近年来由于各种利益诱发的矛盾纠纷较多，涉法涉诉、进京上访不断，严重影响了当地的稳定和发展，羊里检察室先后参加区委组织的多个信访问题工作组。工作组一般由纪委、政法委、公检法、信访、农业、城建、规划、财政、审计等部门人员组成。检察室熟悉当地社情民意，缩短了组织人员、熟悉社情民意、协调关系的时间，提高了工作效率，并且全天候在乡镇工作，确保工作时间、人力、物力的投入。检察室人员既有以往从事反贪、反渎的老同志，也有公诉部门业务骨干，对检察业务较熟悉，对信访反映问题调查后，及时进行分析研判，对是否涉嫌犯罪、司法管辖权问题等及时提出分析意见，当好工作组的参谋。在联合调查中，对于发现的职务犯罪案件线索、民事行政监督线索、社区矫正监督线索及时与业务科室对接办理。工作组先后在检察室约谈百余人次，召集各种会议 30 余次，最终形成调查报告，拿出处理意见，移送有关部门对有关问题以及相关人员作出处理，向信访人反馈后，得到签字认可，有效化解了矛盾纠纷。

三、参与开展国家司法救助

2014 年年初，中央政法委等六部委颁布《关于建立完善国家司法救助制度的意见（试行）》，扩大了国家司法救助的范围，完善了救助程序，强化了救助资金保障。2014 年 3 月，最高人民检察院印发了《关于贯彻实施〈关于建立完善国家司法救助制度的意见（试行）〉的若干意见》，将刑事被害人救助、涉法涉诉救助等统一为司法救助，就检察机关开展司法救助工作提出明确要求。司法救助制度在检察机关正式确立。[①]

（一）派驻基层检察室在发现救助线索方面的天然优势

近年来，检察机关开展国家司法救助工作呈现初具规模并加速发展的良好态势。派驻基层检察室设在乡镇街道等基层，有着地理位置上接近群众的天然优势，再加上派驻基层检察室工作人员经常深入群众，对辖区群众的状况和需求能够比较全面进行了解。派驻基层检察室的特点决定了其能够及时、准确地发现救助线索。以山东省烟台市福山区人民检察院为例，据统计，2013 年以来，该院共救助 20 人，其中派驻基层检察室发现线索并与控告申诉部门业务对接共同办理的有 12 人，占受理总数的 60%。

（二）加强与控告申诉部门的联合

检察机关开展国家司法救助工作是在近几年才得以迅速发展，当前司法救助工作也存在一些亟待完善之处。检察机关各部门之间存在信息不对称，沟通交流渠道也存在不畅通等问题，一些符合条件的当事人因此无法及时得到救助，司法救助的效果受到不同程度的影响。派驻基层检察室在工作中发现的救助线索，应及时移交派出院控告申诉部门，由控告申诉部门派员与派驻基层检察室共同调查核实。对符合条件的，按照程序启动国家司法救助程序。成功申请到救助资金后，按照方便被救助人的原则，由控告申诉部门派员到派驻基层检察室向被救助人发放救助资金。

（三）建立多元化、个性化的救助机制

单一的资金救助并不是国家司法救助的终极目标，长远的生活扶助更加符

---

① 徐日丹：《国家司法救助制度在全国基本建立》，载《检察日报》2015 年 12 月 8 日第 1 版。

合国家司法救助设立的初衷。应秉承"多措并举"的思路，延伸救助工作触角，逐步建立起集物质救助、法律援助、心理疏导、协调救助等于一体的全方位救助模式。充分发挥派驻基层检察室的优势，因地制宜，因人制宜，根据每起案件被救助人的具体需求情况采取个性化的救助方式，实现救助效果的最大化。同时，与民政、教育、司法行政、社会保障等政府职能部门加强沟通协调，建立救助衔接机制，为特殊情形的被救助人解决诸如廉租房、学费减免、就业推荐、法律援助、低保、医保等问题。

山东省烟台市福山区人民检察院对王某某的国家司法救助工作就是一个多元化个性化救助的典型案例。王某某的丈夫在一起交通事故中死亡，肇事者却无赔偿能力，王某某无固定工作，无收入来源，女儿面临辍学困境。派驻基层检察室干警在走访中了解到这一情况后，第一时间与派出院控告申诉部门联合开展全方位救助工作：第一步，共同启动国家司法救助机制，经过联合调查取证，成功为王某某申请到了8000元的国家司法救助资金。第二步，与民政、辖区企业等多方联系，为王某某争取到一份固定的工作。第三步，与王某某女儿所在的学校取得联系，为其女儿争取到了贫困生救助资金，使其女儿顺利完成学业。

第三节　服务保障民生

国以民为本。民生得到了保障，民心才能安定，国家才能长治久安。派驻基层检察室作为基层法律监督机关，守护着公平正义的最后一道防线，人民群众对其寄予越来越高的期望。应当把维护民生民利作为工作的出发点和落脚点，以实际行动诠释民本思想和司法为民理念。

一、开展"五进两服务"大走访活动

从2012年11月开始，山东省人民检察院党组着眼于关注保障民生、服务经济发展，作出了开展"进乡村、进农户、进社区、进企业、进学校，服务民生、服务经济"（以下简称"五进两服务"）大走访活动的决策部署。派驻基层检察室通过开展大走访活动，落实派驻基层检察室巡访工作制度，主动走出去深入村头、街头、地头，听实话、察实情、摸实底，全面了解社情民意，进一步加强和改进了新形势下的检察机关群众工作。

（一）目标任务

一是围绕服务和保障民生，用心为群众排忧解难。深入群众家庭，走进千家万户，广泛听取社情民意，全面了解群众住房、生活、医疗等情况以及党的惠民利民政策落实情况，真心实意察民情，千方百计解民难。二是紧紧围绕促进经济发展，扎实保障企业生产经营。深入辖区企业进行走访，主动了解企业的生产经营状况，及时征求企业对检察工作的意见建议，认真履行检察职能，为企业排忧解难，努力优化企业发展环境。三是围绕维护社会和谐稳定，着力从源头上防范和化解社会矛盾。把大走访的过程作为矛盾纠纷大排查、大调处的过程，对影响社会稳定的各类问题和隐患进行梳理，及时查处。对属于检察机关管辖的，认真研究处置措施，依法妥善处理；对不属于检察机关管辖的，积极向党委、政府和有关部门反映情况、提出建议，确保及时解决。

（二）走访重点

要深入研究，科学筹划，分层次、分部门、分人员，紧密结合执法办案和岗位职责特点，精心确定联系走访对象，确保大走访活动覆盖乡村、农户、社区、企业和学校。走访单位重点是辖区内经济发展水平不高、发展速度较慢或矛盾纠纷较多、治安状况较差的乡村和企业，经营状况不佳的中小微企业或经济犯罪案件、民事诉讼较多的企业，校园秩序较差、特困学生较多的中小学校，职务犯罪较多、社区管理较乱的基层单位等。走访对象重点是农村老党员、特困户，鳏寡孤独人员，城镇失业待业生活困难家庭，失足青少年、失学学生和留守儿童的家庭，刑事案件被害人，涉法涉诉重复信访当事人，生活贫困的见义勇为先进分子等。

（三）走访形式

从走访对象实际情况出发，以登门入户走访为主，综合运用座谈交流、明查暗访、跟踪回访等多种方式，切实摸清基本情况、找准存在的主要困难和突出问题，增强帮扶工作的针对性和实效性。对联系走访的基层单位，既要与单位领导班子座谈，也要与一般干部群众交流。对联系走访的家庭，既要与家庭成员沟通，也要注意与邻居、学校老师及其所属单位、基层村居的领导等交流，真正搞准情况、摸透需求。特别是对困难群众，既要问苦、解难，又要问计、施策。

开展"五进两服务"大走访活动以来，山东省检察机关派驻基层检察室致力于服务基层群众，普遍在乡镇、街道设立民生联系点，在村居、企事业单位聘请民生联络员，健全完善民生诉求分流办理、跟踪督办、落实反馈制度，及时深入村头、街头、地头、工厂，察民情、济民困、解民忧，切实把地气接到了百姓家里头，把温暖送到了群众心坎上。

二、开展"三送"走访帮扶活动

近年来，山东省检察机关深入开展了"送法律、送救助、送温暖"走访帮扶活动（以下简称"三送"活动），"三送"活动是巩固党的群众路线教育成果的重要举措，是深入开展"三严三实"专题教育、践行"三严三实"要求的重要内容。全省派驻基层检察室认真贯彻落实《山东省人民检察院关于改进工作作风密切联系群众的实施办法》和《山东省人民检察院关于健全"五进两服务"大走访长效机制的意见》等文件规定要求，深入农村、社区，深入企业、学校等一线基层单位和基层群众，听民声、察民情、解民难、化民怨、暖民心，根据走访对象的不同需求，广泛开展"送法律、送救助、送温暖"活动。

（一）活动内涵

1. 送法律。深入农村和城市社区开展法治宣传和教育，向群众讲解公共服务、劳动就业、医疗卫生、社会保障、保障性安居工程等方面党的惠民利民政策，教育群众遵纪守法，引导群众依法合理主张诉求，用法律手段维护正当合法权益；深入厂矿企业尤其是中小微企业和民营企业，认真落实促进企业发展、服务重大项目的具体措施，了解企业司法需求，为正常经营秩序受到扰乱、企业知识产权受到侵害的企业提供法律咨询和法律援助，帮助解决法律专业知识不足、取证困难等问题；深入学校尤其是中小学，结合未成年人涉法案件和校园、校车安全事件，进行普法宣传教育，帮助学校强化法制教育和安全防范工作，引导青少年学生自觉遵纪守法，增强学生的自我保护意识和校方的安全管理意识。

2. 送救助。充分发挥检察职能，严肃查办涉及惠农资金、劳动保障、优抚救济、故意拖欠和无故随意克扣农民工工资等直接侵害民生民利的腐败问题，严肃查办盗抢企业生产资料、损害企业商业信誉、侵犯知识产权，影响企业发展的违法犯罪问题，严肃查办在项目审批、贷款发放、土地征用、税收征管等环节向企业索贿受贿和渎职失职等职务犯罪问题；支持配合党委政府，协调有关职能部门，主动靠上参与涉法涉诉和矛盾纠纷调处，依法按政策解决在基层；加强对社区矫正人员、服刑人员未成年子女、留守儿童、面临失学辍学学生等特殊人群的帮扶救助，进行心理辅导和相应的上学、就业等方面的帮扶救助，促进健康成长。

3. 送温暖：选取农村老党员、特困户、鳏寡孤独人员、失学学生、失足青少年等作为重点走访帮扶对象，通过"送温暖、献爱心"捐助、"关注留守儿童""与贫困家庭结对帮扶"等形式，深入开展"点对点、一对一"式的帮扶，力所能及地帮助解除困难疾苦；加强对刑事被害人的帮扶，积极协调有关部门解决民政救济、社会保障、子女就学等问题，最大限度地帮助被害人家庭解决实际困难；对生活基础设施严重落后的农村，积极协调资金和项目积极帮助解决。

（二）活动方式

开展"三送"活动，要正确把握联系走访的方式，坚持问题和需求导向，针对联系走访对象的不同特点和需求，广泛开展形式多样的联系走访活动。

在农村，要向农民讲解医疗卫生、社会保障、精准扶贫等方面惠民利民政策，教育引导群众遵纪守法；要积极支持配合党委政府，协调有关职能部门，主动靠上参与涉法涉诉和矛盾纠纷调处，引导群众依法合理主张诉求，用法律手段维护正当合法权益；要积极了解和收集涉及惠农资金、劳动保障、扶贫帮困、优抚救济等方面侵害民生民利的职务犯罪线索；要对生活基础设施严重落后的农村，积极协调资金和项目积极帮助解决；要紧紧围绕中央提出的建立健全农村留守儿童、留守妇女、留守老人关爱服务体系，加强对特定人群的司法保护，维护社会公平正义；选取农村老党员、特困户、鳏寡孤独人员、失学学生、失足青少年等作为重点走访帮扶对象，通过"送温暖、献爱心"捐助、"关注留守儿童""与贫困家庭结对帮扶"等形式，深入开展"点对点、一对一"式的帮扶，力所能及地帮助解除困难疾苦。

在城市社区，要开展法制宣传和教育，向社区居民讲解公共服务、劳动就业、医疗卫生、社会保障、保障性安居工程等方面党的惠民利民政策；要积极参与社会治安联防联治，严厉打击黑恶势力、严重暴恐、涉枪涉爆、"两抢一盗"、拐卖妇女儿童等犯罪，严惩以报复社会为目的的危害公共安全和个人极端暴力犯罪，以及涉及"黄赌毒枪"等危害全省社会治安、公共安全和群众利益的各类严重刑事犯罪；深入了解和收集发生在群众身边、危害群众安全、损害群众利益的征地拆迁、安全生产、食品药品安全、教育医疗卫生、环境保护、社会保障等民生领域的职务犯罪线索。

在企业，要认真落实促进企业发展、联系服务重大项目的具体措施，了解企业司法需求，为正常经营秩序受到扰乱、知识产权受到侵害的企业提供法律咨询和法律援助，帮助解决法律专业知识不足、取证困难等问题；要充分发挥检察职能，严肃查办盗抢企业生产资料、损害企业商业信誉、侵犯知识产权，影响企业发展的违法犯罪问题，全面收集在项目审批、贷款发放、土地征用、税收征管等环节向企业索贿受贿和渎职失职等职务犯罪问题线索并严肃查办；要深入中小微企业和民营企业，严肃查办涉及惠农资金、劳动保障、优抚救济、故意拖欠和无故随意克扣农民工工资等直接侵害民生民利的腐败问题。

在学校，要深入中小学，结合未成年人涉法案件和校园、校车安全事件，进行普法宣传教育，帮助学校强化法制教育和安全防范工作，引导青少年学生自觉遵纪守法，增强学生的自我保护意识和校方的安全管理意识；加强服刑人员未成年子女、留守儿童、面临失学辍学学生等特殊人群的帮扶救助，进行相应的心理辅导，积极协调有关部门解决民政救济、社会保障、子女就学等问题，最大限度地帮助被害人家庭解决实际困难；全面了解学校落实国家优惠政策情况，严肃查办学校在科研经费、教学用品采购、基建以及乱收费等方面的违法犯罪。

三、服务小微企业发展

小微企业是非公经济的重要组成部分，是促进社会发展的重要力量，发挥着大中型企业不可替代的作用。重视对非公经济特别是小微企业的平等保护和法律服务，是派驻基层检察室服务大局、司法为民的重要体现。

（一）服务小微企业发展应破除思想禁锢

检察机关作为法律监督机关，既要通过打击违法犯罪保障社会安定有序，也要为社会经济发展保驾护航，要在区域经济发展中发挥检察机关独特的作用，对于有益于基层群众、有利于地方发展的事情，要坚决支持，全力做好。将思想从不符合时宜的条条框框和固有的经验模式中解放出来，以大局眼光树立主动服务的新观念，打破服务小微企业是与己无关甚至是超越职权的保守观念，打破服务即办案的片面观念，树立全面服务、依法保护的新观念。

（二）服务小微企业发展应找准服务的切入点

派驻基层检察室应坚持"服务不添乱"的原则，在不影响公司正常生产经营的前提下，有计划地、有步骤地开展服务活动。

1. 了解企业情况，掌握企业需求。需求是服务的先导。派驻基层检察室人员应积极走访小微企业，了解企业的成立时间、投资规模、员工数量、收入利润等生产经营情况。通过发放调查问卷等方式，了解企业在生产经营过程中遇到的实际困难及法律问题、法律诉求。

2. 加强法规政策宣传，帮助解决实际困难，建立长期联系机制。有针对性地向企业负责人、管理人员讲解国家及地方有关保护非公企业权益、促进经济发展的方针政策，宣传检察机关在服务保障非公企业发展方面相关措施，了解地方政府部门给予企业的土地、税收等帮扶优惠政策的落实情况。对收集到的问题进行分门别类处理，涉及检察机关的问题积极利用自身职能帮助解决，其他问题努力协调有关部门帮助解决。建立长期性联系机制，为开展法制宣传、提供法律咨询、司法帮助等打下坚实基础。

山东省检察机关派驻基层检察室围绕地方经济社会发展实际和企业单位的迫切所需，及时调整和深化服务措施，采取检企共建、结对帮扶、设立联系点等有效形式，打造共建协作平台，为辖区小微企业提供力所能及的法律服务和司法保护。例如，郯城县人民检察院派驻基层检察室积极拓展法律服务渠道，服务企业规范发展，取得了良好效果。他们的做法是：

1. 制作并赠阅法律法规宣传读本。该院广泛搜集资料，并结合多年办案经验精心编排了12万字的《非公有制公司企业老板法律法规读本》。该读本内容包含公司法、合同法、劳动合同法、经济法、税法等与企业生产经营密切相关的法律法规。目前已向各园区内80余家企业赠送法律读本1000余册，极大地提高了小微企业负责人的法律意识。

2. 积极将维护当地经济发展与发挥检察职能相结合。派驻基层检察室积极接受辖区企业邀请，主动与企业管理人员共同参与非公企业法制宣传教育工作，协助企业健全完善规章制度，积极提供法律咨询、司法救济等服务，深入倾听企业声音，为企业发展建言献策。

3. 设立非公企业法律维权站。各派驻基层检察室选取辖区内重点非公企业设立企业维权站，在维权站内统一制作16块法制展板，将派驻基层检察室的各项工作职能、派驻基层检察室人员信息、联系方式等都一一公示，进一步搭建了非公企业及企业员工与检察机关沟通的桥梁，为及时帮助企业解决困难，办理非公企业的控告、申诉和举报，加强检察监督扩宽了渠道。目前该院已在各园区重点企业设立8家法律维权站，李庄检察室的法律维权站工作还被中央电视台采访报道，取得了良好的法律效果和社会效果。

四、服务老年人法律维权

老年人权益保障是关系国计民生和国家长治久安的重要社会问题。当前时期，我国人口的老龄化正在加速，众多家庭出现空巢化趋势，老年人诉求多样化、利益多元化的问题越来越明显，日益严峻的人口老龄化形势迫切需要加强老年人权益保障工作。老年人在人身财产权益、社会保障待遇、家庭赡养与扶养等领域的法律服务需求逐渐增大，老年人法律维权的案件逐渐增多。派驻基层检察室应主动适应人口老龄化对检察工作提出的新要求，综合运用打击、监督、预防、教育、保护等检察职能，不断优化老年人权益保障司法环境。

（一）搭建老年人权益保障工作平台

通过建立老年人维权中心、老年人法律服务工作站、老年人维权服务窗口等方式，方便老年人进行法律咨询和解决法律诉求，努力为老年人提供适应其群体特点、满足其特殊需求的法律服务。

（二）加强老年人权益保障法律监督

依法及时受理、审查老年人的申诉、控告和检举，鼓励、支持和保障老年人依法维权。加强涉及老年人权益案件审判、执行活动的法律监督，依法保障司法公正。加强涉及老年人权益保障行政检察，发现行政机关在涉老补贴资金统计、管理、发放等环节存在违法行使职权或者不行使职权的行为，通过检察建议等方式及时督促纠正。加强犯罪预防工作，促进相关部门堵漏建制、加强管理，从源头上防止和减少侵害老年人权益犯罪的发生。

（三）积极提供老年人权益保障法律服务

对涉及老年人的敏感问题加强收集和分析研判，向有关主管部门及时提出意见建议，积极化解矛盾纠纷，消除不稳定因素。充分发挥派驻基层检察室职能作用，完善送法上门服务机制，结合"五进两服务"大走访活动，定期到辖区村居走访，了解老年人权益保障情况，帮助解决老年人在生活中遇到的困难，为老年人提供"零距离"优质法律服务。

（四）广泛开展老年人权益保障法治宣传

认真落实"谁执法谁普法"的普法责任制，采取多种形式大力宣传老年人权益保障的相关法律、法规，营造全社会保障老年人权益的浓厚氛围。建立完善以案释法制度，讲解剖析侵害老年人权益典型案例，特别是以老年人为对象的诈骗、非法集资等高发案件，增强老年人的维权意识和自我保护能力。举办检察开放日、典型案件庭审旁听等活动，宣传介绍检察机关在老年人权益保障方面的职能作用，提高社会对检察机关保障老年人权益工作的认知度。

山东省检察机关一直把老年人权益保障作为服务大局的一项重要内容。山东省老龄办、综治办、法院、检察院、公安厅、民政厅、司法厅七部门联合会签了《山东省老年人公益服务示范站创建办法》。山东省人民检察院在充分调研的基础上，专门研究并出台了《山东省人民检察院关于依法加强老年人权益保障的意见》，要求全省检察机关以司法办案为中心，综合运用打击、监督、预防、教育、保护等检察职能，依法保障老年人合法权益；特别对派驻基层检察室参加示范站创建工作进行部署，各派驻基层检察室对照标准，强化措施，以示范站创建为契机，丰富老年人维权服务内容，进一步提高了老年人权益保障工作的能力。2015年，山东省齐河县人民检察院派驻宣章检察室被国家六部门联合表彰为"全国老年法律维权工作先进集体"，21个派驻基层检察室被山东省七部门联合命名为"山东省老年人公益维权服务示范站"。2016年又有 20 个派驻基层检察室被山东省六部门联合命名为第二批"山东省老年人公益维权服务示范站"。①

关于加强村"两委"换届工作的检察建议

——菏泽市牡丹区人民检察院派驻高庄检察室

一、检察建议产生的背景

2014 年下半年，各地村居"两委"换届选举工作正在有序进行。村居"两委"换届选举是广大农村群众政治生活中的一件大事，做好换届选举工作，对提高基层党政队伍建设整体水平，全面建设小康社会有着重要意义。派驻基层检察室作为最贴近群众的基层检察机关，充分利用地缘优势，发挥法律监督职能，自觉服务驻地村"两委"换届选举工作。

二、检察建议的主要内容

（一）存在的主要问题

1. 家族、派性问题依然存在。某些村民小农意识、宗族意识较强，有明显的家庭、派性观念，如高庄镇高庄集村出现个别人利用家族、宗族势力拉选票情况，造成本届选出的村委会成员个别人年龄偏大，水平低，难以胜任，而一些有能力的人却不能当选。个别村选委会内部不团结，个别成员素质不高，未能认真履行职责。

2. 执行程序不严格。乡镇派出的选举包村指导员不能公正执行程序，有的业务不熟练，工作随意性大，执行程序不规范，如李村镇刘李村党支部换届选举中，违反选举程序，党员大会未达到法定人数便组织选举。有的组织工作不严密，如李村镇驻村指导员赵某提前泄露支委选举时间，一些人闻风而动、提前打招呼、拉选票，群众反映强烈，造成不必要的影响。

3. 执行纪律不到位。乡镇干部对换届纪律认识不够、要求不严，某些参选人员请客吃饭等现象偶有发生，导致民主测评换届风气时，群众满意度较低。

4. 选举前，特别是涉及两委换届选举的上访案件明显上升，虽然表现形

---

① 国家六部门包括全国老龄办、最高人民法院、最高人民检察院、公安部、民政部、司法部。山东省七部门包括省老龄办、综治办、法院、检察院、公安厅、民政厅、司法厅。山东省六部门包括省老龄办、法院、检察院、公安厅、民政厅、司法厅。

式各有不同，但分析原因主要有：一是经济比较富裕，各方面条件比较好的村居，利益群体、利益关系比较复杂，导致竞争激烈引发的；二是基础条件差，经济发展慢的村居，村级管理弱，家族势力、宗族派性比较严重；三是村级组织软弱涣散，村班子不过硬特别是支部书记不强或没人选。如高庄镇蔺口村，村级组织软弱涣散，部分选民往往想从自己自然村中选举村两委成员，无大局意识，造成长期无两委班子。

5. 外出流动人口增多给选举工作增加了难度。近年来农村大部分年富力强、头脑灵活、文化素质较高的村民长期在外务工，缺乏关心本村事务的内在动力，因而不热心于本村事务，主要考虑个人经济利益，不愿回来参加选举，党员到会率难保障的问题相对突出，特别是在委托投票上，虽然也采取了电话、短信方式让外出党员参与党组织换届选举，但这种方式在具体操作上仍然存在一定困难，主要是外出党员选举意愿不强烈，对候选人了解比较少，登记和记录工作量大的问题比较突出，给换届选举的操作增加了难度。

（二）对策与建议

1. 搞好资格审查，切实选优配强。在保证广大党员群众正确、充分行使民主权利的基础上，帮助党员、群众把握村级干部队伍的素质，防止有违法犯罪和违纪行为、道德品质低劣、在群众中影响较坏的人选为村干部，尝试建立《村级组织换届候选人资格联审制度》：联审内容以有关法律、政策和选举办法为依据，组织纪检监察、检察、公安、计生、审计、信访、民政等部门成立联审小组，根据各自职责，整合资源形成合力，对候选人（自荐人）、当选人进行选前资格调查和选后监督审查。明确将受过刑事处罚、党政纪处分、行政处罚、违反计生政策、非正常上访、煽动群众闹事、无行为能力等情形的人排除在候选人或当选人之外；候选人（自荐人）和当选人应当填写资格联审表，提交联审小组审核，并由相关负责人在联审表上签名。各部门对照任职条件，对候选人（自荐人）和当选人进行资格审查。对不符合任职条件的，不予任职审批或按规定宣布当选无效；对有违法违纪记录或正在立案审查，以及有不宜担任相应职务情形的，暂不审批或实行一定时间的过渡期后再审批任职。

2. 加强宣传力度，提高选民素质。充分利用广播、会议、标语、走访、座谈等多种形式，进一步宣传村"两委"换届选举工作，并对群众关心的选举公开、公正、公平问题进行重点宣传，让广大群众了解、掌握选举的方法、步骤、重要意义和法律依据，做到家喻户晓、人人皆知，努力提高村民的民主政治意识，不断激发和调动广大群众参选的积极性和主动性，变"要我选"为"我要选"，为搞好选举工作奠定思想基础。通过这方面的工作，帮助他们消除家庭、派别等不良影响，熟悉选举程序和要求，真正从全村利益出发投出神圣一票。

3. 严格执行程序，保障实体公正。坚持严格按政策程序组织村委会换届选举，绝不允许随意简化程序，坚决杜绝操作上的不规范行为。要进一步细化选举办法和操作规程，努力使换届选举每个环节、每项工作都有法可依、有章可循。要精心组织好大会选举，最大限度地组织和动员登记参加选举的村民到选举大会现场投票。选举时，要设立秘密写票处，保证登记参加选举的村民不受干扰地行使民主权利。严格规范委托投票行为，每一登记参加选举的村民接受委托投票不得超过2人。要从严控制流动票箱的使用范围，确有必要使用的，其对象和人数应由村民选举委员会提出，经村民会议或村民代表会议通过，并张榜公布。要从严掌握负责流动票箱的工作人员，一定要由乡镇工作人员、选举委员会成员、监票人三方负责，一定要坚持回避制度，凡与竞选人员有沾亲带故关系的，一律不准负责流动票箱。投票结束后，要当场公开唱票、计票，当场公布投票结果。

4. 严格选举纪律，保障依法进行。认真落实换届纪律"十不准"。引导参与竞职人员在规范言行、严守纪律，公平阳光竞争、营造风清气正换届环境上作出承诺。要全面推行乡镇党委和参与竞争人员集体谈话制度，教育他们采取合法、正当的方式有序参与竞争。要加强对驻村指导员的管理，杜绝任何形式的违法违规操作，确因驻村指导员违规操作，造成工作被动的，要严格依照有关规定进行处理，情节严重的还要追究法律责任。要严厉打击拉票、贿选行为。要严密防范、露头就管，发现一起、查处一起。对参与或指使他人以暴力、威胁、欺骗或恶意造谣、贿赂、伪造选票、虚报选举票数等手段破坏选举或妨碍选举的，要依法依纪严肃追究责任。对以不正当竞争手段参选的，一经查实即取消参选资格，已经当选的宣布无效。

5. 抓好重点、难点村选举，化解不和谐因素。对于重点村、难点村的换届选举工作。一是要深入排查摸底。逐个分析村情选情，认真做好化解矛盾、理顺情绪、组织整顿等工作，为进行选举创造条件。二是要坚持一村一策。对重点村、难点村要针对不同情况，有针对性地制定预案，对症下药、分类施治。三是要实行帮包责任制。派出强有力的工作组到村指导，确保成熟一个、选举一个，选举一个、成功一个。要实行责任追究制度，跟踪问效，一包到底，换届不成功，包村领导不能撤、驻村工作组不能撤，这要作为衡量换届成效的一个重要考核标准。

6. 做好选后交接，坚持离任审计，做好村级财务清理和审计工作。开展由纪委、派驻基层检察室牵头的村两委干部约谈活动，联合审计、经管站对村级财务进行审计清理，逐一约谈村两委干部，帮助、监督各村新老班子及时做好账册、档案等移交工作。争取离任村干部继续大力支持党支部、村委会工作，克服消极情绪，顾全大局，积极支持新班子的工作，努力维护农村安定团结的政治局面。

7. 严格依法办事，做好信访工作。一要严把选举的各个环节，认真把好选民登记关、候选人提名关、选举大会组织关，及时发现、处理选举工作中遇到的问题，切实做到法定程序一步不少，应交给选民的民主权利一点不留。二要做好信访工作，建立完善的信访机制。对于两委换届选举中有关选举的上访、信访，设专人值班接待群众来访。对于群众提出的问题，咨询办公室登记造册，根据相关法律、法规的规定，对选举中确实出现偏差的，及时予以纠正；对群众误解或不满的，要做细致的解释和疏导工作。做到件件有答复，事事有着落，使群众感到满意，保证选举工作的稳定与成功。

三、检察建议的效果

派驻高庄检察室关于加强村"两委"换届工作的检察建议发出后，辖区乡镇党委和政府高度重视，并及时进行了回复，对于选举中存在和发现的问题，及时进行纠正和整改。关于建立《村级组织换届候选人资格联审制度》的建议，乡镇党委以文件的形式认可并实行，同时被牡丹区"两委"换届工作领导小组在全区换届工作中推广试行。该做法既保证在广大党员、群众正确、充分行使民主权利的基础上，帮助党员、群众把握村级干部队伍的素质，同时又扩大了派驻基层检察室的影响力，受到了党委政府和群众的点赞。选后回访及时跟进，对新当选的"两委"班子进行回访和座谈，适时开展法制讲座和警示教育，为新一届村"两委"工作开展起到了良好的警示教育和法制宣传作用。

四、经验做法

（一）先期调研，及时掌握社情民意

选举工作前期，我们集中力量深入村、组、户，就初步候选人的工作情况、协调能力、自身优缺点与党员群众进行了充分的交流沟通，通过摸排走访，及时掌握选举动态和"两委"换届工作的安排部署、工作进度中存在的问题，全面收集并掌握换届选举的社情民意。

（二）提前介入，把好资格审查关口

我们会同驻地纪委、派出所、司法所全面清查整理在册剥夺政治权利人员名单，参与审核选民选举权、选民登记、选举资格审查认定。在做好候选人参选资格初步政审工作的同时，还结合驻地计生部门，对于违反计生政策的候选人进行梳理。通过审查，查处不予列为候选人的 2 人，取消候选人资格的 1 人，取消支部委员资格 1 人；村委会选举中，有 1 名被判处缓刑人员被取消候选人资格。

（三）同步宣传，营造选举法治氛围

为预防换届选举过程中发生违纪违法行为，我们赶集市、下村居、进学校发放有关换届选举法律宣传材料 2000 余份，开展法制宣传 5 场次，参与人次 400 余人次，取得了较好的社会和法律效果。

（四）事中监督，保障程序实体公正

选举中，我们积极派员参与"两委"换届选举工作，对重点社区"两委"换届选举现场进行监督检查，现场提出合理化建议，零距离服务"两委"换届工作，及时消除不和谐因素，共派员参加选举现场监督 28 次，确保选举工作顺利完成。

（五）选后回访，巩固服务换届成果

对于已经完成选举的 96 个行政村，我们对新一届村"两委"保持高度关注，主动开展工作回访，积极开展预防座谈，积极探索建立服务"两委"基层组织工作的常态化和长效性工作机制。并联合职务犯罪预防部门，为新一届村居"两委"干部 500 余人，及时开展预防廉政讲座和警示教育。

附录：山东省检察机关派驻基层检察室规章制度选登

关于印发《山东省人民检察院关于进一步加强和规范派驻基层检察室建设的指导意见》的通知

（鲁检发〔2012〕19号）

各市级院：

现将《山东省人民检察院关于进一步加强和规范派驻基层检察室建设的指导意见》印发给你们，请组织全体检察人员认真学习，紧密结合实际，切实抓好贯彻落实。

山东省人民检察院

2012年11月7日

山东省人民检察院关于进一步加强和规范派驻基层检察室建设的指导意见

为深入贯彻落实省院党组关于大力加强"三项建设"的决策部署，进一步加强和规范派驻基层检察室（以下简称派驻检察室）建设，根据高检院《关于进一步加强和规范检察机关延伸法律监督触角促进检力下沉工作的指导意见》，结合我省检察工作实际，现提出如下指导意见：

一、充分认识加强和规范派驻检察室建设的重要意义

1. 派驻检察室是延伸法律监督触角、促进检力下沉的重要组织形式，对于拓展法律监督领域，全面履行检察职能，巩固基层政权建设，加强新形势下群众工作，服务经济社会发展具有重要意义。实践证明，派驻检察室建设是创新完善检察机构组织体系，加强对基层执法司法活动法律监督的有益探索；是延伸法律监督触角，实现检力下沉，促进检察机关"接地气"的重要载体；是畅通群众诉求渠道，维护群众合法权益的重要举措；是化解基层社会矛盾，维护农村和谐稳定的有效平台。全省检察机关要提高思想认识，把派驻检察室建设作为事关检察工作全局的一项基础性、战略性工作来抓，加大力度，加快建设，努力把检察工作延伸到基层，扎根培土，接好地气，打造我省检察工作新的增长极。

二、进一步明确加强和规范派驻检察室建设的指导思想、基本原则

2. 指导思想：紧紧围绕中央、省委和高检院的一系列重大决策部署和省院党组"干在实处、干出实效、走在前列"的要求，以"强化法律监督、强化自身监督、强化队伍建设"为主要任务，坚持不懈地抓基层、打基础、上水平，全面推进派驻检察室建设，不断延伸法律监督触角，促进检力下沉，进一步推动全省检察工作科学发展。

3. 基本原则：

——服务大局。坚持围绕中心、服务大局，依法履行检察职能作用，广泛开展法制宣传教育，积极参与社会管理创新，全力保障和促进当地经济社会发展。

——服务民生。坚持立检为公、执法为民，密切联系群众，畅通群众诉求渠道，主动为群众排忧解难，全力化解矛盾纠纷，切实维护群众合法权益和社会公平正义。

——统筹兼顾。坚持边建设、边工作，既要突出当前，又要谋划长远，统筹做好派驻检察室机构设置、人员配备、业务运行、经费保障等工作，全面推进派驻检察室职能规范化、机构正规化、运行标准化、队伍专业化、保障现代化建设。

——合理设置。坚持科学规划、合理布局，重点设在人口较多、信访总量较大、治安问题突出、辐射功能较强的地区，力争用2年左右时间建成与法院派出法庭对应设置的派驻检察室。积极探索在城市社区、重点区域设置派驻检察室。

——创新发展。坚持立足职能，紧密联系实际，积极创新服务理念、服务

机制、服务措施，在创特色中求突破、抓亮点、树品牌。

三、准确把握派驻检察室的职能定位

4. 严格依法规范职责范围。重点履行以下工作职责：（1）接收群众举报、控告、申诉，接待群众来访；（2）发现、受理职务犯罪案件线索；（3）开展职务犯罪预防；（4）受理、发现执法不严、司法不公问题，对诉讼中的违法问题依法进行法律监督；（5）开展法制宣传，化解社会矛盾，参与社会治安综合治理和平安创建；（6）监督并配合开展社区矫正工作，参与并促进社会管理创新；（7）开展为民、便民、利民服务和涉农检察，依法保障群众合法权益；（8）派出院交办的其他事项。对职责中一些原则性规定，依法在细化、实化方面积极进行探索创新。

5. 牢牢把握工作重心和着力点。要高度关注保障民生，主动深入"村头、街头、地头"，有针对性地开展法律宣传、法律咨询、法律服务工作，依法妥善解决群众司法诉求，满腔热情为群众办实事、解难事，切实维护群众合法权益。要深入推进社会矛盾化解，认真做好涉检信访工作，坚持接访、下访、走访、巡访相结合，积极参与对矛盾纠纷的排查研判、重点部位的治安整治、重点人群的监督管控、社区矫正的法律监督等工作，促进社会管理创新，维护社会和谐稳定。要立足检察职能，加大法律监督力度，加强对国家惠农政策落实的监督检察，积极预防、发现和协助查办基层工作人员职务犯罪，依法监督纠正执法不严、司法不公问题，全力服务当地经济发展、维护社会公平正义。

四、突出抓好派驻检察室标准化、规范化建设

6. 积极推进机构建设。派驻检察室由基层检察院派出，名称统一为"××人民检察院派驻××（驻在地名称）检察室"。认真落实省委《关于贯彻中发〔2006〕11号文件精神进一步加强人民法院、人民检察院工作的意见》"派驻基层检察室主任由具有一定检察工作经验的正科级或副科级干部担任"的要求，原则上新设置的派驻检察室应为科级以上单位。严格审批程序，派驻检察室的设立、更名和撤销，经地方编制部门同意后，报省院审批。积极探索在派驻检察室辖区内非驻地乡镇建立联络渠道，采取行之有效的工作方法，使派驻检察室工作全面覆盖所辖区域的村居社区。

7. 切实加强队伍建设。选派政治坚定、业务精通、熟悉基层工作的检察人员到派驻检察室工作。每个派驻检察室一般应配备5名以上工作人员，包括负责人在内具备执法资格的不少于2人。党员人数3人以上的，要建立隶属于

派出院的党组织。派出院人员编制不足的，要积极争取事业编制，确保工作正常开展。积极探索加强派驻检察室协检员、联络员、信息员队伍等建设。定期组织业务培训和岗位练兵，不断增强业务技能和群众工作能力。进一步加强和改进工作作风，经常深入基层、深入群众，广泛宣传派驻检察室的职能作用，积极受理和解决群众诉求，不断提升派驻检察工作的群众知晓率和满意度。坚持从严治检，严格落实党风廉政建设责任制，研究制定派驻检察室协检员、联络员、信息员等协助检察工作的制度规范和纪律规定，以铁的决心、铁的纪律打造铁的队伍。探索建立上级院检察人员到派驻检察室挂职、基层院检察人员到派驻检察室轮岗锻炼等制度，打造锤炼检察队伍的新阵地。积极建设具有派驻特色的检察文化，不断提升派驻检察室工作的"软实力"。

8. 大力加强规范化建设。着眼于派驻检察室长远发展，正确把握工作职责和权限，科学确定派驻检察室建设标准，建立健全机构设置、业务运行、执法保障、队伍管理等工作机制，逐步统一和规范派驻检察室的机构名称、职能任务、人员编制、建筑外观设计和办公区功能规划等，实现派驻检察室工作的制度化、规范化和科学化。加强派驻检察室信息化建设，提高信息化应用能力和水平，逐步实现工作情况网上录入、工作动态网上管理、执法活动网上监督、服务质量网上考核，以信息化促进规范化，提高工作质量和效率。

9. 建立健全保障机制。认真落实《关于进一步加强地方政法基础设施建设规范投资保障机制的意见》，积极争取派驻检察室基础设施项目立项，协调落实建设投资，坚持充足实用的原则，建设功能完善、设施齐备的独立办公场所。要为派驻检察室配齐配好业务技术装备和综合保障装备，一般应配备一辆以上巡访工作车和公务用车等交通工具，联通检察专网、互联网、政务网，人手一台以上微机，配置打印机、复印机、传真机、摄像机、照相机、电视机、视频接访等办公设备以及必要的便民服务设施和检察人员生活设施。办公经费由派出院负责，要保证工作需要，纳入同级财政预算，严禁以任何名义搞摊派、拉赞助，严禁利用职权或职务之便向当事人"吃拿卡要"。

五、切实加强派驻检察室建设的组织领导

10. 加强组织领导。各级院党组要把加强和规范派驻检察室建设摆上优先发展的战略位置，作为"一把手"工程，加强领导，强力推进，强势督导，切实抓出实效。要明确派驻检察室建设的工作部门和责任人员，形成检察长负总责，分管领导直接抓，有关部门各司其职、密切配合的工作机制。院党组要经常听取工作汇报，研究解决工作中的突出问题。要主动把派驻检察室建设置于当地党委领导和人大监督之下，积极争取党委、人大、政府的重视支持，切

实解决好机构设置、人员编制、基础设施、经费保障等问题。要加大宣传工作力度，不断提升派驻检察室在群众中的认同度。

11. 加强管理考核。要认真落实派驻检察室的各项制度，派驻检察室负责人定期向派出院报告工作，派出院加强对派驻检察室工作的检查监督，经常交流经验，及时发现和解决工作中的问题。健全派驻检察室岗位目标责任制和考核奖惩制度，确保与派出院其他部门同管理、同要求、同考核。组织开展优秀派驻检察室、优秀派驻检察人员评选活动，努力营造创先争优的浓厚氛围。上级院要把派驻检察室建设纳入对下级院的绩效考核，引导派驻检察室建设规范健康发展。

12. 强化督导落实。加强分类指导，抓点带面，整体推进派驻检察室建设。已经建成的，要把重点转移到规范运行、发挥作用上来；尚未建成的，要抓紧报批、抓紧建设，确保圆满完成建设任务。省院建立院领导派驻检察室工作联系点制度。市级院要充分发挥"一线指挥部"作用，加强对派驻检察室的工作管理和具体指导，帮助解决基层院自身难以解决的实际困难。基层院作为派驻检察室建设的主体，要充分发挥主观能动性，加强实践探索，切实把各项部署要求落到实处，不断推进派驻检察室建设取得新成效。

关于印发《山东省检察机关派驻基层检察室工作细则（试行）》的通知

（鲁检发政字〔2013〕45 号）

各市级院：

现将《山东省检察机关派驻基层检察室工作细则（试行）》印发给你们，请结合实际，认真抓好贯彻落实。试行工作情况及遇到的问题请及时报省院政治部。

山东省人民检察院

2013 年 5 月 9 日

山东省检察机关派驻基层检察室工作细则（试行）

第一章 总 则

第一条 为规范全省检察机关派驻基层检察室（以下简称检察室）工作，根据有关法律法规、高检院《检察机关执法工作基本规范》以及《山东省人民检察院关于进一步加强和规范派驻基层检察室建设的指导意见》和《2013—2015 年全省检察机关基层基础建设规划》，结合工作实际，制定本细则。

第二条 检察室是派出院的组成部分，在派出院统一领导下开展工作。检察室应加强与派出院业务部门的协作配合，接受业务指导，主动做好工作衔接。

第三条 检察室的工作职责：

（一）接收群众举报、控告、申诉，接待群众来访；

（二）发现、受理职务犯罪案件线索；

（三）开展职务犯罪预防工作；

（四）受理、发现执法不严、司法不公问题，对诉讼中的违法问题依法进行法律监督；

（五）开展法制宣传，化解社会矛盾，参与社会治安综合治理和平安创建；

（六）监督并配合开展社区矫正工作，参与并促进社会管理创新；

（七）开展为民、便民、利民服务和涉农检察，依法保障群众的合法权益；

（八）派出院交办的其他事项。

第四条　检察室开展工作应当坚持以下原则：

（一）依靠群众，方便群众；

（二）服务大局，服务民生；

（三）依法履职，规范高效。

第二章　分　则

第一节　受理来信来访

第五条　检察室依法受理下列信访事项：

（一）反映国家工作人员职务犯罪的举报；

（二）不服人民检察院处理决定的申诉；

（三）反映侦查机关侦查活动存在违法行为的控告；

（四）不服人民法院生效判决、裁定的申诉；

（五）反映刑事案件判决、裁定的执行和监狱、看守所、劳动教养机关的活动存在违法行为的控告；

（六）反映人民检察院工作人员违法违纪行为的控告；

（七）公民、法人或者其他组织提出的国家赔偿申请；

（八）加强、改进检察工作和队伍建设的建议和意见；

（九）其他依法应当由人民检察院处理的信访事项。

第六条　检察室应当区别来信来访的方式，依照《检察机关执法工作基本规范》第二编有关规定做出处理：

（一）对采用书信、电子邮件、电话、传真等形式提出信访事项的，检察室工作人员应当及时登记录入，对反映的内容如实记录。

（二）对采用走访形式提出信访事项的，检察室应当安排专人接访，如实记录来访人基本信息、反映的情况，制作笔录。对于告急访、上访老户、集体访，检察室要与有关单位、部门沟通，做好稳定、协调、息诉工作。

（三）检察室应当重点开展下访巡访，方式方法参照《检察机关开展下访巡访试点工作的指导意见》执行。

（四）对于来信、来访、下访巡访等反映内容属于检察室管辖且能够直接处理的，检察室依法处理、答复，并将处理情况抄送派出院控告申诉部门；对于其他情形，移送派出院控告申诉部门。

（五）检察室应当根据不同处理结果，在收到信访事项 7 日内告知有联系方式的来信、来访人审查分流情况。

检察室应当详细记录来信处理情况，以备因地址、联系方式不详而无法答复的来信人随时查询。

第七条　对移交派出院控告申诉部门的来信来访事项，来信来访人向检察室反映逾期未答复的，检察室应当催办。

第二节　发现、受理职务犯罪案件线索

第八条　检察室应当采取多种形式开展宣传，拓宽收集举报线索的渠道，扩大线索来源，鼓励群众依法举报、实名举报。

第九条　对于通过来信来访受理和自行发现的职务犯罪案件线索，检察室应当专人管理，并在 7 日内移送派出院举报中心。

第三节　预防职务犯罪

第十条　检察室预防职务犯罪的职责：
（一）定期在基层单位和工作人员中开展警示教育；
（二）深入集市、乡村、社区、企业、学校开展预防宣传；
（三）接受辖区有关单位的预防咨询；
（四）分析辖区职务犯罪原因、特点、规律，提出防范建议；
（五）承办派出院交办的其他预防职务犯罪工作事项。

第十一条　检察室主要通过预防调查、案例分析、预防检察建议、警示教育、预防咨询等方式开展预防职务犯罪工作，开展工作的具体方式参照《检察机关执法工作基本规范》第四编第七章的规定执行。

第四节　诉讼监督

第十二条　检察室应当协助派出院业务部门开展以下诉讼监督工作：
（一）对辖区公安派出所刑事立案活动依法进行法律监督；

（二）对辖区公安派出所刑事侦查活动依法进行法律监督；

（三）对辖区人民法庭审判活动活动依法进行法律监督；

（四）与诉讼监督有关的其他工作。

第十三条 检察室在工作中发现公安机关可能存在应当立案侦查而不立案侦查，不应当立案侦查而立案侦查情形的，应当将监督线索移送派出院侦查监督或未成年人刑事检察部门。

第十四条 检察室发现辖区内侦查活动有《人民检察院刑事诉讼规则》第五百六十五条所列违法行为，情节轻微的，可以口头提出纠正意见；情节严重的，依法移送派出院侦查监督、公诉或未成年人刑事检察部门。

第十五条 检察室在工作中发现违反《民事诉讼法》规定的情形，情节轻微的，可以口头提出纠正意见；情节严重的，依法移送派出院民事行政检察部门。

第五节 排查化解矛盾纠纷

第十六条 检察室应当加强与派出院业务部门的沟通，及时掌握派出院作出的涉及本辖区的不受理、不立案、不批捕、不起诉、不抗诉、不赔偿以及复议复核维持原决定的案件、重信重访、可能引发集体访或群体事件的涉检信访问题，及时研判处置。

第十七条 检察室应当立足检察职能，积极参与辖区平安创建和社会管理综合治理，开展有针对性的法制宣传教育，引导群众合法、理性表达诉求，主动做好释法说理、定分止争工作，力争把矛盾化解在基层、化解在萌芽状态。

第六节 社区矫正监督

第十八条 检察室依法对辖区内担负交付、管理、矫正社区服刑人员的人民法院、司法行政机关和公安机关的司法、执法活动进行监督，履行以下职责：

（一）对社区矫正的交付、管理、组织实施和解除矫正活动是否合法实行监督；

（二）受理对社区服刑人员脱管、漏管的举报和社区服刑人员及其亲属的申诉、控告；

（三）维护社区服刑人员的合法权益，保证社区矫正工作依法、公正进行；

（四）其他依法应当履行的监督职责。

第十九条 检察室应当通过联系派出院监所检察部门、社区矫正机构，建立定期沟通协调机制，加强对社区服刑人员信息的动态管理，定期到联系点、司法所、社区服刑人员家中及社区矫正场所等进行走访、巡查、座谈，有选择地对社区服刑人员进行教育谈话，及时发现监督线索。

第二十条 检察室在工作中发现的违反社区矫正管理规定的行为，情节轻微的，可以口头提出纠正意见；情节严重的，依法移送派出院监所检察部门处理。

第七节 为民、便民、利民服务及涉农检察

第二十一条 检察室应当立足检察职能，开展为民、便民、利民服务，充分发挥法律监督职能作用，依法保护群众合法权益，保障国家各项惠民政策的落实。

第二十二条 检察室应当熟悉国家支农惠农政策，掌握辖区涉农资金管理部门、分配渠道、投资项目、资金规模和运行程序等情况，增强监督工作的准确性、针对性和实效性。

第二十三条 检察室要经常深入村头、街头、地头，认真听取人民群众对检察工作的意见，及时为群众提供法律咨询和服务，尽力帮助群众解决实际困难和问题。

第三章 附 则

第二十四条 本细则中所称派出院是指设立派驻基层检察室的基层人民检察院。

第二十五条 本细则由山东省人民检察院负责解释。

第二十六条 本细则自发布之日起试行。

关于印发《山东省检察机关派驻基层检察室统一标识设置规范》的通知

（鲁检发政字〔2013〕31号）

各市级院：

现将《山东省检察机关派驻基层检察室统一标识设置规范》印发给你们，请认真抓好贯彻落实。已建成的派驻基层检察室，请于2013年5月底前完成统一标识设置工作。

山东省人民检察院

2013年4月9日

山东省检察机关派驻基层检察室统一标识设置规范

一、适用范围

本规范规定了全省检察机关派驻基层检察室统一标识的基本颜色和要素。本规范适用于全省检察机关派驻基层检察室。

二、基本颜色

派驻基层检察室统一标识的基本颜色为白色和蓝色。白色为纯白色，蓝色色系参数为 C100、M80、K50。

三、基本要素

派驻基层检察室统一标识的要素为横式门楣、竖式标牌、门牌和路口指示牌。

（一）横式门楣

横式门楣底色为白色，上下两端为蓝色装饰线条，检徽居中，两边为蓝色"人民""检察"字样。

具体尺寸、材质等见图示标注。

遇到有挑棚时，则三面围合（见应用举例二）。A最小值一般不低于50厘米，中间按照给定比例制作，两边根据现场尺寸制作。

字体：方正大黑
材质：铝塑板　电脑雕刻亚克力字体
工艺：切割　焊接
注：A为一个计量单位

（二）竖式标牌

竖式标牌底色为白色，上下两端为蓝色装饰线条，上部为蓝色"××县（市、区）人民检察院"字样，两列排列，下部为蓝色"派驻××检察室"字样，单列排列。

具体尺寸、材质等见图示标注。

竖式标牌置放于建筑物门口左侧，门厅较高的视建筑具体情况按比例放大。

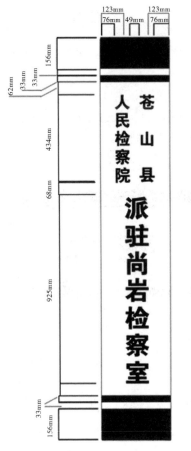

标牌尺寸：长350mm 宽2000mm 厚25mm
字体：方正大黑
材质：铝塑板　电脑雕刻亚克力字体
工艺：切割　焊接

（三）门牌

门牌底色为白色，上下两端为蓝色装饰线条，中间为检徽、蓝色装饰线条和"××县（市、区）人民检察院派驻××检察室"字样。

具体尺寸、材质等见图示标注。

门牌作为备选要素，当派驻基层检察室建筑有独立院落和大门时，竖式标牌视情况可置于院落大门左侧，该门牌可置于楼房门口左侧（见应用举例一、三）。

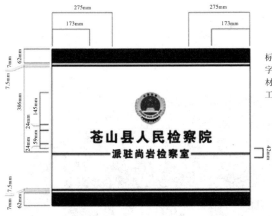

标牌尺寸：长900mm 宽700mm 厚25mm
字体：方正大黑
材质：铝塑板 电脑雕刻亚克力字体
工艺：切割 焊接

（四）路口指示牌

路口指示牌为单立柱式支撑双面指示牌。立柱为蓝色，指示牌底色为白色，上下两端为蓝色装饰线条，中间为检徽、蓝色箭头方向指示符号和"××县（市、区）人民检察院派驻××检察室"字样。

具体尺寸、材质等见图示标注。

路口指示牌的安放，应根据派驻基层检察室实际工作需要，结合地理位置视情况安装（见应用举例四）。

路口指示牌的安装应当符合城市规划和道路指示标牌安放的有关规定。若安装，应设置在距派驻基层检察室最近的干道路口，安放的位置选择应保证指示牌醒目便于远距离识别，并避开树木、交通标志、广告牌及其他指示标牌。

字体：方正大黑
材质：不锈钢烤漆 电脑雕刻亚克力字体
工艺：切割 焊接 烤漆

四、派驻基层检察室应用举例

应用举例一：

应用举例二：

应用举例三：

应用举例四：

关于印发《山东省检察机关派驻基层
检察室内部设置指导意见（试行）》的通知

（鲁检政发〔2013〕46 号）

各市级院：

现将《山东省检察机关派驻基层检察室内部设置指导意见》（试行）印发给你们，请结合实际，认真抓好落实。

已建成的检察室要在 6 月 20 日前完成内部设置的统一规范工作。

山东省人民检察院政治部

2013 年 5 月 28 日

山东省检察机关派驻基层检察室
内部设置指导意见（试行）

为加强全省检察机关派驻基层检察室内务建设，规范内部设置，推进检察室工作正规化建设，根据《山东省人民检察院关于进一步加强和规范派驻基层检察室建设的指导意见》等有关规定，制定本指导意见。

一、适用范围

本指导意见规定了派驻基层检察室功能分区及内务设置，适用于全省检察机关派驻基层检察室。

二、功能分区

派驻基层检察室应当按照方便群众、功能集中、利于工作和安全保密的原则，合理划分功能区。

一般可划分为接待区、业务区、办公区、廉政教育区和后勤保障区五部分。根据空间情况和工作需要，各功能区可以设置若干厅室。

（一）接待区

接待区主要用于接待群众来访、提供法律咨询、受理群众诉求等，包括检察接访大厅、视频接访室、举报受理室等。

（二）业务区

业务区主要用于民生检察服务、化解矛盾纠纷、社区矫正监督以及派出院业务部门到检察室办理案件等，包括信息联络员工作室、诉讼监督工作室、调解工作室、社区矫正工作室以及其他办案业务用房等。

（三）办公区

办公区主要用于检察室处理行政事务、召开各种会议、学习培训等，包括值班室、办公室、接待室、会议室、党员活动室、图书阅览室、档案室、荣誉室、监控室等。会议室、党员活动室、图书阅览室、档案室、荣誉室可根据用房条件设置，或与其他办公用房合并设置。监控室可与干警值班室合并设置。

（四）廉政教育区

廉政教育区主要用于开展廉政警示、犯罪预防、法制宣传等教育活动，可以根据本地实际设置1个或多个展室，如预防职务犯罪展室、中小学生法制教育展室、安全生产展室等，也可在院落或走廊设置廉政教育宣传栏。

（五）后勤保障区

后勤保障区主要用于检察室工作人员饮食、训练、学习、休息等，包括厨房、餐厅、休息室、车库（停车场）、庭院等。

三、内务设置

检察室内务设置应当符合规范统一、整洁有序、简朴庄重、经济实用的要求。高检院对办公办案用房设置有明确规定的，按照规定执行。

（一）基本要求

1. 各功能区域及厅室都应有标示牌或指示牌。

2. 各功能区及厅室应在醒目位置悬挂与本区域功能相关的制度规定，如工作制度、工作职责、工作纪律、当事人权利义务、工作流程图、检务公开等内容。有条件的检察室可设置电子显示屏、触摸式信息查询、群众满意电子测评等设备。

3. 检察室走廊墙面装饰应体现检察文化，悬挂名言警句、法治理念、书法摄影作品等。

4. 检察室应保持室容室貌卫生整洁、物品有序摆放。

（二）主要区域设置

1. 检察接访大厅应设在临街或内部比较靠外的区域，以方便群众出入。一般为大开间低台敞开式，台面高度合适，整体装饰简洁大方。接访大厅背景墙可以配置检徽以及体现检察工作主题、要求等方面的文字。

检察接访大厅应配备座椅、纸笔、饮用水、药品、雨伞等便民设施以及检民联系卡、法制宣传资料、报纸等。

检察接访大厅应当安装可覆盖区域内外且具有数据存储功能的电子监控设备，室内光照亮度应当满足录像要求。其他区域也可以根据需要安装电子监控设备。

2. 廉政警示教育展室应当根据辖区情况和形势任务要求，科学合理设置展室内容，并结合自身实际，可采取"图、文、声、光、电"等表现形式，使参观者受到深刻教育，并可设置留言簿、讨论室等。

3. 视频接访室一般应配置有可实现视频接访的计算机、双向显示屏幕。

4. 举报受理室应保持独立性和保密性，保障举报人的合法权益。

5. 会议室可设置背景墙，背景墙可包含检徽和"××县（市、区）人民检察院派驻××检察室"字样等要素。

6. 党员活动室可布置党旗、党的指导思想和基本路线、党的宗旨、党员权利和义务，以及检察室党员干警的基本情况，活动室所配备的党建资料、党报党刊应妥善使用。

四、示例

示例1：分区标牌

字体：方正大黑　材质：铝塑板

示例 2：办公室标牌

字体：方正大黑　材质：铝塑板

示例 3：室内墙面

派驻基层检察室工作职责

一、接收群众举报、控告、申诉，接待群众来访；

二、发现、受理职务犯罪线索；

三、开展职务犯罪预防；

四、发现、受理执法不严、司法不公问题，对诉讼中的违法问题依法进行法律监督；

五、开展法制宣传，化解社会矛盾，参与社会治安综合治理和平安创建；

六、监督并配合开展社区矫正工作，参与并促进社会管理创新；

七、开展为民、便民、利民服务和涉农检察，依法保障群众合法权益；

八、派出院交办的其他事项。

字体：方正大黑　材质：亚克力广告钉

示例4：走廊墙面

材质：亚克力广告钉

关于印发《山东省人民检察院关于规范
派驻基层检察室履行法律监督职能
的意见（试行）》的通知

（鲁检发政字〔2015〕9号）

各市级院：

《山东省人民检察院关于规范派驻基层检察室履行法律监督职能的意见（试行）》已经省院党组会议研究通过，现印发你们，请结合实际，认真贯彻执行。各级院业务部门要根据本意见进一步修订、完善与派驻基层检察室业务对接指导意见，强化业务工作指导，确保有限有序有效地推进派驻基层检察室开展法律监督工作。

山东省人民检察院
2015 年 1 月 25 日

山东省人民检察院关于规范派驻基层检察室
履行法律监督职能的意见（试行）

为认真贯彻落实党的十八届四中全会、省委十届十次全体会议精神及高检院决策部署，依法规范派驻基层检察室（以下简称检察室）履行法律监督职能，积极推进基层治理法治化，根据有关法律法规和高检院、省院关于检察室工作职责规定，现提出以下意见。

一、职能范围

1. 检察室履行法律监督职能范围主要包括：接收群众举报、控告、申诉，接待群众来访；发现、受理职务犯罪案件线索；开展职务犯罪预防工作；对公

293

安派出所、司法所、人民法庭等基层单位有关执法司法活动进行法律监督；审查起诉轻微刑事案件；参与社会治安综合治理和平安建设等。

二、工作原则

2. 检察室在工作中必须坚持以事实为根据、以法律为准绳；坚持依靠群众、方便群众，依法履职、规范高效；坚持自觉接受监督和业务部门对口指导；坚持有限有序有效推进，确保派驻人员力量与工作任务相适应。

三、工作重点

3. 接收群众举报、控告、申诉，接待群众来访。对于来信来访反映内容属于检察机关管辖且检察室能够直接处理的，检察室依法处理、答复；对于其他情形，移送有管辖权单位或派出院控告申诉检察部门。

犯罪嫌疑人到检察室自首，属于检察机关管辖的，检察室应当及时通知派出院有关业务部门，依法处理；不属于检察机关管辖的，应根据情况采取措施，并通知、移送主管机关处理。

4. 发现、受理职务犯罪案件线索。对发现、受理的职务犯罪案件线索，检察室应当做好登记工作并按规定移送。经逐级严格审核并经检察长逐案审批后，检察室可以协助自侦等部门查办职务犯罪案件。

5. 开展职务犯罪预防工作。组织预防宣传和廉政警示教育，接受辖区有关单位的预防咨询，提出预防职务犯罪建议等。

6. 对公安派出所执法活动进行法律监督。包括对应当立案侦查而不立案侦查、不应当立案侦查而立案侦查以及《人民检察院刑事诉讼规则（试行）》第五百六十五条规定的有关情形的监督。检察室发现公安派出所的执法活动存在违法情形，能够直接办理的应当按照规定程序办理，其他情形移送派出院有关部门办理。

具备条件的检察室可以审查起诉公安机关办理的辖区内符合以下条件的轻微刑事案件：

（1）案情简单，事实清楚，证据确实、充分；

（2）可能判处三年以下有期徒刑、拘役、管制或单处罚金；

（3）犯罪嫌疑人承认实施了被指控的犯罪；

（4）犯罪嫌疑人未被羁押；

（5）适用法律无争议或争议不大。

7. 对社区矫正各执法环节进行法律监督。对社区矫正执法活动违反法律和《社区矫正实施办法》规定的，可以区别情况提出口头纠正意见、制发纠正违法通知书或者检察建议书。必要时，可移送或会同派出院有关业务部门办理。

8. 对人民法庭审判活动进行法律监督。对已经发生法律效力的民事判决、裁定、调解书具有《中华人民共和国民事诉讼法》第二百零九条第一款规定情形，当事人向检察室申请监督的，检察室应当移送派出院控告申诉检察部门办理；发现人民法庭民事审判程序中审判人员存在违法行为的，应当依照法定程序监督纠正。必要时，可移送或会同派出院有关业务部门办理。

9. 参与社会治安综合治理和平安建设。深入开展法治宣传教育，推进基层治理法治化，建立检察官以案释法制度，引导群众自觉守法、遇事找法、解决问题靠法，化解矛盾纠纷，维护社会和谐稳定。

10. 协助派出院业务部门开展检察宣告、权利义务告知、调查取证、送达法律文书、促成轻微刑事案件和解、未成年人刑事案件社会调查、对未成年人进行法制宣传、心理疏导、跟踪帮教等工作。

四、组织领导

11. 检察室是检察机关延伸法律监督触角、促进检力下沉的重要载体，是基层法治机构建设的重要内容。各级检察院要高度重视，切实加强组织领导，健全制度机制，理顺工作关系，抓好业务对接，确保工作实效。

12. 检察室开展法律监督工作要严格执行法律法规和检察机关执法工作基本规范，使用统一业务应用系统，案管部门负责办案流程管理和监督控制，业务部门负责案件分流和办案业务指导。检察室定期向业务部门报送业务工作情况。派出院不得向检察室下达办案考核指标。

13. 检察室应当认真开展巡访和"五进两服务"工作，广泛收集社情民意，回应群众关切，提高法律监督实效。加强信息化建设，建立涵盖辖区基本情况、经济文化、基层站所、惠民政策落实等基础信息的信息超市，为开展法律监督工作提供信息支持。

14. 检察室应当按照检察机关文件材料、诉讼文书立卷归档管理规定，建立健全档案管理制度，确保档案资料安全、完整，符合规定。

关于印发《山东省检察机关派驻基层检察室规范化等级管理办法（试行）》的通知

（鲁检发办字〔2015〕45号）

各市级院：

《山东省检察机关派驻基层检察室规范化等级管理办法（试行）》已经省院检察长办公会议研究通过，现印发你们，请结合本地实际，认真贯彻执行。

山东省人民检察院

2015年8月12日

山东省检察机关派驻基层检察室规范化等级管理办法（试行）

第一章　总　则

第一条　为全面加强派驻基层检察室（以下简称检察室）规范化管理，提高履行法律监督职能和服务群众的能力，积极推进基层治理法治化，根据检察室的职责任务，制定本办法。

第二条　全省检察机关统一实行检察室规范化等级评定制度。市级检察院派驻基层检察室的规范化等级评定，参照本办法执行。

第三条　检察室规范化等级评定内容包括：受理来信来访，发现、受理职务犯罪案件线索，职务犯罪预防，基层执法司法活动监督，审查起诉轻微刑事案件，参与社会治安综合治理和平安建设，服务群众，检务公开，信息化建设，队伍建设，检务保障等11个方面，总分为100分。

第四条　检察室规范化等级划分为三级，达到 90 分以上和必备条件的，可申报一级检察室；达到 80 分以上和必备条件的，可申报二级检察室；达到 60 分以上的，可申报三级检察室。不足 60 分或存在严重问题的，为不合格检察室。

第二章　评定内容

第五条　受理来信来访（10 分）

（一）设置方便群众出入、装饰简洁大方的接访大厅，配备便民利民设施及法治宣传资料，安装符合要求的电子监控设备。举报受理室保持独立性和保密性。

（二）接收群众举报、控告、申诉，接待群众来访，区别情况依法妥善处理、答复或移送。

（三）接受犯罪嫌疑人自首，区别情况采取相应措施，及时做好通知、移送工作。

第六条　发现、受理职务犯罪案件线索（10 分）

（一）对发现、受理的职务犯罪案件线索，做好登记并按规定移送。

（二）采取设置举报信箱、公开举报电话、开展举报宣传等多种方式，不断拓宽举报线索收集渠道，扩大线索来源。

（三）经逐级严格审核并经检察长逐案审批后，做好协助自侦等部门查办职务犯罪案件工作。

第七条　职务犯罪预防（5 分）

（一）深入集市、乡村、社区、企业、学校开展预防宣传。

（二）设置内容科学合理、表现形式多样的廉政警示教育展室。充分利用廉政警示教育展室，在辖区单位和工作人员中开展警示教育。

（三）认真接受辖区有关单位的预防咨询。及时分析辖区职务犯罪的原因、特点和规律，提出预防职务犯罪建议。

第八条　基层执法司法活动监督（20 分）

（一）建立与辖区公安派出所、司法所、人民法庭联系制度，定期进行走访、座谈、召开联席会议。

（二）对公安派出所的刑事诉讼活动依法实行法律监督，发现应当立案侦查而不立案侦查、不应当立案侦查而立案侦查，或者侦查活动具有《人民检察院刑事诉讼规则（试行）》第五百六十五条规定情形的，依照法定程序监督纠正或及时移送派出院有关部门。

（三）对人民法庭的诉讼活动依法实行法律监督，发现民事审判程序中审判人员存在违法行为、民事执行活动存在违法情形，或者已经发生法律效力的民事判决、裁定、调解书符合《中华人民共和国民事诉讼法》第二百零九条第一款规定情形的，依照法定程序监督纠正或及时移送派出院有关部门。

（四）对社区矫正各执法环节依法实行法律监督，发现违反法律和《社区矫正实施办法》规定的，依照法定程序监督纠正或及时移送派出院有关部门。

（五）对基层行政执法部门的行政执法活动依法实行法律监督，发现违法行使职权或不行使职权、应当移送而不移送涉嫌犯罪案件的，依照法定程序监督纠正或及时移送派出院有关部门。

第九条 审查起诉轻微刑事案件（10分）

（一）具备办案条件的检察室，取得办案资格后，对公安机关侦查的辖区内符合有关条件的轻微刑事案件严格依法审查起诉。办理案件全部纳入案件管理流程，使用统一业务应用系统，严格履行案件交接等相关手续。卷宗装订及时，文书齐全、规范。

（二）所办案件事实清楚，证据确实、充分，定性准确，程序合法。严格执行出庭规范，树立国家公诉人良好形象，正确履行出庭支持公诉职责。依法履行侦查活动和审判活动监督职责。严格遵守法律法规，严格执行检察机关各项司法规范，杜绝办案安全问题。

第十条 参与社会治安综合治理和平安建设（5分）

（一）开展法治宣传教育，建立检察官以案释法制度。

（二）积极化解矛盾纠纷，维护社会和谐稳定。

（三）设置检察宣告庭，积极开展或协助开展检察宣告。

（四）开展或协助开展促成轻微刑事案件和解、未成年人刑事案件社会调查、对未成年人进行法治教育、心理疏导、跟踪帮教等工作。

第十一条 服务群众（5分）

（一）立足检察职能，开展为民、便民、利民服务，依法保护群众合法权益。为群众提供法律咨询和服务，帮助群众解决实际困难和问题。

（二）实行定期巡访工作制度，巡访计划安排合理，巡访记录全面准确，并能定期分析汇总有关情况。

（三）杜绝"冷横硬推"问题，未发生因服务态度、服务质量引发的群众投诉。检民关系密切，群众对检察室工作和检察室队伍满意率高。

第十二条 检务公开（5分）

（一）公开检察室工作人员姓名、照片、职务以及有关队伍管理的纪律规定等信息。

（二）落实与人大代表经常性联系制度，接受人大监督和政协民主监督，做好建议、提案、批评、意见及转交案件、事项的办理、答复工作。

（三）对应当公开的综合性信息予以公开。经派出院批准，对应当公开的业务工作信息予以公开或协助公开。

（四）根据当事人及其他特定人员的申请，对办理或协助办理的刑事案件和民事、行政诉讼监督案件提供程序性信息查询。

（五）遵守宣传纪律和保密规定，落实检务公开信息内部移送、分级审核、归口发布管理等制度，确保检务公开有章可循、及时安全。

第十三条　信息化建设（5分）

（一）信息化硬件设施达到检察室信息化建设标准。连通侦查信息网、互联网等网络。接访大厅监控系统、视频接访系统连接顺畅，实现与省、市、县（区）三级院互连互通。信息化应用水平高，能够熟练操作信息化设备。信息安全保密制度完善，信息安全管理严格，杜绝发生失、泄密问题。

（二）检察室管理系统全面应用。检察室机构、人员等基础信息及时、规范、准确录入。案件办理和工作开展情况填报准确、翔实、规范。

（三）"信息超市"数据录入完整、准确、及时，涵盖辖区基本情况、经济文化、基层站所、惠民政策落实等基础信息，能够通过操作应用服务办案、便民利民。

第十四条　队伍建设（15分）

（一）配备工作人员5名以上。检察室主任专职，具备检察员法律职务。

（二）党员人数3人以上的检察室，建立隶属于派出院的党组织或党小组，定期开展活动。

（三）检察室工作人员熟悉工作开展常用的法律法规和检察业务知识，积极参加教育培训和岗位练兵，业务技能和群众工作能力强。

（四）落实岗位责任制，检察室工作人员定岗定责。落实考核奖惩制度，与派出院其他部门同管理、同要求、同考核。

（五）落实党风廉政建设责任制。检察室主任"一岗双责"，及时了解掌握检察室工作人员的思想动态和作风纪律等情况。检察室工作人员廉洁自律，无违法违纪行为。

（六）检察室管理制度健全。检察室工作人员遵守工作纪律和考勤、值班等制度。对上级院挂职人员、派出院轮岗人员管理符合要求。

（七）辅助人员符合选用规定，并通过岗前培训，取得上岗证书。对辅助人员日常管理严格，未发生辅助人员越权行使职责等问题。

（八）信息联络员符合选聘规定，接受检察室培训，协助检察室开展工作，未发生以检察人员名义开展工作等问题。

第十五条 检务保障（10 分）

（一）检察室的设立、更名履行规定程序。

（二）具有充足实用的独立办公场所。横式门楣、竖式标牌、门牌和路口指示牌统一规范，符合设置要求。

（三）办公经费列入地方财政预算。办公、交通、通讯等业务技术装备和综合保障装备达到规定配备标准。配置必要的生活设施，按照规定落实乡镇工作补贴。

（四）功能区划分合理。各功能区域及厅室设置标示牌或指示牌，在醒目位置悬挂与本区域功能相关的制度规定。走廊墙面装饰体现检察文化。室容室貌卫生整洁，物品有序摆放。

（五）档案管理制度健全，档案资料安全、完整，符合检察机关档案管理规定。

第十六条 一、二级检察室必须同时具备下列条件：

（一）具有独立办公场所；

（二）全面开展工作且职能作用发挥成效显著；

（三）本年度无违法违纪情形。

第十七条 有下列情形之一的，为不合格检察室：

（一）工作日无人在岗且无正当理由的；

（二）群众对检察室工作和检察室队伍满意率低于 60% 的；

（三）检察室在工作开展或者等级评定中弄虚作假的；

（四）检察室工作人员因违法违纪被开除党籍、开除公职，或者因犯罪被依法追究刑事责任的；

（五）检察室或工作人员存在其他问题，造成严重后果或者恶劣影响的。

第三章　评定程序

第十八条 检察室规范化等级评定工作坚持严格标准、实事求是的原则，严肃评定纪律，严禁弄虚作假，确保评定质量。

第十九条 各级检察机关应成立检察室规范化等级评定工作领导小组，主要领导任组长，由政工、纪检、督察和有关业务部门参加，采用书面审查、实地考察相结合的方式，集体进行评定。

第二十条 等级评定程序采用检察室申报、逐级评定的方式。

（一）基层检察院对所辖检察室进行评审，评出三级检察室和不合格检察室，报市级检察院备案并层报省检察院备案。基层检察院从评出的三级检察室中推荐二级以上检察室，将申报材料报送市级检察院。

（二）市级检察院对推荐的二级以上检察室进行评审，评出二级检察室，报省检察院备案。市级检察院从评出的二级检察室中推荐一级检察室，将申报材料报送省检察院。

（三）省检察院对推荐的一级检察室进行评审，评出一级检察室。省检察院对评出的二、三级检察室进行抽查，发现不具备相应评定标准的，应当责令作出评定的检察院撤销其作出的全部检察室等级，进行重新评定。

第二十一条　各级检察院对拟确定等级的检察室，应当在一定范围内进行公示，公示期不少于 5 个工作日。公示结果不影响等级评定的，确定相应等级。检察室对评定结果有异议的，可以在评定结果公布 7 日内向作出评定的检察院申请复审，作出评定的检察院应当自收到复审申请之日起 30 日内作出复审决定。

第二十二条　等级评定工作每年组织一次。自第二次评定起，拟晋升等级的检察室按照本办法第二十条规定的程序进行申报评定，不晋升等级的检察室不再重新申报，由具有评定权的检察院进行复核。

第二十三条　对检察室规范化等级实行动态管理。各级检察院应对检察室不定期检查，发现检察室达不到相应等级标准的，应当报有评定权的检察院作出撤销及降级决定。

第二十四条　对一、二、三级检察室实行挂牌制度。一级检察室标牌由省检察院制作、颁发，二、三级检察室标牌由市级检察院、基层检察院按照省检察院确定的规格和式样制作、颁发。检察室等级被撤销或发生变更的，应当及时摘牌或更换标牌。

第四章　奖　惩

第二十五条　检察室规范化等级作为评选全省优秀基层检察院、全省优秀派驻基层检察室等先进集体的重要参考依据。参评全省优秀派驻基层检察室的，一般应为一级检察室；参评全省优秀基层检察院的，一级检察室比例一般应高于全省平均比例。

第二十六条　对不合格检察室必须限期整改；连续两次评定为不合格检察室的，上级院或派出院应当追究责任人员的责任。

第五章 附 则

第二十七条 本办法由省检察院负责解释。各市级检察院可以结合本地实际，制定具体实施细则，并报省检察院备案。

第二十八条 本办法自下发之日起试行。

附件：1. 山东省检察机关派驻基层检察室规范化等级评分标准

2. 山东省检察机关派驻基层检察室规范化等级评定表

3. 一级检察室标牌式样

附件 1

山东省检察机关派驻基层检察室规范化等级评分标准

评定项目	序号	评定内容和评分标准	设定分值	得分
受理来信来访（10分）	1	**评定内容**：设置方便群众出入、装饰简洁大方的接访大厅，配备便民利民设施及法治宣传资料，安装符合要求的电子监控设备。举报受理室保持独立性和保密性。（2分） **评分标准**：接访大厅不符合要求的，每处扣0.2分；举报受理室不具备独立性和保密性的，扣0.2分。	2	
	2	**评定内容**：接收群众举报、控告、申诉，接待群众来访，区别情况依法妥善处理、答复或移送。（6分） **评分标准**：对于采用信件、电话等形式提出信访事项的，应当及时登记录入、如实记录信访事项，登记不准确、记录不完善的，每处扣0.2分；对于采用走访形式提出信访事项的，应当安排专人接访并制作笔录，如实记录来访人基本信息、信访事项，未制作笔录或笔录不符合要求的，每件扣0.5分；检察室不能直接处理的信访事项，应当及时移送有管辖权单位或派出院控申部门，不能及时移送的，每件扣0.5分；检察室能够直接处理的信访事项，应当依法处理、答复，未及时处理、答复的，每件扣0.5分；因处理、答复不当导致越级上访或其他恶劣影响，每件扣2分。	6	
	3	**评定内容**：接受犯罪嫌疑人自首，区别情况采取相应措施，及时做好通知、移送工作。（2分） **评分标准**：犯罪嫌疑人到检察室自首，检察室拒绝接受自首的，扣2分；犯罪嫌疑人自首事项属于检察机关管辖的，应当及时通知派出院有关业务部门依法处理，通知不及时的，每件扣1分；不属于检察机关管辖的，应根据情况采取措施并及时通知、移送主管机关处理，措施不当或通知、移送不及时的，每件扣1分；接受犯罪嫌疑人自首过程中因处理不当发生严重后果的，扣2分。	2	

评定项目	序号	评定内容和评分标准	设定分值	得分
发现、受理职务犯罪案件线索（10分）	4	**评定内容：**对发现、受理的职务犯罪案件线索，做好登记并按规定移送。（4分） **评分标准：**案件线索登记不符合要求的，每条扣0.5分；未及时移送的，每条扣1分；对线索未实行专人管理的，扣2分；线索管理期间发生失、泄密事故的，扣4分。	4	
	5	**评定内容：**采取设置举报信箱、公开举报电话、开展举报宣传等多种方式，不断拓宽举报线索收集渠道，扩大线索来源。（3分） **评分标准：**全年未发现、受理并移送职务犯罪案件线索的，扣3分；未设置举报信箱或设置不合理的，扣1分；未公开举报电话的，扣1分；全年未开展举报宣传的，扣1分。	3	
	6	**评定内容：**经逐级严格审核并经检察长逐案审批后，做好协助自侦等部门查办职务犯罪案件工作。（3分） **评分标准：**未经规定审批程序即查办职务犯罪案件的，扣3分；办案过程中违反相关规定的，每处扣1分。	3	
职务犯罪预防（5分）	7	**评定内容：**深入集市、乡村、社区、企业、学校开展预防宣传。（2分） **评分标准：**开展预防宣传每年不少于2次，每少一次扣1分。	2	
	8	**评定内容：**设置内容科学合理、表现形式多样的廉政警示教育展室。充分利用廉政警示教育展室，在辖区单位和工作人员中开展警示教育。（2分） **评分标准：**未设置廉政教育展室的，扣1分；利用廉政警示教育展室开展一定规模的警示教育每年不少于2次，每少一次扣1分。	2	
	9	**评定内容：**认真接受辖区有关单位的预防咨询。及时分析辖区职务犯罪的原因、特点和规律，提出预防职务犯罪建议。（1分） **评分标准：**辖区有关单位向检察室提出预防咨询，检察室未能答复或及时移送派出院职务犯罪预防部门的，扣0.5分；辖区职务犯罪案件突出，未能及时分析并提出预防职务犯罪建议的，扣0.5分。	1	

评定项目	序号	评定内容和评分标准	设定分值	得分
基层执法司法活动监督（20分）	10	**评定内容**：建立与辖区公安派出所、司法所、人民法庭联系制度，定期进行走访、座谈、召开联席会议。（4分） **评分标准**：未建立与辖区"两所一庭"联系制度的，扣2分；全年未走访辖区"两所一庭"并进行座谈的，每少一家扣0.5分；全年未与辖区"两所一庭"召开联席会议的，扣1分。	4	
	11	**评定内容**：对公安派出所的刑事诉讼活动依法实行法律监督，发现应当立案侦查而不立案侦查、不应当立案侦查而立案侦查，或者侦查活动具有《人民检察院刑事诉讼规则（试行）》第五百六十五条规定情形的，依照法定程序监督纠正或及时移送派出院有关部门。（4分） **评分标准**：未开展对公安派出所法律监督的，扣4分；群众反映公安派出所刑事诉讼活动具有违法情形，未依法处理的，每件扣1分；发现公安派出所存在违法情形，未依照法定程序督促纠正或及时移送派出院有关部门的，每件扣2分。	4	
	12	**评定内容**：对人民法庭的诉讼活动依法实行法律监督，发现民事审判程序中审判人员存在违法行为、民事执行活动存在违法情形，或者已经发生法律效力的民事判决、裁定、调解书符合《中华人民共和国民事诉讼法》第二百零九条第一款规定情形的，依照法定程序监督纠正或及时移送派出院有关部门。（4分） **评分标准**：未开展对人民法庭法律监督的，扣4分；群众反映人民法庭存在违法情形，未依法处理的，每件扣1分；当事人对已经发生法律效力的民事判决、裁定、调解书向检察室申请监督，符合《民事诉讼法》第二百零九条第一款规定情形的，检察室应当及时移送派出院控申部门办理，未能及时移送的，每件扣2分；发现人民法庭民事审判程序中审判人员存在违法行为、民事执行活动存在违法情形，未依照法定程序监督纠正或及时移送派出院有关部门的，每件扣2分。	4	

评定项目	序号	评定内容和评分标准	设定分值	得分
基层执法司法活动监督（20分）	13	**评定内容**：对社区矫正各执法环节依法实行法律监督，发现违反法律和《社区矫正实施办法》规定的，依照法定程序监督纠正或及时移送派出院有关部门。（4分） **评分标准**：未开展社区矫正执法活动监督的，扣4分；未对社区服刑人员建立台账和档案的，每少一人扣0.1分；对辖区内社区服刑人员数量、种类等基本情况不掌握或掌握不准确的，扣1分；群众反映社区矫正执法具有违法情形，未依法处理的，每件扣1分；发现社区服刑人员脱管、漏管或其他社区矫正违法情形，未依照法定程序监督纠正或及时移送派出院有关部门的，每件扣2分。	4	
	14	**评定内容**：对基层行政执法部门的行政执法活动依法实行法律监督，发现违法行使职权或不行使职权、应当移送而不移送涉嫌犯罪案件的，依照法定程序监督纠正或及时移送派出院有关部门。（4分） **评分标准**：群众反映行政执法行为具有违法情形，未依法处理的，每件扣1分；发现行政执法部门存在违法情形或应当移送而不移送涉嫌犯罪案件，未依照法定程序监督纠正或及时移送派出院有关部门的，每件扣2分。	4	
审查起诉轻微刑事案件（10分）	15	**评定内容**：具备办案条件的检察室，取得办案资格后，对公安机关侦查的辖区内符合有关条件的轻微刑事案件严格依法审查起诉。办理案件全部纳入案件管理流程，使用统一业务应用系统，严格履行案件交接等相关手续。卷宗装订及时，文书齐全、规范。（5分） **评分标准**：全年未办理案件的，或虽办理案件但未取得办案资格的，扣5分；办理案件未纳入案件管理流程的，每件扣1分；未严格履行案件交接等相关手续的，每件扣1分；卷宗装订不符合有关规定，文书缺失、不规范的，每处扣0.5分。	5	

评定项目	序号	评定内容和评分标准	设定分值	得分
审查起诉轻微刑事案件（10分）	16	**评定内容**：所办案件事实清楚，证据确实、充分，定性准确，程序合法。严格执行出庭规范，树立国家公诉人良好形象，正确履行出庭支持公诉职责。依法履行侦查活动和审判活动监督职责。严格遵守法律法规，严格执行检察机关各项司法规范，杜绝办案安全问题。（5分） **评分标准**：全年未办理案件的，或虽办理案件但未取得办案资格的，扣5分；案件质量存在问题的，每处扣0.5分；出庭不规范的，每处扣0.5分；对案件中存在的侦查和审判活动违法情形未能发现的，或虽发现但未能依法监督的，每处扣0.5分；办案过程不符合有关司法规范的，每处扣0.5分；发生办案安全事故的，扣5分。	5	
参与社会治安综合治理和平安建设（5分）	17	**评定内容**：开展法治宣传教育，建立检察官以案释法制度。（1分） **评分标准**：开展法治宣传教育和以案释法活动每年不少于2次，每少一次扣0.5分。	1	
	18	**评定内容**：积极化解矛盾纠纷，维护社会和谐稳定。（1分） **评分标准**：对人民群众反映的或工作中发现的矛盾纠纷和社会隐患，未能妥善处理并引发恶劣影响的，扣1分。	1	
	19	**评定内容**：设置检察宣告庭，积极开展或协助开展检察宣告。（2分） **评分标准**：未设置检察宣告庭的，扣1分；全年未开展检察宣告活动的，扣1分；检察宣告活动不规范的，每处扣0.5分。	2	
	20	**评定内容**：开展或协助开展促成轻微刑事案件和解、未成年人刑事案件社会调查、未成年人法治教育、心理疏导、跟踪帮教等工作。（1分） **评分标准**：具有上述工作任务而未及时按照要求完成的，每项扣0.5分。	1	

评定项目	序号	评定内容和评分标准	设定分值	得分
服务群众（5分）	21	**评定内容**：立足检察职能，开展为民、便民、利民服务，依法保护群众合法权益。为群众提供法律咨询和服务，帮助群众解决实际困难和问题。（2分） **评分标准**：群众向检察室寻求帮助，能够立足检察职能提供帮助而未提供的，每件扣0.5分。	2	
	22	**评定内容**：实行定期巡访工作制度，巡访计划安排合理，巡访记录全面准确，并能定期分析汇总有关情况。（2分） **评分标准**：巡访达不到平均每月4次的，每少一次扣0.2分；无巡访计划或计划不合理的，扣0.5分；无巡访记录或记录不完整的，扣0.5分；分析汇总达不到每季度一次的，每少一次扣0.5分；对巡访中接收、发现的信访事项、案件线索等，不能及时依法处理的，每条扣0.5分（同一问题在其他评定项目中已扣分的，不重复扣分）。	2	
	23	**评定内容**：杜绝"冷横硬推"问题，未发生因服务态度、服务质量引发的群众投诉。检民关系密切，群众对检察室工作和检察室队伍满意率高。（1分） **评分标准**：群众对检察室的服务态度、服务质量投诉并查证属实的，每件扣0.5分。群众满意度调查低于90%的，每低1个百分点扣0.1分。	1	

评定项目	序号	评定内容和评分标准	设定分值	得分
检务公开（5分）	24	**评定内容**：公开检察室工作人员姓名、照片、职务以及有关队伍管理的纪律规定等信息。（1分） **评分标准**：未公开检察室工作人员姓名、照片、职务的，每项扣0.2分；未公开有关队伍管理的纪律规定的，每项扣0.2分。	1	
	25	**评定内容**：落实与人大代表经常性联系制度，接受人大监督和政协民主监督，做好建议、提案、批评、意见及转交案件、事项的办理、答复工作。（1分） **评分标准**：全年未邀请人大代表视察指导工作、召开座谈会的，扣0.5分；具有建议、提案、批评、意见及转交案件、事项的办理、答复工作任务而未做好的，每项扣0.2分；拒绝接受人大监督和政协民主监督的，扣1分。	1	
	26	**评定内容**：对应当公开的综合性信息予以公开。经派出院批准，对应当公开的业务工作信息予以公开或协助公开。（1分） **评分标准**：对应当公开的综合性信息和业务信息未予以公开的，每条扣0.2分；未经派出院批准即公开业务工作信息的，扣1分。	1	
	27	**评定内容**：根据当事人及其他特定人员的申请，对办理或协助办理的刑事案件和民事、行政诉讼监督案件提供程序性信息查询。（1分） **评分标准**：经符合条件的人员申请，应当提供程序性信息查询而未提供的，每条扣0.2分。	1	
	28	**评定内容**：遵守宣传纪律和保密规定，落实检务公开信息内部移送、分级审核、归口发布管理等制度，确保检务公开有章可循、及时安全。（1分） **评分标准**：对不应当公开的信息予以公开的，每条扣0.5分；造成影响的，扣1分。	1	

评定项目	序号	评定内容和评分标准	设定分值	得分
信息化建设（5分）	29	**评定内容**：信息化硬件设施达到检察室信息化建设标准。连通侦查信息网、互联网等网络。接访大厅监控系统和视频接访系统连接顺畅，实现与省、市、县（区）三级院互连互通。信息化应用水平高，能够熟练操作信息化设备。信息安全保密制度完善，信息安全管理严格，杜绝发生失、泄密问题。（1分） **评分标准**：信息化硬件设施达不到建设标准的，每项扣0.2分；网络未连通的，扣0.5分；接访大厅监控系统、视频接访系统未连接或无法使用的，扣0.2分；不能熟练操作信息化设备的，每人扣0.2分；未建立信息安全保密制度的，扣0.5分；发生失、泄密问题的，扣1分。	1	
	30	**评定内容**：检察室管理系统全面应用。检察室机构、人员等基础信息及时、规范、准确录入。案件办理和工作开展情况填报准确、翔实、规范。（2分） **评分标准**：检察室基本情况录入不规范、不准确的，每项扣0.2分；发生变动不及时更新的，每项扣0.2分；案件办理和工作开展情况录入达不到要求的，每件扣0.5分。	2	
	31	**评定内容**："信息超市"数据录入完整、准确、及时，涵盖辖区基本情况、经济文化、基层站所、惠民政策落实等基础信息，能够通过操作应用服务办案、便民利民。（2分） **评分标准**："信息超市"录入数据不完整的，每项扣0.5分。	2	

评定 项目	序号	评定内容和评分标准	设定 分值	得分
队伍建设（15分）	32	评定内容：配备工作人员 5 名以上。检察室主任专职，具备检察员法律职务。（2分） 评分标准：工作人员不足 5 名的，每少一人扣0.5分；主任兼职的，扣 2 分，不具备检察员法律职务的，扣 1 分。	2	
	33	评定内容：党员人数 3 人以上的检察室，建立隶属于派出院的党组织或党小组，定期开展活动。（2分） 评分标准：符合条件未建立党组织或党小组的，扣 1 分；未定期开展活动的，扣 1 分。	2	
	34	评定内容：检察室工作人员熟悉工作开展常用的法律法规和检察业务知识，积极参加教育培训和岗位练兵，业务技能和群众工作能力强。（2分） 评分标准：不熟悉常用法律法规和检察业务知识的，每人扣0.5分；无培训练兵规划或计划的，扣 1 分；未落实培训练兵规划或计划的，扣 1 分。	2	
	35	评定内容：落实岗位责任制，检察室工作人员定岗定责。落实考核奖惩制度，与派出院其他部门同管理、同要求、同考核。（2分） 评分标准：检察室工作人员未达到定岗定责要求的，每人扣 1 分；未落实考核奖惩制度的，扣 1 分。	2	
	36	评定内容：落实党风廉政建设责任制。检察室主任"一岗双责"，及时了解掌握检察室工作人员的思想动态和作风纪律等情况。检察室工作人员廉洁自律，无违法违纪行为。（2分） 评分标准：未按照规定签订党风廉政建设责任书的，扣 1 分；检察室主任"一岗双责"落实不到位的，扣 1 分；检察室工作人员发生违法、违纪行为的，扣 2 分。	2	

续表

评定项目	序号	评定内容和评分标准	设定分值	得分
队伍建设（15分）	37	**评定内容：** 检察室管理制度健全。检察室工作人员遵守工作纪律和考勤、值班等制度。对上级院挂职人员、派出院轮岗人员管理符合要求。（2分） **评分标准：** 管理制度不健全的，扣0.5分；工作人员未落实考勤、值班制度的，每次扣0.5分；对挂职、轮岗人员管理不符合要求的，扣0.5分。	2	
	38	**评定内容：** 辅助人员符合选用规定，并通过岗前培训，取得上岗证书。对辅助人员日常管理严格，未发生辅助人员越权行使职责等问题。（2分） **评分标准：** 辅助人员未接受培训或未持证上岗的，每人扣0.5分；发生越权行使职责等问题的，每次扣1分；造成恶劣影响的，扣2分。	2	
	39	**评定内容：** 信息联络员符合选聘规定，接受检察室培训，协助检察室开展工作，未发生以检察人员名义开展工作等问题。（1分） **评分标准：** 信息联络员选聘不符合条件及程序的，扣0.5分；未接受培训的，扣0.5分；以检察人员名义开展工作的，每次扣0.5分；造成恶劣影响的，扣1分。	1	
检务保障（10分）	40	**评定内容：** 检察室的设立、更名履行规定程序。（1分） **评分标准：** 检察室的设立、更名未履行规定程序的，扣1分。	1	
	41	**评定内容：** 具有充足实用的独立办公场所。横式门楣、竖式标牌、门牌和路口指示牌统一规范，符合设置要求。（2分） **评分标准：** 办公场所不独立的，扣1分；标识设置不符合规定的，每项扣0.2分。	2	

续表

评定项目	序号	评定内容和评分标准	设定分值	得分
检务保障（10分）	42	**评定内容**：办公经费列入地方财政预算。办公、交通、通讯等业务技术装备和综合保障装备达到规定配备标准。配置必要的生活设施，按照规定落实乡镇工作补贴。（3分） **评分标准**：办公经费未列入地方财政预算的，扣1分；装备不符合要求的，每项扣0.5分；未按照规定落实乡镇工作补贴的，每人扣0.5分。	3	
	43	**评定内容**：功能区划分合理。各功能区域及厅室设置标示牌或指示牌，在醒目位置悬挂与本区域功能相关的制度规定。走廊墙面装饰体现检察文化。室容室貌卫生整洁，物品有序摆放。（3分） **评分标准**：功能区划分不符合要求的，扣1分；内务设置与管理不符合要求的，每项扣0.5分。	3	
	44	**评定内容**：档案管理制度健全，档案资料安全、完整，符合检察机关档案管理规定。（1分） **评分标准**：档案管理制度不健全的，扣0.5分；档案资料不符合规定的，每项扣0.2分。	1	
合计			100	

注：本评分标准实行扣分制，各项评定内容以设定分值为基础分，根据评分标准进行扣分，扣分超过设定分值的，为0分，不出现负分。

附件 2

山东省检察机关
派驻基层检察室规范化等级
评 定 表

申报单位：

申报时间：

填表说明

1. 本表格可用钢笔、签字笔填写或打印，要求字体端正，字迹清晰。申报单位可自行打印评定表，要求使用 A3 纸打印并对折装订。

2. "申报单位"和"检察室名称"应填写检察室的全称，如："××市××区检察院派驻××检察室"或"××县检察院派驻××检察室"。

3. "检察室人员"中"人员类型"应根据检察室工作人员的身份，填写"政法编制""事业编制""辅助（自招）"或"辅助（借调）"。

4. "基层院评定意见"和"市级院评定意见"应根据检察室的评审情况，填写本院评出的等级以及向上级院推荐的等级，基层院可以直接推荐申报一级检察室。如：基层院可填写"评定为三级检察室，推荐申报一级检察室"。

5. 此表一式四份，省院、市级院、基层院、检察室各留存一份。

检察室名称									
地　　址									
办公电话			办公（案）场所面积				场所是否独立		
检察室人员	姓名	性别	年龄	政治面貌	学历及专业	专（兼）职	人员类型	法律职务	行政职务
检察室工作情况（3000字）									

检察室工作情况（3000字）	

检察室工作情况（3000字）

检察室评分情况

序号	项目	设定分值	基层院评分	市级院评分	省院评分
1	受理来信来访	10 分			
2	发现、受理职务犯罪案件线索	10 分			
3	职务犯罪预防	5 分			
4	基层执法司法活动监督	20 分			
5	审查起诉轻微刑事案件	10 分			
6	参与社会治安综合治理和平安建设	5 分			
7	服务群众	5 分			
8	检务公开	5 分			
9	信息化建设	5 分			
10	队伍建设	15 分			
11	检务保障	10 分			
	合计	100 分			

基层院评定意见	（盖章） 　年　月　日
市级院评定意见	（盖章） 　年　月　日
省院评定意见	（盖章） 　年　月　日

附件3

一级检察室标牌式样

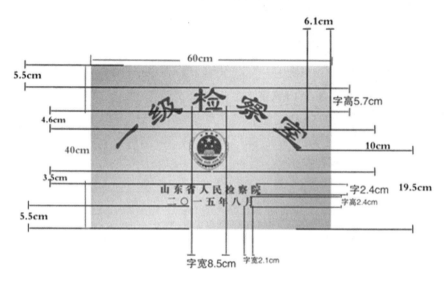

尺寸：40×60cm

材质：1.2mm 厚钛金

工艺：腐蚀网印亮光漆，折弯（厚度2cm）

字体：一级检察室（方正隶书　大红色）

山东省人民检察院（方正大标宋加粗　大红色）

二〇一五年八月（方正大标宋加粗　大红色）

后　记

经过 200 多个日日夜夜的辛勤努力，最高人民检察院 2016 年度检察理论研究课题成果——《派驻基层检察室建设理论与实践》一书终于要出版了。

本书围绕派驻基层检察室建设进行研究，详细介绍了派驻基层检察室产生的背景、意义、构建原则、运行规律等理论问题，系统阐述了派驻基层检察室开展业务工作的实践操作问题，具有较强的现实意义。研究过程中，我们在全面总结山东省检察机关派驻基层检察室建设实践的基础上，参考了其他省市派驻基层检察室建设情况，抽调专人分专题深入调研撰写文稿，反复征求各级院的意见建议后，修改而成。可以说，这部著作集中了全省各地各级检察机关广大干警的智慧。

本书全部书稿由主编、副主编审定。山东省人民检察院党组书记、检察长吴鹏飞担任主编，党组副书记、副检察长吕盛昌，党组成员、副检察长、政治部主任宋文娟担任副主编。参与课题调研和本书撰写工作的主要人员有：隋少彦，李宏宇，杜桔红，毕泗峰（第十五章），任忠瑜，刘林，王璞，詹文天（第一、三章），苗斐（第二章），彭国强（第四章），宋韦韦（第五章），张博（第六章），李艳峰（第七、十三章），吴德海（第八章），刘海鹏（第九章），赵平原（第十章），吕永平（第十一章），宋方杰（第十二章），李志超、申晓燕（第十四章）。

在编写过程中，山东省人民检察院基层工作处负责组织协调工作，李宏宇、杜桔红、毕泗峰、任忠瑜、刘林及宋方杰同志承担了全书的统稿工作。全省派驻基层检察室的丰富实践为本书提供了第一手素材，市县两级院院领导、各派驻基层检察室及其管理部门对本书的编写给予了大力支持。中国检察出版社音像中心副主任陈复军同志、责任编辑肖方老师为本书的编辑、出版做了大量工作。在此，谨对所有给予本书帮助支持的单位和同志表示衷心感谢！

由于时间紧迫、水平有限，疏漏之处在所难免，敬请广大读者批评指正。

编者

2017 年 2 月

图书在版编目（CIP）数据

派驻基层检察室建设理论与实践／吴鹏飞主编. —北京：中国检察出版社，
2017. 4

ISBN 978 - 7 - 5102 - 1854 - 5

Ⅰ. ①派… Ⅱ. ①吴… Ⅲ. ①检察机关 - 工作 - 中国 Ⅳ. ①D926.3

中国版本图书馆 CIP 数据核字（2017）第 045049 号

派驻基层检察室建设理论与实践

吴鹏飞　主编

出版发行：	中国检察出版社
社　　址：	北京市石景山区香山南路 111 号　（100144）
网　　址：	中国检察出版社（www.zgjccbs.com）
编辑电话：	(010)68650024
发行电话：	(010)88954291　88953175　68686531
	(010)68650015　68650016
经　　销：	新华书店
印　　刷：	保定市中画美凯印刷有限公司
开　　本：	710 mm×960 mm　16 开
印　　张：	21. 75
字　　数：	395 千字
版　　次：	2017 年 4 月第一版　　2017 年 4 月第一次印刷
书　　号：	ISBN 978 - 7 - 5102 - 1854 - 5
定　　价：	58. 00 元